河南省“十四五”普通高等教育规划教材

INTRODUCTION TO WATER SECURITY LAW

水安全法律概论

主　编／王华杰
副主编／李永健　郑永红　王晓妍

法律出版社
LAW PRESS · CHINA
北京

图书在版编目（CIP）数据

水安全法律概论 / 王华杰主编. -- 北京 : 法律出版社, 2024. -- ISBN 978 - 7 - 5197 - 9356 - 2

Ⅰ. D922.66

中国国家版本馆 CIP 数据核字第 2024C2P519 号

水安全法律概论
SHUI ANQUAN FALÜ GAILUN

王华杰 主编

策划编辑 蒋 橙
责任编辑 蒋 橙
装帧设计 鲍龙卉

出版发行 法律出版社
编辑统筹 法律应用出版分社
责任校对 晁明慧
责任印制 刘晓伟
经　　销 新华书店

开本 710 毫米×1000 毫米 1/16
印张 24.25 **字数** 476 千
版本 2024 年 8 月第 1 版
印次 2024 年 8 月第 1 次印刷
印刷 北京盛通印刷股份有限公司

地址:北京市丰台区莲花池西里 7 号(100073)
网址:www.lawpress.com.cn
投稿邮箱:info@lawpress.com.cn
举报盗版邮箱:jbwq@lawpress.com.cn
销售电话:010 - 83938349
客服电话:010 - 83938350
咨询电话:010 - 63939796

书号:ISBN 978 - 7 - 5197 - 9356 - 2
定价:89.00 元

凡购买本社图书,如有印装错误,我社负责退换。电话:010 - 83938349

水安全法律概论
编委会

主　编： 王华杰

副主编： 李永健　郑永红　王晓妍

参　编： 毕雪燕　张胜前　周海岭

万　钧　李金龙　曹瑞琦

前　言

进入21世纪,资源、环境等非传统安全已成为各国高度关注的安全新领域。而随着水资源重要性的与日俱增,水安全也越来越成为国家安全战略的重要内容。党的十八大以来,习近平总书记创新性提出"总体国家安全观",并发展了包括水安全、生态安全在内的新安全理论。习近平总书记站在中华民族永续发展的高度,在洞察我国国情水情的基础上,对长江保护、黄河治理、南水北调等作出重要指示批示,确立国家"江河战略",提出了"节水优先、空间均衡、系统治理、两手发力"的治水新思路,谋划国家水网等重大水利工程,把水安全上升为国家战略,为系统解决我国新老水问题、保障国家水安全提供了根本遵循和行动指南,也为本书编写提供了基本依据和指导思想。

水安全是指一个国家或地区可以保质保量、及时持续、稳定可靠、经济合理地获取所需的水资源、水资源性产品及维护良好水生态环境的状态或能力。水安全问题研究是一项具有基础性、战略性的工作,而且能够对水资源的可持续利用与区域社会经济协调发展提供理论支撑。在加快构建国家水安全保障体系过程中,必须全面推进法治建设。目前与水相关的法律体系尚未系统构建,理论界对相关问题缺乏全面系统的研究,有关水安全水法律的专门著作鲜有问世。本书从确保水安全的战略视角出发,以新时代涉水法律法规为基本依据,以近年来国家的政策制度为补充,以现有水法治理论研究成果为基础,针对水资源、水环境、水生态法律保护、节水优先治水思想、饮用水安全、防洪抗旱救灾、水文化普及、域外水治理等领域,提出进一步完善水安全法律治理建议,创新国家水安全的法治体系,在一定程度上弥补水安全水法律研究领域的空白。

本书由王华杰教授统筹策划并撰写大纲,毕雪燕教授对大纲进行了审定。具体分工如下:王华杰撰写第一章;周海岭撰写第二章;李永健撰写第三章和第四章;郑永红撰写第五章;李金龙撰写第六章;张胜前撰写第七章;王晓妍撰写第八章;万钧撰写第九章;曹瑞琦撰写第十章。本书由李永健、郑永红和王晓妍统稿,王华杰定稿。

本书适合法学专业和水利专业学生学习使用,通过水安全水法律教学,增强学生分析和解决水安全水法律相关问题的能力,培养既懂法学理论又懂水学科知识的复合型人才。本书也适用各专业学生素质拓展通识教育,依托教育部与我校共建的

“青少年法治教育中心”,对青少年学生开展水安全水法律的教育工作,让他们了解中国水情国情,争做节水模范和依法治水先锋。

本书编写过程中,得到教育部政法司、水利部政法司、黄河水利委员会政法局、河南省教育厅政策处等部门及领导同志的支持,对本书的编写提供了很大的帮助。特别感谢法律出版社编辑的辛勤劳动,使本书得以顺利出版。本书涉及水科学和法律交叉领域,初次尝试探讨研究,囿于作者掌握资料、学术素养以及研究能力等原因,书中多有不足之处,恳请读者批评指正。

目　　录

CHAPTER 01

第一章

水安全法律概述

导　读

水安全是指一个国家或地区可以保质保量、及时持续、稳定可靠、经济合理地获取所需的水资源、水资源性产品及维护良好水生态环境的状态或能力。水安全维系国家长治久安和民族长远发展，当代水安全更是为全面建设社会主义现代化国家、全面推进中华民族伟大复兴提供有力的保障。党的十八大以来，习近平总书记站在中华民族永续发展的战略高度，作出了一系列重要指示批示，明确了“节水优先、空间均衡、系统治理、两手发力”治水思路，确立了国家“江河战略”，谋划了国家水网等重大水利工程，把水安全上升为国家战略，为系统解决我国新老水问题、保障国家水安全提供了根本遵循和行动指南。2021 年 12 月，国家发展改革委、水利部印发《“十四五”水安全保障规划》，成为“十四五”时期我国全面加强水安全保障工作的重要依据和行动指南，这是国家层面首次编制实施的水安全保障五年规划，表明我国对水安全及其保障问题的高度重视，标志着我国水安全保障工作进入了新的历史时期，水安全保障系统工程全面开启。本章界定了水安全的定义、属性、特征以及分类，梳理了现代中国水安全治理的阶段、特征和目标任务，介绍了中外水安全法制的历史发展进程，针对当前水安全法治体系建设存在的问题和不足，尝试性地提出了水安全法治体系框架。

第一节　水安全概要

中国是一个长期面临水资源短缺、水旱灾害频发、水污染严重和水生态损坏等多方面水问题的国家。习近平总书记深刻指出，“河川之危、水源之危是生存环境之危、民族存续之危。水已经成为我国严重短缺的产品，成了制约环境质量的主要因素，成了经济社会发展面临的严重安全问题”，“全党要大力增强水忧患意识、水危机意识，从全面建成小康社会、实现中华民族永续发展的战略高度，重视解决好水安全问题”。[1]

一、水安全的渊源和含义

（一）水安全的渊源

“水安全”一词最早出现于2000年在瑞典召开的第10届斯德哥尔摩国际水问题研讨会，会议围绕“21世纪的水安全”这一主题展开研讨，指出水资源不仅仅是一个环境或经济问题，同时也是社会和政治问题。

1. 世界水论坛与水安全

根据1992年联合国环境与发展会议通过的《二十一世纪议程》第十八章提出的建议，由水问题专家学者和相关国际机构组成的世界水理事会于1996年成立，并且决定在世界水日前后每隔3年举行一次大型国际会议，这就是世界水论坛会议。

第1届世界水论坛于1997年3月21日至25日在摩洛哥马拉喀什举行，来自63个国家和地区的500名代表与会。论坛的主题是“水，共同的财富”。会议发表了《马拉喀什宣言》，呼吁各国政府、国际组织、非政府组织和世界各国人民进一步团结奋斗，为展开永久确保全球水资源的蓝色革命奠定基础。论坛还委托世界水理事会制订有关21世纪水、生命和环境的规划。

第2届世界水论坛于2000年3月17日至22日在荷兰海牙举行，来自世界各国的5700名水利问题专家和非政府组织代表出席。论坛的主题是“世界水展望”。2000年3月21日，114个国家的部长举行了部长级会议。会议通过了关于21世纪确保水安全的《海牙宣言》和相关行动计划，并对未来25年的水资源管理和消除水危机措施提出展望，世界水蓝图也在这次会议上问世。会议通过的《海牙宣言》指出，水对人民的生命和健康以及生态系统是至关重要的，并且是国家发展的基本条件之一，但是全球人类缺乏安全的足够的水资源以满足基本生活需要。海牙部长级宣言指出：“为21世纪提供用水安全。”这意味着确保淡水、海岸和相关的生态系统受到保护并得到改善，确保可持续性发展和政治稳定性得以提高，确保人人都能够得到并有能力支付足够的安全用水以过上健康和幸福的生活，并且确保易受伤害人群能够得到保护以避免遭受与水有关的灾害威胁，但常规模式不是我们的选择。

2. 世界水周与水安全

世界水周又称国际水周，由瑞典斯德哥尔摩国际水研究所创办，从1991年起每年举办一次。世界水周为全世界水领域的科研界、商业界、政府和公众提供了一个非常好的交流平台，在保护水资源和环境、提高公众生活水平和消除贫困等方面作出了重要贡献。斯德哥尔摩国际水研究所（SIWI）是一家政策研究所，主要在水治理、跨界水资源管理、水和气候变化、水—能量—食物关系链、水利经济学五个领域

---

[1] 2014年3月14日习近平在中央财经领导小组（现为中央财经委员会）第五次会议上的讲话。

进行研究,致力于探索发现水知识并给出关于水的科学决策指导。

2000 年 8 月 14 日至 17 日,第 10 届斯德哥尔摩国际水问题研讨会在瑞典召开,来自 100 多个国家的近 900 名水问题专家和政府官员参加了会议。会议围绕"21 世纪的水安全——创新方法"这一主题进行了研讨,指出水资源不仅仅是一个环境或经济问题,同时也是社会和政治问题。与会专家们警告说:"到 2025 年,世界上只有 1/4 的国家有足够的饮用水,如果不注意节水,不久的将来水会比石油还贵。"与会专家们认为,加强协作是应对今后水荒挑战最有力的武器之一,并提出三点建议:首先,应重视水资源的科学管理,加强跨国界水问题的合作;其次,要围绕水资源管理建立新型的伙伴关系,水问题绝不仅仅是环保专家的事,还需要建立一个卓有成效的研究和解决水问题的网络;最后,为提高水使用率,企业应实行水的目标管理和成本核算,政府应为企业制定所耗水量的限额,增强全社会对水资源战略地位的认识,大力推行节水工程,努力建立节水型农业、工业和社会。〔1〕

2001 年 8 月 12 日至 18 日,第 11 届斯德哥尔摩水研讨会在瑞典首都斯德哥尔摩举办。会议主题为"从说,写到行动已到达水安全",来自世界粮食计划署、世界卫生组织和国际灌排委员会等 10 个国际组织和 50 多个国家的 1200 多名代表参加了研讨会。这次研讨会的目的是探讨 21 世纪的水安全问题,通过对话来架设计划和经济决策等与水问题相关部门之间的桥梁,架设从事水资源开发和管理、粮食生产和生态保护各领域专家之间的桥梁。

世界水周历次会议主题是逐步演进而形成的,2000 年和 2001 年的主题与 2000 年 3 月"海牙部长级宣言"的标题是完全一致的,也可以说是对宣言提出的"常规模式不是我们的选择的响应",进一步从理想到行动,对开创性方法的探讨。

3. 世界水日与水安全

1993 年 1 月 18 日,第 47 届联合国大会作出决议,根据联合国环境与发展会议通过的《二十一世纪议程》第十八章所提出的建议,确定每年的 3 月 22 日为"世界水日"(World Day for Water)。其旨在推动对水资源进行综合性统筹规划和管理,加强水资源保护,解决日益严峻的缺乏淡水问题,开展广泛的宣传以提高公众对开发和保护水资源的认识。联合国水机制和联合国人居署负责对全球的世界水日活动进行协调。联合国将 2023 年的第 31 届"世界水日"主题确定为"Accelerating Change"(加速变革)。

4. 中国水周与水安全

1988 年 1 月 21 日,《水法》正式颁布,自 1988 年 7 月 1 日起施行。中国水利部从 1989 年开始,确定每年 7 月 1 日至 7 日为"水法宣传周"。从 1991 年起,我国还将每年 5 月的第二周作为城市节约用水宣传周。自 1993 年"世界水日"诞生后,从

---

〔1〕 参见刘仲华、章念生:《21 世纪的水安全》,载《人民日报》2000 年 8 月 25 日,第 7 版。

1994 年起，水利部决定将“水法宣传周”改为每年的“世界水日”即每年 3 月 22 日开始至 3 月 28 日为止。中国水周旨在进一步提高全社会关心水、爱惜水、保护水和水忧患意识，促进水资源的开发、利用、保护和管理。2020 年 1 月 1 日，水利部 12314 监督举报服务平台正式上线试运行。为纪念 2023 年“世界水日”“中国水周”，我国将活动主题确定为“强化依法治水　携手共护母亲河”。

（二）水安全的含义

1. 水安全不同的理解

水安全是一个全新的概念，属于非传统安全的范畴。对“水安全”一词至今无普遍公认定义，有以下几种较具代表性的观点。

（1）从水资源供需平衡的角度定义水安全

这种观点认为，水安全是以可承受的价格为生活、生产和生态提供足够安全的水，水安全的本质即水资源的供需平衡。通常是指由水的供需矛盾产生的影响经济社会发展、人类生存环境的危害问题。水资源只有在不破坏水生态系统的平衡的前提下进行开发，才能保证水资源的持续利用。因此，首先应明确基本的安全利益应当满足的原则，建立基本安全利益的保障机制，规范与环境有关的行为，保护整个生命支撑系统和生态系统的完整性和持续性。

（2）从生态角度定义水安全

这种观点认为，水安全系统是整个生态系统的子系统，只有保证生态系统的安全，才可能有水安全。水安全指的是现在或者将来，由于自然的水文循环波动或人类对水循环平衡的不合理改变，或者两者的耦合，使人类赖以生存的区域水状况对人类不利的演进正在或将要对人类社会的各个方面发生不利影响，表现为干旱洪涝、水量短缺、水质污染、水环境破坏等方面，并由此引发粮食减产、社会不稳、经济下滑及地区冲突等。

（3）从人对系统的调控及可持续发展的角度定义水安全

这种观点强调人在水安全系统中的能动作用，认为水安全就是人通过调整自己的行为或通过工程、非工程的措施影响水的自然循环过程、人工循环过程或二者的耦合系统，以保证水量、水质都能满足经济、社会、生态的可持续发展的需要而不至于发生危害的状态。

2. 本书对水安全的界定

总体来看，当前研究现状反映出了人们对水安全概念的认识还不清晰，大多是从水的资源功能角度加以定义。人们对水安全属性与经济、社会、生态属性之间的关系还缺乏动态的综合认识。要么强调水在整个自然、社会大系统中的功能作用，认为水安全问题就是水量、水质及涉水灾害对整个系统的不利影响；要么强调人在水安全问题中的重要价值，只要保证人类社会及所处环境不因水问题而产生不利变化就是水安全。再就是水安全和水资源安全的概念还没有完全澄清，一般都把水安全涉及的主要方面看成是和水资源安全是相同或相通的。这有待于确定二者之间的界限。

本书认为，水安全是指一个国家或地区可以保质保量、及时持续、稳定可靠、经济合理地获取所需的水资源、水资源性产品及维护良好水生态环境的状态或能力。一般来说，水安全包括水资源安全、水环境安全、水生态安全、水工程安全、水关系安全等，其中水资源安全是最基本、最关键的，包括水资源供需平衡与否、城乡供水安全与否。[1]

水安全涉及水资源安全，是资源安全的重要组成；水安全涉及水环境安全，是环境安全的重要组成，特别是江河湖库等水体的环境质量直接关系环境安全总体状况；水安全涉及水生态安全，水是生态之基，水是所有生态系统维系、发展和演进的基础性、关键性因子，从而直接关系生态安全状况；水安全涉及水关系安全，水事关系是重要的社会关系甚至是重要国际关系之一，从而关系社会安全、国际关系安全。同时，水是生产之要，关系产业类型、布局、发展，从而关系经济安全。[2] 总之，要从国家安全体系的战略高度，系统地把握水安全的实质和构成要素。

基于上述对水安全的理解与判断，本书的主要观点是采用法律手段保障水安全。按照全面依法治国的精神和法治中国建设的总体要求，我们认为水法治建设是全面依法治国的必然要求，是法治中国建设的重要组成部分。分析了新时代水法治建设的特点和内涵，我们认为水法治建设是水治理管理法治体系的建立完善，是对水资源、水环境、水生态、水文化等涉水事务的综合性法治建设。分析我国已有的水法律体系的现状、存在问题，我们从形成完备的水法律规范体系、高效的水法治实施体系、严密的水法治监督体系、有力的水法治保障体系，尝试探讨构建我国新时代水法治体系。

二、水安全的本质与属性

（一）水安全的本质

从本质上看，水安全强调在一定程度上满足社会经济发展对水资源的需求，同时照顾到可持续发展的长远目标，着眼于在一定时间内重构水资源的可持续利用状态。实现水安全的目的就是在现实情况下处理好人与人、人与自然基于水资源关系，这个关系具体体现在水资源可持续利用和社会经济可持续发展及生态环境持续健康的关系上。水安全的核心主要是以公平、高效和统一的方法保护水资源，同时合理地开发利用水资源，以满足人类生存、农业发展和其他经济活动的需要，保护人类社会借以生存发展的生态系统不受侵害。水安全状况与经济社会和人类生态系统的可持续发展紧密相关。随着全球性资源危机的加剧，国家安全观念发生重大变

---

〔1〕 参见谷树忠：《系统把握和有效实施“十四五”水安全保障规划》，载《中国水利》2022年第5期。

〔2〕 参见谷树忠：《系统把握和有效实施“十四五”水安全保障规划》，载《中国水利》2022年第5期。

化,水安全已成为国家安全的一个重要内容,与国防安全、经济安全、金融安全有同等重要的战略地位。

(二)水安全的属性

水安全不仅涉及水资源短缺和洪水灾害的水量问题,而且涉及水体污染导致的水质问题等,涵盖了资源、环境、生态、社会、政治、经济等多方面。水安全问题涉及水资源开发、生态保护、经济发展、社会服务等多个领域,涉及技术、管理、政策、法律等多个方面,涉及水利、环保、国土、农业等多个部门,需要多领域、多方面、多部门综合应对。水安全的属性包括以下三个方面。

1. 水安全的自然属性

产生水安全问题的直接因素是自然界水的质、量和时空分布特性。在人类文明的早期,主要是干旱、洪水和河流改道等自然型的水安全。

2. 水安全的社会经济属性

水安全问题的承受体是人类及其活动所在的社会与各种资源的集合。进入现代社会,人类大量干预水文循环的自然过程,水安全就逐渐从自然型转为人为型。如水量短缺、水质污染、水环境破坏,其外延还包括水安全引发的其他安全,如粮食安全、经济安全和国家安全等。

3. 水安全的人文属性

水安全与人群的感觉关联。人群的安全感是很重要的,人群必须感觉到水供应、水环境、洪水预防等是安全的,否则就会引起恐慌,进而影响社会经济正常秩序,造成不可估量的损失。水安全通常指相对人类社会生存环境和经济发展过程中发生的与水有关的危害问题,例如洪涝、溃坝、水量短缺、水质污染等并由此给人类社会造成损害,例如人口死亡、健康状况恶化、财产损失、生存环境的舒适度降低、经济发展受到严重制约等。

三、水安全的基本原则和要求

(一)水安全的基本原则

保障水安全的根本原则是在保证不损害可持续的自然生态环境系统的条件下,努力改善人类的生活质量提高人类和社会福利水平,实现社会公正。为此,人类要承担义务,遵守水安全治理原则,这是非常必要的。有关水安全治理应遵守的原则,主要有以下几个方面。

1. 遵循人水和谐的原则

遵守新的伦理道德观念,核心是处理好人与水之间、人与人之间的和谐关系。人是自然的一部分,不是自然的征服者和改造者,而是自然的保护者和享受者。不能采用“竭泽而渔”的行为,只向水索取,而要自立自律、互助互补,遵守水的运动规律的约束。人与人之间、当代人与后代人之间,要明确“只有一个地球”“明天与今天同等重要”,要互惠互济、共建共享、平等发展,不能以邻为壑、你夺我抢,要和平共处、互商互谅,调整人与人的和谐关系。这条基本原则是以下诸条原则的道德基础,虽不能要求现时的人与人、国与国一时做到,但人类要持续生存和发展,起码要转变人与水、人与人之间关系的传统观念。

2. 保障水循环正常运转的原则

水安全的基点是建立在开发利用保护水资源、水环境的基础上的,所以要保持水系统的结构、功能和多样性不受侵害,遵守地球的生命力和多样性规律。其中重要的一环是保护生物地质化学循环,即水循环的正常运转,维持水系统自身的恢复再生条件。要保护生物的多样性,不仅要保护所有的动、植物和其他有机物种,而且还要保护各个物种的遗传基因和生态系统的多样性,保障生命活力和进化。这条原则是持续利用水环境和水资源的源泉,是水安全的根本支柱。

3. 保障水承载能力的原则

水资源和水环境的承载能力是有一定限度的,所谓承载能力是指在一定区域内(地球、国家、地区)生态系统向人类提供的资源和同化废弃物的能力。整个生物圈和特定的生态系统受到人类活动的一定冲击会发生严重的影响和退化,其承载极限每个地域不同,影响程度也因人口、食物、水、能源和原料使用量与废弃量以及科技管理水平而异。人们应通过科学管理,提高水的承载力,同时还应该制定人口、环境、发展与水的承载能力相适应的政策。水是再生资源,它具有自己的承受极限。对水的使用量和速度,应维持在它们恢复更新或再生能力之内。这是水安全应遵守的一条最重要原则。

上述三条基本原则是密切相关、相互支持的。第一条是实现水安全的道德准则;第二条是维护水安全的物质源泉;第三条是水的开发利用受到自然承载力的限制或约束。

(二)水安全的基本要求

水安全的基本要求十分明确,应该包括以下几个方面。

1. 水安全要求人们转变粗放型生产方式和高浪费的生活方式

传统的高消耗、高增长、高污染的粗放型生产方式和高消费、高浪费的生活方式不适合水安全的要求。地球所面临的最严重的问题之一,就是不适当的生活和生产模式,导致水环境恶化、水资源短缺、贫困加剧和发展失衡。要想实现水安全,需要提高生产效率以及改变生活模式,以最大限度地节约利用水资源和最低限度地生产废弃物。

2. 水安全要求以改善和提高人类生活质量为目的,与社会进步相适应

人既是社会存在和发展的前提,也是结果,满足人类需求是社会发展的中心。实现水安全的核心是人的全面发展,这是一个全面的文化演进过程,需要深刻的社会变革。

3. 水安全要求实现代际公平，体现可持续发展要求

未来各代人应和当代人有同样的权力提出他们对水资源和水环境的需求，因此，当代人在考虑自己需求与消费的同时，也要对未来各代人的需求和消费担负起历史责任。

4. 水安全是一种全新的价值观念，实现水安全是全人类的共同目标

应将地区的生活生产、水环境保护和水资源利用作为一个系统来对待，充分考虑水—经济—社会的相互联系和相互影响关系；进行水安全的全面教育，培养维护水安全的人才和能力；建立全国性的和国际性的合作等，以实现水安全的目标。要求大力进行水安全教育，建立新的道德、价值观念以及新的行为方式。

（三）水安全战略总体要求

我国自然气候地理的本底条件，水资源时空分布与经济社会发展需求不匹配的基本特征，以及流域防洪工程体系、国家水网重大工程尚不健全的现状，决定了当前和今后一个时期防洪安全、供水安全、水生态安全中的风险隐患仍客观存在。扎实做好防汛抗洪减灾、城乡供水保障、水生态保护等工作，牢牢守住水利安全底线。

习近平总书记指出，安全是发展的前提，发展是安全的保障。党的十九届五中全会将统筹发展和安全写入“十四五”时期经济社会发展指导思想，明确要求把安全发展贯穿国家发展各领域和全过程，防范和化解影响我国现代化进程的各种风险，筑牢国家安全屏障。国家对水安全战略总体考虑为，到2035年国家水安全保障能力显著增强，基本实现人民群众饮水放心、用水便捷、亲水宜居、洪旱无虞，建成与基本实现社会主义现代化国家相适应的水安全保障体系，到21世纪中叶，国家水安全保障体系全面建成，为全面建成社会主义现代化强国提供有力支撑。

四、水安全的特征与分类

（一）水安全的特征

水的可再生性是实现水安全的基本前提。实现水安全就是要使水的消耗量小于或大致等于其自然恢复再生的能力。从这一点看，水安全具有明显的整体性、综合性、关联性和长期性。

1. 水安全具有整体性

整体性是指维护水安全应该以流域或区域为单元，将流域内自然条件、生态系统和环境、自然资源、社会经济等视为一个不可分割的整体，进行水资源开发和社会经济的综合规划。充分认识水在社会经济系统中的作用和贡献。同时，在流域综合规划中，应认真分析某个主要因素的改变对整个流域治理与开发的影响与制约作用。例如，在黄河流域水的综合开发利用中，如何处理好水沙关系，就显得至关重要。

2. 水安全具有综合性

综合性主要是指水的开发利用中的防洪、发电、灌溉、航运、供水、生态系统、旅

游等的综合作用应与社会、经济、生态发展相适应。在以前水的开发利用当中,往往以经济效益为目标函数,并试图使得其达到最佳。现在看来,经济效益最佳并不是唯一的目标,要在获取较高的经济效益的同时,保障社会健康发展,保证生态环境的良性运行。例如,我国长江流域,流域面积达180万平方千米,横跨不同的自然地理地带,沿江有许多方面的水资源开发利用问题,如何使其与社会经济环境综合协调是其水安全研究的关键问题之一。

3. 水安全具有关联性

关联性主要是指水的开发利用与相邻流域或者是全国生态环境、资源开发、社会经济发展的相互关系。例如,跨流域调水问题,其目的当然是给缺水地区补充水源,使其工农业生产和居民生活能够健康发展,但同时也要考虑水安全问题,如这种调水是否会对调出水区的生态环境、经济发展造成影响以及造成什么样的影响,调水是否会对调水沿线地区的水资源状况、土壤、地下水造成不利影响。

4. 水安全具有长期性

水安全的长期性问题,往往被人们所忽略,因此,在认识治理江河的长期性和艰巨性的基础上,科学地制定水的开发利用和保护的综合战略,为维护水安全和中华民族长期的生存与发展创造环境。

(二)水安全的分类

水是构成自然环境的重要因素,也是参与物质循环、维系生命存在和发展的重要物质基础。由于水安全是一个复杂的系统,不同学者研究的角度、层次不同,研究的具体问题不同,就目前的研究现状,总体上可将水安全从范围、用途及类别上进行分类。

1. 从水安全的范围上分类

从水安全范围上看,水安全包括水源安全、水资源安全、流域水系安全、水域空间安全。水源安全是指确保水质安全及水资源持续可取性,主要涉及环境污染治理、水质监测、水质标准制定、水构成及流量控制、地表水源防护、地下水源保护。水资源安全涉及水的量和质,其中水的量主要是考虑到地表水和地下水的变化和流动,以及水质的把控,如全社会把控地下水的取用量,保证水的可持续性。流域水系安全涉及地表水河网、地下水供给以及流域生态系统的安全和平衡。流域水系安全的关键在于确保供水对流域生态环境、生态价值、生态服务功能及地表水和地下水源确保足够的水资源供应。因此,在流域水系安全中有必要加强水资源调控,制定科学的配置方案,长期稳定的维护流域的生态系统平衡。水域空间安全指的是水体本身空间安全和水域生态相关自然元素的安全,水域空间是一个复杂的系统,它既包括河流、湖泊等水体本身的空间,也包括与水域生态相关的滩地、湿地、坡地、地下水、植被、水生生物等自然元素。

2. 从水安全的用途上分类

我们可以从"水是生命之源、生产之要、生态之基"这一科学判断来分析,包括:

保障生活用水的水安全、保障工农业生产用水的水安全、保障生态用水的水安全、规避危害人类生命财产的水安全等。

3. 从水安全类别上来分类

从水安全类别上来分类包括：水资源安全、水环境安全、水生态安全、水工程安全、供水保障安全、洪涝防御安全等。

第二节　现代中国水安全治理

一、现代中国水安全治理的主要阶段

（一）以水工程建设水资源开发为主的阶段

1949 年中华人民共和国成立后，为了尽快恢复生产，国家集中力量整修加固江河堤防、农田水利工程，开展了大规模的水工程建设，防洪、抗旱、农田水利、城市供水、水力发电等各项水利事业蓬勃发展，在国民经济和社会发展中发挥越来越大的作用，但部分工程在“文化大革命”时遭到一定的破坏。直到 1978 年召开的十一届三中全会，提出了改革开放、以经济建设为中心的战略部署，引滦入津工程于 1982 年 5 月动工（1983 年 9 月建成），长江三峡水利枢纽工程于 1994 年年底正式开工建设（2009 年竣工），黄河小浪底水利枢纽工程于 1994 年开工建设（2001 年竣工）。总体来说，这期间对水工程投入不够，主要目标是对水资源的开发利用。

（二）以重视水资源综合利用实现人水和谐为目标的综合利用阶段

2001 年人水和谐思想被正式纳入现代治水思想中，成为我国新世纪治水思路的核心内容。2004 年“中国水周”活动的宣传主题为“人水和谐”，通过大量宣传，让更多的人对人水和谐思想有了深入认识。2009～2010 年，我国出现多次大范围的严重水旱灾害。全国大旱包括北方冬麦区 30 年罕见秋冬连旱、南方 50 年罕见秋旱、西藏 10 年罕见初夏旱以及湖南和湖北大旱；而 2010 年 8 月 7 日强暴雨引发的甘肃舟曲特大泥石流灾难，造成严重的人员伤亡和财产损失。这些重大水旱灾害令人震惊。在其后数年间，我国治水实践始终坚持人水和谐思想，在现代水资源管理工作中以实现人水和谐为目标，重视水资源综合利用、合理利用、科学利用。中共中央、国务院《关于加快水利改革发展的决定》（中发〔2011〕1 号）提出，“水利欠账太多”“水利设施薄弱仍然是国家基础设施的明显短板”。2012 年 1 月，国务院印发了《关于实行最严格水资源管理制度的意见》，对实行最严格水资源管理制度作出全面部署和具体安排，其核心内容是“三条红线”“四项制度”。

（三）以建设生态文明为目标的水资源保护为主的阶段

党的十八大报告将生态文明建设提到前所未有的战略高度。2013 年 1 月，水利部印发了《关于加快推进水生态文明建设工作的意见》，提出加快推进水生态文明建设的部署。除水生态文明建设试点工作外，在水工程建设领域特别强调了水生态的

地位和作用。可以说,此后所有水工程规划、建设和管理都要考虑生态的约束作用和保护需求,进入以保护水生态、建设生态文明为目标的水资源保护为主阶段。2015 年 4 月,国务院发布了《关于印发水污染防治行动计划的通知》(以下简称“水十条”),出重拳解决水污染问题。“水十条”以改善水环境质量为核心,为建设“蓝天常在、青山常在、绿水常在”的美丽中国提供保障。2017 年,党的十九大报告提出“坚持节约资源和保护环境的基本国策,像对待生命一样对待生态环境”,再一次强调“建设生态文明是中华民族永续发展的千年大计”。

(四)以水安全为目的系统智慧治理阶段

国家大力提倡生态文明建设,包括水生态文明建设,特别强调水生态保护的地位,这是新时代社会主义建设对水资源利用与保护的新要求,也是新时代水资源利用与保护的指导思想。这一指导思想将会继续发挥重要作用,目前中国水资源利用与保护所处的“保护为主阶段”仍会持续一段时间,预计会延续到 2025 年前后。到那个时候,水生态恶化趋势基本被扭转,水资源安全形势得到有效保障,水资源利用与保护的政策制度基本理顺,水资源利用规划、水资源保护技术、水系统自动监控与优化管理等难点问题基本解决。

从水资源利用与保护发展趋势出发,考虑到新时代建设需求和“互联网 +”发展动力,特别是受信息通信技术和网络空间虚拟技术等的影响,下一个水资源利用与保护发展阶段应该为“智慧用水阶段”。智慧用水阶段的特点是:以丰富的水资源利用与保护经验为基础,充分利用信息通信技术和网络空间虚拟技术,使传统水资源利用与保护工作向智能化转型。一方面,20 世纪末发展起来的现代信息通信技术和网络空间技术,为传统手段向智慧化转型奠定了基础;另一方面,自 20 世纪中期以来特别是改革开放之后,水资源利用与保护的理论、方法和应用实践取得丰硕成果,积累了高质量的水文学、水资源、水环境、水安全、水工程、水经济、水法律、水文化科技成果,具备必需的“丰富的水资源利用与保护经验知识”。

二、现代中国水安全治理的体制特色

我国水治理体系顺应时代变迁,快速从传统模式转向现代模式,建立了适应当代中国国情的水治理体系,并展现了很好的治理效能,这是新中国成立以来取得“治水奇迹”的制度密码。未来我们要继续坚定制度自信,根据国情推进水治理体系和治理能力现代化,走出一条中国特色的治水之路,以水治理的现代化有力支撑社会主义现代化强国建设。水安全是一个复合概念,是一项系统工作,水安全治理实施需要水利、发展改革、自然资源、生态环境、农业农村、城乡建设等多部门的共同努力。

(一)建立分工明确的机构体系

根据水的体制框架,水利部被指定为“国务院下属的水行政主管部门负责全国水资源的统一管理”,水利部下属的 7 个流域机构负责流域级的水资源统一管理。

国务院的其他有关部门按照国务院规定的职责分工，协同国务院水行政主管部门，负责有关水资源的管理工作。中共中央、国务院《关于加快水利改革发展的决定》提出，到2020年基本建成四大体系：一是防洪抗旱减灾体系；二是水资源合理配置和高效利用体系；三是水资源保护和河湖健康保障体系；四是有利于水利科学发展的制度体系。

党的十八届三中全会提出，全面深化改革的总目标是完善和发展中国特色社会主义制度，推进国家治理体系和治理能力现代化。涉及水安全治理的有重新组建的自然资源部、生态环境部和水利部。[1] 经过2018年的机构改革，我国水行政管理体制和职能得到了调整和优化。要进一步贯彻党的二十大“优化政府职责体系和组织结构”的要求，完善水旱灾害防御管理体制、水资源统一管理体制、江河湖泊保护治理和水土保持监管体系等，形成边界清晰、权责一致、运行高效、法治保障的水行政管理职能体系。

（二）施行流域综合治理与行政区划相结合的水安全治理机制

在水利管理方面，初步形成以水法为核心的水法规体系，基本形成统一管理与专业管理相结合、流域管理与行政区域管理相结合以及中央与地方分级管理的水利管理体制机制。鉴于涉水体制改革的复杂性，流域管理机构集水资源配置、水环境治理、水生态保育、水工程建运、水灾害防治等综合性涉水事务于一体，充分发挥流域管理机构的组织协调作用，加强部门间的协同联动。

2016年12月，中共中央办公厅、国务院办公厅印发了《关于全面推行河长制的意见》，并发出通知，要求各地区各部门结合实际认真贯彻落实。河长制，即由中国各级党政主要负责人担任“河长”，负责组织领导相应河湖的管理和保护工作。2017

[1] 2018年3月13日，第十三届全国人民代表大会第一次会议在北京人民大会堂举行第四次全体会议，国务委员作关于国务院机构改革方案的说明：组建自然资源部。为统一行使全民所有自然资源资产所有者职责，统一行使所有国土空间用途管制和生态保护修复职责，着力解决自然资源所有者不到位、空间规划重叠等问题，实现山水林田湖草整体保护、系统修复、综合治理，方案提出，将国土资源部的职责，国家发展和改革委员会的组织编制主体功能区规划职责，住房和城乡建设部的城乡规划管理职责，水利部的水资源调查和确权登记管理职责，农业部（现为农业农村部）的草原资源调查和确权登记管理职责，国家林业局（现为国家林业和草原局）的森林、湿地等资源调查和确权登记管理职责，国家海洋局的职责，国家测绘地理信息局的职责整合，组建自然资源部，作为国务院组成部门。自然资源部对外保留国家海洋局牌子。不再保留国土资源部、国家海洋局、国家测绘地理信息局。组建生态环境部。将环境保护部的职责，国家发展和改革委员会的应对气候变化和减排职责，国土资源部的监督防止地下水污染职责，水利部的编制水功能区划、排污口设置管理、流域水环境保护职责，农业部的监督指导农业面源污染治理职责，国家海洋局的海洋环境保护职责，国务院南水北调工程建设委员会办公室的南水北调工程项目区环境保护职责整合，组建生态环境部，作为国务院组成部门。生态环境部对外保留国家核安全局牌子。不再保留环境保护部。优化水利部职责。考虑到三峡主体工程建设任务已经完成，南水北调东线和中线工程已经竣工，方案提出，将国务院三峡工程建设委员会及其办公室、国务院南水北调工程建设委员会及其办公室并入水利部。不再保留国务院三峡工程建设委员会及其办公室、国务院南水北调工程建设委员会及其办公室。

年3月5日，第十二届全国人民代表大会第五次会议在北京人民大会堂开幕，时任国务院总理李克强作政府工作报告，指出全面推行河长制，健全生态保护补偿机制。河湖长制作为一项重要的水治理制度创新，其能有效发挥作用的原因在于契合了中国的体制。中央集权大一统体制的基本运行逻辑，是"政府负责、部门分工、分级管理、上级兜底"，当水问题严峻程度超出水利部门范围时，会自然成为一级政府的事务，如果一级政府无法有效应对，上一级政府就会介入。河长制的出现，本质上是为了应对严峻的水问题，可以视为是一种自然响应。河长制切实解决了三大难题：通过加强行政目标问责来缓解层级协调难题；通过强化上级行政协调来缓解地区协调难题；通过党政领导统筹协调来缓解部门协调难题。河长制是一项解决复杂协同难题的河湖管理机制，是中国特色的水资源综合管理和流域综合管理方案。

（三）构建政府主导与市场调节的水安全治理模式

治水的新形势决定了单依靠工程手段不能完全解决问题，当代治水必须采取综合措施。中国不断调整体制适应水情，实际是完成从传统治水到现代治水的转型。从传统水治理到现代水治理转型，中国水治理的内容和特征发生了巨大变化，这一过程实际上伴随中国国家治理体系的转型，即从传统的中央集权大一统体制，转向现代多元一统体制，或者说是新型举国体制，即发挥政府主导作用的同时，积极吸纳社会、市场、技术等因素的力量，以适应复杂的现代社会治理的需求。

在改革管理方面，探索水利基础设施建设和投融资机制，激发发展动力和活力。按照"重创新、破障碍、激活力"的思路，提出推动水利重点领域和关键环节改革，破除水利改革发展瓶颈的重点任务。规划实施中，要运用好政府"看得见的手"和市场"看不见的手"，切实把政府和市场的优势都充分发挥出来。一是要加快建立政府水安全保障责任机制，推进政府职责划分和行政效率提高，促进责、权、利相统一。二是要深化水权和价税改革，深入推进水资源税改革，建立健全合理的水价体系，完善水流生态保护补偿制度，加快重点流域上下游横向水生态保护补偿机制建设，推进用水权市场化交易。三是要深化水利建设和投融资机制改革，用好金融市场对水利的支持政策，积极推动符合条件的水利项目开展基础设施领域不动产投资信托基金（REITs）试点，盘活水利工程存量资产，形成投资良性循环；探索推进投建运管一体化的建设管理模式，引导国有水利企业通过股权投资、特许经营、PPP等市场化模式参与水利工程的建设管理，实现投建运管一体化，提高工程建设和管理水平。

三、现代中国水安全治理的目标和任务

（一）现代中国水安全治理的目标

"十四五"规划是开启全面建设社会主义现代化国家新征程的第一个五年规划，也是深入贯彻习近平新时代中国特色社会主义思想的第一个五年规划，具有新的时代特征和继往开来的里程碑意义。《"十四五"水安全保障规划》在国家规划体系中属于重点专项规划，作为水利行业的五年规划，也同样具有特殊的历史意义。围绕

重点领域目标任务落实,国家发展改革委、水利部与相关部门印发了《"十四五"解决水利防洪排涝薄弱环节实施方案》《"十四五"重大农业节水供水工程实施方案》《"十四五"节水型社会建设规划》《"十四五"智慧水利建设实施方案》等一系列实施方案和专项规划。同时,水利部通过"三对标、一规划"专项行动,围绕水旱灾害防御、水资源集约节约利用、水资源优化配置、大江大河大湖生态保护治理四个方面能力提升,明确了完善流域防洪工程体系、实施国家水网重大工程、复苏河湖生态环境、推进智慧水利建设、建立健全节水制度政策、强化体制机制法治管理六方面的目标任务与实施路径。

(二)现代中国水安全治理的任务

1. 确保防洪安全

习近平总书记强调,防汛救灾关系人民生命财产安全,关系粮食安全、经济安全、社会安全、国家安全。特殊的国情水情,决定着我国洪涝灾害多发频发,洪涝灾害始终是中华民族的心腹大患,任何时候都不能放松警惕。随着人口增加、经济增长、财富集聚,洪涝灾害风险加大。大江大河中下游地区人口密集、经济发达,易受强台风、流域性洪水等威胁,中西部地区易受强降雨、山洪地质灾害等威胁,一旦遭受严重损失,可能会对经济社会发展造成重大影响。

在防洪方面,既要着眼于解决突出薄弱环节,又要兼顾潜在的安全风险隐患。按照"消隐患、提标准、控风险"的思路,提出了防洪减灾方面的重点任务。一方面,要着眼于防洪薄弱环节,加强江河湖泊治理、加快控制性枢纽工程建设、加强蓄滞洪区建设和洲滩民垸整治,不断完善防洪工程体系。另一方面,还要聚焦病险水库、中小河流和山洪灾害等突出风险点,注重隐患排查。同时,还要充分考虑气候变化引发的极端天气影响和防洪形势变化,有效应对超标洪水威胁。

2. 确保供水安全

我国正常来水年份缺水500多亿立方米,预计未来全国用水总量特别是城乡生活和生态用水将进一步增长,2030年前后可能到峰值,供水总量不足的矛盾仍存在,结构性、区域性、水质性缺水问题凸显。同时,城乡饮用水水源地水质合格率偏低,饮用水水质风险较大。为满足人民日益增长的美好生活需要,不仅要解决能否方便地喝上水的问题,而且还要解决能否喝上稳定优质水的问题。

在供水方面,既要推进国家水网大动脉建设,又要完善区域水资源配置工程。按照"强骨干、增调配、成网络"的思路,提出加快重大引调水工程、河湖水系连通工程、重点水源工程建设等重点任务。一方面要加快国家水网主骨架和大动脉等骨干输配水通道建设,推进南水北调东、中线后续工程高质量发展以及跨流域跨区域重大骨干输水通道建设。另一方面要加快完善区域水网工程体系,加强与国家水网主骨架和大动脉以及江河水系的互联互通,畅通水流循环,提升区域水资源调配能力。同时还要加强重点调蓄工程建设,不断提升径流调控能力,为水网畅通提供动力源泉。

3. 确保生态安全

当前我国水生态环境状况持续改善，出现稳中向好的趋势，但治理和保护成效并不稳固。全国仍有近10%的河流水质为劣Ⅴ类，约1/3湖泊呈现不同程度富营养化，部分地区地下水污染严重。一些地区经济社会用水挤占河湖生态水量，近1/3国土面积存在不同程度水土流失，河湖水域、湿地等生态空间萎缩，水生态安全问题不容忽视。

在生态方面，既要加快解决眼前累积性问题，又要着眼潜在生态风险。按照"严保护、重治理、提质量"的思路，提出加强水土保持生态建设、加强河湖生态保护治理、推进地下水超采综合治理等任务。一是加快解决生态累积性、长期性问题，加强大江大河及重要支流源头区生态保护修复，恢复退化湿地生态功能和周边植被，推进地下水超采综合治理，压减地下水超采量，强化水土流失预防保护，修复开发利用过度河湖，解决"欠账"问题。二是应对变化环境和人为因素带来的潜在性生态安全风险，实施生态调度保障重点河湖生态流量，调节河湖生态节律，构建河湖生态廊道，加强河湖水域岸线的空间管控，避免过度开发、侵占河湖空间、阻隔自然连通造成水生态环境问题叠加，防止潜在生态风险发生。

4. 构建智慧水利

在智慧化方面，要对标数字中国建设，推动高标准建设。结合新型基础设施建设要求，按照"强感知、增智慧、促应用"的思路，提出加强水安全感知能力建设，畅通水利信息网，强化水利网络安全保障，推进水利工程智能化改造，加快水利数字化转型，构建数字化、网络化、智能化的智慧水利体系。规划实施中，一是要推进水利工程智能化改造与建设，加快推进水利工程与新型基础设施融合创新，加强监测体系建设，实现网格化全要素动态的监测感知和数字化，积极推进BIM技术在水利工程全生命周期运用。二是要推进数字孪生流域建设，推进集防洪调度、水资源管理与调配、水生态过程调节等功能为一体的数字孪生流域模拟仿真能力建设。推动构建水安全全要素预报、预警、预演、预案的模拟分析模型，强化洪水演进等可视化场景仿真能力。

构建智慧水利体系，以流域为单元提升水情测报和智能调度能力。数字孪生流域是以物理流域为单元、时空数据为底座、数学模型为核心、水利知识为驱动，对物理流域全要素和水利治理管理全过程的数字化映射、智能化模拟，实现与物理流域同步仿真运行、虚实交互、迭代优化。提出以数字化、网络化、智能化为主线，以数字化场景、智慧化模拟、精准化决策为路径，以算据、算法、算力建设为支撑，以数字孪生流域建设带动智慧水利建设，推进传统水利工程向新型水利基础设施转型，提升水利决策与管理的科学化、精准化、高效化能力和水平。

第三节 水安全法制历史发展

一、中外水法发展概览

(一)水法的概念

水法是调整人们在开发、利用、保护和管理水资源的过程中所发生的各种社会关系的法律规范。水法的制定起因于以下一些因素:解决用水矛盾、水利工程的规模扩大和复杂化、政治经济集中程度使土地和水的占有权变更、人口增加和技术进步使国家活动内容扩大等。

各国水法的产生和发展与各自的社会政治制度、资源开发利用历史以及宗教等因素有关,如日本古代水法可追溯到中国唐代的《水部式》(水法),明治维新后开始制定河川法;英国水法始自15世纪解决供水问题的需要,19世纪开始制定水工程条例、公共卫生法等。

在水法发展历史上,习惯法、穆斯林水法、罗马水法以及欧洲民法系统中的水法原理曾产生过很大影响。自20世纪,特别是20世纪下半叶以来,是国际水法历史发展最重要的时期。这一时期世界各国的水资源被广泛开发利用,用水量迅速增加。水资源开发利用带来的综合利用、用水管理、投资分摊、环境保护、组织体制等一系列问题都反映到水法中来,许多国家,包括发达国家都在修订水法,或制定新的水法。国外一些文献称这一时期为现代水法形成和发展时期。

(二)水法的立法方式

现代水资源立法形式,广义地说,应包括国家宪法条款、国家立法机关通过的法律、政府颁布的通告、规定、部级决定、地方和城市发布的条例等。国际水法协会1976年加拉加斯会议提出,水资源立法内容应包括所有有助于合理保护、开发和利用水资源的活动,按照水量、水质以及水和其他自然资源或环境因素的关系拟定。具体包括:国家水政策目标及实现途径、水的控制和主权权利、用水权的取得、有关水源和用水的禁令、用水优先权、用水条件、水害的防止、水事裁判、用水户参与管理、水资源管理、用水新技术的审查和批准等。

综观世界各国水法,大致归纳为两种类型:一类是以英、法等欧洲一些国家为代表,制定一个基本水法,内容包括水资源开发、管理、保护等方面的基本政策;此外,还制定有专项法规,如英国1973年水法,规定了水务局的设置、职能及水管理任务等。另一类是以美国、日本等国家为代表,根据水资源利用和管理的需要制定针对各种目的的法规,但没有一个基本水法。如美国水工程的规划、拨款、建议和管理都通过立法确定。自1824年国会批准第二个有关水的法规《河道和港口法》至1983年里根政府批准的《水土资源开发利用研究的经济与环境原理和指南》,其间共制定有关水的法规数十个。日本著名的水法有《河川法》《特定多目标法》《水资源开发促进法》《水污染防治法》等。

国外文献概括了国际水资源立法的情况:(1)水法的现代化趋势、现代水资源利用和管理中的新成果、新矛盾的解决等,不断反映在水资源立法中。(2)根据需要多方面立法。实践表明,由于水资源利用和管理的复杂性,不论有无基本水法,都需要制定多方面的水法规。(3)水法,包括基本水法,既要保持相对稳定,也要适时修改过时的条款。

(三)国外水法立法的经验

1. 欧盟水法体系

欧盟水事立法的集大成者是2000年12月欧洲议会通过的《水框架指令》,它解决了欧盟水事立法分散的问题。根据《水框架指令》第1条规定[1],《水框架指令》致力于保护和改善水环境(包括地表水和地下水),重点通过具体的措施来停止或逐步停止优先污染物质的释放、排放和扩散。《水框架指令》提供了一种综合性管理的方法,一方面致力于避免污染,另一方面致力于促进可持续和公平的用水。[2] 根据《水框架指令》,欧盟将境内的所有河流划分为128个流域区,其中跨越国家边界的流域区有49个[3],要求成员国将其境内的所有流域都划归为某一流域区(river basin district),并提供必要的制度支持(包括建立相关行政机构),国际河流则通过成员国之间的合作来共同管理。《水框架指令》为欧盟所有成员国在水事法律政策方面采取一体化的行动建立了综合性的法律框架。

2. 荷兰水法体系

在荷兰,不论社会和行政环境发生什么样的改变,水资源管理的需求及其管理的有效法律规则体系构成一个持久的因素。[4] 2009年12月22日,荷兰综合性的《水法》生效。《水法》起草与通过的主要原因之一是需要一套充分、现代和强有力的工具从法律上实现水系统的综合管理[5],为此《水法》整合了8部水资源管理

---

〔1〕《水框架指令》第1条目的是构建一个能够保护内陆地表水、过渡性水域、沿海水域和地下水的框架,通过这种方式保护水生态系统,确保相关用水需求,防止那些直接依赖于水生态系统的陆地生态系统和湿地的进一步恶化,并改善其现状,通过对现有水资源的长期保护来促进水的可持续利用。

〔2〕参见[荷]Marleen van Rijswick、Herman Havekes:《欧盟与荷兰水法》,徐彤、戴莉萍译,武汉大学出版社2021年版,第20页。

〔3〕See Jager N. W. et al., *Transforming European Water Governance*? Participation and River Basin Management under the EU Water Framework Directive in 13 Member States, Water, 2016, p. 156.

〔4〕参见[荷]Marleen van Rijswick、Herman Havekes:《欧盟与荷兰水法》,徐彤、戴莉萍译,武汉大学出版社2021年版,第93页。

〔5〕See Hoofdlijnennotitie integratie waterwetgeving, Parliamentary Proceedings Ⅱ (Kamerstukken Ⅱ) 2004/05, 29 694, nr. 1 and Commissie van Advies inzake de Waterstaatswetgeving (Advisory Committee on water legislation), Die op water is moet varen..., Den Haag 2002 as well as Commissie van Advies inzake de Waterstaatswetgeving, Voorontwerp Waterwet: voldoende waarborgen voor een duurzaam en samenhangend watersysteembeheer?, Den Haag 2005.

法律。[1] 综合《水法》及其相关附属法规和实施细则的生效,终止了每项水任务都有其专门法规的高度碎片化的立法模式。[2]

3. 澳大利亚水法体系

墨累—达令河是澳大利亚最大的水系,也是澳大利亚唯一发育完整的水系,因此澳大利亚的水事立法主要是围绕墨累—达令流域水资源的利用和管理展开。2007 年,澳大利亚制定《水法》,对墨累—达令流域的水资源利用与管理进行流域综合管理统一立法。这项立法标志着墨累—达令流域由原来的主要依托各州的分散化立法转为强化联邦权力的流域统一立法,通过流域计划来统一流域内各州的水计划,要求流域内所有地表水和地下水都本着国家利益原则统一管理,优化经济、社会和环境结果。同时,通过《水法》确保《拉姆萨尔湿地公约》等国际公约在澳大利亚得到实施。

4. 日本水法体系

日本由于国土面积狭小,河川短小,其流域管理主要通过中央层面的立法来调整。19 世纪末,日本河流立法的主要目的是防洪。1964 年 7 月 10 日,日本颁布《河川法》,确立了日本的水资源开发利用与管理基本制度,是日本水法体系中的基本法。由于《河川法》等并未将地下水纳入国家和各级政府的管理监督范围内,日本政府认为急需制定相关法律保护包括地下水在内的水循环全过程,并规定土地所有人的责任,防止外国资本收购水源地进行水资源的过度开发。为此,2014 年 3 月,日本通过了《水循环基本法》,其立法目的在于以流域为单元对河流进行综合管理,维持河流水体的正常功能,并在国土整治和开发方面发挥应有作用,以维持公共安全、增

---

[1] 《地表水(污染防治)法》《海水(污染防治)法》《地下水水法》《水资源管理法》《土地围垦与滩涂法》《防洪结构法》;与水有关的《公共工程(管理)法》《水与公共工程管理法》。

[2] The Water Act was published in Bulletin of Acts, Orders and Decrees (Stb) 2009, 490, the Water Decree in Bulletin of Acts, Orders and Decrees (Stb) 2009, 548 and the Water Regulations in the Official Gazette (Stcrt.) of 17 December 2009, 19353. The Invoeringswet Waterwet [Water Act (Implementation) Act] was published in Bulletin of Acts, Orders and Decrees (Stb) 2009, 489; the Invoeringsbesluit Waterwet (Decree implementing the Water Act) in Bulletin of Acts, Orders and Decrees (Stb) 2009, 535 and the InvoeringsregelingWaterwet (Regulations implementing the Water Act) in de Official Gazette (Stcrt.) of 21 December 2009, 19723. Also of importance are the Decree of the State Secretary of Public Works and Water Management amending ministerial decrees with a view to the introduction of the Water Act [Official Gazette (Stcrt) 21 December 2009, 19702], the Decree of the State Secretary of Public Works and Water Management amending policy rules, circulars and other policy documents with a view to the introduction of the Water Act [Official Gazette (Stcrt.) 21 December 2009, 19704], the Decree of 23 November 2009 establishing the time the provisions of the Water Act (Implementation) Act etc. would come into effect [Bulletin of Acts, Orders and Decrees (Stb) 2009, 491] and the Decree of 10 December 2009 establishing the time the provisions of the Water Act, the Water Act (Implementation) Act, the Water Decree and the Decree implementing the Water Decree would come into effect [Bulletin of Acts, Orders and Decrees (Stb) 2009, 549].

进公共福利。[1]《水循环基本法》更新与丰富了流域管理的内涵，强调要从流域的整体出发考虑水循环过程及其产生的影响，规定国家必须进行流域综合的、一体化的管理。[2] 此外，日本还制定了《工业用水法》《上、下水道法》《特定多功能水库法》《水资源开发促进法》《公害对策基本法》《水污染防治法》等多部涉水法律，与《河川法》共同组成完善的水法体系，为流域管理提供法律保障。[3]

从以上四个国家和地区的水法体系来看，共同特征在于：一是均具有水事活动基础法。无论是欧盟的《水框架指令》，还是荷兰的《水法》等，都在不同层面整合了以单项水事务立法的法律规范，而澳大利亚的《水法》则整合了相关各州的分散性水法规范。二是水法体系的客体都涵盖了水资源、水环境、水生态、水工程等内容，并不局限于单一的水资源或者水工程客体上。

根据1976年国际水法协会在委内瑞拉首都加拉加斯召开的"关于水法和水行政第二次国际会议"和1977年在阿根廷的马德普拉塔召开的第三次关于水法体系的研究讨论会的内容，国际上公认的水法体系主要包括如下方面的法律：第一，综合性的水法，即水事基本法，包括水利、保护水资源、水权、水害防治等内容；第二，水(资源)利用法；第三，水利法；第四，水运法；第五，水能法；第六，水污染防治法；第七，水资源保护法；第八，水害防治；第九，特殊水体法；第十，其他与水开发、利用、保护有关的法律。[4] 可见，水法体系是一个逻辑严密和序列合理的体系，在这个体系中首要的是制定综合性的水法，即水事基本法。

二、中国古代水利法制的发展

中国是一个农业大国，中华民族兴修水利的实践可以追溯到大禹治水。此后，在漫长的封建社会中，由于治水的成败直接关系王朝的治乱兴衰，因而受到历代统治者的重视。例如，早在西汉时根据倪宽表奏而由政府下达的"水令"，以及唐朝时颁布的《水部式》，都可以说是我国古代探索与完善水利法制的典范。而这些规章和法令的出台，在治水的过程中曾经发挥了重要的作用，同时也逐渐发展形成了我国古代独树一帜的水利法制体系。我国水法治建设的发展变迁、演进，在不同的历史阶段有不同的内容，如古代水法主要以漕运、灌溉和防洪为主要内容。水利法规随着经济和社会的进步而产生、发展，先有习惯法，后有成文法。

（一）春秋战国时期水事法令

由于历史记载资料所限，水事法规追溯至西周。《春秋谷梁传》关于诸侯反对以

---

〔1〕 参见刘登伟、常远：《日本〈水循环基本法案〉分析及对我国启示》，载《水利发展研究》2017年第1期。

〔2〕 内閣官房水循環政策本部事務局. 地域ブロック説明会資料：水循環基本法水循環基本計画，载https://www.mhlw.go.jp/file/06－Seisakujouhou－10900000－enkoukyoku/0000133383.pdf.

〔3〕 See GIMENEZ-SANCHEZ M. The Implementation of the WFD in France and Spain: Building up the Future of Water in Europe, Victoria BC: University of Victoria, 2010, p. 61.

〔4〕 参见徐金海：《水政治、水法与水法体系建设》，载《水利发展研究》2012年第9期。

邻为壑的盟约，有“壹明天子之禁”即申明周天子禁令的记载。春秋战国时期，各诸侯国竞相修筑堤防，修渠灌田，沟通江河，发展水利。依据季节节气指导农事活动的《礼记·月令》，起到行政法的效用，规定季春之月为“时雨将降，下水上腾”。秦国于武王二年(公元前309年)修订《田律》，律文有“九月，大除道及除浍；十月，为桥、修陂堤，利津隘”的条款。用法律的形式，规定一年之中动工疏浚渠道、整修或新修堤防、陂塘、桥梁的月份。

(二)秦汉隋唐宋水事法令

秦统一中国后——秦《田律》继续施行，如“春二月，毋敢砍伐材木山林及雍(壅)堤水”。

两汉法典中有专门的水事条文。“随时设防，退为肉刑”，反映了汉代严格保护堤防安全的立法思想。

隋朝重新统一了中国，结束了持续270多年南北割据对峙的局面。水事法规除了开皇四年(公元584年)发布的《开凿广通渠诏书》，几乎没有留下其他文献资料。唐代是中国封建社会的鼎盛时期，封建法律制度进入成熟阶段。国家的重大法典《唐律疏议》、《营缮令》和《唐六典》中列有水事条款，而且有单行的水利法规唐《水部式》与一些州府制定的灌溉工程专门法规。

唐代用法律确定水政管理制度。行政法典《唐六典》将全国江河分为3级，规定长江、黄河为大川，渭、洛、济、漳、淇、汉等江河为中川，其余1252条江河为小川。为了保证江河防洪安全，《唐律疏议》对“盗决堤防”罪(决堤取水供用，不论公私皆同罪)、“故决堤防”罪(除取水供用以外的作案目的)，按其造成后果处以杖刑、徒刑以至死刑。唐朝的法令还规定，不准在河滩地修小堤和盖房居住，以利于河道行洪；在修堤的同时，要求沿堤旁植树。唐代的水管理制定了专门法规唐《水部式》，为唐式33篇之一。现今见到的《水部式》虽为残卷，但其内容相当丰富。唐代一些州县也制定了地方水利管理法规。杭州刺史白居易离任前制定了钱塘湖四事，将西湖水利管理办法，立石告知后任者。襄州刺史王石为当地汉江渠堰立“水法”，又称为“水令”。唐代写本沙州《敦煌水渠》，其内容有各渠用水次序等的规定。《洪洞县水利志补》也保存有唐代渠规资料。

北宋在治河、农田水利改革这两个方面的立法上比唐代有了重大的进展。皇帝直接发布诏令，如沿河州府官吏兼本州河堤使、设置河堤判官、州官长吏上堤巡河、汛期沿河官吏职守、河防科夫岁修、沿河州县课民种榆柳、派禁军防护汴河堤防等，建立了河防制度。天圣二年(公元1024年)公布的《疏决利害八事》，是中国水利史上第一部较为系统的排涝法律。金代主要依据北宋形成的河防制度，制定了内容更为完整、系统的《河防令》。南宋水事立法，虽以农田水利为主，但其调整的对象涉及的范围宽，有些问题的立法思想比前代更为深刻。

（三）元明清时期水事法令

中国封建社会进入了后期，到了清朝，其法制形态是中国封建法制最完备的。元、明、清是国家大统一时期，定都北京，形成贯通南北的京杭运河。治理黄河与漕运相联系，为了保漕必须治黄，治黄的战略地位比以往的朝代更为提高。农田水利建设范围也更广泛。适应这种形势的需求，水事法规必然出现新的变化和发展。元初，曾颁行法律条款，并建立了相应的管理机构，推动了农桑水利的发展，还建立各行省、路、州县长官提调（掌管、监督之意）岁修，修筑堤堰的制度。

明代刑法典《大明律》，设《工律·河防》篇，并修订相应条例，惩处破坏江河堤防、圩岸陂塘、运河沿河湖堤及阻绝入运河泉源违反漕河禁令等犯罪行为，保护江河防洪、圩岸防洪安全、漕运河道畅通和陂塘蓄水灌溉。行政法典《大明会典》初步形成了大运河的管理法规。明代水利工程地方立法比前代有较大进展，陕西《通济渠水规》，山西《介休县水利条规》《太原县申明水利禁例公移》，河南《广济渠申详条款》等，是解决用水权、均水灌溉、计亩出夫、城市饮用渠水防止受污染等的文字规定。

清代法典集中国历代封建律令之大成，水事法规也是如此。水事法规是清代庞大的法律体系的组成部分。清代将水利建设分为河工（包括黄河、运河、京畿河流）、海塘、地方水利、长江江防、桥道、京城沟渠等方面，分别订立法规，涉及防洪、防海潮、排涝、灌溉、运河水源调蓄等领域。清代的《大清律例》在工律中的“冒破物料”“失时不修堤防”“侵占街道”“修理桥梁、道路”的律文分别订立了条例。行政法典《大清会典》《大清会典事例》具体规定了工部尚书、都水司郎中、河道总督、漕运总督的职责，清《工部则例》还编入运河疏浚、各湖水柜蓄水控制调节、各闸门启闭、漕船过闸等15项具体规定。

三、中华民国时期水利法制的主要内容

近代以来，随着我国社会结构的转型、法制近代化的启动，水利法制体系的发展也步入了新的阶段。清末开始了法律近代化的转型，公元17世纪，到华传教者先后带来了大量欧洲的水利技术、工法、器具等，成书于1612年的《泰西水法》（徐光启、熊三拔合作译著）对此进行了系统介绍。19世纪中叶以来，西方水利科技大量传入我国，有力促进了我国水利事业的现代化。

民国时期，特别是到了1942年，国民政府颁布了《中华民国水利法》，并以此为核心构建了一套比较完善的水利法制体系。可以说，民国时期的水利法是中国法律近代化的一个重要组成部分。民国水法体系首先吸收了西方近代水利法制的先进因素，如引入水权理论并以成文法的形式确立下来，作为水资源分配、利用的制度性依据；将兴利与除害结合起来，重视治水与国民经济建设相配合；依法解决各种水事纠纷等。本书资料翔实，论证充分，客观地分析和总结了国民时期水利法制建设的经验教训，可以为今天的水利法制建设及相关研究提供有益的借鉴。

四、中国现代水利法制的发展

从1957年《水土保持暂行纲要》颁布实施起，到2012年党的十八大召开，我国当代水利法制建设取得了很大的成绩，以我国水利法制建设的内容为标准，可以将其分为三个阶段。

（一）水利法制建设的萌芽阶段（1950～1979年）

1957年，国务院制订颁布了《水土保持暂行纲要》，专门对保护水资源防止水土流失做了规定。1959年颁布的《生活饮用水卫生规程》第一次确立了生活用水标准，同时还对水源的选择和水源保护区的污染防治做了规定。我国现代环境法起步并不算晚，我国早在1972年就参加了斯德哥尔摩人类环境会议，1973年国务院召开第一次环境保护工作会议，把环境保护提上了国家管理的议事日程，并颁布《关于保护和改善环境的若干规定（试行草案）》（以下简称《环保试行草案》）。《环保试行草案》是我国第一个有关环境保护的综合性法规，是后来《环境保护法》的雏形。同年颁布的《工业"三废"排放试行标准》是我国第一个综合性的污染物排放标准，其中对水污染物的排放第一次做了明确的规定。而1979年公布施行的《环境保护法（试行）》，颁布于改革开放初期，是在保障社会主义现代化建设的大背景下，实现自然环境合理利用、防治环境污染与生态破坏、营造宜居环境、保护人体健康、促进经济发展的目的。对防治污染的原则、制度、措施、法律责任等作了基本的规定，这些原则、制度、措施、法律责任同样适用于水污染防治。这一时期，我国处于高度计划经济时期，缺乏依法治国的理念，还几乎没有水资源的法律保障和水污染的法律防治的意识，因此，这一阶段属于我国水法治建设的萌芽阶段。

这一阶段水法治的特点表现为：一是没有完整的水资源保护观念和水污染法治理念，对水资源的保护主要是以防治水土流失为主，后期开始注重从医疗卫生的角度对水污染进行初步防治。但无论是水资源保护还是水污染防治的规定都处于比较零散的阶段，对开发利用水资源和水污染防治还没有形成系统的规制。二是从立法的表现形式上看，立法大都是行政法规、规章，原则性过强、操作性较差，不能被视为真正的水法治。三是当时颁布的一些法规，没有真正实施。[1]

（二）水利法制建设的创设阶段（1979～2000年）

1979年以后，我国环境资源法治得到迅速的发展，也带动了水法治建设。这一阶段成为实质意义上的我国现代水法治的创设阶段。这一阶段，水法治建设在水污染防治，水土保持，水资源开发利用和水生态的保护、水灾防止四个方面都有了相应的立法。

在水污染防治方面，1984年5月11日，第六届全国人民代表大会常务委员会第

---

〔1〕 参见金瑞林主编：《环境与资源保护法学》，北京大学出版社1999年版，第55页。

五次会议通过了《水污染防治法》,同年 11 月 1 日起施行。该法是防治淡水水体污染方面的综合性单行法。为了贯彻该法,国务院于 1989 年 7 月 12 日发布了《水污染防治法实施细则》,国家有关部门还发布了《地面水水质标准》和《污水综合排放标准》(1996 年)。这些法律、法规、标准的颁布施行,使我国的水污染防治工作取得了一定的成效。但是,进入 20 世纪 90 年代,随着我国经济的高速增长,水污染在总体上仍呈恶化的趋势,水污染防治领域出现了许多新情况和新问题。如 1984 年《水污染防治法》仅突出工业废水的污染控制,对城市生活污水、非点源污染防治和流域水污染控制等方面没有规定;原法的防治思想主要是建立在单一的点源治理、末端治理和浓度控制的基础上,而要有效地改善水环境质量则要求水污染防治向污染集中处理、生产全过程控制和污染物总量控制的方向转变。因此,第八届全国人民代表大会常务委员会第十九次会议于 1996 年 5 月 15 日通过了《关于修改〈中华人民共和国水污染防治法〉的决定》,并于同日公布施行。修改后的《水污染防治法》与原法相比较,共改动、增加了 23 条,由原来的 7 章 46 条修改为 7 章 62 条,增加的内容主要包括:按流域或者区域进行统一规划和防治;重点污染物排放的总量控制;城市污水进行集中处理和收取污水处理费;公众参与环境影响评价;推行清洁生产和对落后工艺、设备实行淘汰;加强对饮用水源的保护;制止乡镇企业污染;扩大环境保护行政主管部门监督管理职责和增设渔政监督管理渔业污染事故权限等。

在水资源开发利用和水生态保护方面,1988 年 1 月 21 日第六届全国人民代表大会常务委员会通过了《水法》,这是新中国的第一部水法。此外,与保护水资源有关的法规和规章相继颁行,有《违反水法规行政处罚暂行规定》(1990 年水利部发布)、《防汛条例》(1991 年国务院发布)、《取水许可制度实施办法》(1993 年国务院发布)、《河道管理条例》(1988 年国务院发布)及《城市节约用水管理规定》(1988 年 11 月原建设部发布)等。

在水土保持方面,1982 年国务院颁布了《水土保持工作条例》,1988 年经国务院批准,由水利部等发布了《开发建设晋陕蒙接壤地区水土保持规定》,1991 年全国人民代表大会常务委员会通过了《水土保持法》,1993 年国务院发布了《关于加强水土保持工作的通知》,同年又发布了《水土保持法实施条例》,1995 年国务院发布了《开发建设项目水土保持方案编报审批管理规定》,1996 年国务院发布了《关于治理开发农村"四荒"资源进一步加强水土保持工作的通知》等。另外,在防止水灾方面,1997 年制定颁布了《防洪法》等法律、法规。

(三)水利法制建设的发展完善阶段(2000 ~ 2012 年)

面对 21 世纪我国经济社会发展的战略目标,水资源问题已成为我国实施可持续发展战略过程中必须认真解决的重大问题。水法治建设在此新背景下开始发展完善。首先,2002 年 8 月 29 日第九届全国人民代表大会常务委员会第二十九次会议通过了《水法》修订案，对《水法》作了较大的修改：一是强化了水资源的统一管理，注重了水资源的宏观配置，发挥了市场在水资源配置中的作用；二是把节约用水和水资源保护放在了突出位置，提高了用水效率；三是加强了水资源开发、利用、节约和保护的规划与管理，明确了规划在水资源开发利用、节约、保护中的法律地位，强化了流域管理；四是适应水资源可持续利用的要求，通过合理配置水资源，协调好生活、生产和生态用水，特别是要加强水资源开发、利用中对生态环境的保护；五是适应依法行政的要求，强化了法律责任。其次，2008 年 2 月 28 日我国修订了《水污染防治法》，修订后的《水污染防治法》增加了 30 条，即由原法的 62 条增加到 92 条，章节设置更合理更科学。该法充分体现了预防为主的思想，对城镇、农业和农村、船舶水污染进行了实质的控制，增加了政府责任、强化了有关制度、关注农业农村水污染防治、突出了水污染事故应急制度；明确违法界限，严格了法律责任，加大违法排污处罚力度，扩大了处罚对象、提高了处罚标准，赋予了环保部门更多的处罚手段和权力，操作性更强，使我国水法治建设工作达到了一个新的高度。

这一阶段水法治建设的特点：一是不仅考虑到制度的设立，同时也考虑到制度的运行，法律的操作性更强；二是水污染防治和水资源开发利用规章制度开始融合，注重开发中的水生态环境保护和水污染的防治；三是管理制度转型，即由过去单一的命令控制手段向命令控制、行政诱导、经济刺激和公众参与转变；四是加强了生态环境保护的成分；五是开始重视水资源保护中的企业和公民财产权。

至此，我国已经初步建立了水资源管理的法律体系和管理体制，包括《水法》、《水污染防治法》、《水土保持法》和《防洪法》4 部法律、20 部行政法规、160 多部地方性法规和 90 多件水利部等部门规章、170 多件地方政府规章，为水资源的开发利用、保护管理及水利建设提供了良好的法治基础，使各项水事活动基本实现有法可依。此外，还有《农业法》、《森林法》、《土地管理法》和《矿产资源法》等。我国形成了一个相对完备的水法律体系。

第四节　我国水安全法治发展

习近平总书记强调，一个现代化国家必然是法治国家。法治是国家强盛的重要标志，展示着现代国家的核心竞争力和国泰民安的社会风貌。在水利法治工作中，必须坚持我国法治建设的社会主义性质，遵循中国法治现代化的基本要求、围绕中国法治现代化的战略定位和目标要求，推动水利法治建设走上现代化，实现水利领域的良法善治。

一、水利法治建设的指导思想

"法制是制度，法治是理念"〔1〕，法制是法律制度从无到有的过程，而法治是构建法律制度、运行法律、实施法律、依法行动、遵行法律的过程，是依法行为理念深入人心的过程。通过立法程序，以书面形式表现出来的法律、法规等行为规范，要真正落实在法律主体的行为中，使法律主体依法活动，仅有法律制度的构建是不行的，还需要执法、司法制度的安排，需要法律意识的提升。"有法律不等于有法治"〔2〕。

（一）中国特色社会主义法治体系的提出

2014 年 10 月 23 日，党的十八届四中全会通过《中共中央关于全面推进依法治国若干重大问题的决定》，决定提出"全面推进依法治国，总目标是建设中国特色社会主义法治体系，建设社会主义法治国家"。2020 年 11 月 16 日至 17 日，在中央全面依法治国工作会议上，党中央正式明确提出"习近平法治思想"。习近平同志在会上发表了以"十一个坚持"为主要内容的重要讲话。习近平总书记全面总结了党的十八大以来法治建设取得的显著成就，系统阐述了新时代中国特色社会主义法治思想，科学回答了中国特色社会主义法治建设一系列重大理论和实践问题，深刻阐明了新时代全面依法治国的政治方向、重要地位、工作布局、重点任务、重大关系、重要保障等重大理论和实践问题。

（二）中国特色社会主义法治体系的组成

"建设中国特色社会主义法治体系"是习近平法治思想具有原创性、时代性的概念和理论。习近平总书记指出，建设中国特色社会主义法治体系就是"在中国共产党领导下，坚持中国特色社会主义制度，贯彻中国特色社会主义法治理论，形成完备的法律规范体系、高效的法治实施体系、严密的法治监督体系、有力的法治保障体系，形成完善的党内法规体系"。中国特色社会主义法治体系的五大体系相辅相成、相互促进，推进全面依法治国，必须抓住中国特色社会主义法治体系这个总抓手，加快形成完备的法律规范体系、高效的法治实施体系、严密的法治监督体系、有力的法治保障体系，形成完善的党内法规体系，不断开创全面依法治国新局面。

2020 年 12 月 7 日中共中央印发《法治社会建设实施纲要（2020—2025 年）》2021 年 1 月 10 日印发《法治中国建设规划（2020—2025 年）》，2021 年 8 月 11 日中共中央、国务院印发《法治政府建设实施纲要（2021—2025 年）》。"一规划两纲要"集中体现了习近平法治思想的工作要求和实践意义，正在对全面依法治国、建设法治中国发挥着科学引领和制度保障的重大作用。中国特色社会主义法治体系是涉及法律规范、法治实施、法治监督和法治保障等各个方面动态的法治运行体系。"建设中国特色社会主义法治体系"的提出，标志着我国法治建设的重心从"民主法制建

---

〔1〕 江平：《市场自治权应该得到公权尊重》，载《读书》2010 年第 8 期。

〔2〕 江平：《市场自治权应该得到公权尊重》，载《读书》2010 年第 8 期。

设”转变为“法治国家建设”，法治建设的目标从“有法可依”转变为“良法善治”。

（三）中国特色社会主义法治体系的目标

《法治中国建设规划（2020—2025年）》充分体现了习近平法治思想对法治中国建设宏伟蓝图的擘画。建设法治中国，应当实现法律规范科学完备统一，执法司法公正高效权威，权力运行受到有效制约监督，人民合法权益得到充分尊重保障，法治信仰普遍确立，法治国家、法治政府、法治社会全面建成。到2025年，党领导全面依法治国体制机制更加健全，以宪法为核心的中国特色社会主义法律体系更加完备，职责明确、依法行政的政府治理体系日益健全，相互配合、相互制约的司法权运行机制更加科学有效，法治社会建设取得重大进展，党内法规体系更加完善，中国特色社会主义法治体系初步形成。到2035年，法治国家、法治政府、法治社会基本建成，中国特色社会主义法治体系基本形成，人民平等参与、平等发展权利得到充分保障，国家治理体系和治理能力现代化基本实现。

（四）习近平法治思想是水利法治建设的指导思想

1.“十六字”治水思路是习近平法治思想在治水领域的集中体现

党的十八大以来，党中央、国务院高度重视水安全保障工作。习近平总书记站在全局和战略的高度，深刻洞察我国国情水情，深刻分析经济社会发展大势，多次就治水兴水发表重要论述。2014年3月，习近平总书记明确提出“节水优先、空间均衡、系统治理、两手发力”的治水思路，强调水安全是涉及国家长治久安的大事，赋予治水全新内涵，水安全上升为国家战略；继长江经济带发展战略之后，提出黄河流域生态保护和高质量发展战略等国家“江河战略”；2021年5月14日，习近平总书记在河南南阳主持召开推进南水北调后续工程高质量发展座谈会并发表重要讲话，这些都为新时期治水工作提供了基本遵循和科学指南。

“十六字”治水思路是习近平总书记关于治水系列重要讲话的思想主线，是逻辑严密的治水理论体系，是新发展理念在治水领域的集中体现。“十六字”治水思路既是实践经验的总结，也是思想理论的发展，对推进中华民族治水兴水大业具有重大而深远的意义。涉水权益是人民群众的基本权益，涉水安全是公共安全的重要内容。在加快构建国家水安全保障体系过程中，必须大力推进水法治建设。

2.习近平总书记治水重要论述是水利法治高质量发展的指导思想

习近平总书记指出：“治水也要统筹自然生态的各要素，不能就水论水。要用系统论的思想方法看问题，生态系统是一个有机生命躯体，应该统筹治水和治山、治水和治林、治水和治田、治山和治林等。”[1]党的二十大报告要求坚持山水林田湖草沙

---

〔1〕 2014年3月14日习近平在中央财经领导小组第五次会议上的讲话。转引自《让绿水青山造福人民泽被子孙——习近平总书记关于生态文明建设重要论述综述》，载《人民日报》2021年6月3日，第1版。

一体化保护和系统治理,统筹水资源、水环境、水生态治理,推动重要江河湖库生态保护治理。治水的综合性、系统性要求水法治建设的综合性、系统性。水资源管理、水生态环境保护、水工程建设管理、水旱灾害防御、流域治理管理等治水各项工作都应纳入水法治建设,通过建立完善法治体系,以法治途径、法治手段、法治措施提升治水的能力和水平,推进治水事业现代化、法治化。

深刻领会习近平总书记治水重要论述的核心要义,对标现代化强国建设需要、国家重大战略发展需求、人民群众对高品质生活需要,以统筹协调系统性根本性地解决水灾害、水资源、水生态、水环境等问题为导向,以全面提升水安全保障能力为目标,围绕保障防洪安全、供水安全、生态安全、粮食安全等需要,建立完善中国特色社会主义水利法治体系。

在水利法治体系建设中,以习近平法治思想为指导,对标中国特色社会主义法治体系即"完备的法律规范体系、高效的法治实施体系、严密的法治监督体系、有力的法治保障体系,形成完善的党内法规体系"的建设要求,围绕服务和支撑水利改革与发展,紧紧跟随水利现代化的发展步伐,按照现代化的标准和要求找准差距和不足,增强发展动力,推动水利法治高质量发展。

二、水安全法治体系建设的现状

我国改革开放的前期,是法律制度的构建期,是创建法制的过程,而后期(这一过程还在持续)重点是法治秩序的构建过程,目的是使法律制度真正运转起来,使法治意识深入人心,使政府依法行政、使公民依法维权。我国水法治建设在前一阶段的建设基础上,开始重视法律运行和法律实施,特别是操作性的强化,这是一大趋势,并且这一趋势在不断地延展。

党的十八大以来,习近平总书记从保障水安全的战略高度,重视水法规和制度建设,对长江、黄河保护立法等作出明确指示,对全面推行河长制湖长制、建立水资源刚性约束制度等提出明确要求。落实中央决策部署,我国水法规建设取得了长足进步。水利立法进程明显加快,《南水北调工程供用水管理条例》《农田水利条例》《长江保护法》《地下水管理条例》《黄河保护法》等涉水法律法规颁布施行,水法规制度体系不断健全,为实现水利精细化、规范化、法治化管理提供了有力保障。

(一)水安全法律法规比较完备

1978 年,十一届三中全会提出"有法可依,有法必依,执法必严,违法必究"的法制建设方针。第一句便开宗明义地提出要"有法可依",这一主张完全符合当时的中国实际。经过多年的努力,中国特色社会主义法律体系已经形成,总体上解决了"有法可依"问题。

涉水法律有不同的称谓并属于不同的类别,如水法、水资源法、水污染防治法。对于水法律体系而言,本书认为其应是由有关水的法律规范所组成的体系,应包括水污染防治法、水资源开发利用和水生态保护法、水土保持法、水害防治法等。水安全法律是指涉及调整有关水事活动的法律规范的总称,即规范防治水害与水污染,减少水资源赤字,明确公民水权,健全国家水资源安全管理,推动水资源安全有关的法律法规。基础性法律主要包括《宪法》《民法典》《环境保护法》《海洋环境保护法》《刑法》等法律。

1. 水安全基础性法律

《宪法》第 9 条第 2 款规定:“国家保障自然资源的合理利用,保护珍贵的动物和植物。禁止任何组织或者个人用任何手段侵占或者破坏自然资源。”第 26 条规定:“国家保护和改善生活环境和生态环境,防止污染和其他公害。”宪法这两条共同构成了环境基本国策,是从国家管理的角度对自然资源和环境保护进行规定,但侧重的是对环境问题监管的责任以及公民的环境义务,并没有将环境权纳入公民的基本权利体系。

1999 年《土地管理法》第 38 条规定:“国家鼓励单位和个人按照土地利用总体规划,在保护和改善生态环境、防止水土流失和土地荒漠化的前提下,开发未利用的土地;适宜开发为农用地的,应当优先开发成农用地。国家依法保护开发者的合法权益。”《海洋环境保护法》第 114 条第 2 款规定:“对污染海洋环境、破坏海洋生态,给国家造成重大损失的,由依照本法规定行使海洋环境监督管理权的部门代表国家对责任者提出损害赔偿要求。”《民事诉讼法》第 58 条关于公益诉讼的规定:“对污染环境、侵害众多消费者合法权益等损害社会公共利益的行为,法律规定的机关和有关组织可以向人民法院提起诉讼。”我国《刑法》第六章第六节用 9 个条款规定了破坏环境资源保护的相关犯罪,但大多是出于对自然资源的保护利用,对具体的公民环境权益保护规定的较少。

2014 年 4 月 24 日第十二届全国人民代表大会常务委员会第八次会议审议通过了新修订的《环境保护法》。新法于 2015 年 1 月 1 日起施行。《环境保护法》第 1 条表明其立法目的,即“为保护和改善环境,防治污染和其他公害,保障公众健康,推进生态文明建设,促进经济社会可持续发展”。第 64 条规定:“因污染环境和破坏生态造成损害的,应当依照《中华人民共和国侵权责任法》的有关规定承担侵权责任。”第 69 条规定:“违反本法规定,构成犯罪的,依法追究刑事责任。”《侵权责任法》第 65 条规定:“因污染环境造成损害的,污染者应当承担侵权责任。”

2020 年 5 月 28 日第十三届全国人民代表大会第三次会议表决通过了《民法典》,就生态环境资源保护作出了若干新规定。《民法典》中生态环境保护相关条款:第一编总则的基本规定中民事主体在从事民事活动中,应该有利于节约资源和保护生态环境。第二编物权之所有权中规定业主的相关行为应当符合节约资源、保护生态环境,违反的可以请求停止侵害、排除妨碍、消除危险、恢复原状、赔偿损失。第二编物权之用益物权中规定用益物权人行使权利,应当遵守法律有关保护和合理开发利用资源、保护生态环境的规定。第三编合同之典型合同中规定应当使用保护生态环境的包装式。重点是第七编侵权责任中第1229条规定污染环境、破坏生态应该承担侵权责任。第1230条规定举证倒置责任，即行为人应当就法律规定的不承担责任或者减轻责任的情形及其行为与损害间不存在因果关系承担举证责任。第1231条对于多个侵权人的责任划分依据其损害轻重划分责任。第1232条规定可以要求惩罚性赔偿。第1233条规定可以向第三人追偿，这里是指因第三人过错污染环境的。第1234条侵权人应当承担生态修复责任，对逾期未完成修复的，规定可以由国家规定机关或是法律规定的组织自行或是委托他人进行修复，所需的费用由侵权人负担，解决了久拖不决的问题。第1235条规定了公益诉讼的赔偿范围。这里重点明确了生态环境受到损害至修复完成期间服务功能丧失导致的损失属赔偿范围。

2. 水安全专门法律

新中国成立以来随着国家治水事业发展，中央和地方陆续制定一些水法规，发挥了积极作用，但总体上水法治建设长期薄弱。改革开放以来，党和国家日益重视社会主义法制，水法治建设逐步加强，1984年《水污染防治法》（1984年发布，1996年修正，2008年修订，2017年修正）、1988年《水法》（1988年发布，2002年修订，2009年修正，2016年修正）、1991年《水土保持法》（1991年发布，2009年修正，2010年修订）、1997年《防洪法》（1997年发布，2009年修正，2015年修正，2016年修正）构成水法治体系的基本框架。2020年《长江保护法》、2022年《黄河保护法》进一步丰富完善水法治体系。

3. 水安全行政法规规章

国务院制定多部行政法规：《地下水管理条例》（2021年）、《农田水利条例》（2016年）、《南水北调工程供用水管理条例》（2014年）、《长江三峡水利枢纽安全保卫条例》（2013年）、《太湖流域管理条例》（2011年）、《抗旱条例》（2009年）、《水文条例》（2007年发布，2013年修订，2016年修订，2017年修订）、《黄河水量调度条例》（2006年）、《大中型水利水电工程建设征地补偿和移民安置条例》（1991年发布，2006年发布，2013年两次修订，2017年修订）、《取水许可和水资源费征收管理条例》（2006年发布，2017年修订）、《长江河道采砂管理条例》（2001年发布，2023年修订）、《长江三峡工程建设移民条例》（1993年发布，2001年发布，2011年修订）、《蓄滞洪区运用补偿暂行办法》（2000年）、《淮河流域水污染防治暂行条例》（1995年发布，2011年修订）、《城市供水条例》（1994年发布，2018年修订，2020年修订）、《水土保持法实施条例》（1993年发布，2011年修订）、《防汛条例》（1991年发布，2005年修订，2011年修订）、《水库大坝安全管理条例》（1991年发布，2011年修订，2018年修订）、《城市节约用水管理规定》（1988年）、《河道管理条例》（1988年发布，2011年修订，2017年两次修订，2018年修订）。

4. 水安全部门规章

此外,还有大量部门规章:《水行政处罚实施办法》(2023 年)、《水效标识管理办法》(2017 年)、《水权交易管理暂行办法》(2016 年)、《水行政许可听证规定》(2006 年)、《水行政许可实施办法》(2005 年)、《水政监察工作章程》(2000 年发布,2004 年修正)、《水利部行政复议工作暂行规定》(1999 年发布,2017 年修正)、《饮用水水源保护区污染防治管理规定》(1989 年发布,2010 年修正)等 62 部部门规章。各地也普遍重视和加强水法治建设,制定许多地方性法规和地方政府规章。

目前具有水生态安全维护功能的中国国内水法已经逐步建立起来。我国的水法治自 1957 年《水土保持暂行纲要》颁行开始,形成以《水法》为核心,包括 6 件法律、20 件行政法规、62 件部门规章和 1000 余件地方性法规规章的水法规体系,为水利改革发展提供了重要支撑。这一体系从我国国家层面而言主要包括四大子体系,即水污染防治法体系、水资源开发利用和水生态保护法体系、水土保持法体系、水害防治法体系。

(二)水安全专项基础性法律法规缺位

我国现行水法体系中通常所称的"涉水四法",指的是《水法》《水污染防治法》《防洪法》《水土保持法》,是将水的生态功能和经济功能分而治之。而我国现行水法体系中恰恰缺少了水基本法的存在,这也是导致水事立法碎片化现象存在的重要原因之一。

1987 年,时任水利电力部部长的钱正英在《关于〈中华人民共和国水法(草案)〉的说明》中论述"建立我国的水法体系"时指出:"水法是新中国第一部水的基本法。"1988 年《水法》被定位为"水基本法",这点在其立法说明[1]、条文设计中均有体现。但是这一定位在 2002 年《水法》修订时被打破。"本着进一步加强水资源管理,突出节约用水,强化水资源的合理配置和保护,促进水资源的综合开发、利用,健全执法监督机制的原则",国家对 1988 年《水法》进行了"较为全面的修改",修订后的《水法》被定位为"水资源管理方面的基本法律"。这种转变无疑是一种实用主义路线,它契合了我国所面临的水资源短缺、洪涝灾害频繁、水环境恶化等问题对法律制度的紧迫需求。将《水法》修订为水资源管理专项法,与《防洪法》《水污染防治

---

[1] 1987 年《关于〈中华人民共和国水法(草案)〉的说明》中强调:"在协调小组审议时,大家认为从立法体系来说,亟须有个统管全局的水的基本法,以调整水资源的开发利用和防治水害等有关活动。这个基本法的内容应该全面一些。条文应该原则一些。经征求各地意见,大家都同意这个基本法应叫水法。国务院法制局再次征求有关部门意见时,有的单位建议可否改为水资源法,将防洪和水工程管理内容删去。我们考虑,我国水资源 70% 由洪水组成,需经工程调节,才得以利用;防洪又是关系国家全局的大事,如果删去这部分内容,即使叫《水资源法》,也很不全面;目前世界各国趋于统称水法,英国 1963 年制定水资源法,1973 年修订后改为水法。最近,经我们再次研究,仍定名为《水法》。"

法》《水土保持法》作为涉水的专项法律以解决水问题，极大节约了立法资源，提高了管水治水效率。

马克思说："立法者应该把自己看作一个自然科学家。他不是在创造法律，不是在发明法律，而仅仅是在表述法律，……如果一个立法者用自己的臆想来代替事物的本质，那么人们就应该责备他极端任性。"[1]《水法》不应再局限于水资源管理法的定位，而应该将其定位为水事活动的基础性法，回归最初《水法》制定的初心。在水法体系中制定水事活动的基本法律，对水事活动应遵循的指导思想、基本原则、基本制度、法律责任等进行统一规定，解决水法体系整体性、系统性缺乏的问题。应该将我国《水法》修订成为规范水事活动的基本法，承担起确保水量、水质安全的所有职能，而《水污染防治法》《防洪法》《水土保持法》则分别是关于水质保护、防洪和水土保持的专门法，应当是在《水法》基础上制定和实施的。

与水利领域改革发展立法需求相比，现行水法规体系尚不完备，国家层面节约用水、水生态保护修复等方面的法规尚未出台，水资源管理、河湖管控、水生态保护、水利工程建设与运行管理等领域制度还需完善，一些法律法规存在制度措施空白，有的法律法规存在责任过轻、制度威慑力不够问题。要及时修订水法等基础性法律法规，加快出台节约用水条例、河道采砂管理条例等法规，完善长江保护法、黄河保护法等配套制度，进一步健全水旱灾害防御、水资源管理和优化配置、江河治理和水生态保护、水利工程建设与运行管理等制度规定，形成更加系统完备、科学规范、运行有效的水法规体系，切实满足水利治理的工作需要。

（三）水安全法律法规融合性不强

党的二十大报告提出"推进科学立法、民主立法、依法立法，统筹立改废释纂，增强立法系统性、整体性、协同性、时效性"。要提高水利立法质量和效率，增强立法的系统性，提高法律、法规、规章等各层次立法的协同性，完善水法规体系。

由于我国水安全立法在历史上客观存在部门立法的现象，污染防治立法由环境保护部门主导，而自然资源立法和生态保护立法由各个资源部门主导，形成了多级别、多层次的立法现状。系统相对独立，融合性不强，在管理体制上不统一，特别是水污染防治法和水资源开发利用的规制相分离，主要强调水资源的开发利用，同时重水资源管理，忽视水生态环境和生态系统的保护等存在不少问题，法律之间的整体架构的问题的日渐凸显，需要运用体系化的方法来讨论法律体系的科学建构。各级各类水法律规范涉及多层级、多机关、多法律关系，而各种规范的出台背景、价值取向、核心内容、制度体系缺乏协同，各种权利间的关系因为缺乏必要统筹，也不可能有清晰且完整的界定，这就必然导致诸多法律冲突现象。譬如，《水法》第 40 条规

[1] 马克思、恩格斯：《马克思恩格斯全集》（第 1 卷），中共中央马克思恩格斯列宁斯大林著作编译局编译，人民出版社 1995 年版，第 347 页。

定了“禁止围湖造地”，并在第66条规定了由有关主管部门“责令停止违法行为，限期清除障碍或者采取其他补救措施，处一万元以上五万元以下的罚款”的法律责任。《渔业法》第34条规定了“禁止围湖造田”，但却没有规定任何违法责任。《湿地保护法》在第28条规定了“禁止开(围)垦湿地”，并在第54条对开(围)垦自然湿地的违法行为规定“由县级以上人民政府林业草原等有关主管部门按照职责分工责令停止违法行为，限期修复湿地或者采取其他补救措施，没收违法所得，并按照破坏湿地面积，处每平方米五百元以上五千元以下罚款；破坏国家重要湿地的，并按照破坏湿地面积，处每平方米一千元以上一万元以下罚款”。相比之下，《湿地保护法》的处罚力度要比《水法》严厉很多。众所周知，在我国许多湖泊同时也是湿地，“围湖造地”“围湖造田”“围垦湿地”实质上是同一行为，但因为这3部法律规定的不一致或者矛盾冲突，使得实施效果大打折扣。

三、贯彻科学立法完善水安全法律法规

(一)水安全立法要坚持立良法

党的十八大提出“科学立法、严格执法、公正司法、全民守法”。这16字是中国新时期依法治国的“新十六字方针”，也是法治中国建设的衡量标准。尽管2011年吴邦国委员长已经宣布中国特色社会主义法律体系已经建成[1]，但是法律要与时俱进，同时在立法的时候不仅要完备，关键要科学。始终坚持科学民主依法立法，加快完善系统完备的水利法律法规体系。依法治国、建设法治国家所依赖的法律必须是良法，是承载一定价值共识的法律，只有彰显价值共识的法治才能得以顺畅运行。

坚持良法善治，是水利法治建设必须努力追求的价值目标。习近平总书记指出，人民群众对立法的期盼，已经不是有没有，而是好不好、管用不管用、能不能解决实际问题；不是什么法都能治国，不是什么法都能治好国；越是强调法治，越是要提高立法质量。水利法治建设，必须将良法善治作为价值追求，构建善待自然、善待弱势群体、善待社会、可持续发展的水法规体系，把社会主义核心价值观贯穿水利法治工作各环节，努力使每一项立法都符合宪法精神、反映人民意愿、得到人民拥护；坚持严格执法，弘扬真善美，惩恶扬善，努力打造涉水领域良好的风尚和秩序，让良法善治在水利领域得到体现和强化，为“中国之治”添砖加瓦。

---

[1] 2011年3月10日，第十一届全国人民代表大会第四次会议在北京人民大会堂举行第二次全体会议，全国人民代表大会常务委员会委员长吴邦国作全国人民代表大会常务委员会工作报告。他宣布，一个立足中国国情和实际、适应改革开放和社会主义现代化建设需要、集中体现党和人民意志的，以宪法为统率，以宪法相关法、民法商法等多个法律部门的法律为主干，由法律、行政法规、地方性法规等多个层次的法律规范构成的中国特色社会主义法律体系已经形成。吴邦国说，到2010年年底，中国已制定现行有效法律236件、行政法规690多件、地方性法规8600多件，并全面完成对现行法律和行政法规、地方性法规的集中清理工作。涵盖社会关系各个方面的法律部门已经齐全，各法律部门中基本的、主要的法律已经制定，相应的行政法规和地方性法规比较完备，法律体系内部总体做到科学和谐统一。

正视水法律存在的弊端，完善我国水法治建设，研究水法治构建的价值共识，促进水法的良法性，就成为当务之急。通过对我国水法治历史变迁和发展趋势的研究得出的结论是，当前完善水法治的重点在于构建涉水主体节约用水、防治水污染、水害的内生动力性制度；扩大涉水法律的调整范围，改变我国涉水法律的制度设置模式，将涉水法律的调整范围延伸规范人的涉水行为进而调整水事关系的立法，必须对水资源的深刻变化作出有效的回应，贯彻预防为主的原则，水法治建设将突出水生态环境保护，水源涵养、水土保持，促进人与自然和谐相处，实现经济与社会可持续发展。在此目标的基础上，强化政府责任、建立健全相关的水管理体制和制度，完善保护规划制度，运用经济刺激手段推进公众参与，实现水法从救济性法向预防性法的过渡，使水法制真正走向水法治，完善水法律体系的实施、运行机制。

（二）水安全立法要注重系统性

全面依法治国是一个系统工程。党的二十大报告将"必须坚持系统观念"作为习近平新时代中国特色社会主义思想的世界观和方法论的重要内容之一，要求前瞻性思考、全局性谋划、整体性推进党和国家各项事业。水利法治工作要从水的系统性和法治工作的系统性两个维度去考虑、去谋划，实现整体推进与重点突破相统一。

习近平总书记指出："要从系统工程和全局角度寻求新的治理之道，不能再是头痛医头、脚痛医脚，各管一摊、相互掣肘，而必须统筹兼顾、整体施策、多措并举，全方位、全地域、全过程开展生态文明建设。比如，治理好水污染、保护好水环境，就需要全面统筹左右岸、上下游、陆上水上、地表地下、河流海洋、水生态水资源、污染防治与生态保护，达到系统治理的最佳效果。"[1]

（三）水安全立法要加强流域性

要突出水的流域性这个最大特点，注重从流域系统性出发考虑法治问题，将流域作为一个有机整体，坚持流域管理与区域管理相结合，对上下游、干支流、左右岸统筹谋划、系统治理，统筹山水林田湖草沙，统筹地表水与地下水，发挥水资源的多种功能，协调好生活、生产和生态用水，对流域进行整体保护、系统修复、综合治理。综合对待生态系统的各组成成分，综合考虑社会、经济、自然（包括环境、资源和生物等）的需要和价值，综合采用多学科的知识和方法，综合运用行政的、市场的和社会的调整机制来解决资源利用、生态保护和生态退化的问题，以达到创造和实现经济的、社会的和环境的多元惠益，实现人与自然的和谐共处。区域综合立法不是仅对单项环境介质、单个资源要素的单项管理，也不仅仅局限于单一的土地类型、保护区域、政治或行政单位，而是多种介质、多种目标的全过程管理，它是一种跨部门、跨行政区域、多元主体参与的系统管理，它涵盖所有的利益相关者，将经济、社会和环境

---

[1] 2018年5月18日习近平在全国生态环境保护大会上的讲话。转引自《让绿水青山造福人民　泽被子孙——习近平总书记关于生态文明建设重要论述综述》，载《人民日报》2021年6月3日，第1版。

因素有效整合到管理目标中。

围绕法治工作的系统性，把水利法治建设放在法治国家建设的全局、水利高质量发展的全局上，加强水法规建设的顶层设计、整体谋划、系统推进。同时要抓住重点、突破难点，力争在关键问题上取得更大突破。

（四）水安全立法要突出重点

以水利法治建设新成效为推动新阶段水利高质量发展提供支撑保障。2022 年，《黄河保护法》颁布成为水利发展史上具有里程碑意义的重大标志性立法。水利部与公安部联合印发《关于加强河湖安全保护工作的意见》，与最高人民检察院出台《关于建立健全水行政执法与检察公益诉讼协作机制的意见》，执法机制建设实现重要突破。节约用水条例等水利立法加快推进，普法、依法行政等稳步开展，取得实效。

四、水安全法治体系建设展望

（一）水利法治建设必须坚持的原则

1. 坚持党的领导是水利法治建设必须坚持的政治原则

党的二十大报告将“坚持和加强党的全面领导”作为中国式现代化首要原则，“坚持一切为了人民”作为价值追求，“全面依法治国”作为根本手段；将三者有机地统一起来，是中国特色社会主义政治发展道路的基本要求。推进水利法治建设，必须发挥好党的领导这一最本质特征和最大优势，充分发挥党总揽全局、协调各方的领导核心作用，把习近平总书记关于治水重要论述和党中央决策部署及时全面地贯彻到水利法治工作中；要坚持以人民为中心的发展思想，积极回应人民群众对水的新要求新期待，进一步强化法治的引领、规范、保障功能，以法治思维和法治方式落实党中央的要求，保护人民涉水合法权益。

2. 坚持人与自然和谐是水利法治建设必须遵循的自然法则

人与自然的关系是人类社会最基本的关系。习近平总书记指出，“人与自然是生命共同体”“既要绿水青山，也要金山银山，绿水青山就是金山银山”，强调了坚持经济社会高质量发展与生态保护的辩证统一。人与自然的关系，归根结底还是人与人的关系。在水利法治工作中，要树牢人与自然是生命共同体，尊重自然、顺应自然、保护自然的理念，遵循客观规律，处理好人与自然、人与人涉水方面的法律关系，强化水的保护，强化水土涵养，强化生态用水保障，减少对自然的人为干扰，保持自然水生态健康稳定；要完善水资源节约集约利用的法律制度，用法治手段倒逼经济发展方式转变，用最严格的制度、最严密的法治保护河湖；通过完备科学的法律制度，调整人对水资源占用、处置、收益、利用等方面的关系，积极推进水治理体系和治理能力现代化。

3. 坚持底线思维是水利法治建设必须坚守的基本理念

习近平总书记多次强调，坚持底线思维，增强忧患意识，提高防控能力，着力防范化解重大风险。依法预防、减少突发事件的发生,控制、减轻和消除突发事件引起的危害,是法治政府建设的重要内容。针对水旱灾害防御、水资源管理、河湖管护、工程建设、移民安置等方面涉及的风险,要在寻求法治手段解决问题的过程中,树牢底线思维,以“时时放心不下”的高度责任感,从最不利的情况谋划,往最理想的方向努力,增强忧患意识、风险意识、居安思危意识,增强运用法治思维和法治方式应对突发事件的意识水平,做到预防为主,多措并举,提高依法处置能力;要守住水利工作合法性底线,着力实现越是工作重要、事情紧急越要坚持依法行政,严格依法实施应急举措,在处置重大突发事件中推进法治建设。

(二)推动智慧水利法治建设新发展

数字化、智能化是社会现代化的重要标志,步入数字时代,大数据、云计算、人工智能、区块链、物联网等新一代数字科技为中国式现代化带来无限可能,也必然影响水利法治的未来形态。在数字中国和法治中国建设进程中,必须适应数字文明时代的发展,推进水利法治的数字化、智能化、程序化,充分发挥数字科技对科学立法、精准执法、社会智治等的支撑和推动作用;在智慧水利建设中,在数字孪生流域、数字孪生河湖、数字孪生工程建设过程中,要加快水利法治数字化步伐,推进现代感知手段和大数据运用,加强水体水域监测、执法、应急等能力建设,构建数字化、网络化、智能化的智慧水利法治体系,努力实现新时代水利法治工作的质量变革、效率变革。水利法治建设包含水利法治工作的方方面面,要围绕完善中国特色社会主义水利法治体系,突出依法行政这一重点,加强数字化、信息化、智能化手段的运用,突出现代化的特征,强化水行政管理和治理,满足人民群众法治需要,逐步建立健全内涵科学、程序严格、制度健全、执行高效、监督有力的水利法治体系,助力水治理体系和治理能力全面提升,助力水行政职能实施规范高效。

(三)水安全法治体系的构建

1. 完善水安全法律法规的立法体系

(1)围绕提升水旱灾害防御能力开展立法

当前水旱灾害防御方面的法律法规包括《防洪法》《防汛条例》《水库大坝安全管理条例》《蓄滞洪区运用补偿暂行办法》《抗旱条例》等。这些法律法规确立了防汛抗洪工作责任、防洪规划保留区、防洪规划同意书、水库大坝安全管理、蓄滞洪区运用补偿、抗旱预警响应等制度。

今后的立法重点:一是深入贯彻“两个坚持、三个转变”的防灾减灾新理念,根据提高洪水风险防范能力新要求,适时开展《防洪法》《防汛条例》《抗旱条例》等修订工作,完善相关制度措施。二是修订《水库大坝安全管理条例》,将适用范围拓展到各类大中小型水库,健全和完善覆盖各类水库大坝的安全管理制度。三是制定“蓄滞洪区管理条例”,建立健全蓄滞洪区管理和运用方面的法律制度。四是修订《大中型水利水电工程建设征地补偿和移民安置条例》,加快修改水工程建设管理领域相关规章,加快完善水利工程规划、建设、质量、验收、安全运行、防洪调度等管理制度,保障工程安全。

(2)围绕提升水资源集约节约利用能力开展立法

当前水资源集约、节约、利用方面的法律法规包括《水法》《循环经济促进法》《取水许可和水资源费征收管理条例》等法律法规中的部分条款,以及制定于1988年的《城市节约用水管理规定》。这些法律法规确立了用水总量控制、取水许可、城市节约用水等水资源集约节约利用的一些重要制度。

今后的立法重点:一是及时修订《水法》,健全完善水资源集约节约利用的体制机制和基本制度。二是推动制定"节约用水条例",建立健全节约用水责任制和考核评价制度、重点用水单位监控制度、节水产品认证制度等。三是适应水权水市场建设和水资源税改革进程,推进《取水许可和水资源费征收管理条例》修订,完善取水许可制度和水资源有偿使用制度。四是修订《水利工程供水价格管理办法》等,健全水价形成机制和水费计收等制度。

(3)围绕提升水资源优化配置能力开展立法

当前水资源优化配置方面的规定主要是《水法》以及《水量分配暂行办法》等配套规章。这些法律法规、部门规章确立了水量分配、水资源调度等制度。今后的立法重点:一是在《水法》修订中,健全完善水资源优化配置的制度体系,增补水资源承载能力监测预警、生态用水保障、用水权初始分配、用水权市场化交易、用水统计等制度。二是修改《水量分配暂行办法》,适时推进水资源调度管理条例制定工作,完善水资源配置和调度制度。三是制定"用水总量控制办法""规划水资源论证管理办法"等,健全和完善用水总量控制、规划水资源论证等制度。四是推进"农村供水条例"制定工作,巩固拓展水利扶贫成果同乡村振兴水利保障有效衔接工作。

(4)围绕提升大江大河大湖生态保护治理能力开展立法

当前大江大河大湖生态保护治理方面的规定包括《长江保护法》《黄河保护法》《水土保持法》《河道管理条例》《太湖流域管理条例》《黄河水量调度条例》《长江河道采砂管理条例》《地下水管理条例》等。这些法律法规确立了水土流失治理、涉河建设项目审批、地下水禁限采区管理以及长江、黄河、太湖等重点河湖的有关保护治理制度。

今后的立法重点:一是落实国家重大战略,加快制定《黄河保护法》配套法规规章,为落实黄河流域生态保护和高质量发展提供法律保障;加快《长江保护法》配套制度建设,健全完善"共抓长江大保护"的制度体系;推进"珠江水量调度条例"制定工作,为粤港澳大湾区战略实施提供水安全保障。二是推进《水法》《河道管理条例》等修订工作,纳入河湖长制内容,推进河湖长制法治化;建立健全河湖管控制度,明确水域岸线分区管理和用途管制相关措施。三是加快"河道采砂管理条例"制定,健全河道采砂许可、采砂监管等制度。四是健全重点河湖修复、水土保持、重要水库库区管理保护等制度措施。五是配合制定“生态保护补偿条例”，并纳入水流生态保护补偿等内容。

2. 形成高效的水安全法治实施体系

习近平总书记指出，法律的生命在于实施，法律的权威也在于实施。“天下之事，不难于立法，而难于法之实施”，如果有了法律而不实施、束之高阁，或者实施不力、做表面文章，那制定再多的法也无济于事。

2021 年河南郑州“7·20”特大暴雨灾害是天灾也是人祸。在法规制度方面，水法规体系不完善，安全度汛制度不健全，有法不依、执法不严、违法不究现象依然存在；流域区域统一调度机制不顺畅，多目标调度统筹协调难度大、水工程调度运用决策难；应急响应启动条件设置不合理，预判不足、响应滞后、联动不够；水旱灾害防御日常监督检查不到位，部分地区对监管发现问题重视不够、整改不力。我们要坚持问题导向、目标导向、效用导向，统筹体制机制法治、统筹规划工程技术、统筹目标任务责任、统筹近期中期长期，分类施策、精准施策，切实增强水旱灾害防御能力，为打好今后更加艰巨的水旱灾害防御硬仗提供有力支撑和有效保障。

全面推进严格规范公正文明执法，构建形成高效有力的水利法治实施体系。法律的生命在于实施。按照党的二十大“全面推进严格规范公正文明执法，加大关系群众切身利益的重点领域执法力度”要求，要适应深化行政执法体制改革新要求，厘清水行政执法职责边界，持续强化水行政执法与刑事司法衔接、水行政执法与检察公益诉讼协作、跨区域联动、跨部门联合执法等机制建设，不断完善水行政执法制度体系；要加大重点领域执法力度，规范执法行为，强化专项执法、常态化执法、联合执法和协同执法机制，完善线上清查和线下整治、日常巡查与信息化监管相结合的执法方式，有效提升执法精细化管理水平，进一步增强执法能力，提高执法的统一性、权威性、规范性、有效性和执法效能，及时查处各类违法行为，努力让人民群众在每一次执法行为中看到风清气正、从每一项执法决定中感受到公平正义。

实施水行政执法效能提升行动，完善水行政执法与刑事司法衔接机制，开展重点领域、敏感水域常态化排查整治，实施地下水管理、汛前“防汛保安”等专项执法行动，依法严厉打击重大水事违法行为。严格行政决策合法性审查。加强“以案释法”，推深做实水利普法，提升水利系统运用法治思维和法治方式解决问题的能力和水平。推动建立涉水领域公益诉讼制度，发挥公益诉讼保障监督作用。

3. 形成严密的水安全法治监督体系

习近平总书记强调：“公权力姓公，也必须为公。只要公权力存在，就必须有制约和监督。不关进笼子，公权力就会被滥用。”纵观人类政治文明史，没有监督的权力必然导致腐败，这是一条铁律。构建严密的法治监督体系必须把握以下两点：第一，构建党统一领导、全面覆盖、权威高效的法治监督体系；第二，健全权力运行的制约监督体系。健全权力运行的制约监督体系，就要加强对权力运行的制约和监督，让人民监督权力,“让权力在阳光下运行”“把权力关进制度的笼子”,做到有权必有责、用权受监督、违法必追究。

持续加强全过程全方位法治监督,不断健全严密规范的水利法治监督体系。法治监督是指对法律实施情况的监督,应形成对法治运行全过程全方位的法治化监督体系,确保党和国家机关及其工作人员按照法定权限和程序正确行使权力。要着力推进水利法治监督工作规范化、程序化、制度化,健全监督体系,强化对水行政行为尤其是水行政执法的法治监督。要全面、准确、高效开展行政决策事项的合法性审查,牢牢把住决策事项合法性关口;支持涉水领域检察公益诉讼工作,发挥公益诉讼保障监督作用;要畅通社会公众对水事违法行为的投诉举报渠道,完善水利部“12314”监督举报服务平台,加大对有关线索的核实查处力度;要依法审理行政复议案件,健全行政争议的实质性化解机制,维护相对人合法权益,坚决纠正违法和不当的行政行为,发挥好行政复议在解决行政争议、化解社会矛盾中的主渠道作用;要建立健全重大行政决策跟踪反馈制度,推行政务公开标准化、规范化,依法全面保障行政相对人的知情权、陈述权、申辩权、监督权和救济权。

4. 形成有力的水安全法治保障体系

法治保障体系在中国特色社会主义法治体系中具有基础性地位。如果没有一系列的保障条件,全面依法治国就难以实现。建设有力的法律保障体系,必须做好以下三个方面工作:

第一,加强政治和组织保障,按照实现水利治理体系和治理能力现代化的要求,健全水法规制度体系,营造良好的水法治环境,提高依法治水能力。针对涉水事务监管薄弱环节,建立健全监管法制体制机制,强化全过程、全要素监管,提升监管水平。

第二,加强队伍和人才保障。坚持目标引领,问题导向,以问责为抓手,围绕江河湖泊、水资源、水利工程、水土保持、水旱灾害防御等重点领域,通过体系化、规范化、标准化建设,健全激励约束机制,提升全行业保障国家水安全的能力。水利系统各级党组织和领导干部要做尊法学法守法用法的模范。各级领导干部是法治建设的“关键少数”,要自觉做习近平法治思想的坚定信仰者、积极传播者、模范践行者,带头尊崇法律、掌握法律、遵守法律,真正将法治思维和法治方式变成思想自觉和行为习惯,带头依法办事、依法行政。

第三,加强科技和信息保障。深入落实创新驱动发展战略,增强创新活力,加强水利重大科技问题研究,加快科技成果推广应用,提高科技对水利发展的贡献率,为水利高质量发展提供有力科技支撑。

五、水安全法治纪检监督

(一)水安全法治纪检监督的意义

当前我国水利工程体系还存在系统性不强、标准不够高、智能化水平有待提升等问题;防洪排涝减灾体系仍不完善,水资源统筹调配能力不高,水利工程互联互通和协同融合不够,现代化管理体制机制尚不健全,安全绿色智慧发展亟待加强,水利公共服务水平和质量效率有待提升,水利基础设施网络系统性、综合性、强韧性还需增强;需要加快补齐基础设施等领域"短板",充分发挥超大规模水利工程体系的优势和综合效益。但随着水利工程投资加大、建设加快,一些重点领域和关键环节的廉洁风险就会突显出来。一旦出现腐败问题,势必影响习近平总书记治水思路和党中央重大决策部署落实,影响水利工程建设质量和任务完成,影响国家水安全保障,影响经济发展和社会稳定。纪检监察机关是党内监督和国家监察专责机关,在水安全监督保障执行、促进完善发展中承担重要职责。

(二)水安全法治纪检监督内容

聚焦新时代新征程涉及水安全保障的使命任务,推进法治监督具体化、精准化、常态化。把督促贯彻落实习近平总书记治水思路和关于治水的重要讲话精神作为法治监督的根本任务,强化系统性思维,不断提出真正解决问题的新理念、新思路、新方法;紧盯水利工程招投标、水利资金管理使用、水利项目及施工资质审查审批等重点领域和关键环节,有效防范和化解重点领域、关键岗位廉政风险;加强防汛抗旱监督,推动全面建立流域多目标统筹协调调度机制,保障防洪安全、供水安全、生态安全;围绕饮用水水源地保护、水土流失综合防治等开展专项监督检查,推动复苏河湖生态环境;按照全周期管理方式,对数字孪生项目建设开展监督,从项目立项、建设实施、资金保障、成果运用等方面提出监督意见,做好风险管理预警;强化科技创新监督,推动创新人才培养机制,拓宽人才培养渠道,加大青年人才培养力度;始终以零容忍态度惩治腐败,完善廉政风险防控措施,强化廉政监督监管,组织开展部属系统落实全面从严治党主体责任、贯彻执行中央八项规定精神情况专项检查,科学精准靶向整治,动真碰硬务求实效。从而提升水旱灾害防御能力、水资源节约集约安全利用能力、水资源优化配置能力、河湖生态保护治理能力,不断提升水利行业质量安全监管效能,牢牢守住重大水利工程建设质量底线和安全红线,确保人民群众生命财产安全。

(三)水安全法治纪检监督体系构建

推动主体责任与监督责任"同"题共答,推动各类监督力量"同"向发力,以系统上下联动推动"同"频共振着力构建系统集成、协同高效的监督体系。一是做好主体责任与监督责任的协同。纪检监察机关与水利部门搭建重要情况通报、专题会商、线索联合排查、决定党员处分工作、廉政意见回复等工作机制,实现主体责任与监督责任良性互动、同向发力。不断完善重要情况通报、线索联合排查、民主生活会监督、同志式谈心谈话等机制,压实部党组全面从严治党,特别是一把手第一责任人责任。二是做好纪律监督、监察监督、派驻监督、巡视监督的协同。着眼于系统上下联动推动同频共振,以推进水利部垂管单位纪检监察体制改革试点为契机,紧扣监督检查、审查调查等关键环节，做实对水利部七大流域管理机构纪检组的监督检查和业务指导，搭建桥梁、推动水利部长江水利委员会和水利部珠江水利委员会纪检组与所在省纪委监委强化协同协作。探索运用"室组"联动监督和"室组地"联合办案模式，深化长江经济带水利纪检监察沟通协调和沿黄水利纪检监察沟通协调机制，带动各省级水利纪检监察机构履行监督责任，在监督检查、巡视巡察等方面协作配合。三是做好党内监督与其他监督的协同。与水利部门监督机构、审计机构等部门建立定期交流、问题线索移送等工作机制，实现力量整合、效应叠加。四是要深化纪审联动、监督贯通、协同发力，积极搭建纪检监察监督和审计监督的协作配合机制，坚持纪检监察监督和审计监督同题共答、协同发力，做好审计整改"后半篇文章"。

典型案例

被告单位安徽亚兰德新能源材料股份有限公司、被告人吕某国等7人污染环境案

【基本案情】

被告单位安徽亚兰德新能源材料股份有限公司（以下简称亚兰德公司）系重点排污单位，被告人吕某国任公司法定代表人、董事长兼总经理，被告人丁某平等任公司副总经理。2007年，吕某国、丁某平商议在公司埋设暗管，将生产污水直接排放到长江，并由丁某平具体负责。2008年初，丁某平安排公司人员埋设暗管，将产生的污水绕过污水处理总站通过暗管直接排放到长江。遇有环保监管部门检查，丁某平等提前通知被告人晋某杰等通过操控暗管阀门、冲洗车间，帮助公司逃避环保检查。被告人王某芝、戚某长作为公司环保专员，明知公司污水处理总站长期不工作，虚假制作总镍在线等数据，欺骗环保监管部门。亚兰德公司通过暗管排放污水中含有镍、钴等重金属污染物，属于有毒物质。2007年12月底至2017年5月，该公司废水违规外排量共计48.24万吨，超标排放废水量为37.63万吨，造成的生态环境损害数额量化结果为753万元。

【裁判结果】

安徽省芜湖市鸠江区人民法院一审认为，被告单位亚兰德公司通过暗管排放有毒物质，其行为已构成污染环境罪；被告人吕某国等人作为公司直接负责的主管人员和其他直接责任人员，亦应以污染环境罪追究刑事责任。鉴于亚兰德公司已支付生态环境修复及相关费用782.5万元，综合被告单位和各被告人的犯罪事实、性质、情节和对社会危害程度，一审法院判决被告单位亚兰德公司犯污染环境罪，判处罚金400万元；被告人吕某国犯污染环境罪，判处有期徒刑2年6个月，并处罚金10万元；被告人丁某平等6人犯污染环境罪，判处有期徒刑2年3个月至9个月不等，并处罚金8万元至2万元不等。被告不服提起上诉，安徽省芜湖市中级人民法院二审

裁定驳回上诉,维持原判。

【典型意义】

本案系通过暗管直接向长江违法排放有毒物质污染环境案件。亚兰德公司作为重点排污单位,为实现单位的犯罪意图,各被告人相互串通,将含镍、钴等重金属的废水偷排至长江,且提供虚假数据应付环保检查,属于严重污染环境行为。本案中,人民法院在依法认定亚兰德公司构成单位犯罪并处罚金的同时,对单位犯罪起决定、策划、指挥等作用的公司法定代表人、副总经理等主要负责人、高级管理人员,安排工人偷排污水、应付检查的车间主任等分管负责人员,制造虚假监测数据的环保专员等责任人员,依法分别追究刑事责任。本案判决明确实施污染环境犯罪行为的排污企业在支付生态环境修复及相关费用后仍须承担相应刑事责任,单位犯罪中直接负责的主管人员亦须依法承担刑事责任,充分彰显从严惩治环境污染犯罪的决心,有力威慑违法排污单位并对相关从业人员具有教育警示作用。

CHAPTER 02

第二章

水资源安全法律制度

导读

广义的水资源是指地球上以何种形式(形态)存在的所有的水,狭义的水资源是指在当前社会技术条件下可被人类直接开发、利用的水。而我们通常所说的水资源往往是指陆地上可供生产、生活直接利用的江河湖泊及部分地下淡水资源。水资源具有不可替代性、再生性、有限性、时空分布的不均匀性以及利用的多样性等特点。目前,我国水资源呈现出的整体特征是:总量丰富,人均量少;时空、地域分布不均衡;水土资源组合不相适应;污染严重,浪费惊人。水资源安全主要表现在水量安全、水质安全和水灾害防治安全三个方面。结合我国水资源安全状况,水资源安全保障的主要内容包括:加强科技创新和科技进步,提高水资源利用率;加强水污染防治;建立水资源安全评价与监控预警机制;加强水资源管理,促进水资源优化配置。依法治水,强化水资源管理法律制度建设是水资源安全的基本保障。我国水资源保护的主要法律制度有取水许可制度、有偿用水制度、节约及计划用水制度、最严格水资源管理制度、水资源论证制度、水功能区划制度、限制地下水超采制度、水量跨流域调度制度、河(湖)长制度、水事纠纷解决制度。我国水资源法律制度存在的不足:立法理念相对滞后,没有明确体现可持续发展理念;水资源法与水环境保护法分立不利于部门间协调;水权及其交易相关法律制度有待完善;水资源保护立法技术上存在不足;水行政执法、监督不力。我国水资源保护法律制度需要做好以下几个方面:完善我国与水权相关的法律制度;提高水资源相关法律的质量;制定完善的公众参与制度;加强水行政执法监督队伍建设;建立水资源安全评价预警相关法律制度。

第一节　水资源发展概况

一、水资源的概念

（一）水的含义

水是生命赖以生存的重要条件，没有水就没有生命的存在，任何生态系统都离不开水。水也是社会发展的宝贵自然资源，工业生产、农业灌溉、交通运输和日常生活都需要水。水还是自然环境的重要组成部分，没有水就没有我们生活的世界。水在自然界中以不同的形态存在并不断循环，这种循环为地球表面调节气候，也有净化环境的作用。水在地球上含量丰富，分布广泛，约占地球外层5千米地壳中的50%，覆盖着地球71%的表面积，其平均深度达到3.8千米。地球表面、岩石圈内、大气层中和生物体内所有各种形态的水，包括海洋水、冰川水、湖泊水、沼泽水、河流水、地下水、土壤水、大气水和生物水，在全球形成了一个完整的水系统，这就是水圈。水圈内全部水体的总储量约为13.86亿立方千米。其中96.5%是海水，约覆盖地球表面总面积的71%，因其含盐量高，通常不能作为淡水资源直接被利用；地球上的淡水资源总量约为0.35亿立方千米，占总储量的2.35%，其中深层地下水、两极和高山的冰川与永久雪盖、永冻层底冰等占淡水资源总储量的99.86%，是静态水，很难为人们所利用。

（二）水资源的含义

人们常说的水资源是指可供人们经常取用的，在一定时间内能够得到恢复和更新的淡水量，即大陆上由大气降水补给的各种地表和地下淡水水体的动态水量，这部分水量也就是自然界水循环中平均每年由海洋向大陆净输送的水气量或由大陆注入海洋的河川径流量，其总水量约为4.7万立方千米，只占地球上淡水资源总储量的0.13%。[1]

1984年美国地质调查局（USGS）设立水资源处，是世界上最早使用“水资源”这一概念的官方机构。《不列颠百科全书》给水资源界定的概念是：整个自然界中各种形态的水，包括气态水、液态水和固态水的总量。水资源又可以分为广义和狭义两种概念。广义的水资源指地球上所有的水，不论它是以何种形式、形态存在。狭义的水资源仅指在当前的社会条件下可被人类直接开发利用的水，且开发利用时能做到技术可行、经济合理并且不影响地球生态。根据《中国大百科全书》（第3版）中对水资源的定义，水资源是指地球上通过自然水循环更新、符合一定质量标准、能够为人类社会所利用的天然淡水。这部分水资源主要来自江河、淡水湖泊和浅层地下水。

---

〔1〕参见《水情知识问答》，载陕西省水利厅，http://slt.shaanxi.gov.cn/bmcs/sxslbwg/sqjy/skpzs/201708/t20170820_1740192.html。

因此,我们通常所说的水资源是指陆地上可供生产、生活直接利用的江河湖泊及部分地下淡水资源。从这种意义上来说,极地、山地的冰川冰帽及海水、苦咸水均不属于水资源,加上水在地球上的存在状态和分布不均匀,能被人类利用的水资源量只占地球总水量的极少一部分,据估算大约是7/100,000。

(三)水资源的重要性

目前,非常规水的开发利用还处于持续探索阶段[1],人类能够直接利用的还主要是河水、淡水湖及浅层地下水,而三者加在一起,大约为总水量的0.2%,约为3×10^6立方千米。因此,人类能够直接利用的淡水储量是极其有限的。此外,由于世界各地的水文、气象条件的差异,地区和季节的不同,水的分布也极不均衡。再者,地球上可用的水资源是基本不变的,然而随着时代的前进、工农业生产的发展和人类生活水平的提高,全世界的用水量迅速增加。再加上水资源污染严重,致使水资源越来越紧张。据2023年3月21日发布的《联合国世界水发展报告》公布的数据:全球有20亿人(约占世界人口的26%)没有安全饮用水;超过36亿人口缺乏安全卫生设施服务;每年140万人死于水、环境卫生不良引发的疾病;每年有近30万名5岁以下儿童死于腹泻病;20亿人居住在面临严重水资源压力的国家;90%的自然灾害都与天气有关,包括水灾和旱灾;80%的废水未经处理排入生态系统或未被循环利用;全球44%的家庭废水没有得到安全处理。目前全球水资源需求预计将以年均2%的速度增长,到2030年将接近7万亿立方米,世界40%的人口将面临水资源短缺问题。[2] 到2050年,全球面临缺水问题的城市人口数量将从2016年的9.3亿增加至17亿~24亿。[3]

1972年联合国第一次人类环境会议断言"石油危机之后,下一个危机将是水危机","水将导致严重的社会危机",呼吁各国采取措施解决"水资源危机"。20世纪90年代,世界各国纷纷将水资源列为国家经济战略资源,将确保水资源安全列为"国家发展战略"重要目标之一。处在高速发展中的亚洲,21世纪初有半数以上的国家处于缺水危机之中,中国缺水尤为突出。2020年联合国发文称,全球人口在过去20年快速增长,与此同时人均淡水资源可供量却减少了20%。由于地球上可供生活、工农业生产用的水资源正在走向极限,如何合理地利用和保护水资源是促进世界各国国民经济可持续发展的关键措施之一。

二、我国水资源现状

根据水利部发布的2021年度《中国水资源公报》显示:2021年全国降水量和水

---

[1] 参见2023年6月22日水利部、国家发展改革委联合发布《关于加强非常规水源配置利用的指导意见》。

[2] 参见崔丙健、高峰等:《非常规水资源农业利用现状及研究进展》,载《灌溉排水学报》2019年第7期。

[3] 参见谢莲:《对话〈联合国世界水发展报告〉主编:需加强国际合作应对水危机》,载新京报2023年3月31日,https://baijiahao.baidu.com/s?id=1761797389584240273&wfr=spider&for=pc。

资源总量比多年平均值明显偏多,大中型水库和湖泊蓄水总体稳定。全国用水总量比 2020 年有所增加,用水效率进一步提升,用水结构不断优化。2021 年全国水资源总量为 29,638.2 亿立方米,比多年平均值偏多 7.3%。其中,地表水资源量为 28,310.5 亿立方米,地下水资源量为 8195.7 亿立方米,地下水与地表水资源不重复量为 1327.7 亿立方米。2021 年全国用水总量为 5920.2 亿立方米。其中,生活用水为 909.4 亿立方米,占用水总量的 15.4%;工业用水为 1049.6 亿立方米(其中火核电直流冷却水 507.4 亿立方米),占用水总量的 17.7%;农业用水为 3644.3 亿立方米,占用水总量的 61.5%;人工生态环境补水为 316.9 亿立方米,占用水总量的 5.4%。地表水源供水量为 4928.1 亿立方米,占供水总量的 83.2%;地下水源供水量为 853.8 亿立方米,占供水总量的 14.5%;其他水源供水量为 138.3 亿立方米,占供水总量的 2.3%。与 2020 年相比,用水总量增加 107.3 亿立方米,其中,生活用水增加 46.3 亿立方米,农业用水增加 31.9 亿立方米,工业用水增加 19.2 亿立方米,人工生态环境补水增加 9.9 亿立方米。2021 年,全国人均综合用水量为 419 立方米,万元国内生产总值(当年价)用水量为 51.8 立方米。耕地实际灌溉亩均用水量为 355 立方米,农田灌溉水有效利用系数为 0.568,万元工业增加值(当年价)用水量为 28.2 立方米,人均生活用水量(含公共用水)为 176 升/日,城乡居民人均用水量为 124 升/日。与 2020 年相比,万元国内生产总值用水量和万元工业增加值用水量分别下降 5.8% 和 7.1%(按可比价计算)。

根据水利部全国第二次水资源评价的结果,我国有 16 个省(区、市)人均水资源量(不包括过境水)低于严重缺水线,有 6 个省、区(宁夏、河北、山东、河南、山西、江苏)人均水资源量低于 500 立方米,预测到 2030 年我国人口增至 16 亿时,人均水资源量将降到 1750 立方米。我国未来水资源的形势是严峻的。从中国水资源总量的趋势看,最近的 20 多年中,由于环境变化,如受气候变化和人类经济活动导致的土地利用和覆被变化的影响,我国的水资源有不同程度的变化,降水和水资源数量略有减少,特别在中国北方地区,水资源数量减少的趋势比较明显。北方缺水地区持续枯水年份的出现,以及黄河、淮河、海河与汉江同时遭遇枯水年份等不利因素的影响,加剧了北方水资源供需失衡的矛盾。目前我国水资源状况主要表现为以下几点。

(一)总量丰富但人均量少

我国淡水资源总量占全球水资源总量的 7%,仅次于巴西、俄罗斯、加拿大、美国和印度尼西亚,居世界第 6 位,但人均水资源量仅为世界人均占有量的 1/4,居世界第 121 位,是全球 13 个人均水资源最贫乏的国家之一。在全球范围内,我们属于轻度缺水国家。中国用全球 7% 的水资源养活了占全球 20% 的人口。20 世纪末,全国城市水资源短缺总量达到 60 亿立方米,400 多个城市出现水资源供给紧张的情况,占全国城市总数的一半以上,其中水资源严重短缺的城市多达 110 个。目前,全国年缺水350多亿立方米,缺口超过5%。地下水已占到总供水量15%。北方地区65%的生活用水、50%的工业用水、33%的农业用水来自地下水。河北74.5%靠地下水,地下水开采量比20世纪50年代扩大5倍。专家估计中国缺水的高峰将在2030年出现,因为那时人口将达到16亿,人均水资源的占有量将为1760立方米,中国将进入联合国有关组织确定的中度缺水型国家行列。

(二)时空、地域分布不均衡

我国位于太平洋西岸,受地理位置影响,大陆性季风气候非常显著。另外,由于我国地域辽阔,地形复杂,南北、东西气候差异大,因此我国水资源呈现地区分布不均和时程变化多样的两大特点。水量分布与降水分布基本一致,呈东南多、西北少,由东南沿海向西北内陆递减。这是由海陆位置以及纬度位置决定。南方位于低纬度,气温较高,气候湿润,而北方纬度较高,气温较低,气候干燥。东部地区靠近海洋,水蒸气能够到达进而凝结形成降雨。西部深居内陆,水汽不易到达,从而干旱。[1] 华北地区人口占全国的1/3,而水资源只占全国的6%。我国的西南地区,人口占全国的1/5,但是水资源占有量却在46%。

由于受季风气候影响,降水量在年内分配不匀,"水资源的年际差异,在我国是很突出,比其他国家的差异剧烈"[2]。我国大部分是季风区,夏季受东南季风(夏威夷低压或称亚洲低压)影响,带来大量降雨。冬季盛行西北季风(蒙古——西伯利亚高压或称亚洲高压),寒冷干燥,降水稀少。我国大部地区冬春少雨,多春旱;夏秋多雨,多洪涝。全年降水多集中在夏季。此外年际变化也很大,丰水年与枯水年降水量可相差5~6倍之多。

(三)水土资源组合不相适应

东北、西北、黄淮流域径流量只占全国总量的17%,但土地面积却占全国的65%;长江以南江河径流量占全国的83%,土地面积仅占35%。此外,对水资源的开发利用各地也很不均衡,南方多水地区水的利用程度较低,北方少水地区地表水、浅层地下水开发利用程度较高。例如,黄河流域当前水资源开发利用率高达80%,远超一般流域40%生态警戒线,部分支流仍然存在断流或不满足生态流量水量需求,部分地区地下水超采严重。2020年,水利部印发了《关于黄河流域水资源超载地区暂停新增取水许可的通知》,对黄河流域13个地表水超载地市、62个地下水超载县级行政区实行了暂停新增取水许可的措施,要求水资源超载地区加快实施水资源超载治理。2023年1月19日水利部发布《长江流域控制性水工程联合调度管理

---

[1] 历史学家黄仁宇在《中国大历史》一书中也指出:"虽说在某一地各年的雨量可以相差极大,但是全中国的平均雨量却有定型。这现象不难理解,带着湿气的热风,愈吹入内地,被蒸发的程度也愈为增高。而且沿海下雨就已减少了空中的湿气。此中值得注意的是所谓的'十五英寸等雨线'。"参见黄仁宇:《中国大历史》(第2版),三联书店2007年版,第27~30页。

[2] 黄万里:《丰富的中国水资源》,载《科技导报》1989年第2期。

办法(试行)》(水利部令第54号),发挥控制性水工程在流域水旱灾害防御、水资源利用、水生态保护中的重要作用。

(四)水资源污染严重

在我国,水资源污染现象已经十分严峻。随着城市化进程的加快和工业的发展,大量生产生活中产生的废水被肆意排放到江河、湖泊、海洋中,严重影响了水质,危害生态环境,制约水资源的循环利用,不利于工业、农业、渔业的发展,还会影响人们的生产生活。生长在被污染水域中的动植物可能会发生变异或者含有毒素,人们饮用被污染的水或者食用这些动植物会诱发各种已知或者未知的疾病,甚至面临危及生命安全等严重后果。根据生态环境部公布的2022年第二季度(4～6月)和1～6月全国地表水环境质量状况。第二季度,3641个国家地表水考核断面中,水质优良(Ⅰ～Ⅲ类)断面比例为82.3%,同比上升2.9个百分点;劣Ⅴ类断面比例为1.1%,同比下降0.7个百分点。1～6月,3641个国家地表水考核断面中,水质优良(Ⅰ～Ⅲ类)断面比例为85.7%,同比上升4.0个百分点;劣Ⅴ类断面比例为1.1%,同比下降0.8个百分点。主要污染指标为化学需氧量、高锰酸盐指数和总磷。我国大部分地区都或多或少地存在水污染现象,造成了对环境和社会的严重影响。

1. 江河污染

我国境内河流分布众多,但多数河流已经受到不同程度的污染。2022年1月至6月,长江、黄河、珠江、松花江、淮河、海河、辽河7大流域及西北诸河、西南诸河和浙闽片河流水质优良(Ⅰ～Ⅲ类)断面比例为87.3%,同比上升3.8个百分点;劣Ⅴ类断面比例为0.8%,同比下降1.0个百分点。主要污染指标为化学需氧量、高锰酸盐指数和五日生化需氧量。其中,长江流域、浙闽片河流、西南、西北诸河和珠江流域水质为优;黄河、辽河和淮河流域水质良好;海河和松花江流域为轻度污染。

2. 湖泊污染

我国湖泊污染问题也很严重,近几年,湖泊水质每况愈下,污染程度也越来越高。湖泊污染物主要来源于废水、废物中的氮和磷等元素,当排入湖泊中的废水、废物过多时,就会导致水体营养过剩,出现蓝藻、赤潮等现象。2022年第二季度,监测的210个重点湖(库)中,水质优良(Ⅰ～Ⅲ类)湖库个数占比75.7%,同比上升0.9个百分点;劣Ⅴ类水质湖库个数占比4.8%,同比持平。主要污染指标为总磷、化学需氧量和高锰酸盐指数。194个监测营养状态的湖(库)中,中度富营养12个,占6.2%;轻度富营养37个,占19.1%;其余湖(库)为中营养或贫营养状态。其中,太湖水质良好、轻度富营养;巢湖为轻度污染、轻度富营养,主要污染指标为总磷;滇池为轻度污染、中度富营养,主要污染指标为化学需氧量和总磷;洱海和丹江口水库水质均为优、中营养;白洋淀水质为良好、中营养。

3. 地下水污染

人口增长与社会经济的快速发展,导致对水资源的需求量大幅度增长。近30

年,我国地下水的开采量以每年25亿立方米的速度递增。由于过度开采,我国地下水水位大幅下降,甚至导致了湿地消失、植被死亡和土地沙漠化等严重的生态灾难,以及地面沉降、岩溶塌陷、海水入侵等自然灾害的频频发生。根据《2020年中国生态环境状况公报》,以浅层地下水水质监测为主的10,242个监测点中,Ⅰ-Ⅲ类水质的监测点只占到22.7%,Ⅳ类占到33.7%,Ⅴ类占到43.6%。除水文地质化学背景影响外,污染是影响地下水水质的主要原因。地下水更新慢,超采、污染问题治理修复难度大。全国21个省区市存在不同程度的超采问题,个别地区甚至存在开采深层地下水问题。地下水超采区总面积达28.7万平方千米,年均超采量158亿立方米,其中华北地区地下水超采问题最为严重。超采导致地下水水位下降、含水层疏干、水源枯竭,引发地面沉降、河湖萎缩、海水入侵、生态退化等问题。

(五)水资源浪费现象严重

农业用水方面,全国农业灌溉用水量约为3900亿立方米/年,占全国总用水量的64%,由于技术落后、工程不配套、管理不善等,水的浪费十分严重,有效利用率只有50%~55%,而发达国家由于实现了输水渠道防渗化、管道化,大田喷灌、滴灌化,灌溉达到自动化、科学化,水的有效利用率已达70%~80%。如果把我国灌溉用水有效利用率提高15%,每年可节水600亿立方米。

工业用水方面,由于我国许多企业生产设备和工艺不够先进,水的循环利用率低,仅为发达国家的1/3左右。我国工业万元产值耗水量为96立方米,是发达国家的8~15倍。生活用水方面,城市生活用水浪费现象普遍存在。据统计,全国城市自来水管网水量损失率高达20%~25%,再加上使用中的跑、冒、滴、漏,每年约损失掉12亿立方米的清水。水浪费和水污染加剧了水资源危机,造成了供需失衡。据统计,全国668座城市中,缺水城市达400多个,全国城市平均每天缺水达1600万立方米,每年因缺水影响工业产值约2400亿元。2021年6月17日,国家发展改革委新闻发言人孟玮表示,我国人均水资源占有量不到世界平均水平的1/4,全国年缺水约500亿立方米,水资源供需矛盾十分突出,水资源短缺已成为制约我国高质量发展的突出"瓶颈"和生态文明建设的突出"短板"。

三、我国水资源的特点

(一)不可替代性

水资源是人类赖以生存和发展的基本条件,对我国及全世界来说都具有不可替代的特点。有些自然资源是可以替代的或者说可以部分替代的,例如,石油、煤炭等资源,在相对缺乏的国家或地区,可以通过发展核电或利用其他资源加以替代;在木材缺乏的国家或地区,可以用塑料、钢铁等替代。但是,水对于人类生活,对于工农业生产,是一种不可缺少的自然资源,是无法替代的。即使在经济全球化、商品交换十分活跃的今天,也不可能依赖水的进口来支撑一个国家的发展。无论是过去、现在还是将来,水都是不可替代的战略资源,没有水就没有人类社会的发展,水资源的短缺会制约社会经济的发展和人民生活的改善。

(二)总量较丰富、人均少

中国多年平均降水总量为60,854亿立方米,折合降水深643毫米。多年平均水资源总量为27,741亿立方米,居世界第6位,其中地表水资源量26,691亿立方米,折合径流深282毫米,地下水资源量8087亿立方米。中国幅员辽阔,人口众多,人均水资源量2200立方米,仅为世界平均水平的1/4;耕地亩均水资源量1440立方米,为世界平均水平的60%。

地球上的水通过吸收和释放热量,发生相态转换,在地球大气圈、岩石圈及生物圈之间形成水循环,是一种可更新、可再生的资源。但不同的水体循环的周期存在较大差异,仅以淡水更新周期为例,"大气水只需8天时间就更新一次,是可更新资源。永久积雪需要9700年更新一次,地下水更新一次需要1400年,时间较长,接近不可更新资源"[1]。同时,在一定的时间、空间范围内,大气降水对水资源的补给是有限的,水资源并非像很多人认为的"取之不尽、用之不竭",呈现有限性和珍稀性的特征。因此,要加大对水资源的节约和保护,保障持续性的开发和利用。

(三)时空分布的不均匀性

水资源空间分布不均,与生产力布局不匹配。北方水资源贫乏,南方水资源丰富,且相差悬殊。北方6个水资源区(松花江区、辽河区、海河区、淮河区、黄河区、西北内陆河区)面积占全国的63.5%,人口占全国的46.1%,GDP占全国的44.5%,耕地面积占全国的60.5%,而水资源总量却只占全国总量的19.1%。南方4个水资源区(长江区、珠江区、东南诸区、西南诸区)面积占全国的36.5%,人口占全国的53.9%,GDP占全国的55.5%,耕地面积占全国的39.5%,而水资源总量却占全国总量的80.9%。水资源的时空分布是由气候条件、地理条件等综合因素所决定的。在空间上,从沿海到内陆呈现湿润区到干旱区的渐进变化,同时地理维度和地理形态也会对水资源产生影响。在时间上,我国绝大部分地区降水集中在5~10月,华北地区高度集中在7~8月,这两个月的降水量约占全年降水量的80%,冬春季节易出现持续干旱。

(四)水资源年内、年际分配不均

受东南季风气候影响,中国降水量年内分配极为不均,大部分地区年内连续4个月降水量约占全年的70%,南方水资源区一般出现在4~7月,北方水资源区一般出现在6~9月。中国水资源年际变化大,7大江河普遍具有连续丰水或枯水年的周期性变化,丰水年与枯水年水资源量的比值南方水资源区为3.0~5.0,北方水资源区最大可达10.0。水资源时间分配上的不均,造成北方水资源区干旱灾害和南方水资源区洪涝灾害频繁发生,也使南方水资源区常出现季节性干旱缺水。

---

[1] 姜文来编著:《水资源探秘》,中国水利水电出版社2009年版,第17页。

第二节 水资源安全要求

人类社会离不开水,水是万物之母、生存之本。生命源于水,文明兴于水。中共中央、国务院《关于加快水利改革发展的决定》指出,水是生命之源、生产之要、生态之基。人要维持生命离不开水,工、农业生产活动离不开水,生态文明建设同样离不开水。但随着水灾害、水质污染、水量短缺等水资源问题频发,促使人们对水资源利用和开发进行更多的思考,也产生了诸多担忧,水资源安全问题不容忽视。这就要求我们必须对水资源安全给予更多关注,保障水资源安全已经成为人类正常生产、生活与社会可持续健康发展的前提和基础。同时,水资源安全是水资源管理的核心内容与终极目标,直接关系到人民生活和经济社会发展的需要。

一、水资源安全的内涵

2014 年 3 月 14 日,习近平同志在中央财经领导小组第五次会议上关于水安全的重要讲话指出,"水已经成了我国严重短缺的产品,成了制约环境质量的主要因素,成了经济社会发展面临的严重安全问题"。因此,依法加强对水资源的管理,合理开发、利用、节约和保护水资源,实现水资源的可持续利用,已成为我国经济和社会发展的战略问题。面对日益严峻的水资源问题,我国水资源安全保护迫在眉睫,应采取经济、法律、科学技术等手段,在保护水资源质量和供应的同时,防止出现水资源污染、水资源浪费和水土流失等现象,做到综合利用、统筹兼顾、全面可持续发展。[1]

目前,国内外关于水资源安全还没有相对明确的界定与公认的概念。2000 年在海牙召开的第二届水论坛部长级会议"21 世纪水安全——海牙世界部长会议宣言",提出为 21 世纪提供用水安全。这意味着确保淡水、海岸和相关生态系统受到保护并得到改善,确保可持续发展和政治稳定性得到提高,确保人人都能够得到并有能力支配足够的安全用水,过上健康和幸福的生活,并且确保易受伤害人群能够得到保护以避免遭受与水相关的灾害威胁。

国内学者贾绍凤等认为,水资源安全的实质在于水资源供给能否满足合理的水资源需求。如果一个区域的水资源供给能够满足其经济社会长远发展的合理要求,那么这个区域的水资源就是安全的,否则就是不安全的。[2] 郑通汉认为,水安全指的是现在或者将来,由于自然的水文循环波动或人类对水循环平衡的不合理的改

---

〔1〕 参见李祎恒、邢鸿飞:《我国水资源安全问题及保护对策》,载《光明日报》2015 年 5 月 30 日,第 7 版。

〔2〕 参见贾绍凤、张军岩、张士锋:《区域水资源压力指数与水资源安全评价指标体系》,载《地理科学进展》2002 年第 6 期。

变，或者两者的耦合，使人类赖以生存的区域水状况对人类不利的演进，并正在或将要对人类社会的各个方面发生不利的影响，并由此可能引发粮食减产、社会不稳定、经济下滑及地区冲突等。[1] 陈德敏等认为，水资源安全是指一定时空条件下的人类在生存和发展中可以持续、稳定、及时、足量和经济地获取所需水资源的状态。[2] 李泽红等认为，水资源安全是指水的存在方式及水事活动对人类社会的稳定与发展是无威胁的，或者说存在某种程度的威胁，但是可以将其后果控制在人们可以承受的范围之内。[3] 郦建强等认为，水资源安全状况是以水资源系统的状态稳定和功能健全为标志的。状态稳定就是水资源系统内部结构完整、能保持水循环系统的连续与稳定，系统组成各要素间的物质迁移、交换、积累以及能量转化、释放等遵循一定的程式，并在一定时间和空间范围内保持相对的动态平衡。功能健全是水资源所具有的各项功能正常发挥作用，系统所具有的性能得以保持，系统所具有的抗拒变化和干扰以及自我修复的能力能基本维系。[4] 彭建等则将水安全定义为区域水资源在特定水质条件下保障自然生态系统及人类社会经济系统正常运行的生产、生活和生态用水需求，并确保水灾害风险最小化的一种可持续状态。[5]

结合上述有关水资源安全的定义，我们认为：水资源安全主要表现在水量安全、水质安全和水灾害防治安全三个方面。水量安全主要从水资源供需和可持续利用的角度来考察，是指水资源供给能够满足生产、生活、生态和生命体的需要。水质安全是针对水污染而言的，是指水资源污染的程度被控制在环境自净能力之内，经济社会发展不因水质变化导致的生态破坏和水质性缺水而受损。水灾害防治安全是指保障经济社会发展不因突发非常态水灾害而受损或受到威胁，这里的水灾害主要包括水旱、水涝等水资源的非常规状态。

二、水资源安全评价和预警

（一）水量安全评价

对水量安全评价的方法可以归结为两大类：绝对指标法和相对指标法。绝对指标法以水量压力为评价指标，相对指标法以水量紧张为评价指标。

联合国教科文组织等机构开发的水量压力指标反映了人类对水资源数量的压力大小，衡量一个国家、地区水资源稀缺程度。宏观衡量水量压力的指标有区域人

[1] 参见郑通汉：《论水资源安全与水资源安全预警》，载《中国水利》2003 年第 11 期。

[2] 参见陈德敏、乔兴旺：《中国水资源安全法律保障初步研究》，载《现代法学》2003 年第 5 期。

[3] 参见李泽红、汤尚颖、许志国：《水资源安全的内涵及其评价——以湖北省为例》，载《安全与环境工程》2005 年第 4 期。

[4] 参见郦建强、王建生、颜勇：《我国水资源安全现状与主要存在问题分析》，载《中国水利》2011 年第 23 期。

[5] 参见彭建、赵会娟等：《区域水安全格局构建：研究进展及概念框架》，载《生态学报》2016 年第 11 期。

均水资源量、产水模数、地均水资源量，三者均为绝对数量指标。1992 年法尔肯马克(Falkenmark)和维德斯特兰德(Widstrand)根据干旱区中等发达国家的人均水量确定了水量压力的临界值：当人均水资源量低于 1700 立方米时出现水资源压力，低于 1000 立方米时出现慢性水资源短缺。产水模数是指单位国土面积就地产生的平均水资源总量，包括地表水和地下水。地均水资源量与产水模数的区别是产水模数不包括客水，而地均水资源量包括了非当地形成的、从区外获得的客水。产水模数和地均水资源量可以较好地从空间上反映水资源的数量稀缺程度。

联合国在评价各地区水资源状况时采用水量紧张指标，即所用水量与可用水量的比例这一相对指标来说明水量紧张程度。当指标值小于 10% 时，属于用水低度紧张，不会面临水资源紧张，水资源安全状况良好；指标处于 10% ~20% 时，用水中度紧张，水资源存在一定制约因素；处于 20% ~40% 时，用水中高度紧张，面临水资源争夺，水资源安全须引起高度重视；指标大于 40% 时，用水高度紧张，水荒严重，水冲突一触即发。这一相对指标也可以作为判断水资源数量安全状况的一个参考指标。

(二)水质安全评价

水质安全评价的方法有直接评价法和间接评价法。直接评价法是指对某一区域的水质结构变化情况进行调查和分析，并对今后的走向进行预测。水质结构变化分析的对象主要是某一区域内淡水资源(包括地表水和地下水)的水质结构，可以通过水质的年度变化进行定性分析和预测。间接评价法是指对影响水质的因素进行分析，根据动态的数据得出未来威胁水质安全的因素，具体方法主要是对废水排放及其处理情况进行分析。废水排放及其处理分析主要选择废水排放总量、工业废水排放总量、符合排放标准的废水排放量、工业废水处理量、工业废水处理率和废水排放达标率 6 个指标，从这些指标的动态变化分析，粗略地得出某一地区未来水质变化的影响因素。

(三)水灾害防治安全评价

水灾害防治安全评价主要是指对突发性的水资源灾害，主要包括洪涝干旱和大规模的水污染事件发生的频率和严重程度以及对水资源灾害的抗风险能力进行评价，前者是直接评价，后者是间接评价。准确进行水灾害防治安全评价，必须始终牢记“国之大者”，充分认识水旱灾害防御面临的严峻形势，要把握全球气候变化下水旱灾害的新特点新规律，立足防大汛、抗大旱，坚决守住水旱灾害防御底线。要压紧压实日常防范和事前、事中、事后全过程、全链条责任，完善落实各项工作机制，强化统一指挥和沟通协作。

(四)水资源安全预警

所谓水资源安全预警，是指对由自然和人类社会因素所引起的重大水资源不安全(或水资源危机)进行预期性评价，以提前发现未来有关水资源可能出现的不安全问题及其成因,为制定消除或缓解水资源不安全的措施提供依据。如由于持续的贫水年或重大的水污染事故可能造成严重干旱和缺水,水污染、地下水超采和河流断流可能给水生态系统造成不可恢复的破坏等,都是水资源安全预警的重要内容。建立水资源安全预警系统是保证水资源安全的重要手段,可防患于未然,缓解和减缓水资源不安全对国民经济和社会可持续发展造成的冲击与影响,避免发生由于水资源不安全引起大的政治、经济和生态灾变,使人民生活质量、国民经济和社会发展、水生态系统不受破坏或影响最小。进行水资源安全预警,要贯通雨情、水情、险情、灾情“四情”防御预警,全力做好迎战更严重水旱灾害各项准备。提升山洪灾害防御能力,完善预警平台,要加强旱情监测,动态完善水量调度预案和抗旱保供水预案,实施全流域水资源统一调度,加快抗旱应急工程建设,确保城乡供水安全。

三、水资源安全保障要求

由于淡水资源的稀缺性和可利用水资源总量有限性,以及社会经济用水和生态用水的依赖性,如何解决当前和未来我国生态文明建设中水资源安全保障的问题,关系到国家整体的社会经济可持续发展。习近平同志提出的“节水优先、空间均衡、系统治理、两手发力”的新时代治水思路,为今后强化水治理、保障水资源安全指明了方向。2016 年以来,习近平同志先后对长江、黄河等大江大河保护治理提出系列要求,强调要坚持山水林田湖草沙综合治理、系统治理、源头治理,坚持生态优先、绿色发展,坚持量水而行、节水为重,把水资源作为最大的刚性约束。2019 年 9 月 18 日,习近平同志在黄河流域生态保护和高质量发展座谈会上的讲话指出,要坚持生态优先、绿色发展,以水而定、量水而行,把水资源作为最大的刚性约束,以水定城、以水定地、以水定人、以水定产,大力推进水资源节约集约利用。水是生态之基,大力推进生态文明建设,必须要通过最严密的法律制度体系管好水、用好水、护好水。

水资源安全保障是通过对影响水资源安全相关因素的分类、评价,透视各因素对水资源安全的影响过程、结果,研究水资源安全内在调控机理的规律性,从而建立水资源安全的调控方式和保障体系。它采取包括法律、制度、经济、科技、管理等多种措施和手段全方位保障水资源安全,建立以科学技术为根本、以经济管理为手段、以法律道德为保障的水资源治理体系。结合我国水资源安全状况,水资源安全保障的主要内容包括以下几个方面。

(一)提高水资源利用率

在水资源开发利用、防洪与减灾、节水型社会建设、水环境保护与生态建设、水土保持、水利水电工程建设与管理、水利信息等方面开展科学研究与科技创新,促进水资源的合理开发、高效利用、优化配置、全面节约、有效保护和综合治理。例如,目前我国单位 GDP 用水量比发达国家多 1.5 倍以上,工业用水重复利用率仅为发达国家的 1/3 左右,如果工业用水重复利用率达 60%,可节水 470 亿立方米。这说明我国亟待广泛运用先进技术和方法,借鉴国外先进技术,进行科技创新,加快科技进步，在提高水资源利用率方面具有很大的潜力。

近些年来随着全国上下对水资源安全的认识越来越深刻，在加强科技创新和科技进步，提高水资源利用率方面我国已经取得丰硕成果。“十三五”期间，我国年用水总量为5813亿立方米，比规划目标多节省了887亿立方米的水资源，支撑了国民经济约6%的增长。用水效率明显提高，万元国内生产总值用水量下降28.0%，万元工业生产增加值用水量下降39.6%，农田灌溉水利用系数提高到0.565，城市公共供水管网漏损率为10%左右。“十三五”期间，我国节水设施能力得到强化，实施了434处大型灌区续建配套和节水改造，支持687个重点中型灌区。根据水利部《关于全面加强水资源节约高效利用工作的意见》(2023年4月27日发布)，到2025年水资源利用效率和效益明显提高，全国用水总量控制在6400亿立方米以内，万元国内生产总值用水量较2020年下降16%左右，农田灌溉水有效利用系数达到0.58以上，万元工业增加值用水量较2020年下降16%，城市公共供水管网漏损率控制在9%以内，全国非常规水源利用量达到170亿立方米。

(二)加强水污染防治

水污染防治对保障水资源安全和正常的生态系统至关重要。水环境保护应坚持预防为主，防治结合，控制源头，综合治理和“谁污染谁治理、谁开发谁保护”的原则，逐步实施污染物排放总量控制，并执行排污许可证制度。在具体方法上，应推广使用清洁生产工艺和技术，减少废水的排放；加大对污水处理的力度，使处理后的污水得以回用；通过各种措施使工业废水达标排放；加强城市下水道及生活污水处理设施的建设，防止生活污水污染河流和湖泊；科学使用农药和化肥，减少农业污染源对水体的污染，防止湖泊等水体的富营养化；充分重视农村地区的水污染问题，通过增加水处理设施、加大环保投入和治理来改变农业污染排放问题，严格控制农村污染；建立水源地保护区，在保护区内严禁建污染型项目。在破解水污染管制困局方面，推行合作治理模式法治路径，“实现治理主体上的‘官民共治’，治理层级上的‘上下协力’，治理方式上的‘刚柔共济’，司法监督上的‘双管齐下’”[1]。通过采取上述各种措施，切实保护水环境，恢复山清水秀的本来面貌。

(三)建立水资源安全评价与监控预警机制

当前，我国基本上对大江、大河、大湖的水文、水质等情况进行了实时监控。全国面积大于10平方千米的湖泊已有200多个出现萎缩，盛水的“盆”越来越小，湖泊湿地消失萎缩，进一步带来河流断流、河道缩减，水资源安全形势不容乐观。从国家安全、粮食安全、经济安全、生态环境安全等角度出发，应当加强对水资源系统环境、功能、结构特征及各部分之间相互作用的研究，按照流域、区域、行业或类别，逐步建立我国水安全评价体系和实时监控预警机制，及时准确掌握国家主要江河和区域的

[1] 张文松、蔡守秋：《推行水污染合作治理模式的法治路径》，载《中州学刊》2017年第5期。

水资源及其开发利用总体状况,为有效保障国家水资源安全提供技术保障。

(四)促进水资源优化配置

建立水权制度和改革水价形成机制,是促进水资源的优化配置经济管理手段。水资源的优化配置要从界定和明晰水的使用权入手,逐步建立水资源的宏观控制和微观定额体系,形成总量控制与定额管理相结合的水资源管理体制,建立水权交易市场,实行水权有偿转让。改革、完善水价形成机制,应用价值规律来调解水资源的供需关系,实行水资源的优化配置。对水资源的占用、消耗和污染造成的损坏,必须按市场价格支付费用。以有效制止和减少对水资源的浪费和破坏,逐步建立不同季节、地区、用水量、水质、行业的差别收费制度和政策的价格体系,通过调整水价,调动全社会节水的积极性。

此外,还须强化国家对水资源的权属管理,建立权威、高效、协调的管理体制,积极研究和推进区域水资源统一管理的体制,最终实现水资源开发利用达到经济效益、社会效益和生态效益的协调统一的目标。为此,水利部于 2022 年 12 月印发了《水利监督规定》,强化水利行业监督管理,依法履行水利监督职责,规范水利监督行为。水利监督事项主要包括:水利安全生产和质量监督管理;流域综合规划、流域专业(专项)规划、区域水利规划编制与实施,水利建设项目前期工作;重点防洪工程设施水毁修复、大中型水库防洪调度和汛限水位执行、山洪灾害监测预警、蓄滞洪区建设和管理;水资源开发、利用、节约、保护、配置和管理;河长制湖长制落实,河湖水域及其岸线管理和保护,河道采砂管理;水土保持和水生态修复;灌区工程、农村供水工程建设与管理,小水电管理;水利建设市场监督管理,水利工程建设与运行;水资源调度及调水工程调度运行管理;中央水利资金使用和管理;水文水资源监测、预报、评价;水利工程移民及水库移民后期扶持政策落实;水政监察和水行政执法;水利网络安全和信息化建设及应用等。

(五)强化水资源管理法律制度建设

依法治水,把水资源的开发、利用、治理、配置、节约和保护都纳入法制化轨道。通过法律管理,建立起适应现代化要求的水资源保护利用体系和水资源法规体系,规范节水型社会的建设和高效水管理体制的形成。加强水资源管理执法队伍建设,强化摸底调查和巡查,提高执法水平,强化水资源管理执法力度,尤其是加强以法律为手段制止严重水污染。当前之所以出现污水排放量屡禁不止的问题,除排放者缺乏国家整体观念外,处罚不严也是重要原因之一,因此要以法律为手段,严厉处罚,制止污染的发生。水资源的法治观念以及道德的形成,还需要广泛的宣传、教育措施,让保护水资源安全观念渗透到每个人的意识中,落实在社会的每个环节里。应发动人民群众,完善监管机制,对群众举报反映的违规、违法行为进行及时处理。借助网络、微信等新媒体或深入基层,落实向群众普法宣传,切实增强全社会依法治水的观念,依法向公众、社会组织提供培训和咨询,提高群众对水资源的保护意识。

第三节 水资源法律保护

一、我国水资源保护制度

（一）最严格水资源管理制度

《关于加快水利改革发展的决定》和中央水利工作会议明确要求实行最严格水资源管理制度，确立水资源开发利用控制、用水效率控制和水功能区限制纳污“三条红线”，从制度上推动经济社会发展与水资源水环境承载能力相适应。针对中央关于水资源管理的战略决策，2012 年 1 月 12 日，国务院发布了《关于实行最严格水资源管理制度的意见》（国发〔2012〕3 号），作出全面部署和具体安排。这是指导当前和今后一个时期我国水资源工作的纲领性文件。对解决我国复杂的水资源水环境问题，实现经济社会的可持续发展具有深远意义和重要影响。该文件共分为 5 部分、20 条，明确提出了实行最严格水资源管理制度的指导思想、基本原则、目标任务、管理措施和保障措施。主要内容概括来说，就是确定“三条红线”，实施“四项制度”。

“三条红线”：一是确立水资源开发利用控制红线，到 2030 年全国用水总量控制在 7000 亿立方米以内。二是确立用水效率控制红线，到 2030 年用水效率达到或接近世界先进水平，万元工业增加值用水量降低到 40 立方米以下，农田灌溉水有效利用系数提高到 0.6 以上。三是确立水功能区限制纳污红线，到 2030 年主要污染物入河湖总量控制在水功能区纳污能力范围之内，水功能区水质达标率提高到 95% 以上。为实现上述红线目标，进一步明确了 2015 年和 2020 年水资源管理的阶段性目标。

“四项制度”：一是用水总量控制。加强水资源开发利用控制红线管理，严格实行用水总量控制，包括严格规划管理和水资源论证，严格控制流域和区域取用水总量，严格实施取水许可，严格水资源有偿使用，严格地下水管理和保护，强化水资源统一调度。二是用水效率控制制度。加强用水效率控制红线管理，全面推进节水型社会建设，包括全面加强节约用水管理，把节约用水贯穿于经济社会发展和群众生活生产全过程，强化用水定额管理，加快推进节水技术改造。三是水功能区限制纳污制度。加强水功能区限制纳污红线管理，严格控制入河湖排污总量，包括严格水功能区监督管理，加强饮用水水源地保护，推进水生态系统保护与修复。四是水资源管理责任和考核制度。将水资源开发利用、节约和保护的主要指标纳入地方经济社会发展综合评价体系，县级以上人民政府主要负责人对本行政区域水资源管理和保护工作负总责。

（二）水资源论证制度

水资源论证是为贯彻落实水资源刚性约束要求和“以水定城、以水定地、以水定人、以水定产”原则，促进经济社会发展与水资源条件相适应，必须开展的一项重要工作。水资源论证制度建立以来，在推动相关规划科学决策和建设项目合理布局中发挥了重要作用，有力促进了水资源节约保护和合理开发利用。[1]

水资源虽然是可循环、可更新的资源，但在一定时期、一定的地点，其承载能力也是有限的。在水资源不足的地区，应当对城市规模和建设耗水量大的工业、农业和服务业项目加以限制。因此，生产力布局和城市建设就应当与当地水资源条件也就是水资源承载能力以及防洪要求相适应，将需要进行重大水资源配置的城市总体规划、专项规划、产业集聚区、经济技术开发区、高新技术开发区、工业园区等发展规划，涉及实施后对水资源造成重大影响的其他规划纳入水资源论证范畴。水资源论证是指在人类开发利用水资源的行为实施之前，以水资源承载力为依据对人类开发利用水资源的合理性、供水水源的可靠性及节水潜力等进行分析与评估。实施水资源论证制度的目的是通过一系列科学分析、评估活动，为水资源开发利用行为的实施提出各项限制性要求，确保科学、合理地开发利用水资源，促进水资源节约与保护。水资源论证通过早期介入规划的制定过程，并且贯穿始终，将多个中小建设项目造成的累积影响、间接影响和诱导影响纳入规划水资源论证统筹考虑，把水资源需求管理的源头从建设项目向前推进至区域、流域发展规划和行业发展规划阶段，真正从源头上解决了水资源可持续利用问题，体现了“从源头和过程控制”。

2002 年 3 月水利部与原国家发展计划委员会联合发布《建设项目水资源论证管理办法》，旨在促进水资源的可持续利用和保障建设项目的合理用水需求。该办法开创性地建立了建设项目水资源论证制度，要求直接从江河、湖泊或地下水取水并需申请取水许可证的信件改建、扩建建设项目应当进行建设项目水资源论证，并编制建设项目水资源论证报告书。2004 年出台的《国务院对确需保留的行政审批项目设定行政许可的决定》(国务院令第 412 号)明确将建设项目水资源论证机构资质认定和建设项目水资源论证报告书审批作为国务院保留的两项行政许可事项。2006 年 2 月 21 日国务院发布的《取水许可和水资源费征收管理条例》(国务院令第 460 号)进一步确立了水资源论证制度的法律地位。

2020 年 11 月 3 日水利部《关于进一步加强水资源论证工作的意见》(水资管〔2020〕225 号)发布。该意见强调，进一步加强水资源论证工作，必须全面贯彻“节水优先、空间均衡、系统治理、两手发力”的治水思路，深入落实最严格水资源管理制度和“放管服”改革要求，加强规划水资源论证，严格建设项目水资源论证，推进水资源论证区域评估，进一步发挥水资源在区域发展、相关规划和项目建设布局中的刚性约束作用，满足合理用水需求，坚决抑制不合理用水需求，促进经济社会发展与水资源承载能力相协调，推动生态保护和高质量发展。该意见重点从规划水资源论

---

[1] 参见 2020 年 11 月 3 日水利部《关于进一步加强水资源论证工作的意见》(水资管〔2020〕225 号)。

证、建设项目水资源论证、水资源论证区域评估3个方面作出了部署要求。一是强化规划水资源论证,进一步明确了适用范围、论证重点和管理要求,强调开展规划水资源论证,应以河湖生态流量保障目标、江河流域水量分配指标、地下水取用水总量和水位管控指标、用水总量和效率控制指标、用水定额标准等作为约束条件,对规划需水的合理性、可行性等进行分析评估,提出论证意见。二是严格建设项目水资源论证,进一步突出论证重点,严格技术审查,简化论证形式,强调要把水资源管控指标作为刚性约束,对建设项目取用水与生态流量保障目标、江河水量分配指标、地下水取用水总量和水位管控指标、用水总量控制指标、用水定额等指标的符合性进行审查,提出审查意见作为审批取水许可申请的重要依据。三是推进水资源论证区域评估,重点对实施范围、评估要求、告知承诺制、事中事后监管等作出要求,强调优先在自由贸易试验区、各类开发区、工业园区、新区和其他有条件的区域推行水资源论证评估。对已开展规划水资源论证的区域,在满足管理要求的前提下,可不再进行水资源论证区域评估。对已经开展水资源论证区域评估的,推行取水许可告知承诺制,水行政主管部门要加强事中事后监管,纠正不符合水资源管控要求的取用水行为。

水资源论证制度的实施,从决策源头上有力地促进了水资源的优化配置、高效利用和有效保护,对于保证取水许可的科学审批,保障建设项目合理用水,促进节能减排,减少水事纠纷等,发挥了重要作用,成为水资源管理的重要制度,成为促进经济社会发展与资源、环境相协调的重要手段。

(三)水功能区划制度

长期以来,我国对江河湖泊等众多水域的用水功能及保护目标并无明确规定,导致用水、排污布局不尽合理、开发利用与保护的关系不协调等问题。水功能区划就是通过在流域范围内,按照水资源可持续发展的要求,根据国民经济发展规划和流域综合规划,划定各水域的主导功能和功能顺序,确定水域功能不遭破坏的水资源保护目标。根据水功能区划确定的水域功能对水质的要求和水体的自然净化能力,核定水域纳污能力。按照水域纳污能力与现实排污状况确定限制排污的总量意见,作为水污染防治的依据。

2016年修订的《水法》第32条规定:“国务院水行政主管部门会同国务院环境保护行政主管部门、有关部门和有关省、自治区、直辖市人民政府,按照流域综合规划、水资源保护规划和经济社会发展要求,拟定国家确定的重要江河、湖泊的水功能区划,报国务院批准。跨省、自治区、直辖市的其他江河、湖泊的水功能区划,由有关流域管理机构会同江河、湖泊所在地的省、自治区、直辖市人民政府水行政主管部门、环境保护行政主管部门和其他有关部门拟定,分别经有关省、自治区、直辖市人民政府审查提出意见后,由国务院水行政主管部门会同国务院环境保护行政主管部门审核,报国务院或者其授权的部门批准。前款规定以外的其他江河、湖泊的水功能区划,由县级以上地方人民政府水行政主管部门会同同级人民政府环境保护行政主管部门和有关部门拟定,报同级人民政府或者其授权的部门批准,并报上一级水行政主管部门和环境保护行政主管部门备案。县级以上人民政府水行政主管部门或者流域管理机构应当按照水功能区对水质的要求和水体的自然净化能力,核定该水域的纳污能力,向环境保护行政主管部门提出该水域的限制排污总量意见。县级以上地方人民政府水行政主管部门和流域管理机构应当对水功能区的水质状况进行监测,发现重点污染物排放总量超过控制指标的,或者水功能区的水质未达到水域使用功能对水质的要求的,应当及时报告有关人民政府采取治理措施,并向环境保护行政主管部门通报。"该条款是对水功能区划制度的明确规定。

(四)取水许可管理制度

取水许可制度是指直接从地下或者江河、湖泊取水的用水单位和个人,必须向审批取水申请的水行政主管部门或者流域管理机构提出取水申请,经审查批准,获得取水许可证或者其他形式的批准文件后方可取水的制度。长期以来,我国水资源的取用并没有统一的规划,不管是单位用水还是个人用水都无须申请登记,没有限制。随着水资源紧缺问题的凸显,水资源财产属性的彰显,其使用权的管理也日益受到有关部门的重视。从取水许可历史发展来看,自 1994 年 7 月 1 日起,全国启用水利部统一制作的"中华人民共和国的取水许可证"。该证是单位、个人从江河湖泊或者地下取水唯一合法、有效的证件。自此,取水许可在全国范围内逐步展开。

随着市场经济的发展,建立水资源使用权制度,并允许其实现水资源的合理、高效配置成为国家现代水法的发展趋势。基于此,《水法》进一步完善了取水许可制度,规定直接从江河、湖泊或者地下取用水资源的单位和个人,应当按照国家取水许可制度和水资源有偿使用制度的规定,向水行政主管部门或者流域管理机构申请领取取水许可证,并缴纳水资源费,取得取水权。但是,家庭生活和零星散养、圈养畜禽饮用等少量取水的除外。实施取水许可制度和征收管理水资源费的具体办法,由国务院规定。这样就规定了取水许可制度、水资源有偿使用制度,并赋予通过取水许可制度获得的水资源使用权的名称:取水权。取水权的确立使得水资源市场配置得以实现,为我国顺利构建水市场奠定了制度基础。

2006 年 1 月 24 日国务院第 123 次常务会议通过《取水许可和水资源费征收管理条例》(国务院令第 460 号)。对取水的申请和受理、取水许可的审查和决定、水资源费的征收和使用管理和监督管理等内容进行了详细规定。取用水资源的单位和个人,除条例第 4 条规定的情形外都要申请领取取水许可证,取水许可证有效期一般 5 年,最长不超过 10 年,且取水单位或者个人都应当缴纳水资源费。该条例强化了取水许可制度在水资源管理中的基础性地位,成为这一时期水资源管理工作的重点。为更好地贯彻落实国务院令第 460 号,2008 年 4 月水利部发布了《取水许可管理办法》(水利部令第 34 号)。2017 年 3 月 1 日,《取水许可和水资源费征收管理条例》进行了修正，删去了第11条第2款中的建设项目需要取水的，申请人还应当提交的建设项目水资源论证报告书必须“由具备建设项目水资源论证资质的单位编制的”规定。

（五）有偿用水制度

在经济体制改革的背景下，制定水价形成机制，进行水费改革等一系列法规和政策措施，是推进节水型行业和节水型社会建设的保证。[1] 水资源有偿使用制度是国家基于水资源的所有者和管理者的双重身份，为实现所有者权益，保障水资源的可持续利用，对直接取用江河、湖泊或者地下水资源的单位和个人征收水资源费的一种制度。包括水资源费制度和水价制度，是与节约用水制度、取水许可制度密切联系，相辅相成且同等重要的一项水资源管理制度。在我国，普遍存在用水浪费、水利建设滞后，效益低下等现象，其中重要的原因之一就是水资源的无偿、低价使用，水资源的供应过分讲究无偿服务和国家福利理念。面对这种情况，为节约水资源，保证水利工程所必需的运营、修缮、改造、更新等费用，国家逐步推行有偿用水，发展过程如下：自1985年国务院发布《水利工程水费核订、计收和管理办法》，规定凡水利工程都应该实行有偿供水，工业、农业和其他一切用水户都应该按规定向水利工程管理单位交付水费。为进一步规范水资源有偿使用，国务院和水利部于1996年又将《水利工程供水价格管理办法》和《水资源费征收使用办法》等项目分别列入立法计划。2002年修订后的《水法》第48条规定了水资源有偿使用制度，规定征收管理水资源费的具体办法由国务院制定。2006年1月24日国务院第123次常务会议通过《取水许可和水资源费征收管理条例》（国务院令第460号）。2016年12月29日国务院发布了《关于全民所有自然资源资产有偿使用制度改革的指导意见》（国发〔2016〕82号）。2018年2月28日水利部、国家发展改革委、财政部联合发布了《关于水资源有偿使用制度改革的意见》（水资源〔2018〕60号）。对水资源费的征收、使用管理和监督管理等内容进行了详细规定，进一步完善了水资源有偿使用制度。

（六）计划用水和节约用水制度

水资源浪费是水资源短缺的重要原因之一。计划用水和节约用水制度的发展过程如下：1984年国务院就发布了《关于大力开展城市节约用水的通知》，要求必须坚持“开源流并重”方针，城市节约用水与供水设施建设双管齐下。同时提出加强工业用水管理，实行计划供水。1988年11月国务院批准原建设部发布《城市节约用水管理规定》，要求城市人民政府制定节约用水发展规划，并根据规划制定节约用水年度计划。城市建设行政主管部门制定水长期供求计划，并下达执行。1990年水利部颁发《制定水长期供求计划导则》，将水长期供求计划作为水资源合理利用和调配的

---

〔1〕 参见柯礼丹：《中国水法与水管理改革》，载《中国水利》2008年第22期。

指导性、综合性计划，为国家和地区编制5年计划、年度计划以及执行取水许可制度提供了依据。2016年修订的《水法》第8条也明确规定国家实行计划用水，厉行节约用水，大力推行节约用水措施，推广节约用水新技术、新工艺，发展节水型工业、农业和服务业，建立节水型社会。

为了节约用水，国家加强了用水定额的管理。用水定额是对特定行业在用水单位时间内，生产单位产品或创造单位产值所规定的合理用水量标准。定额管理是水资源管理的微观控制指标，是确定水资源宏观控制指标总量控制的基础。《水法》第47条规定"国家对用水实行总量控制和定额管理相结合的制度。省、自治区、直辖市人民政府有关行业主管部门应当制定本行政区域内行业用水定额，报同级水行政主管部门和质量监督检验行政主管部门审核同意后，由省、自治区、直辖市人民政府公布，并报国务院水行政主管部门和国务院质量监督检验行政主管部门备案"。2013年水利部印发《关于严格用水定额管理的通知》（水资源〔2013〕268号），开始推动用水定额管理工作。2015年水利部印发《关于做好用水定额评估工作的通知》（办资源函〔2015〕820号），流域机构开展用水定额评估，推动各省进行用水定额修订工作，对推进用水定额管理工作起到了非常重要的作用。2019年，国家发展改革委和水利部先后联合印发了《国家节水行动方案》《〈国家节水行动方案〉分工方案》，明确了农业节水灌溉、畜牧渔业节水的牵头单位为农业农村部，工业节水的牵头单位为工业和信息化部，公共领域节水的牵头单位为住房城乡建设部，农村生活节水的牵头单位为水利部。截至目前，各省（自治区、直辖市）的用水定额标准已全面完成修订。在结合各地实践经验的基础上，水利部为更好地实行用水定额管理制度，2017年3月1日实施的《用水定额编制技术导则》，用来指导各省、自治区、直辖市编制行业用水定额。这些规定有利于培养人们建立节水意识，提高水资源利用效率，构建人与自然和谐相处的社会。"十三五"时期将"治水管水"思路转变为坚持"节水优先"的思路，落实以水而定、量水而行，促进人口经济与水资源水环境相均衡，"十三五"时期，我国用水总量为5813亿立方米，比规划目标多节约了887亿立方米的水资源，支撑了国民经济约6%的增长。这一思路《"十四五"水安全保障规划》也延续了下来。2023年4月27日，为深入贯彻党的二十大关于实施全面节约战略部署，落实中共中央办公厅、国务院办公厅《关于全面加强资源节约工作的意见》，加强水资源节约高效利用，推动全社会节水，促进经济社会高质量发展，水利部发布了《关于全面加强水资源节约高效利用工作的意见》。

（七）限制地下水超采制度

地下水既是重要的生活饮用水水源，也是维持水生态平衡的重要因素。我国长期以来对地下水资源的资源价值、财产价值认识不清，地下水开采无序混乱，对地下水资源及整个水循环系统都造成了极大的破坏。地下水超采导致部分地区地下水水位下降，沿海地区出现海水涌灌现象，还有部分含水层甚至出现干涸。鉴于此种情况,2003 年水利部制定的《地下水超采区评价导则》,对地下水环境影响评价内容进行了一系列的规定。国务院《关于实行最严格水资源管理制度的意见》(国发〔2012〕3 号)明确提出"实行地下水取用水总量控制和水位控制",各地在实践中积极落实并取得良好成效。2016 年修订的《水法》第 36 条明确规定了严格限制地下水超采区,目的是控制开采区数量,维持生态环境健康。

当前需要根据地下水保护需求,按照国务院《关于实行最严格水资源管理制度的意见》有关要求,规定地下水取用水总量与水位双控制度。重点包括:一是明确由省级人民政府对地下水开发利用实行总量控制,省级人民政府水行政主管部门根据地下水动态变化情况实施监测预警。二是规定省级人民政府水行政主管部门组织拟订本行政区域内的地下水取用水总量和水位控制指标,经国务院水行政主管部门统筹协调后,报同级人民政府批准。三是规定县级以上地方人民政府根据地下水取用水总量控制指标和国家相关技术标准,合理确定地下水取水井的布局和取水强度。

(八)水量跨流域调度制度

"跨流域调水是我国国情水情的必然选择","跨流域调水事关经济社会发展全局,事关生态环境和国家安全"。[1] 2016 年修订的《水法》第 22 条规定"跨流域调水,应当进行全面规划和科学论证,统筹兼顾调出和调入流域的用水需要,防止对生态环境造成破坏"。第 46 条第 1 款规定"县级以上地方人民政府水行政主管部门或者流域管理机构应当根据批准的水量分配方案和年度预测来水量,制定年度水量分配方案和调度计划,实施水量统一调度;有关地方人民政府必须服从"。该条款对水量调度作出了原则性规定。国务院《关于实行最严格水资源管理制度的意见》等对强化水资源统一调度也提出了明确要求。贯彻落实《水法》有关规定,各级水行政主管部门坚持把水资源调度作为强化水资源管理的重要内容,从黄河、黑河统一调度至今连续多年不断流、到引黄济津、引江济太、珠江压咸补淡和南水北调,再到长江三峡水库群联合调度等,水资源调度工作领域不断拓展,取得了显著成效,为经济社会发展和生态文明建设作出了重要贡献。目前,我国已建、在建的从长江流域调水的有南水北调东中线、引江济淮、引江济太、引汉济渭等 18 项调水工程,累计调水规模约 400 亿立方米,对优化水资源配置产生了巨大的生态及经济效益。今后,更要把"先节水后调水、先治污后通水、先环保后用水"的要求落实到位。

(九)河(湖)长制度

河(湖)长制是我国通过自身实践探索建立的中国特色高效治水的管理制度,符

---

〔1〕 转引自张杰平《跨流域调水补偿制度创新研究》(武汉大学 2012 年博士学位论文)论文创新点。详见张杰平:《跨流域调水补偿制度创新研究》,武汉大学 2012 年博士学位论文,第 16～49 页。

合我国社会主义现代化建设要求和广大人民群众切身利益。[1] 河长制湖长制要求党政主要负责人担任“河长”“湖长”，负责组织领导相应河湖的管理和保护工作的制度，其精髓是首长负责制。将其政绩与治理河道的“业绩”紧密相连，一方面能够促使水环境治理力量落到实处，另一方面能够促使绿色政绩观逐渐成为行政执法的思维惯性。2016 年以来，中共中央、国务院先后颁布了《关于全面推行河长制的意见》《关于在湖泊实施湖长制的指导意见》，明确了河长制湖长制的主要内容：一是实行党政责任主体，建立纵向河湖治理体系；二是落实部门联动，完善横向统筹机制，促进各方资源的有效整合，提升政府解决复杂公共事务的治理能力，以解决各职能部门各管一摊，互不干预的“甩包袱”行为；三是拓展公共参与渠道，形成社会共同治理机制；四是强化考核问责，实行差异化绩效评价。

（十）水事纠纷解决制度

水资源短缺必然带来水事纠纷，河流上游与下游，左岸与右岸矛盾层出不穷。北方水少，人们就竞相挖渠取水。南方虽然水资源比较丰沛，但发电、灌溉与航运的矛盾突出，争岸线、抢码头和取水口的事件屡见不鲜。虽然经过调解矛盾有所缓和，但是终因缺少法律依据而无法彻底解决问题。基于上述情况，2016 年修订的《水法》第 56 条、第 57 条开创性地对地区之间发生的水事纠纷，单位之间、个人之间、单位与个人之间发生水事纠纷进行了原则性的规定。第 56 条规定：“不同行政区域之间发生水事纠纷的，应当协商处理；协商不成的，由上一级人民政府裁决，有关各方必须遵照执行。在水事纠纷解决前，未经各方达成协议或者共同的上一级人民政府批准，在行政区域交界线两侧一定范围内，任何一方不得修建排水、阻水、取水和截（蓄）水工程，不得单方面改变水的现状。”第 57 条规定：“单位之间、个人之间、单位与个人之间发生的水事纠纷，应当协商解决；当事人不愿协商或者协商不成的，可以申请县级以上地方人民政府或者其授权的部门调解，也可以直接向人民法院提起民事诉讼。县级以上地方人民政府或者其授权的部门调解不成的，当事人可以向人民法院提起民事诉讼。在水事纠纷解决前，当事人不得单方面改变现状。”

近年来，各级水利部门按照《水法》要求，主动排查、建立水事纠纷调处机制及时调处已经发生的水事纠纷。全国年均预防化解水事纠纷 8000 余起，保证了全国水事秩序基本稳定，敏感纠纷基本处于可控状态。与此同时，水利部将省际水事纠纷的协调工作逐步由事后调转向事前预防为主，由此，省际水事秩序明显好转。在全国影响较大的晋、冀、豫三省漳河水事纠纷和甘、青两省“引大入秦”水事纠纷的调处也有了突破性进展。

二、我国水资源保护的法律体系

全面依法治国、建设社会主义法治国家是我国的基本治国方略。十八届四中全

---

[1] 参见李永健：《河长制：水治理体制的中国特色与经验》，载《重庆社会科学》2019 年第 5 期。

会《中共中央关于全面推进依法治国若干重大问题的决定》指出“建设中国特色社会主义法治体系,必须坚持立法先行,发挥立法的引领和推动作用”,十九届四中全会《中共中央关于坚持和完善中国特色社会主义制度 推进国家治理体系和治理能力现代化若干重大问题的决定》提出要“完善以宪法为核心的中国特色社会主义法律体系,加强重要领域立法”。基于我国水资源现状,水资源的开发、利用和保护被逐步重视起来。对水资源进行有效且强力的保护必须以一系列法律法规的构建为基础条件,因此,在宪法基础之上,中央和地方都制定了一系列有关水资源保护的法律法规,确保各项水资源保护活动能够有法可依,在法律框架内顺利进行。具体来讲,以下规范性法律法规文件,共同构成了水资源保护法律体系。

(一)宪法

2018 年《宪法》修正案在序言中提出了“生态文明”的根本目标,第 9 条不仅规定了水资源归国家所有,其第 2 款进一步明确规定:“国家保障自然资源的合理利用,保护珍贵的动物和植物。禁止任何组织或者个人用任何手段侵占或者破坏自然资源。”第 26 条第 1 款规定“国家保护和改善生活环境和生态环境,防治污染和其他公害”。宪法作为国家的根本大法,尽管没有对水资源利用和保护进行直接规定,但对包括水资源在内的自然资源利用和保护指明了方向,国家立法机关就负有根据宪法规定进行相关立法的义务,其他国家机关、社会组织和公民个人也负有在宪法法律指引下进行活动的义务。

(二)法律

目前我国与水资源安全密切相关的法律主要有:《水法》(2016 年修正)、《水污染防治法》(2017 年修正)、《水土保持法》(2010 年修订)、《长江保护法》(自 2021 年 3 月 1 日起施行)、《黄河保护法》(自 2023 年 4 月 1 日起施行)。除此之外,《环境保护法》、《民法典》、《刑法》及其修正案、《治安管理处罚法》、《环境保护税法》等,也都在各自领域范围内对水资源安全提供法治保障。以下对部分涉及水资源保护的法律进行简单介绍。

1.《水法》

该法是水资源保护的基础性法律,制定于 1988 年,经 2002 年的全面修订和 2009 年、2016 年的个别条文修改。该法的颁布与实施,对水资源统一管理的逐步强化,水资源管理节约产生了重大影响,“把我国水利事业引向了依法管理的阶段”[1]。该法第 3 条明确规定了水资源权属法律制度。该条规定:一是水资源属于国家所有;二是水资源的所有权由国务院代表国家行使,国务院代表国家(全民)依法行使对国有水资源的占有、使用、收益和处分的权利;三是农村集体经济组织的水塘和由农村集体经济组织修建管理的水库中的水,归各该农村集体经济组织使用,

---

[1] 杨海芳:《我国现行〈水法〉的新发展》,载《江西社会科学》2005 年第 4 期。

不实行取水许可和有偿使用制度。该法第12条确立了流域管理与行政区域管理相结合、统一管理与分级管理相结合的水资源管理体制,第13条明确了县级以上人民政府有关部门在水资源开发、利用、节约和保护的有关工作方面职责分工。具体内容包括:一是国家对水资源实行流域管理与行政区域管理相结合的管理体制;二是国务院水行政主管部门负责全国水资源的统一管理和监督工作;三是县级以上地方人民政府水行政主管部门依法负责本行政区域内水资源的统一管理工作;四是国务院有关部门和县级以上地方人民政府有关部门按照职责分工,负责水资源开发、利用、节约和保护的有关工作。

该法第二章对水资源规划作出了系统规定。主要内容包括:一是规定了国家制定全国水资源战略规划;二是明确流域规划和区域规划的法律地位和作用,界定综合规划与专业规划的内涵;三是明确水资源规划之间和水资源规划与有关规划之间关系;四是明确各类规划的编制、审批权限、法律地位和效力等。该法第四章第32条对水功能区划、排污总量控制制度作出规定,对水功能区划分类、拟定原则、拟定主体、拟定程序以及批准程序,核定水域的纳污能力、提出水域的限制排污总量意见,水功能区水质监测及相关处理措施等作出系统规定。

2.《水污染防治法》

该法根据2017年6月27日第十二届全国人民代表大会常务委员会第二十八次会议《关于修改〈中华人民共和国水污染防治法〉的决定》第二次修正,其第1条立法目标中将“保护和改善环境”放在首位,并加入了“保护水生态”“推进生态文明建设”。关于水资源承载能力保护方面,该法第29条明确指出,组织开展流域环境资源承载能力监测、评价并实施预警,组织开展生态环境治理、修复和保护,提升流域环境资源承载能力。从事开发建设活动,应当采取有效措施,维护流域生态环境功能,严守生态保护红线。

3.《水土保持法》

该法于2010年12月25日第十一届全国人民代表大会常务委员会第十八次会议修订,自2011年3月1日起施行。针对水资源保护,该法第1条规定“为了预防和治理水土流失,保护和合理利用水土资源,减轻水、旱、风沙灾害,改善生态环境,保障经济社会可持续发展,制定本法”。第13条第3款规定“水土保持规划应当与土地利用总体规划、水资源规划、城乡规划和环境保护规划等相协调”。

4.《长江保护法》

该法于2020年12月26日由第十三届全国人民代表大会常务委员会第二十四次会议表决通过,并于2021年3月1日起施行。《长江保护法》作为我国第一部流域法律,开启了长江保护有法可依的崭新局面,该法律与美丽长江建设息息相关,与水资源保护事业息息相关,意义重大,影响深远。水资源保护是此次《长江保护法》法律规制的重要内容。第1章至第5章等章节对水资源保护管理内容、管理事权等均有规定,进一步明确了水行政主管部门饮用水水源地保护、生态用水保障、河湖水系连通修复方案编制等职责权限,从法律层面夯实了水利部门水资源保护的法定职能,充分反映和体现了国家对于长江水资源保护事业的重视,也为新时期长江水资源保护管理提供坚实有力的法律支撑。

在完善水资源保护规划体系方面,该法第二章对规划与管控进行了规定,特别是第 17 条规定"国家建立以国家发展规划为统领,以空间规划为基础,以专项规划、区域规划为支撑的长江流域规划体系,充分发挥规划对推进长江流域生态环境保护和绿色发展的引领、指导和约束作用"。

对水资源保护方面,该法第三章也进行了具体规定,如该法第 37 条规定"国家加强长江流域地下水资源保护。长江流域县级以上地方人民政府及其有关部门应当定期调查评估地下水资源状况,监测地下水水量、水位、水环境质量,并采取相应风险防范措施,保障地下水资源安全"。第 38 条规定"国务院水行政主管部门会同国务院有关部门确定长江流域农业、工业用水效率目标,加强用水计量和监测设施建设;完善规划和建设项目水资源论证制度;加强对高耗水行业、重点用水单位的用水定额管理,严格控制高耗水项目建设"。

5.《黄河保护法》

该法于 2022 年 10 月 30 日由第十三届全国人民代表大会常务委员会第三十七次会议通过,于 2023 年 4 月 1 日起施行。黄河流域最大的矛盾是水资源短缺。该法加强水资源保护主要内容如下:

(1)水资源刚性约束制度。该法第 8 条明确,国家在黄河流域实行水资源刚性约束制度,坚持以水定城、以水定地、以水定人、以水定产,优化国土空间开发保护格局,促进人口和城市科学合理布局,构建与水资源承载能力相适应的现代产业体系,并要求黄河流域县级以上地方政府,按照国家有关规定,在本行政区域组织实施水资源刚性约束制度。

(2)水资源统一调度制度。该法第 47 条明确,国家对黄河流域水资源实行统一调度,遵循总量控制、断面流量控制、分级管理、分级负责的原则,根据水情变化进行动态调整,并授权水利部组织黄河流域水资源统一调度的实施和监督管理。

(3)地下水取水总量控制制度。该法第 48 条要求,水利部会同自然资源部制定黄河流域省级行政区域地下水取水总量控制指标,并要求省级水利部门会同本级有关部门,根据本行政区域地下水取水总量控制指标,制定设区的市、县级行政区域地下水取水总量控制指标和地下水水位控制指标,经省级政府批准后,报水利部或者黄河流域管理机构备案。

(4)取水许可制度。该法第 50 条明确,在黄河流域取用水资源,要依法取得取水许可。在黄河干流取水,以及跨省重要支流指定河段限额以上取水,由黄河流域管理机构负责审批取水申请,审批时应当研究取水口所在地的省级人民政府水行政主管部门的意见;其他取水由黄河流域县级以上地方人民政府水行政主管部门负责审批取水申请,并明确规定,指定河段和限额标准由水利部确定公布、适时调整。

(5)强制性用水定额管理制度。该法第52条第1款明确,国家在黄河流域实行强制性用水定额管理制度。水利部、国务院标准化主管部门会同国家发展改革部门组织制定黄河流域高耗水工业和服务业强制性用水定额。制定强制性用水定额应当征求国务院有关部门、黄河流域省级政府、企业事业单位和社会公众等方面的意见,并依照《标准化法》的有关规定执行。

(三)行政法规

围绕水资源保护,国务院制定了一系列行政法规,如国务院制定的《长江河道采砂管理条例》(2023年修订)、《河道管理条例》(2018年修订)、《取水许可和水资源费征收管理条例》(2017年修订)、《地下水管理条例》(2021年颁布)等。单行法规可以有效地对某一领域的问题作出专门而详细的规定。

在上述行政法规当中,《地下水管理条例》不仅对强化地下水管理,防治地下水超采和污染起到十分重要的作用,而且该条例的出台也对全面加强水资源管理提供了法律保障。《地下水管理条例》聚焦地下水超采、污染突出问题,强化地下水节约保护、超采治理和污染防治,主要从6个方面对地下水管理作出重要制度安排。

一是规定了地下水调查评价、地下水保护利用和污染防治规划、地下水储备三项基础性制度;二是规定了建立地下水"双控"、地下水取水计量、地下水资源税费征收等制度,明确了严格地下水取水许可申请条件、防止地下工程建设不利影响、禁止开采难以更新地下水等措施,推动节约、保护地下水;三是明确规定划定地下水超采区、禁止开采区、限制开采区,编制地下水超采综合治理方案,推动实施地下水超采治理;四是规定了划定地下水污染防治重点区,严格地下水污染管控的措施;五是规定建立国家地下水监测站网和地下水监测信息共享机制,强化对矿产资源开采和地下工程建设疏干排水、需要取水的地热能开发利用项目的监管措施;六是对超采、污染地下水行为,规定了严格的法律责任。

(四)地方性法规

各省(直辖市、自治区)人大、省会城市人大及设区的市人大制定相关水资源保护的地方性法规,如《浙江省水资源条例》(2020年颁布)、《四川省水资源条例》(2022年颁布)、《贵州省水资源保护条例》(2016年发布,2018年修正,2020年修正,2021年修正)、《江西省水资源条例》(2006年发布,2016年修订,2023年修正)、《深圳经济特区水资源管理条例》(1994年公布,2004年修正,2017年修正,2018年修正)、《郑州市水资源管理条例》(2003年公布,2008年修正,2020年修正)等。地方性法规的制定能够有效解决地方层级的一些重大水环境问题。粗略分析,地方性水资源法规具有以下特征:第一,相较于其他水事,立法时间较早。第二,立法涉及面较广,全国不少省市都出台了水资源相关立法,当然在名称上有水资源管理、水资源保护或直接以水资源指称。当然也有部分省市以节约用水立法或地下水资源管理等法规作为水资源管理法规。第三,立法理念的变化,逐渐以水资源管理向水资源保护立法转变,突出水资源保护。

三、我国水资源的司法保护

关于水资源保护方面的司法解释主要有:

最高人民法院、最高人民检察院联合发布《关于办理环境污染刑事案件适用法律若干问题的解释》(法释〔2023〕7号),自2023年8月15日起施行。该解释的施行,对于依法惩治环境污染犯罪,扎实推进生态文明建设、加快建设美丽中国,必将发挥重要作用。

最高人民法院《关于全面加强环境资源审判工作为推进生态文明建设提供有力司法保障的意见》(法发〔2014〕11号),2014年6月23日发布。为深入贯彻党的十八大、十八届三中全会和习近平总书记系列重要讲话精神,充分发挥人民法院审判职能作用,为推进生态文明建设提供有力司法保障,最高人民法院发布以上意见。

最高人民法院《关于审理环境民事公益诉讼案件适用法律若干问题的解释》,该解释于2014年12月8日最高人民法院审判委员会第1631次会议通过,自2015年1月7日起施行。

《人民检察院提起公益诉讼试点工作实施办法》,于2015年12月16日由最高人民检察院第十二届检察委员会第四十五次会议通过。

第四节　水资源法律发展

一、我国水资源法律制度的不足

(一)立法理念相对滞后,没有体现可持续发展理念

我国现行的有关水资源保护的法律中,《水法》《环境保护法》《水土保持法》《防洪法》《水污染防治法》均由全国人民代表大会常务委员会制定,具有同等法律地位。然而从理论体系来讲,环境保护、水资源保护、水土保持、防洪、水污染防治显然不是同一个层面上的问题,应该在立法上也体现出他们不同的法律效力等级,以便更好地进行水资源管理。目前这种相同效力的立法模式显然不能满足流域水资源保护与利用的需要。虽然2016年修正的《水法》在立法观念上取得了一定的突破,但仍着重于流域水资源水行政管理方面的设置问题,体现的只是其原本的行政手段的作用,很少涉及市场机制及市场规律等相关内容。可以说,现如今我国水资源法律制度流域行政地区水资源科学、可持续发展问题被严重淡化,各种利益关系没有得到协调发展。

(二)资源法与环境法分立,不利于部门间协调

水资源既具有环境价值又具有经济价值,我国在水资源立法方面采取了资源法

与环境法分立模式,并规定了适用双重管理机制,即在相关法律法规中规定由环境保护部门主管水污染防治的具体工作,由水行政主管部门主管水资源的管理工作,这就直接导致在实际工作中各部门之间的矛盾与不协调,不利于流域水资源保护与利用的管理。从当前机构改革和涉水职能调整情况看,最大的问题莫过于将水量与水质分割管理,水量管理由水利部门负责,水质管理由生态环境部门负责。这种管理方式,人为割裂了水量管理与水质管理的内在关联性,严重违背了水资源的自然循环规律和整体性。水资源管理体制是国家管理水资源的组织体系和权限划分的基本制度,是合理开发、利用、节约和保护水资源以及防治水害,实现水资源可持续利用的组织保障。

(三)水权相关法律制度薄弱,有待进一步完善

水资源权属法律制度是水资源所有权和因占有、使用水资源而产生的各种相关财产权益(如取水权)的统称。水资源权属是制定各种水事法律规范、设定水事法律关系中权利义务关系的基础。目前,"水权"这一概念在现阶段并未得到法律的界定,所以其仍然是一个学术概念而非法律概念。

学界对水权有着数种界定,大致可分为一权说,二权说和多权说。一权说主要认为水权不涉及所有权,水权就是水资源使用权。这一观点的主要代表人物有裴丽萍、崔建远、傅春、胡振鹏等。二权说主要认为水权除了包含水资源使用权还应当包括水资源所有权,而且以水法作为重要依据。多权说内容与上述观念相比,较为复杂。其中三权说观点认为水权包括水资源所有权、使用权和经营权三种权利,水权是对水资源应有权利的总和,这三种权利的主体也各有不同,其中水资源所有权的主体是国家,水资源使用权的主体是消费者,水资源经营权的主体是企业。四权说较之三权说则更为多元。有些学者认为四权是以所有权为基础,加上占有权、使用权和支配权。还有的学者认为四权不应包括所有权,而取而代之以自由支配权。除此以外还有权利束说等观点。上述学说虽然有冲突的地方,但均基于一个前提,那就是水权是存在于水资源之上的权利,是有形实体上的无形权利。依据我国建立水权制度的目的,在此,主要讨论水资源的所有权层面与使用权层面。

我国现行水资源产权法律制度主要包括所有权和取水权。我国《宪法》第9条第1款规定:"矿藏、水流、森林、山岭、草原、荒地、滩涂等自然资源,都属于国家所有,即全民所有;由法律规定属于集体所有的森林和山岭、草原、荒地、滩涂除外。"这里的水流是指水资源。我国《水法》第3条规定,"水资源属于国家所有。水资源的所有权由国务院代表国家行使。农村集体经济组织的水塘和由农村集体经济组织修建管理的水库中的水,归各该农村集体经济组织使用"。也就是说,我国《水法》同样规定水资源属于国家所有,即全民所有,只是农村集体经济组织的水塘和由农村集体经济组织修建管理的水库中的水资源使用权,归各该农村集体经济组织享有。《水法》第7条规定:"国家对水资源依法实行取水许可制度和有偿使用制度。

但是,农村集体经济组织及其成员使用本集体经济组织的水塘、水库中的水除外。国务院水行政主管部门负责全国取水许可制度和水资源有偿使用制度的组织实施。”据此,我国的水权制度大致由三部分构成,即水资源所有权制度、水资源使用权制度、水权流转制度。《水法》作为调整水资源管理适用度最高的法律,只是对《宪法》关于水资源所有权的条文进行简单重复,并未具体深化,这就为实践带来了难度。除水资源所有权具体实施规定不明确外,水资源的使用权也缺少正式的制度规定,只是出现在层级效力比较低的部门文件中,而并未正式立法将其作为制度上的正规安排。此外,水权交易制度也亟待完善,存在诸多问题,如水权交易的主体及权限不明、水权交易的平台还未搭建起来、水权交易的市场还未建立起来,存在交易信息不灵、交易费用较高等问题、水权交易的方式和程序还无具体规定、水权交易市场监管的方式和主体不明确等。从总体上看,目前的水权制度建设还处于初始阶段,水权概念在国家的法律法规层面还没有明确出现,在水权界定、水权交易和水市场建设等方面还缺乏较明确的规定,水权制度体系还不系统和完整,对水权相关理论研究也还有待深入进行。

(四)水资源保护整体过于原则,立法技术上存在不足

中国的水资源管理政策和立法已有了一些基础。这些立法在一定程度上解决了水资源的开发、利用、保护等问题。然而,从总体上看,水资源保护立法目前还存在一些问题。

1. 法律规定过于原则性

由于我国水资源相关法律起步较晚,为了尽快出台有关法律,以便水资源的保护有法可依,致使有些法律制订得较为粗糙,条文的规定过于原则,可操作性差。同时,中国幅员辽阔,各地的情况千差万别,因此中央的综合性成文立法不可避免地会宏观一些,导致我国水资源立法中原则性条款多于具体的规定。例如,现行《水法》中某些问题只有原则性规定,缺乏可操作性,不利于实际操作,结果就会有名无实,不能发挥应有的作用。现行《水法》第 27 条第 2 款规定在不通航的河流或者人工水道上修建闸坝后可以通航的,建设单位应同时修建过船设施或者预留过船设施位置,但未规定所需费用由谁承担。由于缺乏具体性规定,就有可能会导致建设单位与交通部门或其他有关部门因费用承担不明而发生争执,致使实践中相关设施的建设受到拖延,使已有的立法得不到执行。由此可见,只有水资源方面的立法具体可行,才能有效地管理和保护水资源,否则法律的实效势必会大打折扣。

2. 法律规定缺乏协调性

中国目前的立法机制下,法律的制定和修订具有明显的部门痕迹,缺乏统筹考虑。我国现行的有关水资源保护的《水法》《环境保护法》《水污染防治法》《水土保持法》《防洪法》《长江保护法》,在立法理论与实践中,这些法律本身或相互之间都存在问题。上述法律均由全国人民代表大会常务委员会制定,其法律效力相同,但

水资源管理、水土保持、环境保护、水污染防治以及防洪在理论上与实践中明显不是同一层次的问题，因此在立法效力上也应该有不同的法律效力等级，这样才有利于不同的行为形成规范体系，目前这种立法模式显然不能满足水资源保护和管理的需求。另外，这几部法律均对管理体制作出了规定，确立了资源保护和管理的主管部门和协管部门，但是这些法律实际上是由主管部门分别起草然后上报全国人民代表大会常务委员会通过，立法时缺乏综合考虑，而且立法通过时间有先后之分，不能使它们之间很好的协调。例如，现行《水法》第 33 条规定："国家建立饮用水水源保护区制度。省、自治区、直辖市人民政府应当划定饮用水水源保护区，并采取措施，防止水源枯竭和水体污染，保证城乡居民饮用水安全。"第 34 条第 1 款规定："禁止在饮用水水源保护区内设置排污口。"就与《水污染防治法》第 63 条第 1 款第 1 句"国家建立饮用水水源保护区制度"和第 64 条"在饮用水水源保护区内，禁止设置排污口"的规定，明显是重复规定。此外，一般认为，水资源保护规划包括防治水污染的内容，而防治水污染是水资源保护的一个重要方面，这两个规划在内容上显然很难分开；实际上《水法》与《水污染防治法》在有关流域综合规划、专业规划内容的规定方面也存在某些重复。

3. 法律规定存在滞后性

我国迄今尚未有一部统一的"水资源管理法"，未对水资源管理主体、执法主体及其机构设置、职责权限、管理体制与机制等作出规定。至于对水资源的所有权和调配权制度，水资源的保护和治理以及相应科技研究开发和推广应用的经费投入制度，水资源费的征收和管理制度，水价的确定、征收和管理制度，都还缺乏统一的、具体的明确规定。单单对于流域治理方面，近年来，虽然《水污染防治法》《防洪法》《水土保持法》《水法》《长江保护法》在不同程度上规定了按流域实行统一管理的模式，体现了我国在水资源管理问题上的新发展，然而，现有涉及流域管理与流域机构的立法，远远不能概括和满足流域机构实际已经履行的职责，国家对流域立法明显滞后。总之，我国水资源保护立法的实际进程远远落后于经济社会发展的客观需要，与水资源保护的要求不相适应。

4. 公众参与缺失

在公众参与上，西方国家一般为公众规定了两项权利：公众参与权、水资源知情权。综观我国制定的水法，对公众知情权、公众参与权的规定很少，而且都是原则性规定，主要体现在宪法与环境保护基本法、环境保护单行法、有关环境保护的行政法规、规章及政策性文件以及其他相关法律规范之中。我国《宪法》第 2 条的规定从根本上明确了公民在环境保护方面的基本民主权利。《环境保护法》第 6 条和第 8 条的规定为公众参与环境保护提供了原则性的法律依据。《水污染防治法》《环境影响评价法》等单行法律法规也把鼓励和支持公众参与作为基本规定。然而这些规定并不能保障公民成为资源使用者和权利享有者，而是被看作义务主体。这不利于维护公民的合法权益,更不利于对国家的行为予以监督。此外,现行的环境管理体制仍是以政府行为为主,以行政管理与行业管理的手段实施管理,公众的参与权与知情权没有得到应有的体现。这样的管理体制将难以适应水资源管理日趋复杂的状况,难以适应社会公众对水资源管理的要求。

(五)水行政执法、监督不力

水行政执法是指各级政府水行政主管部门按照水资源相关法律、法规的具体规定对水行政相对人采取的直接的、具体的、影响其权利义务关系或对水行政相对人的权利义务的行使与履行情况进行监督检查的水行政行为。现阶段我国水行政执法无论是在水行政许可、审批和收费等制度落实上,还是在水法规规定的管理义务具体履行上,都存在落实力度不够的问题。我国水行政执法、监督不力主要表现在:一是水行政执法监督队伍成员素质、水平参差不一,部分一线人员没有专业的教育背景,对于相关法律法规和水行政管理综合知识缺乏了解,对业务中遇到的具体问题学习自觉性也不高,严重影响了具体工作的开展;执法人员无统一编制、无统一着装、执法装备落后、经费缺乏、缺乏必要的强制措施等,也进一步加大了执法难度。二是对水行政执法缺乏有效的监督,以权谋私、知法犯法、有法不依、执法不严、违法不究的现象频频发生,极大地促进了各种腐败行为的滋生,阻碍了水行政执法工作的完善。

二、我国水资源保护未来立(修)法的宗旨

立法宗旨是水资源保护立法工作的核心,是水资源保护立法所欲实现的目标,也是法律关系主体必须遵守的共同准则。无论是在水资源保护立法中还是在水污染防治立法中,其立法宗旨都同时包括以下几方面。

(一)践行生态文明理念

水是生命之源,文明之要,生态之基。近年来,党中央国务院高度重视生态文明制度建设,并将其作为新时代全面深化改革的重要内容。水资源保护立法中应当落实生态文明理念,将有利于推进生态文明制度建设的相关内容反映进来,融入水资源配置、节约、保护、利用、治理的各方面。具体来讲,在水资源配置方面,要健全用水总量控制、生态用水保障等制度;在水资源节约方面,要健全水效标识管理、节水评估、水权水市场等制度;在水资源开发利用方面,要健全跨流域调水审批制度、水资源用途管制制度等。

(二)践行新时代治水思路

针对我国新老水问题交织的实际情况,为保障国家水安全,习近平同志明确提出"节水优先、空间均衡、系统治理、两手发力"的新时代治水思路,党的十九大报告提出了开展国家节水行动等战略部署。水资源立法当中应当全面贯彻落实新时代治水思路,将"节水优先、空间均衡、系统治理、两手发力"的重要制度的措施上升到法律层面。这就需要在水资源立法当中纳入反映"节水优先"的最严格水资源管理、

水效标识管理等制度;纳入反映“空间均衡”的水资源承载能力核定与管控、规划水资源论证等制度;纳入反映“系统治理”的水资源规划、水资源保护、河(湖)长制、河湖水域岸线保护、执法监督、法律责任等制度;纳入反映“两手发力”的水权水市场、水生态补偿、水资源有偿使用等制度。

(三)统筹水资源管理各项制度

一方面,紧扣水资源开发、利用、节约、保护和管理等关键环节,统筹水资源管理、水资源节约与保护、河湖管理、水利工程建设及运行管理、防灾减灾管理、水土保持管理等重点领域的关键制度,协调各项制度的关系,确保水资源管理各项制度能够形成一个有机统一体。另一方面,紧扣水资源管理体制、关键制度建设、水行政执法监察、监督管理等各关键步骤,统筹水资源管理制度以及水行政执法、水法治宣传和水法治监督体系建设,协调体制、机制和制度的关系,确保水资源管理制度体系完整闭合。

三、我国水资源保护法律制度的完善

(一)完善我国水权相关的法律制度

首先,在水资源所有权和水资源使用权上,应该明确水权在法律上的概念。中国水权概念的内涵应主要包括两个方面:水资源所有权、水资源使用权。中国水资源所有权归国家所有,这是国家法律规定的,是水资源的特性所决定的,也是世界水资源管理的趋势。这一点必须坚持。应进一步强化国家水资源所有者的地位,强化国家对水权的宏观管理。在水权相关的法律制度层面,重点需要界定的是水资源使用权。水权初始分配和水权交易用到的都是水资源使用权。而在现有条文中,水资源使用权这一块一直是缺失状态。在中国现有法律条文中,还未正式出现“水资源使用权”的表述,更未出现“水权”的表述,一般以“取水权”“水量”等代替。虽然《水法》承认了“取水权”的法律地位,2020 年颁布的《民法典》第 329 条将“取水权”纳入用益物权的范畴,但是取水权并非真正意义上的物权。因此,为促进水权制度和水市场的建设,应在相关法律条文中,尽快明确界定“水资源所有权”“水资源使用权”“水权”等与水权制度建设相关的基本概念。其次,应当完善水权交易相关法律制度。水权要想交易就必然会涉及水权的初始分配问题。而在水权的初始分配方面,目前尚无法律支撑。虽然取水许可在一定程度上相当于水权的初始界定,有《取水许可和水资源费征收管理条例》等法规的支撑,但从法律方面来说,取水许可代替不了水权的初始界定。因此,应建立健全水权初始分配法规体系,包括水权初始界定的主客体,初始水权的分配、登记、变更,初始水权的权利界限等。在水权交易和水市场建设方面,目前也无法律支撑。应建立健全水权交易法规体系,包括水权交易的主客体、交易方式、交易价格、市场准入、限制性行为、交易监管、交易中介组织等。

在政策方面,2022 年 8 月 26 日水利部、国家发展改革委、财政部《关于推进用水权改革的指导意见》(水资管〔2022〕333 号)明确指出,推进用水权改革,是发挥市场机制作用促进水资源优化配置和集约节约安全利用的重要手段，是强化水资源刚性约束的重要举措。党的十八大以来，党中央、国务院对统筹推进自然资源资产产权制度改革做出部署，提出完善全民所有自然资源资产收益管理制度，明确要求建立健全用水权初始分配制度，推进用水权市场化交易。

(二)提升水资源相关法律的质量

按照最新管理制度的要求，加快研究制定水资源管理方面的法律法规，以制度规范和促进水资源的优化配置、合理利用和节约保护。在水资源配置方面，要健全用水总量控制、生态用水保障等制度；在水资源节约方面，要健全水效标识管理、节水评估、水权水市场等制度；在水资源开发利用方面，要健全跨流域调水审批制度、水资源用途管制制度等。社会主义的法律体系应是一个有机、和谐的统一体，这不仅要求法律法规自身的完善，而且也要求不同法律之间的协调统一。水既是自然资源又是环境要素，强调水事法律之间的协调与统一尤为重要。为此，不仅应进一步完善《水法》和专门的水资源立法，而且还应基于水资源保护和可持续利用的需要，完善与水资源相关的立法，如《环境保护法》、《水污染防治法》和《环境影响评价法》等，调整与实行最严格水资源管理制度不相适应的制度或规定，如水生态系统保护与自然保护、水资源保护与水污染防治等规定和要求之间，都是现行法律制度中需要加强衔接与协调的重点。此外，还应完善《水法》规定的我国水资源管理体制的基本框架。立足我国水资源利用保护的实际情况，吸收水资源保护的国际经验趋势。坚持我国水资源归国家所有，国务院水行政主管部门负责全国水资源的统一管理和监督工作，地方政府受中央政府委托负责本行政区域内水资源的统一管理和监督工作，流域机构依据流域水文分区对流域实行统一管理。理顺中央与地方，流域与区域的管理关系，形成有效的协调与处理机制，统筹水资源管理各项制度，协调体制、机制和制度的关系，确保水资源管理制度体系完整闭合。

2023 年 4 月 27 日水利部发布的《关于全面加强水资源节约高效利用工作的意见》明确指出，以习近平新时代中国特色社会主义思想为指导，深入贯彻党的二十大精神，立足新发展阶段，完整、准确、全面贯彻新发展理念，构建新发展格局，全面落实习近平总书记“节水优先、空间均衡、系统治理、两手发力”治水思路，坚持“以水定城、以水定地、以水定人、以水定产”，强化水资源刚性约束，以农业节水增效、工业节水减排和城镇节水降损为重点，建立健全节水制度政策，严格节水监督管理，提升全社会节水意识，加快推进节水型社会建设，为全面建设社会主义现代化国家提供有力的水资源保障。

总之，要全面贯彻落实党的十九大、十九届四中、五中、六中全会精神和习近平新时代中国特色社会主义思想，紧紧围绕协调推进“四个全面”战略布局和建设社会主义法治国家的总目标，总结借鉴现行法律实践经验和改革成果，以保障国家水安全和建设生态文明为导向，以“节水优先、空间均衡、系统治理、两手发力”新时代治水思路为引领，更加凸显水资源节约保护和调整人的行为、纠正人的错误行为，紧扣水资源权属管理、水资源规划管理、水资源配置与调度、取用水管理、节约与保护、河湖岸线及工程管理、法律责任等关键环节，进一步健全水资源管理体制，严控水资源开发利用总量红线，突出水资源节约和保护，强化取用水管控，严格河湖及水工程管理与保护，健全监督管理及法律责任，全面构建更加适合新时代治水工作、更加符合我国国情水情的基本水事法律制度体系，为实现水生态文明和水资源的可持续利用，推进水治理体系和治理能力现代化提供法律保障。

(三)制定完善的公众参与制度

1. 环境信息知情制度

指公众有从政府机关等法定机构获得有关环境管理状况以及自身的环境状况等信息的权利，这些法定机构有向公众提供环境信息的义务。这一权利是公众参与国家环境社会管理的基础，也是环境保护的重要民主程序。这些信息包括环境政策和环境立法信息、环境管理部门设置信息、环境自然状况信息、环境科学技术信息等。同时，应当对公众知情权遭遇侵害规定相应的环境权益救济保障机制来保障公民环境知情权益。

2. 环境立法参与制度

即在制定环境法律法规和行政规章的过程中，社会公众依法通过各种途径将对环境行为的意见和建议表达出来，从而影响政府的环境立法决策。

3. 环境行政参与制度

包括环境行政决策和环境行政执法参与两方面，前者如听证、提供意见、公民投票和行政救济、公众水资源保护群众组织或水资源保护民间团体自主地开展有关环境资源方面的宣传、教育、科学技术研究、信息交流、监督检举起诉、咨询、调查研究等各种活动，后者主要通过监督性参与和支持性参与来维护公众环境利益和保障国家环境行政管理职能之间的平衡。

4. 环境司法参与制度

即公众对环境诉讼的提起、参加及对诉讼结果的执行。通过有效的公众参与制度，有助于形成水资源保护的社会需要，在社会上形成良好的社会氛围和舆论声势，更重要的是可以对政府、企业等履行水资源管理和保护义务实行有效的监督，最终使水资源的保护得到真正的落实。

(四)加强水行政执法监督队伍建设

为深入贯彻落实习近平生态文明思想、习近平法治思想和习近平同志关于保障国家水安全的重要论述精神，加强水利领域检察公益诉讼工作，推动新时代治水兴水工作高质量发展，2022 年 5 月 17 日最高人民检察院与水利部共同制定了《关于建立健全水行政执法与检察公益诉讼协作机制的意见》。水行政执法与检察公益诉讼协作的重点领域主要有：一是水旱灾害防御方面；二是水资源管理方面；三是河湖管理方面；四是水利工程管理方面；五是水土保持方面；六是其他违反《水法》《防洪法》《水土保持法》《长江保护法》等法律法规，导致国家利益或者社会公共利益受到侵害的水事违法行为。2023 年 3 月 10 日水利部发布了新修订的《水行政处罚实施办法》（自 2023 年 5 月 1 日起实施，1997 年 12 月 26 日发布的《水行政处罚实施办法》同时废止）。作为水行政执法活动中较为重要的法律规范之一，在第二章专章对水行政处罚的实施机关和执法队伍予以规定。

首先，要提高执法监督队伍业务素质。多开展相应的岗位培训和对口业务知识学习，通过一定培训和学习使执法监督人员熟知相关法律法规条文和水利专业基础知识，提高其业务水平，在执法过程中，严格依法执法，实现理论知识与实践执法的结合，建立业务素质较高的执法队伍。其次，要转变执法理念，由野蛮执法、教条执法转变为文明执法，充分尊重人权，积极沟通教育。执法人员严格依法办事，注重自身一言一行，从行动上和思想上体现文明执法理念。水行政主管部门在工作中公开透明、诚实守信、执法为民、便民高效，树立为人民服务的理念。最后，还要明确和完善相关行政考核机制和责任约束机制。

通过加强水利法治工作机构和水政监察队伍建设，解决水行政执法部门必要的装备经费、执法经费，强化以水利综合执法为重点的水行政执法，加强执法人员的培训，不断提高执法人员的素质，建立一支廉洁、高效、有力的水政执法队伍，提高依法治水的能力。进一步加大水行政执法的力度，积极开展各种专项执法检查，加大对水事违法案件的查处力度，做到有法必依，执法必严，违法必究，提高水利部门权威。

（五）建立水资源安全评价预警相关法律制度

建立水资源安全评价预警系统是保证水资源安全的重要手段。水资源安全评价预警机制建设是应对日益严重的水资源安全危机的重要举措之一。水资源安全评价预警法律制度是水资源安全评价预警机制不可或缺的一个重要方面。水资源安全评价预警法的制定是法律制度构建的关键环节。其立法目的是有效应对水资源安全危机，缓解水资源供求矛盾，规范水资源开发利用行为，确立科学的经济增长方式和合理生活方式，保证水资源可持续利用，促进生态、经济和社会的可持续协调发展。其管理体制应为县级以上人民政府承担水资源安全评价预警工作，制定应对水资源安全危机的评价预警标准和方案，采取预防和响应水资源安全的预警对策和措施，对本行政区域的水资源安全评价预警工作负责。其所体现的基本原则有预防原则、可持续协调发展原则及政府主导社会（公众、企业）参与原则。其技术体系应包括可操作的水资源安全预警监测评估体系、应急预警技术标准、水资源安全应急预案及城乡供水安全保障措施。

我国已形成了以宪法为核心，以《环境保护法》为平台，以《水法》《水污染防治法》《水土保持法》《防洪法》为基本内容，以《地下水管理条例》《建设项目环境保护管理条例》等行政法规为配套措施，以《地面水环境质量标准》《污水综合排放标准》

《生活饮用水卫生标准》《农田灌溉水质标准》等为实施依据的水资源法律体系。在这一体系中，显而易见缺乏一部有效预防和应对水资源安全危机的法律，制定水资源安全预警法也就成为必要，同时也符合我国水资源安全危机的实际情况。

典型案例

重庆市绿色志愿者联合会诉湖北恩施自治州建始县磺厂坪矿业有限责任公司水库污染民事公益诉讼案

【基本案情】

千丈岩水库位于重庆市巫山县、奉节县和湖北省恩施自治州建始县交界地带，距离长江25千米，被重庆市人民政府确认为集中式饮用水源保护区，供应周边5万居民的生活饮用和生产用水。湖北省恩施自治州建始县磺厂坪矿业公司（以下简称磺厂坪矿业公司）距离千丈岩水库约2.6千米，2011年5月取得湖北省恩施苗族自治州环境保护局环境影响评价批复，但该项目建设可行性报告明确指出尾矿库库区为自然成库的岩溶洼地，库区岩溶表现为岩溶裂隙和溶洞；尾矿库工程安全预评价报告建议对尾矿库运行后可能存在的排洪排水问题进行补充评价。磺厂坪矿业公司未按照报告要求修改可行性研究报告并申请补充环境影响评价。项目于2014年6月建成，8月10日开始违法生产，产生的废水、尾矿未经处理就排入邻近有溶洞漏斗发育的自然洼地。2014年8月12日，巫山县红椿乡村民反映千丈岩水库饮用水源取水口水质出现异常，巫山县启动了重大突发环境事件应急预案。重庆市绿色志愿者联合会（以下简称重庆绿联会）提起诉讼，请求判令磺厂坪矿业公司停止侵害，不再生产或者避免再次造成污染，对今后可能出现的污染地下溶洞水体和污染水库的风险重新作出环境影响评价，并由法院根据环境影响评价结果，作出是否要求磺厂坪矿业公司搬迁的裁判；磺厂坪矿业公司进行生态环境修复，并承担相应费用991，000元等。

【裁判结果】

重庆市万州区人民法院一审认为，磺厂坪矿业公司违法生产行为已导致千丈岩水库污染，破坏了千丈岩地区水体、地下水溶洞以及排放废水洼地等生态，造成周边居民的生活饮用水困难，损害了社会公共利益。同时，磺厂坪矿业公司的选址存在污染地下水风险，且至今未建设水污染防治设施，潜在的污染风险和现实的环境损害同时存在。据此，一审法院判决磺厂坪矿业公司立即停止侵害，履行重新申请环境影响评价的义务，未经环境保护行政主管部门批复、环境保护设施未经验收的，不得生产；在判决生效后180日内，制定磺厂坪矿业公司洼地土壤修复方案并进行修复，逾期不履行修复义务或者修复未达到保护生态环境社会公共利益标准的，承担修复费用991，000元；在国家级媒体上赔礼道歉等。重庆市第二中级人民法院二审维持了一审判决。

【典型意义】

本案涉及三峡库区饮用水资源的保护。磺厂坪矿业公司位于喀斯特地貌山区，地下裂缝纵横，暗河较多，选址建厂应当充分考虑特殊地质条件，生产对周边生态环境的影响。磺厂坪矿业公司与千丈岩水库分处两个不同的省级行政区域，导致原环境影响评价并未全面考虑生产对相邻千丈岩水库的影响。磺厂坪矿业公司在水污染防治设施尚未建成的情况下，擅自投入生产，违法倾倒生产废水和尾矿，引发千丈岩水库重大突发环境事件。本案结合污染预防和治理的需要，创新民事责任承担方式，将停止侵害的具体履行方式进一步明确为重新申请环境影响评价，未经环境保护行政主管部门批复和环境保护设施未经验收的不得生产，较好地将行政权和司法权相衔接，使判决更具可执行性，有利于及时制止违法生产行为，全面保护社会公共利益。

本案属于典型的环境民事公益诉讼案，审理法院对已有的公益诉讼审判规则的把握和适用较为准确，并体现了一定的创新性。具体分析如下：第一，关于诉讼管辖规则。本案被告磺厂坪矿业公司地处湖北省建始县，而因其违法行为遭受损害的千丈岩水库位于重庆市巫山县、奉节县和湖北省建始县交界地带（被重庆市确认为集中式饮用水源保护区），根据最高人民法院《关于审理环境民事公益诉讼案件适用法律若干问题的解释》第6条、第7条，以及重庆市《关于环境资源审判组织管辖环境资源案件范围的暂行规定》可知，万州区人民法院享有第一审环境民事公益诉讼管辖权。第二，关于原告诉讼请求。鉴于磺厂坪矿业公司造成的现实环境损害与潜在的污染风险并存，本案原告重庆绿联会主张之诉讼请求合法且合理。第三，关于民事责任承担方式。法院根据事实和法律判决支持原告停止侵害诉讼请求，要求被告重新申请环境影响评价，未经环境保护行政主管部门批复和环境保护设施未经验收的不得生产。这种将诉讼请求予以具体化的原告主张方式和法院判决思路，是值得后续相应案例予以思考和借鉴的，其能够较好地实现司法权与行政权的衔接、配合，使判决更加具有可执行性。同时，《关于审理环境民事公益诉讼案件适用法律若干问题的解释》第20条规定的生态修复可以理解为民事责任承担方式中恢复原状的一种，即法院可以依法判决被告将环境修复到损害发生之前的状态和功能，无法完全修复的可准许采取替代性修复方式，并且法院可以确定被告不履行修复义务时应当承担的修复费用（也可以直接判决被告承担费用）。本案一审法院直接判处被告制定、实施生态修复方案，并在逾期不履行或修复不达标时承担修复费用，符合现行法律和司法解释规定。

CHAPTER 03
第三章

节约用水法律制度

导　读

节约用水是水资源开发、利用和保护的重要内容之一,全面贯穿于工业用水、农业用水和城乡生活用水等多个领域和环节当中。随着全球水资源危机的日益加深,节约用水不仅事关个人生产生活的满足与平衡,也与国家的水安全战略关系更加紧密。2014 年 3 月,习近平总书记提出了"节水优先"的治水思想,进一步明确了节约用水在资源节约和资源安全领域的战略意义。我国现行涉水立法对节约用水已经进行了一系列的规定和制度构建,专门性的法规("节约用水条例")也在加快制定当中。但整体上来说,我国现行节约用水立法还存在理念不够明晰、体系不够明确、制度间缺少关联、内容不够集中等问题。借鉴其他国家的立法经验,结合我国的实际情况,我们不仅要尽早出台"节约用水条例",还需要进一步加强以《水法》为核心的水法律体系建设,使不同涉水法律法规在制度设计、条文规定上能够协调和互洽,发挥节水法律体系的整体性作用。我们在本章提出了节约用水法律体系构建的指导思想和模式选择,也对节约用水的主要内容进行了初步的设想。最后需要指出,节约用水法律体系的落实还需要增强条文的强制性和可执行性,发挥节约用水相关技术方案和标准体系的支撑性作用。

第一节　节约用水的内涵及其重大意义

节约用水是治水全过程中的重要方面,是解决我国水环境、水生态、水资源、水安全等问题的根本出路,也是可持续发展的必然要求。2014 年 3 月 14 日,习近平总书记在中央财经领导小组第五次会议上强调,治水工作包括开发利用、治理配置、节约保护等多个环节,当前的关键环节之一就是节约用水,从观念、意识、措施等各个方面都要把节水放在优先位置,要像节能减排一样抓好节水工作。2017 年 10 月 18

日，习近平总书记在中国共产党第十九次全国代表大会作的报告《决胜全面建成小康社会 夺取新时代中国特色社会主义伟大胜利》中指出："必须坚持节约优先、保护优先、自然恢复为主的方针，形成节约资源和保护环境的空间格局、产业结构、生产方式、生活方式，还自然宁静、和谐、美丽。""推进资源全面节约和循环利用，实施国家节水行动，降低能耗、物耗，实现生产系统和生活系统循环链接"。[1] 2021 年 5 月 14 日，习近平总书记在河南省南阳市主持召开推进南水北调后续工程高质量发展座谈会并发表重要讲话，他强调，南水北调工程事关战略全局、事关长远发展、事关人民福祉。进入新发展阶段、贯彻新发展理念、构建新发展格局，形成全国统一大市场和畅通的国内大循环，促进南北方协调发展，需要水资源的有力支撑。要深入分析南水北调工程面临的新形势新任务，完整、准确、全面贯彻新发展理念，按照高质量发展要求，统筹发展和安全，坚持节水优先、空间均衡、系统治理、两手发力的治水思路，遵循确有需要、生态安全、可以持续的重大水利工程论证原则，立足流域整体和水资源空间均衡配置，科学推进工程规划建设，提高水资源集约节约利用水平。[2] 习近平总书记对节约用水的系统论述，充满了马克思主义的辩证思维，对推进我国节水具有重要的指导作用。[3]

一、对"节水无用论"的思考与批判

（一）对"节水无用论"的思考

目前，几乎每位公民都能意识到节约用水的积极作用和重要意义。或者说，对于大多数民众（包括组织和机构）而言，节约用水已经成为在生产、生活过程中的一项基本常识。但是，也有个别人或部分群体对节约用水还抱有错误的意识，最常见的误解就是"水资源是取之不尽用之不竭的"，甚至认为"所谓节约用水不过是重复循环用水"，并没有减少对水资源的使用。因为水资源作为一种客观存在，一直就处于整个大气的循环过程中，并不因为我们是否节约而发生量的改变，而且在丰水地区减少对水资源的使用，并不会使缺水地区得到更多可以利用的水。这样的看法或认识，貌似有一定道理，实际上都只是一种纯粹观念上的推演而已。

水资源曾经被认为是一种"取之不尽用之不竭"的公共资源，就犹如生活中的阳光和空气一样，但在人类活动对自然界及其主要资源产生较大影响和改变之后，水资源的有限性和稀缺性就逐渐呈现出来。只不过，这种影响或者变化最初是以局部

---

〔1〕 习近平：《决胜全面建成小康社会 夺取新时代中国特色社会主义伟大胜利——在中国共产党第十九次全国代表大会上的报告》，载新华网，http://www.xinhuanet.com/2017－10/27/c－1121867529.htm。

〔2〕 参见《让这条千里水脉，更好守护国家水安全——习近平总书记重要讲话为推进南水北调后续工程高质量发展指明方向》，载新华社 2021 年 5 月 15 日，https://baijiahao.baidu.com/s?id=1699833614370051062&wfr=spider&for=pc。

〔3〕 参见姜文来等：《习近平治水理念研究》，载《中国农业资源与区域》2020 年第 4 期。

范围或者较短时间段显现出来的,对大多数地区和大多数人并没有产生直接的和实质性的影响。自工业文明和城市化进程加剧之后,尤其是20世纪后半叶以后,人类对于水资源严重匮乏的认知日益加深,而且这种认知是伴随着相关科学研究的深入而愈加清晰:如果人类不珍惜水资源,水危机将成为21世纪最大的危机。1977年联合国水问题大会首次就水危机问题发出警告,[1]“我们现在面临的问题是,一种平等的较高的‘生活水准’,是否值得以牺牲自然、野外的和无拘束的东西为代价”。[2]

就我国资源整体状况而言,其形势也极为严峻,不容乐观。我国不仅存在因水资源时空分布不均导致的“水少”问题,还存在大量的因水污染带来的“水质型缺水”问题。不仅仅是北方地区存在缺水问题,就像水量比较丰沛的南方地区也出现了缺水问题。缺水引发了一系列民生保障工程的出台或上马,不仅带来了水资源自然分布的改变,也增加了国家和地方的财务负担;缺水还触发了地区或行业社会经济发展的资源瓶颈,导致地区之间、行业之间的水资源的争夺或纠纷。在已探明的水资源总量和可利用水资源总量相对明确的(有限的)情况下,水资源安全问题已经严重压缩了国家水安全的未来空间。

(二)对“节水无用论”的批判

其实,“节水无用”或者“节水无效”论,都是无须批驳的浅见和谬论。作为一种客观存在,水或者水资源固然不会因为我们的“节约”而发生形态上的改变以及由此可能带来的大气循环变化。但我们仍应当明白:首先,我们讨论的“水”主要是一种可资利用的淡水资源,而不是其他形态的“水”;其次,这些可资利用的水资源又是一种具体的和现实的存在,而不仅仅是理论上论述和推演的抽象之物;最后,我们能够利用的“水”往往都是附加了人类劳动和资金投入的有价值的水资源。例如,经过水利工程调配以及水厂加工的水,本身就存在资源的合理配置和利用问题。

虽然这还不能完全说明在南方丰水地区[3]进行节水,就可以帮助解决北方缺水地区的水短缺问题,但节约用水本身还是一种人类面对地球资源危机问题时,应当具备的最基本的环境伦理道德。节约地球资源包括节约水资源是人作为自然界组成部分的内在责任,尤其是当人类自认为已经掌握了可以改变自然环境的能力和技术之后,我们更应具备这样的伦理道德底线,不仅为了栖居于地球上的无数生命,也为了我们自己——人类自身的生存和发展。“在人类历史上,我们已经知道(我们

---

[1] 参见姜文来编著:《水资源探秘》,中国水利水电出版社2009年版,第63页。

[2] [美]奥尔多·利奥波德:《沙乡年鉴》,侯文蕙译,吉林人民出版社1997年版,英文版序第5页。

[3] 实际上南方丰水也是相对而言的,随着气候异常即便是以往的丰水地区也会出现严重缺水的问题,因此有人讨论说丰水地区无须节水,实在是一种短见和谬论。参见《60年最严重旱情叠加强劲咸潮,珠三角城市供水到了严峻时候》,载百度网2022年2月14日,https://baijiahao.baidu.com/s?id=1724707822278083154&wfr=spider&for=pc。

希望我们已经知道)征服者最终都将祸及自身”。[1]

二、对“节约用水”内涵的理解与阐释

(一)“节约用水”的内涵理解

什么是节约用水？或者说,节约用水的内涵是什么？这似乎也是一个人人皆知的常识问题。但是想要完全说清楚,恐怕也很困难。因为这里面不仅是知识和理论上的问题,也涉及诸多学科知识以及理论体系的关联性问题。如果仅从文字上面来理解,节约用水就是“节制”和“约束”水资源的开发和利用。在深入讨论时,有些人可能从所谓的“大节水”观念出发,认为“节水”包含了各种层面、各个环节和各种措施的对于水资源的节制性的开发和利用;有人认为“节约用水”就是直接的减少对水资源的开发和利用。简言之,节约用水就是减少用水。我们在这里讲“节约用水”,实际上也是一种“大节水”观念或者说是广义的节水观念。这样理解符合我国在2019年4月制定的《国家节水行动方案》(发改环资规〔2019〕695号)的基本原则和精神。《国家节水行动方案》开宗明义地指出:为推动高质量发展,应当大力推动全社会节水,全面提升水资源利用效率,形成节水型生产生活方式,从而保障国家水安全战略。

(二)对“节约用水”内涵的阐释

1. 水资源总量管控制度化

节约用水首先体现在通过一系列的方案、措施或技术减少对水资源的开发和利用,是对用水总量的约束和管控,这表现在工业生产、农业种植、社会发展和日常生活用水等不同领域和各个方面。第一,在整体目标上,2022年全国用水总量控制在6700亿立方米以内,到2035年,全国用水总量控制在7000亿立方米以内。第二,强化指标刚性约束,严格实行区域流域用水总量和强度控制。健全省、市、县三级行政区域用水总量、用水强度控制指标体系,强化节水约束性指标管理,加快落实主要领域用水指标。第三,划定水资源承载能力地区分类,实施差别化管控措施,建立监测预警机制。水资源超载地区要制定并实施用水总量削减计划。第四,严格用水全过程管理。严控水资源开发利用强度,完善规划和建设项目水资源论证制度,以水定城、以水定产,合理确定经济布局、结构和规模。

2. 水资源利用高效化

节约用水也表现在用水效率的提升方面,尤其是在工业和农业方面都比较明显。习近平总书记在有关节水重要讲话中就多次提道:农业节水是重点,工业节水是关键。所谓的“重点”和“关键”,讲的就是提高水资源的利用率和利用效率问题。2020年万元国内生产总值用水量、万元工业增加值用水量较2015年分别降低23%和20%,规模以上工业用水重复利用率达到91%以上,农田灌溉水有效利用系数提

---

〔1〕[美]奥尔多·利奥波德:《沙乡年鉴》,侯文蕙译,吉林人民出版社1997年版,第194页。

高到0.55以上，全国公共供水管网漏损率控制在10%以内。2022年用水效率和效益显著提高，万元国内生产总值用水量、万元工业增加值用水量较2015年分别降低30%和28%，农田灌溉水有效利用系数提高到0.56以上。

3. 水资源配置的合理化

节约用水还表现在对水资源的合理化配置上，而这种配置也可能间接地反映在工业生产布局、农业种植结构以及城镇人口密度的调整上。例如，在农业种植方面，根据水资源条件，推进适水种植、量水生产。加快发展旱作农业，实现以旱补水。在干旱缺水地区，适度压减高耗水作物，扩大低耗水和耐旱作物种植比例，选育推广耐旱农作物新品种；在地下水严重超采地区，实施轮作休耕，适度退减灌溉面积，积极发展集雨节灌，增强蓄水保墒能力，严格限制开采深层地下水用于农业灌溉。

4. 水资源开发利用的可持续化

辩证地看节约用水的两个面向，即"节制"和"约束"用水，在某些情况下并非要绝对地减少对水资源的开发和利用。而是说，我们对水资源的开发和利用应当是合理和谨慎的，要以水资源总量和水资源的承载能力为前提条件，同时要提升水资源的利用效率。举例来说：在农业灌溉过程中，大力提倡节水灌溉从整体上是非常正确的，但也要有所区分，比如在严重干旱地区过度减少用水量，也可能给当地生态环境带来负面影响；再例如，对丰水地区来讲，地下水的适度合理的开发、利用也具有积极的意义。这样看来，节约用水也是一项复杂的系统工程，包括了自然系统、工程系统和社会管理系统等多个方面。

因此，节约用水反对的是超出用水总量（承载能力）、无节制（效率）的和不可持续（恢复）的对水资源的开发和利用模式（方式）；节约用水提倡的是有节制的、适度的、平衡的和永续的水资源的开发和利用模式（方式）。从理念的角度来讲，节约用水就是要改变人类现有不合理的生产生活方式，对水资源价值予以充分的尊重和珍惜，[1]最终达致人水和谐以及人与自然的和谐；从技术的角度讲，节约用水就是要充分利用现代的科学技术，减少对水资源的浪费以及增加对水资源的利用效率；从制度的角度来讲，节约用水就是要通过一系列的制度机制的设计安排，改变和消除水资源短缺所带来的社会经济发展的被动局面。

三、节约用水的现实意义与文化意涵

当我们谈到节约用水的意义时，往往是要说明"水"作为一种生活、生产以及环境中不可或缺的要素[2]对于个人、社会和国家的重要价值和意义。这些内容在本书的其他章节已经有所论述，本章仅从以下三个方面予以简要分析。

---

〔1〕 参见姜文来：《关于水资源价值的三个问题》，载《水利发展研究》2001年第1期。

〔2〕 在很多时候，"水"和"水资源"都可以互换，在本书中也大致如此。但"水"和"水资源"表达的内涵还是有着许多的不同，除却资源属性，"水"还表达了生命的依存，甚至是生活的希望等价值内涵。

（一）节约用水来自现实中水资源短缺与匮乏带来的巨大压力

我国的水资源总量在全世界主要国家中排第4位，从总量上来看是很丰富的。但从人均水资源的角度讲，“按照国际缺水标准，我国已经成为接近中度缺水的国家”[1]。当然，这些还是从宏观角度来讲的。实际上自从新中国成立后，我们在不同历史时期面临着不同的新老水问题。一方面，我们主要由原来的“水多”而引发的洪灾问题，伴随着水利事业和水利工程的高歌猛进，已经实现了较为明显的防范与控制。但另一方面，水资源的短缺和匮乏问题却日益呈现，这里面既存在因时空分布不均的水资源短缺和匮乏，也存在因工业化和人口急剧增长而引发的水资源短缺和匮乏。

同时，为解决水资源供需之间的严重矛盾，我们又不得不采取许多超常规的水资源管理模式和水资源工程调配模式。例如，在水管理模式上，我们为了解决水资源的整体治理问题，在全国范围内全面推行河湖长制，在较短时间内取得了显著的成绩。一方面通过河湖长制进行水治理，也导致过多的政治、行政资源以及社会力量投入到治水领域。在水资源工程配置方面，我们不得不建设许多跨地区跨流域的调水工程，包括像南水北调这样的世纪工程，来满足地区和流域之间的供水平衡。“实施远距离跨流域调水，是中国21世纪水利工程的一大特点，也使中国成为世界上跨流域调水最频繁的国家。”[2]这些水利工程在保障民生与实现对水资源的合理优化配置方面的作用是毋庸置疑的。另一方面也存在因为工程调水路径依赖而产生的只重输水忽视节水的潜在风险。如果不去采取有效措施努力恢复流域的水生态，而是把“跨流域大规模调水成为不受约束、到处复制的模式”，最后的结果将是“调无止境”“调无宁日”[3]。

从根本上讲，在一定时空条件下水资源的总量是有限的，水资源也不是可以无限开发、利用，更不是可以随意调配和输送的，解决水资源问题的根本出路还在于合理化节约用水。在渐趋严峻的水资源危机面前，当我们还有一定的调节手段或者容错空间时，我们要做的就是认真盘点水资源总量和家底，发挥水治理体系中公权力易于集中的优势，辅以水利工程进行合理化的调水输水，充分保护和利用好每一滴珍贵的水资源。

（二）节约用水来自传统上的对于物力珍惜的传承与发扬

中华民族是勤劳节俭的伟大民族。中国人历来讲究“一粥一饭当思来之不易，一丝一缕恒念物力维艰”。从赓续传统的角度，节约用水就是新时代对中华民族和中国人优良传统和作风的继承和发扬。习近平总书记强调：“消除水龙头上的浪费，

---

[1] 姜文来等：《习近平治水理念研究》，载《中国农业资源与区划》2020年第4期。

[2] 朱幼棣：《怅望山河》，世界图书出版公司北京公司2013年版，第126页。

[3] 朱幼棣：《怅望山河》，世界图书出版公司北京公司2013年版，第128页。

倡导节约每一滴水,使爱护水、节约水成为全社会的良好风尚和自觉行动。节水就是保护生态、保护水源、保护家园。树立节约每一滴水的意识,建立节约用水光荣的良好风尚。"

中华民族或者中国人的节约是一种历史传统和民族性格。当然,中华民族或中国人的节约也不是天生的,而是后天的习得和养成,一旦形成就具有高度的精神内涵或价值属性。从古代生产力水平较为低下的角度,我们可以说中国人的节约是一种不得已而为之的对"物力"爱惜的表现。人无法超越具体的环境和时代的限制,民族也无法超越地理环境因素的制约。在生产条件和生产工具都比较落后的历史时期,大多数中国人的整体生活水平还仅仅处于生存的程度。又加上数千年来挥之不去的"历史周期率"的震荡性影响,导致中国人从政治制度、文化精神、道德观念以致生存习惯上都融入了对"物力"的极度珍惜。因此,"节约"由经济功利而进入国策制度,再由国策制度渗透到精神文化,最后则转成为中华民族的优良传统和民族性格。

中华民族或中国人的节约是一项避免被"物化"和"异化"的精神财富。从马克思主义的辩证法来看,"占有即被占有",即对于物的占有存在被物异化的可能性,尤其是在人对物采取无节制、无限度的索取式的占有时,人实际上已经异化为物的对象了。也就是说,在此种场域下作为主体的人,已成为客体物化的人了。而我们中华民族和中国文化讲求人与自然之间的和谐平衡,实际上就是在通过对自然的有限度的开发和利用保持人之于自然的克制、尊重和敬畏。因此,我们可以说:马克思主义哲学是使人有意识地避免主体的客体化(异化),中国传统优秀文化则是从整体上不自觉地使人远离客体化(异化)。这里讲马克思哲学的"有意识地"是指通过哲学上的训练或思考,使主体能够自觉意识到被异化的风险;而中国文化使人避免陷入异化的"整体上的不自觉",则是由文化所塑造的"场域"使得每一个生活在此处的人都形成了一种信念,即"当如此"而已。

综上所述,我们提出"节约用水"或"节水优先"不是出于纯粹的"因为缺水而要节水"的功利性应对。如果仅仅如此,那些丰水地区的人或者那些可以通过金钱、特权等获得便利取水条件的人,完全可以说"我们有水"或"我们有钱用得起水"。我们对"节约用水"的理解更接近于如何对"文明人"或"现代人"的精神层面和价值层面的思考:因为是"人"且为"文明人"或"现代人",应当具有摆脱"物化"和"异化"的主观能动性。也可以说,因为摆脱了"物化"或"异化",人才能真正成为"文明人"或"现代人"。这正是我们传统文化的整体性优势所在,更应当被我们所传承和发扬。

(三)节约用水来自未来永续发展和国家安全的长远考量

"水安全是涉及国家长治久安的大事,全党要大力增强水忧患意识、水危机意识,从全面建成小康社会、实现中华民族永续发展的战略高度,重视解决好水安全问题”。[1] 节约用水是国家水安全和水战略的重要一环，也是其内在本质要求。即便水资源的问题未必成为国与国之间战争的直接原因，但也已经成为不少邻接国家之间矛盾和斗争的焦点问题，甚至成了常态化的国际争议问题。

而且水资源问题不同于石油、粮食等战略资源，虽然这些资源也要上升到国家安全层面，但在一定程度和范围还可以通过进口予以解决。但水资源尤其是清洁的饮用水资源是国民日常生活几乎须臾不可离开的必需品[2]，一旦出现突发的大范围的匮乏问题，几乎没有任何其他国家和地区能够提供长期有效的帮助和补给。因此，从这个意义上讲，水安全是更为根本的国家安全问题。我们通过对水资源的合理配置以及节约利用，保证水资源的开发利用率保持在合理的可控范围之内，就可以为国家和民族的未来发展提供基础性支持。

同时，中华民族的永续发展是一种高质量的和可持续的发展，绝对不能以牺牲后代人的利益为前提。我们不仅要保证这一代人通过自己的努力实现并满足日益美好的生活需求，也要考虑到后代人的生存和发展问题。对自然资源包括水资源的节约利用，正是出于对后代人的未来生存和发展的考量，这也是实现环境资源“世代正义”的根本要求。

第二节　我国节约用水法律保障体系

一、我国现行节约用水法律法规体系

（一）宪法

从水资源国家所有的角度来看，我国宪法对水资源的节约利用作出了指引性规定。《宪法》第 9 条规定了“水流”属于国家所有，这里的水流就是指水资源。国家保障包括水资源在内的自然资源的合理利用，禁止任何组织或个人用任何手段侵占或破坏自然资源。《宪法》第 14 条明确提出，“国家厉行节约，反对浪费”的基本原则。因为我们目前国内对宪法理论研究较为薄弱，一般认为《宪法》总纲当中的相关规定大多数属于“纲领性”或“宣示性”规定，“仅仅是对立法权的单纯的政治道德性规范”，或者是“只有借助法律的实施才能得以具体化的‘法’的权利”[3]。但无论如何，宪法的相关规定为我们构建节约用水法律法规体系提供了根本法律依据。除了水资源、厉行节约等条款之外，《宪法》还规定了我国的许多经济、社会、财产、文化

---

[1] 《习近平谈资源安全：全面促进资源节约集约利用》，载中国新闻网，http://www.chinanews.com/gn/2018/08-19/8604259.shtml。

[2] 当然，上述任何一种资源在匮乏时都会对国家发展和安全造成影响，对个体生产生活带来不便，只是在相对环境和条件下，某一资源更易于或更直接对其产生影响。相对而言，水资源就表现出对国家和个体生存发展更加明显的特殊性。

[3] [日]大须贺明：《生存权论》，林浩译，法律出版社 2001 年版，第 71 页。

等基本制度,这些规定可以称为宪法的"制度保障性"条款,通过相关立法可以为节约用水提供制度上的保障。

(二)法律

1.《水法》

作为我国水资源管理的基本法律,《水法》在立法目的、基本原则、制度设计和实施细节方面对节约用水进行了较为全面的规定,但在实践和落实过程中,《水法》的相关规定存在一定的理念上的偏差或者是实践中的困扰,并未形成全面有效的水资源节约利用大格局。同时,结合我国环境资源保护观念的新发展,水法在制度设计上也有需要进一步补充、完善的地方。例如,未来修订《水法》时载入节水评价制度、水效标识管理制度等内容。

《水法》在第1条中明确提出对水资源实施开发、利用、节约和保护立法目的。节约水资源是立法的基本目的之一。但正像有学者分析的那样,《水法》在开发、利用和节约、保护之中是以哪个为主并不清晰,同时这四个立法目的之间存在内在的冲突和张力,[1]尤其是在我们对水资源的重要性和稀有性认识还不够深入的阶段,开发、利用水资源实际占据了支配和优先的位置。而在新时期提出"节水优先"的战略方针后,节约保护水资源至少在理念层面已经获得了超越开发利用水资源更为优先的价值位阶。今后在适用《水法》的过程中,自然可以通过对相关条文的法律解释而将其价值注入其中。

《水法》第五章专门对水资源配置和节约使用进行规定,其中第44条第2款规定,"水中长期供求规划应当依据水的供求现状、国民经济和社会发展规划、流域规划、区域规划,按照水资源供需协调、综合平衡、保护生态、厉行节约、合理开源的原则制定"。通过对条文文义的理解可知:第一,水资源配置其目的不仅在于对水资源的利用,更在于通过配置来使其资源效用最大化以达到节约利用的目标,因此水资源配置和节约使用并非简单的平行关系,而是一种互补关系或者促进关系;第二,从水资源配置的角度来看,节约使用就体现在一系列有关水资源配置的制度设计中,例如,水中长期规划、用水总量控制、定额管理、取水许可、用水实行计量收费和超定额累进加价等制度。

《水法》第47条第1款、第2款规定,"国家对用水实行总量控制和定额管理相结合的制度。省、自治区、直辖市人民政府有关行业主管部门应当制定本行政区域内行业用水定额,报同级水行政主管部门和质量监督检验行政主管部门审核同意后,由省、自治区、直辖市人民政府公布,并报国务院水行政主管部门和国务院质量监督检验行政主管部门备案"。《水法》明确了总量控制与定额管理是我国水资源管理的基本制

---

〔1〕参见沈百鑫:《比较法视野下的水法立法目的——我国水法与欧盟〈水框架指令〉及德国〈水平衡管理法〉》,载《水利发展研究》2014年第3期。

度,《关于加快水利改革发展的决定》和中央水利工作会议明确提出实行最严格水资源管理制度,总量控制制度得到贯彻实施,并在实践中不断完善。然而,用水定额管理制度的贯彻实施一直面临困境、进展较缓,2013 年水利部印发《关于严格用水定额管理的通知》(水资源〔2013〕268 号),开始推动用水定额管理工作。2015 年水利部印发《关于做好用水定额评估工作的通知》(办资源函〔2015〕820 号),各流域机构开展用水定额评估,推动各省进行用水定额修订工作,对推进用水定额管理工作起到了非常重要的作用。截至目前,各省(自治区、直辖市)的用水定额标准已全面完成修订。

《水法》第 53 条对节水“三同时”制度作出了规定,是对节水设施与主体工程之间“三同时”制度和供水设施的维护管理的规定。目前,我国供水企业的输水工程包含渠道和管道,存在不少跑、冒、滴、漏等问题,这其中既有工程自身的渗漏,也存在管理上的渗漏,水资源浪费严重。因此,要着重突出和强化节水观念,把节约水资源放在首位,加强供水设施的管理和维护。

2.《水污染防治法》

推究立法本义,《水污染防治法》的直接目的即在于水污染的预防和治理,更深层次的目的是保护水生态文明和公众健康以及促进社会经济的可持续发展(该法第 1 条),但上述立法目的之间也是相互交叉和不可分割的。同时,从间接的方面来看,对于污水的预防和治理实际上就是对水资源的节约利用。一般来讲,用水量越多产生的污水也会越多,污水总量排放的越多对水体的影响越大,一旦超出了水体的环境容量和承载能力,势必带来更多更严重的水污染和水环境问题,最后可能导致水危机和水生态灾害,进而影响公众健康和社会经济的可持续发展。因此,《水污染防治法》《水法》以及未来可能出台的节约用水方面的专门立法都会对水资源的节约利用和保护产生重要影响。

从节约用水的角度来看,《水污染防治法》中比较重要的制度包括:重点水污染物排放实施总量控制制度、排污许可证制度,通过总量控制和排污许可证对污水的排放进行预防和控制,从而减少对水环境、水生态的负面影响。第 20 条第 4 款规定:“省、自治区、直辖市人民政府可以根据本行政区域水环境质量状况和水污染防治工作的需要,对国家重点水污染物之外的其他水污染物排放实行总量控制。”如果超过重点水污染物排放总量控制指标或者未完成水环境质量改善目标,“省级以上人民政府环境保护主管部门应当会同有关部门约谈该地区人民政府的主要负责人”,将水污染物排放总量控制制度与约谈制度(问责谈话制度)相结合。2017 年 6 月新修正后,将河长制纳入《水污染防治法》当中,进一步强化了水污染防治的党政同责的责任制度。

3.《循环经济促进法》

从立法目的来看,该法的制定是为了“促进循环经济发展,提高资源利用效率,保护和改善环境,实现可持续发展”。正如以上所述,换一个角度来看,发展循环经济当然是有利于包括水资源在内的资源利用效率，从而减少资源的不合理利用以及资源的浪费，在这个意义上当然就是节约资源了，甚至是更高层次上的节约资源。故此，该法第4条第1款规定，“发展循环经济应当在技术可行、经济合理和有利于节约资源、保护环境的前提下，按照减量化优先的原则实施”，其第10条第1款、第2款则强调，“公民应当增强节约资源和保护环境意识，合理消费，节约资源。国家鼓励和引导公民使用节能、节水、节材和有利于保护环境的产品及再生产品，减少废物的产生量和排放量”。

针对水资源的节约利用，该法第13条从用水总量控制再次确认了水法的相关规定，“县级以上地方人民政府应当依据上级人民政府下达的本行政区域主要污染物排放、建设用地和用水总量控制指标，规划和调整本行政区域的产业结构，促进循环经济发展。新建、改建、扩建建设项目，必须符合本行政区域主要污染物排放、建设用地和用水总量控制指标的要求”。同时第27条对再生水利用进行了原则性规定，“国家鼓励和支持使用再生水。在有条件使用再生水的地区，限制或者禁止将自来水作为城市道路清扫、城市绿化和景观用水使用”，有利于将再生水纳入水资源配置体系当中。

4.《长江保护法》

《长江保护法》作为我国第一部流域专门立法，有其特定的立法背景，简单讲就是：要把修复长江生态环境摆在压倒性位置，共抓大保护，不搞大开发。正因如此，《长江保护法》才会把“促进资源合理高效利用，保障生态安全，实现人与自然和谐共生、中华民族永续发展”作为立法目的。在总则第7条中提出建立健全水资源节约集约利用标准系统，第21条第1款对水资源合理配置、统一调度和高效利用进行了规定，第38条对农业、工业用水效率目标、用水计量和监测、水资源论证制度、高耗水行业、重点用水单位的用水定额管理等进行了规定，第68条对重点行业和重点用水单位节水技术改造进行了规定。作为新时期的具有鲜明特色的立法，《长江保护法》最大限度吸收了环境保护和绿色发展最新理念，努力平衡社会经济发展给流域水环境和水生态带来的冲击。

5.《黄河保护法》

作为继《长江保护法》之后的第二部流域性综合立法，《黄河保护法》(2022年10月30日第十三届全国人民代表大会常务委员会第三十七次会议通过，2023年4月1日起实施)为黄河流域水安全以及高质量发展提供了有力的法治保障。《黄河保护法》是全面推进国家“江河战略”法治化的又一标志性举措，“对于保障黄河安澜，推进水资源节约集约利用，实现人与自然和谐共生、中华民族永续发展具有重大意义”。[1]

黄河流域的最核心的矛盾是水资源短缺问题，《黄河保护法》强调国家对水资源

---

〔1〕 周文其等：《黄河保护法正式施行　中国“江河战略”法治化全面推进》，载新华网2023年4月1日。

的统一配置。《黄河保护法》第四章专门对水资源节约集约利用进行规定，并提出了“节水优先、统筹兼顾、集约使用、精打细算”（第45条）的原则，确立“优先满足城乡居民生活用水，保障基本生态用水，统筹生产用水”的用水秩序。同时，确立了水资源刚性约束制度、水资源统一调度制度、地下水取水总量控制指标、黄河重点流域限额以上取水申请制度、强制性用水定额管理制度以及负面清单和高耗水产业目录制度，“实行水资源差别化管理和以节约用水为导向的水价体系”〔1〕。《黄河保护法》中“明令禁止”条款20处，“不得”行为条款10处，“严格”控制、限制条款16处，还有刚性约束、强制性、红线、底线、上线、准入清单、负面清单、淘汰类目录等条款，都是非常硬性的制度，是不可逾越的红线。〔2〕

（三）行政法规

目前，能够为节约用水提供法律保障的行政法规主要有：《城市节约用水管理规定》、《城市供水条例》、《取水许可和水资源费征收管理条例》、《城镇排水与污水处理条例》、《南水北调工程供用水管理条例》和《地下水管理条例》。

1.《城市节约用水管理规定》

《城市节约用水管理规定》是1988年11月30日经国务院批准由原建设部发布实施的行政法规。当时我国还未制定《立法法》，在法规、规章的制定权限和程序上不够规范。而在此之前的1984年，国务院曾下发过一个有关城市节约用水的通知，即国务院《关于大力开展城市节约用水的通知》〔3〕，可以作为对《城市节约用水管理规定》的立法背景解读。按照该通知的解释，我国许多城市缺水的原因，“除了供水设施建设跟不上，用水量日益增加外，水资源管理不统一，开发不合理，水源污染严重；生产工艺、设备落后，耗水量大、重复利用率低，水的浪费严重是主要原因”。因此，“解决今后城市用水问题，必须坚持‘开源流并重’的方针，在加快供水设施建设的同时，大力开展城市节约用水工作”。

有学者认为，目前我国尚未出台专门的节水立法，这个认识是不准确的。至少，《城市节约用水管理规定》是我国涉及城市节水现行有效的行政法规。只是该行政法规只针对城市节约用水，适用于城市规划区内节约用水的管理工作（第2条），不仅缺少对农业和农村节约用水的规定，在条文内容的规定上也较为简略。〔4〕

---

〔1〕 秦天宝：《以黄河保护法的有效实施保障黄河流域水安全》，载《中国水利》2023年第5期。

〔2〕 参见刘欣：《用法治力量守护黄河安澜——写在黄河保护法施行之际》，载《法治日报》2023年4月7日，第6版。

〔3〕 根据国务院《关于宣布失效一批国务院文件的决定》（国发〔2016〕38号），此文件已宣布失效。

〔4〕 此处认为《城市节约用水管理规定》缺少对农业和农村节约用水的规定，并非说该规定本身在结构和内容上的缺失，而是指当时我们对节水的认识还主要局限在城市、工业节水问题上，而对于广大的农村地区以及需水量极大的农业用水节水问题还未重视起来。这也恰恰反映了对于节水问题理解上的变化以及认识的深入。

2.《城市供水条例》

《城市供水条例》由1994年7月19日国务院令第158号发布,根据2018年3月19日国务院《关于修改和废止部分行政法规的决定》第一次修订,根据2020年3月27日国务院《关于修改和废止部分行政法规的决定》)第二次修订。显而易见,《城市供水条例》主要是为了加强城市供水管理工作,其主要内容涉及城市供水水源、城市供水工程建设、城市供水经营、城市供水设施维护等,仅在总则第4条作为立法原则规定了"城市供水工作实行开发水源和计划用水、节约用水相结合"。因此,《城市供水条例》主要目的是解决城市用水"供"的一面,对于城市节约用水只是起到间接指引作用。

3.《取水许可和水资源费征收管理条例》

2006年2月21日依据国务院令第460号发布了《取水许可和水资源费征收管理条例》,2017年3月1日根据国务院《关于修改和废止部分行政法规的决定》进行修订。《取水许可和水资源费征收管理条例》是对自1993年9月1日施行的《取水许可制度实施办法》全面修订。该条例的发布实施对于加强需水管理、促进经济结构调整和经济增长方式转变,推进节水型社会的建立,具有重要意义。

《取水许可和水资源费征收管理条例》是对《水法》相关条文的具体实施。2002年《水法》修订后规定,水资源属于国家所有,由国务院代表国家行使所有权,凡是直接从江河、湖泊或者地下取水的单位和个人,都应当按照国务院规定,申请领取取水许可证,并向国家缴纳水资源费。取水许可和征收水资源费,是国家作为公共管理者和资源所有人,对有限自然资源开发利用进行调节的一种行政管理措施。同时,在法律上规定国务院是国有水资源所有权的代表,赋予国务院行使国有水资源资产管理的职能,为进一步改革和完善我国的水资源管理体制,加强水资源的统一管理,优化水资源的配置确立了坚实的法制基础。可以说,正伴随着《取水许可和水资源费征收管理条例》的出台,人们对于水资源的经济性和价值性的认识日益加深,通过水资源权属关系的确定性赋予了节约用水的制度可行性。

4.《城镇排水与污水处理条例》

《城镇排水与污水处理条例》是由国务院于2013年10月发布实施的。其立法目的主要是解决城镇排水和污水处理的管理问题,其第4条规定,"城镇排水与污水处理应当遵循尊重自然、统筹规划、配套建设、保障安全、综合利用的原则"。为提高城镇排水与污水处理能力,第6条第2款规定,"县级以上人民政府鼓励、支持城镇排水与污水处理科学技术研究,推广应用先进适用的技术、工艺、设备和材料,促进污水的再生利用和污泥、雨水的资源化利用"。据此,《城镇排水与污水处理条例》对污水、雨水等的收集、处理和再利用进行较为具体的规定。其中,第37条规定国家鼓励城镇污水处理再生利用,县级以上地方人民政府应当根据当地水资源和水环境状况,合理确定再生水利用的规模,制定促进再生水利用的保障措施,再生水纳入水资源统一配置。因此,《城镇排水与污水处理条例》的出台对于我国水资源的开发、配置和利用格局带来了深远的影响,有利于水资源的保护和节约。

5.《南水北调工程供用水管理条例》

《南水北调工程供用水管理条例》于 2014 年 2 月 16 日由国务院令第 647 号公布实施。尽管《南水北调工程供用水管理条例》仅涉及东线和中线供水管理,但在供水管理中提出了新的理念和思路,对水资源的高效、节约利用产生了重要影响。其第 3 条就规定"南水北调工程的供用水管理遵循先节水后调水、先治污后通水、先环保后用水的原则",也就是说调水用水不是无限的和无节制的,不能搞一边大规模高代价长距离调水,一边继续浪费水、破坏水资源、水环境和水生态。因此,《南水北调工程供用水管理条例》在水量调度、水质保障、用水管理、工程设施管理和保护等方面进行具体规定。

6.《地下水管理条例》

2021 年 9 月 15 日国务院第 149 次常务会议通过了《地下水管理条例》,并于 2021 年 12 月 1 日起施行,这是我国第一部地下水管理的专门性法规,"对我国依法推进地下水管理和保护具有里程碑意义"[1]。《地下水管理条例》聚焦地下水超采、污染突出问题,强化地下水节约保护、超采治理和污染防治,从六个方面对地下水管理作出重要制度安排。

《地下水管理条例》认真贯彻习近平总书记提出的"节水优先、空间均衡、系统治理、两手发力"的治水思路,把"节水优先、高效利用"作为立法原则,设置了"节约与保护"专章。主要包括:一是实行地下水取水总量控制与水位控制制度。规定国务院水行政主管部门会同自然资源主管部门制定并下达各省、自治区、直辖市地下水取水总量控制指标,省级人民政府水行政主管部门制定本行政区域内地下水取水总量控制指标和水位控制指标,县级以上地方人民政府根据地下水取水总量控制指标和水位控制指标等确定地下水取水工程布局。二是明确用水过程的节约要求。要求取用地下水的单位和个人遵守取水总量控制和定额管理要求,使用先进节约用水技术、工艺和设备;要求地方人民政府发展节水农业,提高农业用水效率;城市人民政府应当因地制宜采取有效措施,推广节水型生活用水器具,鼓励使用再生水,提高用水效率。三是强化经济手段的运用。明确地下水水资源税费的征收原则,要求地下水取水工程依法安装计量设施。四是细化地下水保护措施。要求建设单位和个人采取措施,防止地下工程建设对地下水造成重大不利影响;明确除特殊情形外,禁止开采难以更新的地下水;要求城乡建设和河湖整治要统筹地下水水源涵养和回

---

〔1〕 李太民:《强化地下水考核监管 促进地下水可持续利用》,载百度网,https://baijiahao. baidu. com/s? id = 1716771316110760171&wfr = spider&for = pc,最后访问日期:2022 年 7 月 22 日。

补需要，加强水体自然形态保护和修复。[1]

（四）部门规章

目前，与节约用水相关的部门规章主要有：《饮用水水源保护区污染防治管理规定》、《水量分配暂行办法》、《建设项目水资源论证管理办法》、《取水许可管理办法》、《基础设施和公用事业特许经营管理办法》、《市政公用事业特许经营管理办法》、《生活饮用水卫生监督管理办法》、《城市供水水质管理规定》、《城镇供水价格管理办法》、《城市房屋便器水箱应用监督管理办法》、《水利工程供水价格管理办法》、《城镇污水排入排水管网许可管理办法》、《占用农业灌溉水源、灌排工程设施补偿办法》和《水效标识管理办法》等，从引用水源保护区、水量分配、建设工程管理、取水供水排水、水质水价、农业用水、水效标识等方面进行了细化规定。

（五）地方立法

目前，仅有海南省、西藏自治区和新疆维吾尔自治区没有制定省级地方性专门节水立法。从时间上看，最早制定地方性节水法规的是上海市，在 1994 年就制定了节水管理办法；最晚的是湖北省，该省的节水条例于 2022 年 1 月 1 日起开始实施。自 2010 年后，省级节水立法工作逐步推进，“2018 年以来，全国各地节水法制建设进一步推进”[2]。除省级地方立法外，全国不少设区的市也已经制定了节水法规或规章。

地方专门节水立法内容主要包括：节水管理体制、节水规划制度、计划用水制度、节水设施“三同时”制度、用水总量控制制度、用水定额管理制度、用水计量和用水统计制度、水价形成机制、水资源论证、非常规水源利用、水费收取管理、节水激励措施、节水产品推广、节水产品认证、用水效率标识等。从专门性节水立法的角度来看，地方立法已经走在了中央立法的前面。地方节水立法的探索和实践，为制定出台全国层面的“节约用水条例”提供了有力支撑。[3]

二、与节约用水有关的基本制度

节约用水内涵丰富，涉及诸多方面的工作。从节水对象角度，涉及国家、社会和个人；从行业分类来看，涉及农业用水、工业用水、居民生活用水；从用水管控的角度来看，涉及用水总量管控、用水定额管理、用水效率标准等；从与用水有关的环节来看，涉及水源保护、取水、调水、配水、供水、用水、排水、污水处理等全过程多环节；从宏观制度层面来看，涉及管理体制、工程建设管理体制、价格形成机制、宣传教育体制；从中观制度层面来看，涉及规划制度、论证制度、激励制度、评价制度、责任制度；

---

[1] 参见《司法部　水利部负责人就〈地下水管理条例〉答记者问》，载中央人民政府网，http://www.gov.cn/zhengce/2021－11/10/content_5650028.htm。

[2] 王冠军、刘啸等：《对全国省级节水立法情况的分析与思考》，载《水利发展研究》2020 年第 10 期。

[3] 参见王冠军、刘啸等：《对全国省级节水立法情况的分析与思考》，载《水利发展研究》2020 年第 10 期。

从微观制度层面来看,涉及节水“三同时”制度、取水许可制度、水价和水费制度、节水计量制度、节水标识制度、节水技术、工艺推广等。因为有些制度,例如水量分配和调水制度、取水许可制度等在其他章节有所论述,以下择取与节约用水有直接关联的制度(体制)进行分析。

(一)节约用水管理机制体制

根据党的十九届三中全会通过的中共中央《关于深化党和国家机构改革的决定》、《深化党和国家机构改革方案》和《第十三届全国人民代表大会第一次会议关于国务院机构改革方案的决定》,水利部下设全国节约用水办公室,主要职能是拟订节约用水政策,组织编制并协调实施节约用水规划,组织指导计划用水、节约用水工作。组织实施用水总量控制、用水效率控制、计划用水和定额管理制度。指导和推动节水型社会建设工作。指导城市污水处理回用等非常规水源开发利用工作。[1] 但全国节约用水办公室作为水利部的下设机构,要想领导统筹和协调全国的节水工作,其工作难度可想而知。

实际上,目前全国节约用水工作仍然存在多头管理、分割管理现象。国家发展改革、水利、住房和城乡建设、农业农村以及相关行业主管部门都有节约用水管理职能,加上节水涉及各个行业和领域,需要相关部门统筹协调、齐抓共管。[2] 为此,在中央层面建立了节约用水工作部际协调机制,组织贯彻落实党中央、国务院关于节约用水工作的重大决策部署。根据该协调机制的工作规则,协调机制原则上每年召开一次全体会议,可根据工作需要召开专题会议,协调机制办公室根据工作需要适时召开联络员会议。[3] 在地方层面,已出台节水立法的省份均规定了水利部门为节水的行政主管部门,大部分省份规定发展和改革行政部门负责做好与相关重要规划协调衔接等相关工作,住房和城乡建设行政主管部门指导城市(镇)节水工作等相关工作。[4] 对此,上述人大代表建议:应当由国务院建立节约用水工作协调机制,统筹研究和协调解决节约用水工作中的重大问题。由国务院水行政主管部门负责全国节约用水工作,国家发展改革、住房和城乡建设等相关行政主管部门在各自职责范围内,做好节约用水有关工作。

从根本上来讲,节约用水最终还是如何管好水资源,因此节约用水的管理体制是建基于水资源管理体制之上的。参考世界各国的实践经验,水资源综合管理理念

---

〔1〕 参见《全国节约用水办公室机构职能》,载全国节约用水办公室官网,http://qgjsb.mwr.gov.cn/jgzn/201810/t20181023_1053363.html。

〔2〕 参见张宇:《全国人大代表、江苏省水利厅厅长陈杰:建议从国家层面为节约用水立法》,载澎湃网2021年3月7日,https://m.thepaper.cn/newsDetail_forward_11591281。

〔3〕 参见《节约用水工作部际协调机制第一次全体会议纪要》(办节约函〔2021〕442号)。

〔4〕 参见王冠军、刘啸等:《对全国省级节水立法情况的分析与思考》,载《水利发展研究》2020年第10期。

和原则已经得到了国际社会的重视和认同。水资源综合管理是“能够帮助各国按照成本—效益较优和可持续的方法尽力处理水问题的一种过程”[1]，它对水资源的整体循环过程有一个清晰的认识，注重水和土地、地表水和地下水、水质和水量的关系，同时“根据水资源的特性，以流域为单位而不是以政治或行政区域为界进行水资源管理”，“在长期的管理过程中，各国确立了适合本国国情的节水管理体制”[2]。

(二)规划水资源论证制度

规划水资源论证通过早期介入规划的制定过程，并且贯穿始终，将多个“小”建设项目造成的累积影响、间接影响和诱导影响纳入规划水资源论证统筹考虑，把水资源需求管理的源头从建设项目向前推进至区域、流域发展规划和行业发展规划阶段，真正从源头上解决水资源可持续利用问题，体现了“从源头和过程控制”。规划水资源论证是用水总量控制的重要手段，是最严格水资源管理制度的重要内容。

《水法》第 23 条第 2 款规定，“国民经济和社会发展规划以及城市总体规划的编制、重大建设项目的布局，应当与当地水资源条件和防洪要求相适应，并进行科学论证”，揭示了规划水资源论证的对象和内涵。我国目前还未就水资源论证工作出台专门法律和行政法规，仅对水资源论证中的建设项目水资源论证制定了部门规章。《取水许可管理办法》(2008 年)中，只是对单个建设项目水资源论证报告的编制和审查主体有规定(第 8 条、第 9 条)，现有法律体系中并没有明确规定规划水资源论证报告编制或审查主体问题，致使对规划水资源论证报告编制者及其资质缺乏规定。2012 年，水利部曾经向全社会公开了《水资源论证条例(征求意见稿)》，后来因各方面的原因而搁置。从实践层面看，根据水利部水资源管理中心的统计材料，7 大流域机构和 23 个省级水行政主管部门已经先后开展了规划水资源论证报告书的审查审批工作。

中共中央、国务院《关于加快水利改革发展的决定》、国务院《关于实行最严格水资源管理制度的意见》(国发〔2012〕3 号)、中共中央、国务院《关于加大改革创新力度加快农业现代化建设的若干意见》(中发〔2015〕1 号)、中共中央、国务院《关于加快推进生态文明建设的意见》(中发〔2015〕12 号)、国务院《关于印发水污染防治行动计划的通知》(国发〔2015〕17 号)等党中央、国务院发布的一系列政策文件都对加强规划水资源论证作出了重要部署。建立规划水资源论证制度，是从源头促进国民经济社会发展、城市建设与水资源条件相协调，保障国民经济社会发展和城市建设合理用水，为建设“两型社会”提供水资源支撑和保障，从而促进水资源的可持续利用的一项极其重要的制度安排。

(三)用水定额管理制度

用水定额是对特定行业在用水单位时间内，生产单位产品或创造单位产值所规

---

〔1〕 朱厚华、艾现伟等:《国外节约用水管理相关进展》，载《水利发展研究》2017 年第 2 期。
〔2〕 朱厚华、艾现伟等:《国外节约用水管理相关进展》，载《水利发展研究》2017 年第 2 期。

定的合理用水量标准。定额管理是水资源管理的微观控制指标，是确定水资源宏观控制指标总量控制的基础。《水法》第47条第1款、第2款规定“国家对用水实行总量控制和定额管理相结合的制度。省、自治区、直辖市人民政府有关行业主管部门应当制订本行政区域内行业用水定额，报同级水行政主管部门和质量监督检验行政主管部门审核同意后，由省、自治区、直辖市人民政府公布，并报国务院水行政主管部门和国务院质量监督检验行政主管部门备案”。

《水法》明确了总量控制与定额管理是我国水资源管理的基本制度，关于加快水利改革发展的决定和中央水利工作会议明确提出实行最严格水资源管理制度，总量控制制度得到贯彻实施，并在实践中不断完善。然而，用水定额管理制度的贯彻实施一直面临困境，进展较缓，2013年水利部印发《关于严格用水定额管理的通知》（水资源〔2013〕268号），开始推动用水定额管理工作。2015年水利部印发《关于做好用水定额评估工作的通知》（办资源函〔2015〕820号），流域机构开展用水定额评估，推动各省进行用水定额修订工作，对推进用水定额管理工作起到了非常重要的作用。截至目前，各省（自治区、直辖市）的用水定额标准已全面完成修订。

（四）节水“三同时”制度

节水“三同时”是指新建、扩建、改建建设项目，应当制订节水措施方案，配套建设节水设施；节水设施应当与主体工程同时设计、同时施工、同时投产。

目前节水“三同时”制度在实践中仍存在一定问题：一是工程建设规划中节水措施方案缺乏必要的审查把关程序。《水法》要求新建、改建、扩建建设项目，建设单位应当编制节水措施方案，配套建设节水设施，并与主体工程同时设计、同时施工、同时投入使用。但是对节水措施方案却并未规定任何要求，方案确定的节水措施是否可行，是否满足节水要求仅凭上述规定是不能确知的，也无法进行有效监管。二是节水设施验收规定不明确。建设项目竣工验收时，缺乏专门的节水设施验收程序，即便有些地方开展了专题验收，有管辖权的水行政主管部门或者流域管理机构一般也无法参加节水设施验收。三是已建成建设项目的节水改造规定不明确。《水法》只要求对新建、改建、扩建的建设项目实施节水“三同时”制度，对于已建成的建设项目一般不再要求其配套建设节水设施。如果已建成的建设项目原本就没有任何配套节水设施，或者按照节水“三同时”要求建设的节水设施，在使用一定期限后出现节水设施老化不符合节水要求等情况，是否应当进行节水改造未予以明确。

（五）节水评价制度

节水评价是节水管理机构对企业等取用水户节约用水工作开展情况、效果等评估的制度。建立节水评价制度，是落实习近平总书记提出的“节水优先”治水思路的重要举措；是使节水成为水资源开发、利用、保护、配置、调度前提的迫切要求；是保证规划和建设项目科学合理取用水，促进形成与水资源条件相适应的空间布局和产业结构的有效途径；是倒逼节约集约利用水资源，提升全社会用水效率的有力抓手。

目前《水法》等涉水法律法规尚未规定节水评价制度，但实践中已经就节水评价制度作出了一系列探索。根据当前我国部分地区水利部门已经开展的节水评价工作情况看，效果良好，是节约用水管理的重要抓手。2019 年，水利部办公厅先后印发了《关于开展规划和建设项目节水评价工作的指导意见》（水节约〔2019〕136 号）和《规划和建设项目节水评价技术要求》（办节约〔2019〕206 号），对节水评价范围、评价环节、评价内容、实施管理、技术方法与有关标准等作出了系统规定。

（六）水效标识管理制度

用水效率标识制度又称为水效标识制度，是指国家有关行政管理部门运用法律、行政、经济、技术等措施推动水效标识制度的建立并组织实施的行为。对终端用水产品实施水效标识管理，是市场经济条件下政府加强节水管理的重要手段。水效标识管理制度是强化政府节水管理的重要抓手。标识管理是以市场为导向，以服务消费者为宗旨，是市场经济条件下政府节水管理的重要方式，即由过去对企业的直接管理向间接管理转变，由过去注重对企业生产过程管理向终端产品管理转变，由过去重管理轻服务向服务型转变。

目前《水法》等法律法规也尚未涉及水效标识管理制度。国家发展改革委、水利部和原国家质量监督检验检疫总局（现为国家市场监督管理总局）2017 年 9 月 13 日联合发布《水效标识管理办法》。该办法分为 5 章 33 条，内容包括总则、水效标识的实施、监督管理、罚则和附则五章，分别从水效标识的制度体系构建到具体的实施、监管、处罚措施和其他事项进行了详细的规定。

（七）非常规水利用制度

从资源的循环利用角度看，再生水的使用将有可能使水资源摆脱简单的水资源总量的限制，提高城市水资源的有效供给总量，弥补城市新鲜水资源供给的不足，提高城市水资源的供给和保障能力，有效缓解城市供水危机。从生态文明建设的角度看，再生水的使用将会体现政府的环境责任和污染者付费的原则，能促进节水减排，推进生态文明建设。现行《水法》中的水资源并未明确包含再生水、苦咸水、淡化海水等非常规水资源，也没有就非常规水资源开发利用作出规定，更未将非常规水资源纳入水资源统一配置。

国务院 2010 年批复的《全国水资源综合规划》中，将再生水等非常规水源作为传统水源短缺时的一种补充水源。《关于加快水利改革发展的决定》明确提出要“大力推进污水处理回用”，国务院《关于实行最严格水资源管理制度的意见》则在具体操作层面，进一步明确提出将污水处理回用等“非常规水源开发利用纳入水资源统一配置”。2015 年国务院印发实施的《水污染防治行动计划》要求将再生水、雨水和微咸水等非常规水源纳入水资源统一配置。2019 年印发实施的《国家节水行动方案》要求，在缺水地区加强非常规水源利用。

2023 年 6 月 22 日水利部和国家发展改革委联合发布了《关于加强非常规水源

配置利用的指导意见》。该意见认为，我国非常规水源利用尚存在配置水平偏低、利用不够充分、政策不够健全、认识不够到位等问题。坚持将非常规水源纳入水资源统一配置，应当坚持四项原则：(1)科学规划、统一配置；(2)目标管理、应用尽用；(3)因地制宜、精准施策；(4)政策激励、市场驱动。到2025年，全国非常规水源利用量超过170亿立方米；地级及以上缺水城市再生水利用率达到25%以上，黄河流域中下游力争达到30%，京津冀地区达到35%以上。到2035年，建立起完善的非常规水源利用政策体系和市场机制，非常规水源经济、高效、系统、安全利用的局面基本形成。针对非常规水资源开发利用，一些地方对非常规水资源开发利用法律制度建设进行了实践探索，出台了专门性的地方性法规规章或规范性文件，如《天津市城市排水和再生水利用管理条例》(2003年发布，2005年修正，2012年修正)、《宁波市城市排水和再生水利用条例》(2008年发布，2012年修订)、《北京市排水和再生水管理办法》(2010年施行)等。

三、对现行节约用水法律体系的整体评价

实际上，以节约用水法律体系的角度来审视与节约用水有关的法律规定以及相关制度，我们在潜意识里已经预设了一个基本前提，就是现有法律法规当中存在这样一个完整的法律体系。但通过以上对相关法律法规的梳理和分析，可以发现，在真实的法律世界里，并不存在这样一种理想的图景。当我们按照“节约用水”这个核心词汇去搜索时，现有制定法只能给出一些零散甚至是无序的规定。当我们对它们进行整合时，甚至发现它们之间还存在这样或那样的矛盾、冲突或者空隙。于是，所谓的“节约用水法律体系”并不是一项不证自明的存在[1]，而是一个需要我们不断去发现、去证明和去阐释的理性构建的体系。

(一)作为理念和原则的节约用水法律体系

前面已经分析过，节约用水内涵丰富且涉及广泛，因此节约用水可以融合或出现在各个方面不同环节，是一个全过程无例外的存在。例如，饮用水水源地法律保护，这既是对饮用水的保护，也可以是节约用水的保护，属于是一体两面。类似的像水资源配置、水量调度、跨区域调水等，也是如此。此外还有像节约粮食，从表面上看似乎与节约用水无直接关系，但我们通过对生产粮食耗水量的计算，以“水足迹”或“虚拟水”等模型或者理念进行分析和理解时[2]，这些活动也是与节约用水紧密联系的。正因为节约用水作为一种理念和原则贯穿于生产、生活的诸多领域、环节，

---

[1] 同样，包括更上位的“水法法律体系”也只是研究者的创造，并未有严密的逻辑上的论证。

[2] 水与麦子、水稻等粮食、食物的等量关系换算大致如下：一片面包等于11加仑水(一加仑水约为4.4升)；一磅意大利面等于230加仑水；一杯熟米等于50加仑水；一磅生稻等于300加仑水。每个美国人每年吃19磅意大利面，相当于4370加仑虚拟水(生产及运输过程中所需的淡水量)。参见沈璐璐：《〈节约用水〉(第一至第四章)英汉翻译实践报告》，河南农业大学2020年硕士学位论文，第27～32页。

所以那些规制生产、生活诸多领域、环节的法律(制度)体系必然会给节约用水带来实质影响。当然,我们也要防止或者反对那种过分泛化的节约用水思想,可能因为内容过于分散最终导致无法在实践中得以认真落实。

(二)作为政策工具化的节约用水法律体系

节约用水是伴随着水危机趋于严重而逐步被强化的,因此节约用水是否入法深受国家政策的影响,这在世界各国基本都是如此。例如,那些水资源比较匮乏的国家和地区,就比较早关注节约用水的制度化和法律化;水资源较为充足的地区,就相对容易忽视节约用水的必要性和重要性。当然,对节约用水重视与否也与地区的经济产业发展有很大关系。例如,上面提到的我国上海市,就比较早制定了有关节约用水的地方性法规,这与其经济产业发达有关,较其他地区早 10~20 年就认识到了水资源的稀缺性和价值性。同时我们也看到,随着中央出台"最严格水资源管理""水十条""国家节水行动"等一系列水资源管理指导政策和行动方案后,这些目标、原则、制度、标准等已经逐渐被中央以及地方立法所吸收和转化。因此,相对于其他水管理制度而言,节约用水也许是处于政策和法律交叉最为密集的领域。这就使节约用水法规具有显著的政策法律化和法律政策化的特征。

(三)作为水资源配置附属的节约用水法律体系

在涉水法律法规体系当中,配置水资源是首当其冲的重要内容,无论是水质、水量、水污染、水分配、水调度,还是用水规划、用水计划、用水总量、用水定额、用水效率等,最终都是围绕用多少水以及如何用水来做文章。在这个用水的全过程当中,水资源配置与节约用水的关系是相生相伴的,有水资源配置就有节约用水,只是有关水资源配置的规定往往是显性的,而有关节约用水的规定很多属于隐性规定。当然,节约用水与水资源配置之间的这种关系也不是一成不变的。随着可持续发展和绿色发展等理念的提出,作为理念层面的节约用水必然上升为水资源配置的上位概念,对水资源配置起到了约束作用。在这种思路指导下,节约用水相对于水资源配置而言,既有宏观的原则指导,也有中观的制度构建,还有微观的标准技术要求。

(四)作为标准性规则的节约用水法律体系

节约用水最终体现在各种技术细节和标准上。虽然技术和标准并不属于严格意义的"法规",但对节约用水的贯彻落实起到基础支撑作用。如果缺少这些标准规则,节约用水就变成了空头理念。例如,水利部自 2019 年以来已陆续发布 105 项用水定额,其中农业 14 项、工业 70 项、建筑业 3 项和服务业 18 项,基本建立了全面系统的用水定额体系。按照《国家节水行动方案》[1]的要求:到 2022 年,节水标准达到 200 项以上,基本覆盖取水定额、节水型公共机构、节水型企业、产品水效、水利用与处理设备、非常规水利用、水回用等方面。

---

〔1〕 参见国家发展改革委、水利部:《关于印发〈国家节水行动方案〉的通知》(发改环资规〔2019〕695 号)。

2013年9月工业和信息化部、水利部、国家统计局、全国节约用水办公室共同编制了《重点工业行业用水效率指南》，在总结我国重点工业行业用水效率总体情况的基础上，梳理火电、钢铁、纺织、造纸、石化和化工、食品和发酵等高用水行业共40多种主要工业产品（工序）的用水现状，依据国家相关标准，结合行业现状，选取单位产品取水量先进值、平均值、限定值和准入值，作为衡量和评价工业企业用水效率水平、指导工业企业开展节水对标达标的核心指标，并提出了提升工业行业用水效率的技术措施。[1] 《国家节水行动方案》提出，加快农业、工业、城镇以及非常规水利用等各方面节水标准制修订工作。建立健全国家和省级用水定额标准体系。逐步建立节水标准实时跟踪、评估和监督机制。[2]

四、现行节约用水法律体系存在的主要问题

（一）国家层面缺少具有根本指导作用的节约用水法规

综上所述，现有涉水法律法规对节约用水已有相当多规定，也确立形成了一些节约用水的基本制度和管理框架，"但从整体上看，节水内容比较分散、不系统"。[3] 例如，《水法》作为我国水事立法当中最重要的一部基础性法律，对节约用水的相关规定应当说是最多的，但受立法目的所限，直接与节约用水有关的内容也是非常有限的，主要体现在第8条、第11条、第14条、第23条、第47条、第49条、第50条、第51条、第52条等条文中，另外在法律责任章中的第68条、第70条、第71条等条文。其他《农业法》、《电力法》、《清洁生产促进法》、《防沙治沙法》和《循环经济促进法》等都是从自身领域、行业出发，对节约用水进行原则的或零星的规定。国务院出台的行政法规也有涉及节约用水的规定，例如《取水许可和水资源费征收管理条例》《城市供水条例》《抗旱条例》等，各条例所站角度不同，存在规定不一致甚至冲突问题。[4] 在国家层面立法中，唯一专门针对节约用水的就是《城市节约用水管理规定》，但该规定不仅在适用范围上有局限，而且制定时间久远，"难以适用新时代节水优先的新形势和新需求"[5]。

正是在新时代新发展的大背景下，鉴于水资源、水环境、水生态和水安全等方面面临的严峻形势，2016年水利部牵头起草了《节约用水条例（征求意见稿）》，但相关工作进展并不顺利。在水利部2020年9月的《关于〈节约用水条例（征求意见稿）〉

---

[1] 参见工业和信息化部、水利部、国家统计局、全国节约用水办公室组织：《重点工业行业用水效率指南》（2013年9月）前言。

[2] 参见国家发展改革委、水利部：《关于印发〈国家节水行动方案〉的通知》（发改环资规〔2019〕695号）。

[3] 王春业：《我国节水立法的不足及其完善路径》，载《深圳大学学报（人文社会科学版）》2020年第5期。

[4] 参见王春业：《我国节水立法的不足及其完善路径》，载《深圳大学学报（人文社会科学版）》2020年第5期。

[5] 王春业：《我国节水立法的不足及其完善路径》，载《深圳大学学报（人文社会科学版）》2020年第5期。

的说明》中认为："由于国家层面尚未出台节约用水的行政法规，一定程度上制约了全国节约用水工作的全面深入开展。"[1]2022 年 1 月，国家节水办主任许文海接受专访时透露：国家发展改革委、住房和城乡建设部、国家节水办公室联合起草完成的《节约用水条例（草案）》，已经报送国务院。[2] 如果未来进展顺利，可以预见在不久后我们将会出台这样一部有关节约用水的行政法规。而且它将作为一部"基础性"法规，统领指导全国的节约用水相关工作。

（二）地方性节约用水立法严重雷同难有实质性突破

近年来，地方节水立法工作加速推进，节水法制化建设进一步提升。首先，全国范围内 31 省（自治区、直辖市）地方节水立法已经基本颁布实施，"对加强地方节约用水工作发挥了积极作用，也为制定《条例》提供了实践经验"[3]。其次，各设区的市节水立法工作也普遍开展。这里面既有原来的除直辖市之外的较大的市本身已经获得地方立法权限，也包括 2015 年修订《立法法》后新获得地方事务立法授权的 280 多个地级市，纷纷制定本地区的节约用水立法。

一方面，以河南省 17 个地级市为例，目前已有郑州市、洛阳市、平顶山市 3 个市制定了节水条例，开封市、焦作市、濮阳市、安阳市、鹤壁市 5 个市制定节约用水管理办法。其他地级市大都制定了城市节约用水管理条例（办法），或者是供水管理办法、地下水保护条例等法规或规章。例如，鹤壁市陆续出台了《鹤壁市循环经济生态城市建设条例》（2020 年 8 月 31 日实施）、《鹤壁市地下水保护条例》（2019 年 5 月 1 日实施）等地方性法规，同时鹤壁市完善城市节水管理制度，制定了《鹤壁市海绵城市建设管理规定（暂行）》（2021 年 4 月 25 日印发）、《关于改革调整市区城市公共供水价格的通知》（2019 年 1 月 24 日印发）等配套文件。[4]

另一方面，如果我们对上述地方节水立法进行横向对比，它们在结构体例、条文内容、立法语言等方面又比较接近，存在横向的立法移植和借鉴，甚至是立法抄袭之嫌。[5] 以节水管理体制为例，所有地方节水立法均规定水利主管部门作为节水主管部门同时发改、住建等行政主管部门分工负责的体例。正像有的学者所批评的一样，一些地方立法只需要把相关城市或地区的名字换一换，就都可以适用。这已经

---

〔1〕 水利部：《水利部关于〈节约用水条例（征求意见稿）〉公开征求意见的公告》的附件 2《关于〈节约用水条例（征求意见稿）〉的说明》，发布日期：2020 年 9 月 28 日。

〔2〕 参见《专访|全国节水办主任许文海：咬定目标　务实行动　扎实推进新阶段节水工作高质量发展》，载《中国水利》2022 年 1 月 13 日。

〔3〕 水利部：《水利部关于〈节约用水条例（征求意见稿）〉公开征求意见的公告》的附件 2《关于〈节约用水条例（征求意见稿）〉的说明》，发布日期：2020 年 9 月 28 日。

〔4〕 参见《打造人水和谐的节水城市——鹤壁市扎实推进国家节水型城市创建纪实》，载河南省人民政府门户网站，https://www.henan.gov.cn/2020/10-12/1820359.html。

〔5〕 参见赵静波：《地方立法特色的缺失及其规制——以地方立法"抄袭"为视角》，载《地方立法研究》2017 年第 6 期。

是中国当前地方立法的普遍问题，缺少立法"地方特色"，而不仅仅表现在地方节水立法上。正因如此，在国家层面的节约用水立法迟迟不能出台的背景下，地方节水立法很难有较大的实质性突破。

（三）现有节约用水法规的可操作性有待提升

由于"节约用水"本身内涵丰富，导致其词语的弹性空间较大，在对相关制度、措施、行为进行规定时，往往采取纲领性或指导性规范，这样的条文很容易被认为缺少了法律规范的强制性，是逐步实现的而非即刻实现的内容。"目前的节约用水制度还没有体现充分的强制性"，更多属于一种激励或鼓励的软性措施。[1]

同时，这些法规往往过于原则化和抽象化，"导致节约用水的操作性不强"，"实施不全面、效果不理想"。这样的问题不仅存在于地方节水立法当中，也存在于国家层面涉水法律法规有关节约用水的内容当中。例如，《水法》已经明确了有关节约用水制度的基本框架，但包括用水定额管理、计划用水、超额累进水价等制度均缺乏相应的操作规范，需要配套法规才能得以贯彻实施。[2]

第三节　完善节约用水法律体系的构想

一、构建节约用水法律体系的指导思想

（一）把节约用水与高质量发展联系起来

在相当长一段时期内，不少地方政府经济发展都存在唯 GDP 论的错误倾向。单纯以经济发展衡量社会发展是一种简单化思维的表现，也是对社会经济发展的偏执认知。这种思维模式最终导致社会经济发展的不可持续和难以为继，也带来了大量的资源环境乃至人民生命健康问题。新时期新发展理念下强调社会经济的高质量发展。"从广义上的角度来看，高质量发展不仅要注重经济高质量发展，而且要注重社会、生态等方面的高质量发展，其内涵具有多维性、系统性、动态性和长期性。"[3]因此，社会经济的高质量发展必然以水资源的可持续利用为前提，而节水优先正是水资源可持续的根本保障和重要抓手。正如中国工业和信息化部节能与综合利用司节水处处长袁令所说："只有将'节水优先'方针着眼于'中国制造'全局，才能真正促进人水和谐，人与自然和谐共处，推动经济社会高质量发展。"[4]

在高质量发展过程中，水是"倒逼机制"的一大关键。无论何时都必须更加科学

---

[1] 参见刘长兴：《完善节约用水立法的基本思路》，载《求索》2011 年第 9 期。

[2] 参见刘长兴：《完善节约用水立法的基本思路》，载《求索》2011 年第 9 期。

[3] 安树伟、李瑞鹏：《黄河流域高质量发展的内涵与推进方略》，载《改革》2020 年第 1 期。

[4] 张旭东：《中国节水先行实现用水量与 GDP 增长脱钩》，载百度 2020 年 9 月 17 日，https://baijiahao.baidu.com/s? id=1678063472834837663&wfr=spider&for=pc，最后访问日期：2022 年 7 月 24 日。

地利用每一滴水，让每滴水可以发挥更大的作用、产出更大的效益，绝不允许出现“大调水、大浪费、大污染”[1]。把节约用水与高质量发展联系起来，就是“按照‘以水定城、以水定地、以水定人、以水定产’理念，大力推动节水型社会建设，用水效率不断提升，用水量已与 GDP 增长脱钩”[2]。在将全国用水总量控制在 6700 亿立方米以内的前提下，在 2022 年节水型生产和生活方式初步建立，节水产业初具规模；在全国用水总量控制 7000 亿立方米以下的条件下，2035 年形成水资源利用与发展规模、产业结构和空间布局等协调发展的现代化新格局。[3] 在用水总量和用水效率的倒逼机制下，改变过去以需定水、以产定水的资源消耗型经济发展模式。因此，节约用水既是高质量发展的指导思想和理念，也是高质量发展的前提和约束条件；反之，高质量发展既是节约用水所希望达致的结果，也是节约用水持续推进的内在驱动力。

（二）把节约用水与国家水安全联系起来

在本章第一节中，我们已经从节约用水的重要意义角度论述了两者之间的关系。这里面表达了这样一些观念：水安全是每个国家稳定和发展的基础。水安全已然上升为国家战略安全的重要组成部分。在今天，把节约用水和国家水安全相关联，不是毫无根据的“杞人忧天”，而是迫于国内和国际压力的“居安思危”，更是顺应时代和社会发展的“未雨绸缪”。

把节约用水与国家水安全联系起来，节约用水的重要性从一般的工业、农业、城市、生活用水的具体和细微中得以升华，国家水安全是节约用水赖以存身的另一种场景，节约用水则是国家水安全得以实现的路径表达。“不积小流，无以成江海”，反之，江海河流的枯竭也正在于日常的浪费与破坏。没有对水资源危机的清醒认识，没有对国家水安全的高瞻远瞩，节约用水常常会沦丧为形式主义的闲谈。

（三）把节约用水与中华民族永续发展联系起来

一个人的生存发展离不开衣食住行等物质基础，一个民族国家的生存发展同样也离不开丰饶的物质资源。中华民族的永续发展既根植于五千年悠久的历史文明的滋养，更建基于强大丰厚的物质财富保障之上。因此，中华民族的永续发展不是一句空话，更不是一句套话，而是以一定的自然资源、物质财富、历史文明作为基础的。目前，日益严重的水资源、水环境和水生态危机已经制约和阻碍了社会经济的

---

〔1〕 高敬、王立彬：《水，为何在总书记心中分量这么重》，载全国节约用水办公室 2021 年 5 月 14 日，http://qgjsb.mwr.gov.cn/zwxw/jsyw/202105/t20210517_1518694.html，最后访问日期：2022 年 8 月 12 日。

〔2〕 张旭东：《中国节水先行实现用水量与 GDP 增长脱钩》，载百度 2020 年 9 月 17 日，https://baijiahao.baidu.com/s?id=1678063472834837663&wfr=spider&for=pc，最后访问日期：2022 年 7 月24 日。

〔3〕 参见国家发展改革委、水利部：《关于印发〈国家节水行动方案〉的通知》（发改环资规〔2019〕695 号）。

良性发展,已经影响了人民的生命健康安全和对美好幸福生活的追求,节约用水已经不是可有可无的多项选择,而是刻不容缓的必然选项。节约用水不仅是为了我们这一代或者这几代的现实考量,也是为了中华民族的世代发展。

把节约用水与中华民族永续发展相联系,节约用水获得了一种历史时空中的人文主义关怀。中华民族的永续发展蕴含着对自然、生态和生命和谐一体的尊重,珍惜民力财力物力成为民族精神的不二之选。因此,节约用水是中华民族精神的继承和延续,将二者联系起来给予了节水立法更加丰富的价值内涵。

二、我国节约用水立法的模式选择

当下我国节水立法领域,国家层面的专门节水立法,即"节约用水条例"已在稳步推进中,省级地方节水立法已经普遍出台,其他设区的市级节水立法也有相当跟进。在这样的大背景下,似乎即将形成国家专门立法统合地方立法的基本格局。但考察国外各国节水立法,"目前国外专项节水立法较少,但多少国家结合自己的实际情况,制定出台的水事法律中涵盖了节水要求,并制定了节水政策方针和标准规范,采取行政管理手段,实现节水的目标"[1]。在这里,我们之所以提出这个问题并不是说,"国外有了,我们也要有;国外没有,我们也没有"。确实,每个国家如何立法、立哪些法都需要结合本国的实际情况。不过,即便如此,我们还是需要多问一个"为什么"。这样我们就可以做到:制定有制定的合理的依据,不制定有不制定的充足的理由。

(一)节约用水的三种立法模式

在节水立法方面,可能存在哪些立法选择呢?我们比较分析后认为,大致存在这三种可能的模式:非专门性立法、半专门性立法和专门性立法。

非专门立法模式,接近于朱厚华、艾现伟等学者介绍的美国那样的节水模式,即没有严格意义的节水立法,而是依赖于自身较为健全的法制体系,通过依法治水对节水进行管理,同时通过制定具有强制性的节约用水技术标准,实现节水目的。"依法治水是美国节水管理的显著特征","美国在联邦层面主要通过制定《联邦能源法》和《国家器具能源节约法》,强制执行国家用水器具的节水技术标准,有效地促进了节水。法律规定强制执行的节水技术标准,主要是引用美国国家标准协会制定的部分节水技术标准。在州层面,各州制订有关节水法律主要通过制定并强制执行节水规划来保证节水的有效进行"[2]。简单说,在美国就是联邦制定法律,各州也制定自己的法律,通过执行这些法律保证节约用水的技术标准具有强制性的法律效果。

半专门性立法模式,有专门的水事基本法律(《水宪章》或《水法》),在水事基本

---

〔1〕 朱厚华、艾现伟等:《国外节约用水管理相关进展》,载《水利发展研究》2017年第2期。

〔2〕 朱厚华、艾现伟等:《国外节约用水管理相关进展》,载《水利发展研究》2017年第2期。

立法当中对节约用水进行规定，尤其是进行专章规定，对节约用水法律法规体系起到统领和协调的作用；其他部门法律，对涉及节水的问题进行特别规定或具体规定。我们目前的情况就接近于这种模式，但现行《水法》自身存在一定的问题，在对水体（水质和水量）的管理保护当中，侧重于水量（水资源）的管理保护，没有能够完全统领水事法律体系，成为真正的水事根本法律。同时，在节约用水方面也没有形成专章规定，也削弱了对节水立法的指导作用。

专门性立法模式，是指对节水问题进行专门性立法，该法律成为节约用水领域的基本法律，并与其他节水法律法规构成节水的法律群，最终形成节约用水的领域法。〔1〕“当今中国，重大领域的社会经济问题愈加呈现出交叉性、整合性和动态性的特征”，“在全面深化改革和全面推进依法治国的语境下，有必要确立‘领域法学’的概念，以及‘领域法’的治理逻辑，以回应社会大变革时代的现实诉求”〔2〕。在理想状态下，领域法将节水立法在法律层面进行整合，打破部门法的壁垒，不仅在法律体系上而且在法律适用上构成了和谐统一的整体。

（二）对三种立法模式的分析评价

首先，从整体上看，节约用水的三种立法模式之间的界限并不是绝对的，而是一种相对的学理划分。例如，在非专门性立法和半专门性立法之间，半专门性立法和专门性立法之间的界限不是绝对的。并不是说，在非专门性立法的国家（地区）就不存在有关节约用水的相关法律规定，一定条件下，它们之间也是存在转化关系的，〔3〕如从非专门性立法向半专门性立法或专门性立法转化，从半专门性立法向专门性立法转化。我们之所以区分出三种类型，也是为了说明它们之间确实存在一定程度的差异性。

其次，这三种立法模式都是要结合自身的实际情况建立起来的。例如，非专门性的节水立法模式为什么会在美国出现和适用？关键是其法治基础比较深厚，不同部门之间的管理权限经由法律划分之后相对较为清楚，不存在严重的行政职权壁垒问题。而日本在节约用水方面则是通过构筑以《河川法》为核心的水管理法律法规

---

〔1〕 领域法或领域法学被一些学者认为是一项掀起法学学术革命的理论创新，其秉持实用主义研究立场，主张打破部门法桎梏，以问题意识为关怀起点，以经验研究为理论来源，综合借鉴与运用其他社会科学学科的成熟方法进行研究。参见刘剑文：《论领域法学：一种立足新兴交叉领域的法学研究范式》，载《政法论丛》2016 年第 5 期；侯卓：《“领域法学”范式：理论拓补与路径探明》，载《政法论丛》2017 年第 1 期；梁文永：《一场静悄悄的革命：从部门法学到领域法学》，载《政法论丛》2017 年第 1 期；张学博、李玉云：《领域法学：法学研究的第三条道路》，载《长春市委党校学报》2017 年第 2 期。

〔2〕 刘剑文：《论领域法学：一种立足新兴交叉领域的法学研究范式》，载《政法论丛》2016 年第 5 期。

〔3〕 从逻辑关系上讲，三者之间也可能存在“逆转化”的问题，即从专门性立法向半专门性立法和非专门立法的转化。但我们在分析的过程中认为：随着水资源的愈加珍稀，各国的节水立法会越来越多，体系性也会越来越明确，故此“逆转化”的可能性就会渐趋接近于零。

体系，辅以地方市、县制定的“纲要”、“条例”或“方针”，“通过各种办法积极促进节水器具使用和雨水利用”[1]，并且日本的水管理体制也是采取集中协调与分部门行政，但并未出现“九龙治水而水不治”的严重困境。

最后，就我们目前的情况来看，一方面，国家层面正在积极推进“节约用水条例”的出台，希望能够以“节约用水条例”来统摄和协调有关节水法律体系。但另一方面，我们现有的《水法》实际上也已经基本搭建了节水立法的制度框架，在《水法》的再次修改当中究竟应当如何处理这部分规范，恐怕也是需要认真考虑的问题。就目前的认识而言，第一，即便“节约用水条例”能够出台，但其法律位阶仅为行政法规，仍处于《水法》的下位法地位，并不能真正起到引领节水立法群的作用。第二，我们在制定“节约用水条例”的过程中，要协同联动未来《水法》的进一步修改，使二者形成法律法规上的衔接与互洽。因此，从现实主义的立场出发，在节水立法模式的选择上仍然是要构筑以《水法》为基本法的法律体系。

三、节约用水法律体系主要内容及重要制度分析

（一）节约用水法律体系的主要内容

尽管党和政府提出和倡导节约用水已经很长时间了，但在促进节约用水方面依然存在不少难点。“当前主要难点是促进节约用水的理念落后、对水资源的短缺且稀缺认识存在偏差、节约用水的动力机制缺失”[2]，因此，应当“树立符合生态文明要求的促进节约用水的理念、开展针对性节约用水宣传教育、充分发挥市场配置水资源的决定性作用”[3]。如果按照上述文章分析，就会产生下面的疑问：为什么现有节水法律法规没有起到相应规范作用？继而就是，如果制定一部专门的节水立法是否就能解决上述难点问题？正如学者所言：“以条例的形式能否解决节水的法治建设需要，也存在一定的疑问。”[4]

对节约用水法律体系的构建一定要有清晰的认识：哪些方面属于宏观的理念层面，哪些属于制度层面的问题，而哪些又是需要通过制定技术、标准具体贯彻落实的，都有整体和系统的分析定位。这样对于宏观理念层面的内容，可以通过政策引导和宣传教育予以促进和提升。例如，上述文章中提到的难点之一即“节约用水理念落后”问题。这本身就是个老生常谈的问题，也是一个很宏大的问题。如果单纯

---

[1] 朱厚华、艾现伟等：《国外节约用水管理相关进展》，载《水利发展研究》2017年第2期。

[2] 中共中央党校厅局级干部进修班（74期）“生态文明建设”研究专题课题组、熊中才：《促进节约用水的难点及对策研究》，载《中国水利》2019年第23期。课题组成员：熊中才、万国平、赵新兵、张显、刘海红，执笔人熊中才，全国节约用水办公室副主任（正司级）。

[3] 中共中央党校厅局级干部进修班（74期）“生态文明建设”研究专题课题组、熊中才：《促进节约用水的难点及对策研究》，载《中国水利》2019年第23期。课题组成员：熊中才、万国平、赵新兵、张显、刘海红，执笔人熊中才，全国节约用水办公室副主任（正司级）。

[4] 王春业：《我国节水立法的不足及其完善路径》，载《深圳大学学报（人文社会科学版）》2020年第5期。

落在观念上，这就是宣传教育的问题，即使把相关内容写入法律法规当中，也是倡导性或鼓励性的；如果落实在制定层面上，则需要构筑相关激励约束机制以及法律责任，才能够有效地促进相关理念的提升（即便是功利性和实用性的）；如果将其置于技术层面，则可以通过节水标准设定、节水工艺提升、节水设备推广、节水税费减免、节水补助发放等得以实现。因此，从理念到制度再到技术，才能避免法律规定流于宽泛和虚空（成为泛化的政策宣传），也不至于陷入琐碎和细节之中难以自拔。

在现有法律框架当中，构建节约用水法律体系，应当以《水法》为核心，进一步加强和巩固《水法》作为水事基本法的地位和作用。同时修订和完善《循环经济促进法》、《清洁生产促进法》、《水污染防治法》、《农业法》、《电力法》、《取水许可和水资源费征收管理条例》、《城市供水条例》、《地下水管理条例》和《城镇排水与污水处理条例》等法律法规，加快出台"节约用水条例"（同时废止《城市节约用水管理规定》）。

（二）对节约用水重要制度的分析

构建节约用水法律体系过程中具有根本性的问题，就是要将现行法律法规当中有关节约用水的规定进行认真梳理，解决外部与内部两个方面的协调问题。[1]

从外部来看，"节约用水法律制度作为一个整体，需要与水资源规划、配置和管理制度、行政许可制度等相协调"，成为整个水法体系的有机组成部分。[2] 从内部来看，"节约用水的各项具体法律制度之间也需要相互协调、相互配合，共同规范用水行为、推动节约用水目标的实现"[3]。节约用水的具体法律制度主要包括：规划水资源论证制度、计划用水制度、用水定额制度、节水"三同时"制度、水价制度、节水评价制度、节水技术（设备、器具）管理制度、非常规水利用制度等。上述节约用水制度，大都在现行水事法律和涉水法律中作出了规定，需要进一步完善、协调和落实。例如，节水"三同时"制度、水效标识管理制度等都是非常有效的节水制度，今后工作就在于使其具有执行的强制性，发挥其自身的功效。此外，还有一些需要探索完善的节水制度，例如，非常规水利用制度，既是水资源管理制度的一部分，也是节约用水的重要内容，需要进一步深入探索研究，增强其制度的合理性和稳定性。更重要的是，在这些制度之间建立深度联系，消除制度之间的矛盾和冲突，增强制度之间的协调性和协同性，发挥制度群的集团优势。

此外，就是要充分认识节约用水标准体系对节约用水法律体系的基础支撑作用。水利部已经制定了：农业灌溉用水相关定额、工业用水相关定额、服务业用水相关定额、建筑业用水相关定额、重点工业行业用水效率指南以及各种技术规程、技术导则等。这些标准、技术、规程直接对相关领域、行业的用水、供水、建设、运行等产

---

〔1〕 参见刘长兴：《完善节约用水立法的基本思路》，载《求索》2011 年第 9 期。

〔2〕 参见刘长兴：《完善节约用水立法的基本思路》，载《求索》2011 年第 9 期。

〔3〕 刘长兴：《完善节约用水立法的基本思路》，载《求索》2011 年第 9 期。

生影响。而且相对于节约用水法律体系来讲,这部分标准体系内容更细致、更专业、更规范,具有较强的实践性和可操作性。

上述对节约用水法律体系及其基本制度进行了初步构想,都需要接受时间和实践的检验。同时,我们对节约用水法律体系的设想和建构,并非要塑造一个理想的理论体系,而是在对现有水法律体系进行思考的基础上,为我国的节约用水法律建设提供一些新的思路和想法。法律之于我们,永远是不尽完善的。所谓的良法善治,也只有在我们认真对待法律的时候才有可能出现。

附:

《公民节约用水行为规范》

(中华人民共和国水利部公告2021年第15号　2021年12月9日)

第一条　了解水情状况,树立节水观念。懂得水是万物之母、生命之源,知道水是战略性经济资源、控制性生态要素,明白节水即开源增效、节水即减排降损;了解当地水情水价,关注家庭用水节水。提升节水文明素养,履行节水责任义务;强化节水观念意识,争当节水模范表率;以节约用水为荣,以浪费用水为耻。

第二条　掌握节水方法,养成节水习惯。按需取用饮用水,带走未尽瓶装水;洗漱间隙关闭水龙头,合理控制水量和时间;洗衣机清洗衣物宜集中,小件少量物品宜用手洗;清洗餐具前擦去油污,不用长流水解冻食材;正确使用大小水按钮,不把垃圾扔进坐便器;洗车宜用回收水,控制水量和频次;浇灌绿植要适量,多用喷灌和滴灌。适量使用洗涤用品,减少冲淋清洗水量;家中常备盛水桶,浴前冷水要收集;暖瓶剩水不放弃,其他剩水再利用;优先选用节水型产品,关注水效标识与等级;检查家庭供用水设施,更换已淘汰用水器具。

第三条　弘扬节水美德,参与节水实践。宣传节水洁水理念,传播节水经验知识;倡导节水惜水行为,营造节水护水风尚。志愿参与节水活动,制止用水不良现象;发现水管漏水,及时报修;发现水表损坏,及时报告;发现水龙头未关紧,及时关闭;发现浪费水行为,及时劝阻。

【典型意义】

节约用水是大事,关乎国家水安全;节约用水也是小事,与每个公民生活息息相关。节约用水到底能不能最终实现,不仅是国家有方案和行动,制定法律和规范,更需要每个公民从自身做起,一点一点地节约起来。从这个角度来看,正如习近平总书记强调的,"法律的生命在于实施"。好的制度和法律制定以后,最终还需要人们发自内心地认可,认真严格地去执行,才能实现制度和法律设计的目的。尽管《公民节约用水行为规范》属于道德层面的倡议,缺少法律规范的强制性,但对节水社会的建设而言也是十分重要的。

CHAPTER 04
第四章

饮用水安全及其法律保障

导　读

饮用水安全关系到每位公民的生命和健康安全。在国际人权法领域，获得清洁、卫生、充足的饮用水也已经逐渐被认为是一项基本人权。因此，尊重和保障公民都能获得清洁、卫生、充足的饮用水，渐次成为现代国家应当承担的一项具有普遍性的基本义务。从整体上来看，目前我国基本接近于中等程度缺水国家（或地区）。因为我们党和政府始终坚持“以人民为中心”，在制定实施保障饮用水安全相关政策和法律的基础上，通过一系列民生工程使饮用水安全问题获得了较为妥善的解决。但我国现有涉及饮用水安全的法律法规体系仍存在不少的问题，主要表现在：立法理念对饮用水关注不够，相关法律法规比较分散，核心法律尚未制定，农村饮用水法律保障薄弱，地下水水资源保护较弱，相关制度建设还不够完善，法律条文的操作性和强制性不足等。针对我国饮用水安全未来发展态势，本章对我国饮用水安全法律保障体系进行了初步构建。在现行法律体系中，制定具有基本法地位的“饮用水安全法”（或者“清洁饮用水法”）来对其他有关饮用水安全的法规、规章进行统摄，形成“一体两翼”的水安全法律法规体系。这里的“一体”就是以《饮用水安全法》为核心的法规体系，“两翼”就是水法规体系和环境保护法规体系。

第一节　饮用水安全发展概况

地球表面71%被水覆盖着，但能够被人类利用的淡水资源却是十分宝贵甚至是短缺的。从目前的全球形势来看，世界各国正面临着严重的水危机。水危机所呈现的图景是这样的：第一，目前已有约1/3的世界人口生活在被认为“供水紧张”的国家即消耗量超过总供应量的10%。如果目前的趋势持续下去，到2025年地球上每三个人中就有两个生活在上述状况中。第二，世界上约有1/3的人使用地下水。在一些地方,地下水位每年下降 1～3 米。世界上 30%～40% 的粮食产量来自灌溉的土地,因此上述情况对粮食保障来说是一个严重的问题。第三,世界上一些地区的国家之间已经就灌溉用水和发电用水展开剧烈的竞争,随着人口继续增长,情况将更加恶化。当前,中东和北非受缺水的影响最严重。第四,问题不仅在于纯粹的缺少淡水。化肥流走和化学污染威胁着水的质量和公众健康。由于污染或生境变化,已有超过 1/5 的淡水鱼类的生存受到威胁或濒临灭绝。第五,目前最严重挑战是超过 10 亿人不能取得安全的饮用水,同时世界上一半的人得不到合格的卫生条件。这对健康造成极为严重的影响。要减少发展中国家的疾病,拯救生命,任何措施都比不上使所有人得到安全的水和合格的卫生条件。

中国是全球人均水资源最贫乏的国家之一,人均占有量不足世界平均水平的三成。2019 年中国生态环境状况报告公布的数据,2019 年监测的 336 个地级及以上城市的 902 个在用集中式生活饮用水水源断面(点位)中,830 个全年均达标,占 92.0%。其中地表水水源监测断面(点位)590 个,565 个全年均达标,占比为 95.8%,主要超标指标为总磷、硫酸盐和高锰酸盐指数;地下水水源监测点位 312 个,265 个全年均达标,占比为 84.9%,主要超标指标为锰、铁和硫酸盐,主要是由于天然背景值较高所致。但当前和今后一个时期,我国的饮用水安全保障形势依然形势严峻,尤其是农村的饮用水安全形势更为严峻。

目前我国水资源调控能力大幅提升,全国年供水能力超过 7000 亿立方米;南水北调东中线一期工程建成通水,珠江枯水期水量调度、引江济太等水工程顺利实施,保障重要城市饮用水安全;全国 175 个重要饮用水水源地水质达到或优于Ⅲ类标准的占比为 98.8%;"十三五"期间,水利部指导督促地方扎实推进农村供水工程建设。截至 2020 年年底,全国农村集中供水率达到 88%,自来水普及率达到 83%,农村供水保障水平进一步提升。[1] 当前,我国正处于工业化、城镇化快速发展的关键阶段,经济社会发展和资源环境承载力之间的矛盾越发突出,水环境质量堪忧,水污染形势依然严重,饮用水安全问题具有明显的阶段性、反复性和动态性特点,解决好这些问题是一项长期的、复杂的、艰巨的任务。[2]

---

〔1〕 2021 年 8 月,水利部联合国家发展改革委、财政部等有关部门印发《关于做好农村供水保障工作的指导意见》,到 2025 年,全国农村自来水普及率达到 88%,农村供水工程布局将更加优化,运行管理体制机制将不断完善,工程运行管护水平将不断提升,水质达标率将不断提高。到 2035 年,我国将基本实现农村供水现代化。http://www.mwr.gov.cn/xw/slyw/202108/t20210819_1539912.html,最后访问日期:2021 年 8 月 20 日。

〔2〕 参见王浩、王建华等:《水资源保护的新内涵:"量—质—域—流—生"协同保护和修复》,载《水资源保护》2021 年第 2 期。

一、饮用水的概念

(一)有关饮用水概念的争论

从目前研究来看,各学科并未对饮用水形成有统一和明确的概念。我们也可以认为,“饮用水一词是在对水资源概念基础上随着时代进步和发展而产生的概念”[1]。可以想见,在大规模城镇化和工业化之前的历史时代,虽然水资源的问题已经引起了人们的广泛关注,但仅仅表现在局部地区的农业用水争夺和个别城市的生活用水污染方面,至少水资源包括饮用水还不是一个受到普遍性关注的突出问题。正是由于水资源的丰富存在,水资源成为一种“取之不尽,用之不竭”的公共资源,也才会出现有关于“水与钻石的价值悖论”[2]。无论是作为群体,还是作为个体,人们并不会出现对饮用水的过度关注和忧虑。但是伴随着工业时代的到来以及人类数量的空前膨胀,对水资源的开发利用逐渐逼近了水资源自身循环净化能力的上限,水资源短缺、水污染严重、水环境破坏等水危机随之而来。从人类自身的生存和发展来看,“饮用水处于水资源利用功能的最高层级”[3],饮用水及其安全的问题逐渐呈现在社会大众面前,成为国际社会和国内政府都需要严格关注的重大民生问题或基本人权问题。[4]

(二)世界卫生组织对饮用水的定义

在国际社会中,对各国产生较大影响的是世界卫生组织(WHO)在《饮用水水质准则》中对安全饮用水的定义:它是指一个人终身饮用也不会对健康产生明显危害的饮用水,在生命不同阶段人体敏感程度发生变化时也是如此。实际上,这也只是一个具有感性色彩的、非严格的概念或定义。如何去验证或者证明一个人终身饮用且不会对健康产生明显危害,恐怕只能依赖于大尺度的时间和空间数据支撑才能得到较为可靠的结果了。至于饮用水的范围,其实并不只限于“饮”,也包含了日常的“用”内容,二者是很难截然分开的,即“安全的饮用水是一切日常家庭生活所必需的,包括饮用、制作食物和个人卫生等。也适用于供人们使用的包装水和冰块”。所排除的只是“某些特殊用途(如肾透析和清洗隐形眼镜)或者在某些特定食品生产和药品制造时有可能需要质量更高的水”,同时也“不适用于水生生物的保护及某些特殊行业的用水”[5]。

---

〔1〕 庞子渊:《我国城市饮用水安全保障法律制度研究》,重庆大学 2014 年博士学位论文,第 13 页。

〔2〕 亚当·斯密在《国富论》一书中提出了水与钻石的价值悖论问题:“水的用途最大,但我们不能以水购买任何物品,也不会拿任何物品与水交换。反之,金刚钻虽几乎无使用价值可言,但须有大量其他货物才能与之交换。”参见王瑶:《重新解读亚当·斯密的“钻石与水之谜”》,载《中国社会科学院研究生院学报》2009 年第 2 期。

〔3〕 庞子渊:《我国城市饮用水安全保障法律制度研究》,重庆大学 2014 年博士学位论文,第 13 页。

〔4〕 参见胡德胜:《水人权:人权法上的水权》,载《河北法学》2006 年第 5 期。

〔5〕 胡德胜:《水人权:人权法上的水权》,载《河北法学》2006 年第 5 期。

(三)国内学者对饮用水的一般理解

在国内,多数研究者仍然主要依据2006年由原卫生部、国家标准化管理委员会联合发布的《生活饮用水卫生标准》(GB 5749—2006)来给生活饮用水下定义:“供人生活的饮水和生活用水。”对于这个定义需要有几个方面的说明:第一,在概念上与我们上面所讲的“饮用水”是否一致?如果仅从字面上理解,饮用水就是可以直接饮用的水。即便如此,在汉语词汇中,“饮用”可以指一种行为,也可以包括两种行为即“饮”和“用”。在作一般意义理解时,“饮用水”是指后者即“饮水”和“用水”两个方面。因此,“生活饮用水”和“饮用水”是同一概念。第二,依据现有对我国饮用水标准的历史梳理,我们对饮用水的理解实际上也是参考了国际以及其他国家的定义。故此,可以间接地推出上面所说的“饮用水”与“生活饮用水”在概念范围上基本一致的结果。第三,就是有关“生活饮用水”的概念过于简略和原则化问题,我们可以宏观地理解饮用水是与人的日常生活紧密相关的用水,即饮水和生活用水。至于具体的饮用水的范围则需要通过对人的日常生活和用水行为进行区分,才可以明确界定是否属于“饮用水”的范畴。例如,在我国部分地区和城市,已经要求部分新建居住区和集中建筑区,必须建设中水设施,逐步实现中水入户。[1] 如此,生活用水则需要进一步细化区分为:生活饮用水和生活杂用水。

(四)本书对饮用水概念的理解

我们对于饮用水的概念可以从几个方面进行界定:第一,从主体上来讲,饮用水主要是指人或人类为自身的基本生命健康需求和维持基本生活需要而使用的水,也包括人类所饲养的家畜、宠物等动物用水。目前,饮用水的概念并没有在主体上涵盖和关注动物的饮水问题。第二,从饮用水的来源来看,饮用水即包括天然泉水、井水、河水和湖水,也包括经过处理的矿泉水、纯净水等。目前,经加工过的饮用水有瓶装水、桶装水、管道直饮水等形式。第三,从饮用水的获得途径来看,“饮用水的获取方式包括通过城乡各类集中供水服务获取方式和通过分散式供水付出一定劳动获取的方式”[2],但尚不能完全排除零星的个人获取方式。第四,从饮用水的用途来看,饮用水包含了直接饮水,也包含了与日常生活直接相关的用水,其范围也会有一定的变化。第五,从对饮用水的水质标准要求来看,饮用水必须是无害的和安全的,也要是卫生的和清洁的。无害可以作为一种消极的标准,对饮用水的安全性提

---

〔1〕 1987年开始执行的《北京市中水设施建设管理试行办法》规定,住宅小区、集中建筑区等应按规划配套建设中水设施。而且为了加强中水设施建设管理,2001年北京市发布了《关于加强中水设施建设管理的通告》。该通告明确规定,建筑面积5万平方米以上,或可回收水量大于150立方米/日的新建居住区和集中建筑区,必须建设中水设施。应配套建设中水设施的建设项目,如中水来源水量或中水回用水量过小(小于50立方米/日),必须设计安装中水管道系统。凡应建中水设施而未落实建设项目的单位,建设管理部门不予办理建设工程开工许可证。

〔2〕 庞子渊:《我国城市饮用水安全保障法律制度研究》,重庆大学2014年博士学位论文,第14页。

出具体要求;清洁可以作为一种积极的标准对饮用水的卫生性提出具体要求,但这些相关的要求都需要具体化、规范化和标准化。第六,从饮用水的水量需求来看,饮用水必须能够满足人的最低的生理和生活需求。当然,具体基本水量的多少,也因为不同地区和人群以及社会发展变化而有所不同。

二、饮用水安全的概念和维度

(一)饮用水安全的概念

从概念上讲,安全就是指一种不受威胁或者没有危险的状态。因此,安全的饮用水应该是在满足人体基本生理功能和维持生命基本需要基础上,长期饮用可以改善和促进人体的生理功能、有利于增强人体健康和提高生命质量的自然或经过净化的水资源(或水产品)。[1]

饮用水本来就是人类的一项基本需求,但伴随着人类生产、生活方式的变化以及随之而来的水资源环境变化,人类自己对饮用水的认识和要求也发生变化。首先,在传统社会里,除了局部地区以及特殊的时期,人对水的需求仅仅在于是否具有足够的水量可以获得供应,而很少对水质提出较为具体明确的要求。[2] 这一方面当然是因为那时的水环境条件的优良,很少出现广泛的、严重的水污染问题;另一方面是当时的技术条件也无法支撑人们对水质进行较为科学全面的检测和认识。其次,在近现代工业社会以后,严重的大范围的水环境污染的案件越来越多了,迫使人们对饮用水安全越来越重视,开始采取严格的科学技术来认识和了解饮用水。不仅如此,在工业化的过程中伴随而来的是大规模的城镇化,饮用水也由过去分散的供水转变为大规模的集中供水,饮用水的供给也由纯粹的私人事务转变为社会公共事务。最后,对于安全饮用水的较为全面认识,不仅伴随着科学技术的进步,也包含了饮用水安全理念方面的重大转变。实际上,对饮用水安全来说,科学技术的发展也是一把"双刃剑"。科学技术的发展以及由此而推动的工业化生产直接或间接地产生了更多有害物质,尤其是有害的工业污染物,对饮用水安全造成了巨大的威胁。同时,科学技术的发展也让人类对水世界,不仅包括具体的微观的水的构成要素,也包括宏观的广泛的水资源、水环境等有了更加清晰的认识和了解。在这些认识的转变过程中,人类对饮用水的理念也开始发生转变。

(二)饮用水安全的两个维度

就一般的分类而言,我们认为饮用水安全主要包含了两个维度:饮用水的自然生态安全和社会安全。饮用水的自然生态安全维度,侧重于饮用水对水资源、水生

---

[1] 在这里主要是说明安全的饮用水最终必须以某种形态而存在,因此从资源的角度就是水资源,从商品的角度就可能是水商品,而不是讲具体到某个个体的安全饮用水。

[2] 在古代军事战争过程中,确实存在通过对水源地的破坏来赢得战争,消灭敌人的事例。虽然也能够表明古人已经关注水质的问题,但与本文的讨论无直接关系。

态以及水环境的依赖性;饮用水的社会安全维度,侧重于饮用水对社会和个人用水需要的满足性。以下将从这两个方面予以论述。

1. 饮用水安全的自然生态维度

饮用水安全的自然生态维度是指饮用水所依赖的水生态环境安全状态。饮用水安全要求确保水生态环境得到保护,这是获得安全饮用水的前提条件。目前全世界范围内,很多国家和地区都面临着水资源短缺、水体遭到污染等水环境破坏的危机,这对于饮用水安全构成了最直接的威胁。安全水资源是维护人类健康和生态系统完整性的前提,也是各国发展的需要,全球21世纪的总目标之一就是保障安全供水,保障饮用水安全已经成为世界各国当前面临的主要挑战。缺乏安全饮水和适当卫生条件是世界上最大的致病原因。每年有200万人死于腹泻等水媒疾病,死亡人群中大多数为儿童。缺水迫使人们饮用污染水,从而患上水媒疾病。到2025年生活在被界定为用水紧张或缺水的国家估计有18亿人,甚至更多。[1]

中国水资源问题是一个关于供和求的平衡问题,缺水成为最大的"瓶颈"。在水资源匮乏的同时,工业和农业用水量却在与日俱增,水污染变得越来越严重。所有问题中,工业用水过度和污染严重表现得最为突出。更加严峻的形势是几乎一半的水源遭到污染,很多地区水源地水质受到威胁,清洁的水源地水质也在下降。《水污染防治法》规定的饮用水水源保护区制度落实不到位,有的饮用水水源保护区划定不规范,已划定的保护区内存在农田、住户、公用设施等可能污染饮用水水源的问题。有的水源地上游分布着高风险污染行业,环境安全隐患较大,城市备用水源建设和保护有待加强。地下水水质状况不容乐观,部分地区地下水污染较重。农村地区分散式饮用水水源保护工作基础薄弱,缺乏必要的卫生防护措施和检测设备。饮用水水源环境监测监管能力不足,有的城市不具备饮用水水源水质全指标监测分析能力,有的城市饮用水水源监管和预警应急能力较差,难以有效应对紧急突发事件和重大水环境污染。

2. 饮用水安全的社会安全维度

饮用水安全的社会安全维度是指社会和政府能够为公众提供足够的、安全的和卫生的饮用水的能力和程度,使公众免于遭受安全饮用水匮乏的危机。2005年国务院办公厅发布的《关于加强饮用水安全保障工作的通知》(国办发〔2005〕45号)第2条指出:"国务院有关部门要按照城乡统筹、合理布局、防治并重、综合治理、因地制宜、突出重点的原则,尽快组织编制全国城乡饮用水安全保障规划,进一步明确我国饮用水安全保障的目标、任务和政策措施。通过合理保护和配置水资源、大力防治水污染、开展城乡供水工程建设、建立合理水价形成机制、推行节约用水和加强监督管理等措施,优先满足饮用水需求,确保城乡居民饮用水安全。各地区要根据规划

〔1〕 不同的资料对此有不同的预测和评估,本文仅引用其中之最低预测数据,旨在说明问题的严重性。

编制的统一部署和要求，认真研究解决本地区饮用水安全问题，结合实际提出切实可行的目标和任务，并纳入本地区经济和社会发展规划。”[1]

三、饮用水的水质标准

水质标准是环境标准的一种，它是根据各种用户的水质要求和废水排放容许浓度，对一些水质指标作出的定量规范。在现代社会中，饮用水的安全属性与一定历史发展阶段的社会文明程度、生产力状况和科学技术水平相适应，“一般是通过水质标准进行衡量和判断”[2]。因此，安全饮用水水质标准可以理解为符合或达到饮用安全范围的水质量化标准。为有效地监测和控制饮用水的安全质量要素，世界卫生组织、欧盟、美国等都颁布或制定了适合区域特色或各国国情的饮用水水质（卫生）标准（准则/指令/规范）。

（一）世界卫生组织《饮用水水质准则》

世界卫生组织出版的《饮用水水质准则》是各国制定饮用水水质标准的指导性文件，代表着联合国系统在饮用水水质和健康问题上的立场。1983 年以来，先后出版了《饮用水水质准则》第 1 版和第 2 版，以后又历经 8 年，在来自 90 个发展中国家和发达国家的 490 多位专家的参与下，于 2004 年出版了《饮用水水质准则》第 3 版，2006 年和 2008 年出版了相关附录补充更新，2011 年又更新至完整的第 4 版，“这都反映了世界卫生组织对饮水与健康的高度重视”[3]。《饮用水水质准则》第 4 版，可取代既往的各版本，也可取代更早以前出版的《国际准则》。这版准则进一步发展了早期版本中介绍的概念、方法和信息，包括在第 3 版中介绍的确保饮用水水质安全的综合预防风险管理方法。

《饮用水水质准则》第 4 版考虑到：(1)饮用水安全的必备程序、特定准则值及其使用方法。(2)建立准则及准则值的方法。(3)微生物危害，在发展中国家和发达国家均为首要关注的问题。(4)气候变化引起水温和降雨模式的改变，破坏水质或引起水缺乏，要认识到将其影响作为水管理政策的重要性。(5)饮用水中的化学污染物，增加了之前未曾提及的化学品，修正了现有的化学品表，加入了新的科学信息。(6)对于通过饮用水接触会造成大规模健康影响的关键化学品，包括砷、氟化物、铅、硝酸盐、硒以及铀等提供了相关指导，帮助确认地区化学品优先级及其管理方法。(7)深入介绍了第 3 版中提及的关键利益相关者在确保饮用水安全中的作用和责任。(8)对传统社区供水或公用事业管理以外情形如雨水收集、其他非管道供水或双管道系统的指导。此外，这一版准则附带了一系列支持性出版物。包括国际

---

〔1〕 国务院办公厅《关于加强饮用水安全保障工作的通知》，载中央人民政府网，http://www.gov.cn/gongbao/content/2005/content_80641.htm，最后访问日期：2021 年 8 月 20 日。

〔2〕 陈维杰等：《水致疾病风险与饮水安全技术》，黄河水利出版社 2009 年版，序言。

〔3〕 世界卫生组织：《饮用水水质准则》（第 4 版），上海市供水调度监测中心、上海交通大学译，上海交通大学出版社 2014 年版，译者前言。

同行评议的特殊化学品风险评估以及其他为准则的改进提供科学基础解释、为准则实施提供良好实践指导的出版物。[1]

（二）欧盟《饮用水水质指令》

1998年欧盟《饮用水水质指令》（98/93/EEC）列出了48项水质指标，分为微生物学指标（2项），化学物质指标（26项），指示指标（18项），放射性指标（2项），作为欧盟各国制定水质标准的重要参考。要求各成员国在2003年12月25日前，确保饮用水水质达到该指令的规定（溴仿、铅和三卤甲烷除外）。其水质标准的特点包括：（1）对水质超标时需采取的行动作出了原则性规定，明确指出：一旦水质发生不达标的情况，立刻由相应部门开展调查。如水质有害于健康，立即停止使用。（2）要求所有国家对水处理过程中使用的材料和化学品建立审批制度。（3）对水质检测指标和频率提出了指导性意见。（4）对采样和检验方法的灵敏度提出了具体的要求。（5）要求向社会公布水质检测数据和结果，并说明水质达标与否，要求各国发布水质年报。（6）要求供水企业和当地的医疗机构建立密切的联系，以应对可能出现的水质恶化。

（三）美国饮用水水质标准

美国是最早开展饮用水安全管理的国家，1914年通过了第一部具有法律地位的饮用水规定。随后，这个标准于1925年、1946年进行补充修改，到1962年该标准完善为26项指标，并被全美50个州采纳。1974年经国会授权，美国联邦环保局对美国的公共供水系统指定了美国《饮用水水质标准》。美国《饮用水水质标准》中区分为：国家一级饮用水规程（NPDWRs或一级标准）和二级饮用水规程（NSDWRs或二级标准）。国家一级饮用水规程是法定强制性的标准，它适用于公用给水系统。一级标准限制了那些有害公众健康的及已知的或在公用给水系统中出现的有害污染物浓度，从而保护饮用水水质。它将污染物划分为：无机物、有机物、放射性核素及微生物。二级饮用水规程为非强制性准则，用于控制水中对美容（皮肤、牙齿变色等），或对感官（如嗅、味、色度等）有影响的污染物浓度。美国联邦环保局（EPA）为给水系统推荐二级标准但没有规定必须遵守，然而各州可选择性采纳，作为强制性标准。

在法律法规方面，1974年美国通过专门的《安全饮水法》，此后经过多次修改形成较为完善的饮用水安全监管体系，确保从水源到水龙头的每个环节的安全。美国饮用水水源保护制度主要包括：（1）水源保护的执行权下放到各州，要求各州制定水源保护区具体规划。（2）建立饮用水水源突发事件应急制度，特别规定对地下灌注控制和单一含水岩层保护的措施。（3）建立饮用水水源评估制度，对每个水源都有

---

[1] 参见世界卫生组织：《饮用水水质准则》（第4版），上海市供水调度监测中心、上海交通大学译，上海交通大学出版社2014年版，前言第2页。

相应的研究，包括水源的区域界线、水源区域内各种可能的污染源的清单、供水对各种污染源的敏感程度等，并向公众公布评估结果。美国 2011 ~ 2015 年水环境保护战略规划提出了安全饮用水的具体目标。到 2015 年，通过各种办法，包括有效地治理与水源保护，使 90% 社区集中供水系统能够提供达到健康水质标准的饮用水。〔1〕

（四）我国的饮用水水质标准

上海是我国最早制定地方性饮用水标准的城市之一，《上海市饮用水清洁标准》于 1928 年 10 月修订公布。1950 年上海市人民政府颁布了《上海市自来水水质标准》，共有 16 项指标。1954 年原卫生部拟订了一个《自来水水质暂行标准草案》，于 1955 年 5 月在北京、天津、上海等 12 个大城市试行，这是新中国成立后最早的一部关于生活饮用水的水质标准。1956 年 12 月由原国家建设委员会和原卫生部共同审查批准了《饮用水水质标准》（草案），其中包括 15 项水质指标，主要有感官性状、微生物指标和一般化学指标。〔2〕

1959 年经原国家建设部和原卫生部批准，定名为《生活饮用水卫生规程》，将生活饮用水水质标准由 15 项增至 17 项，并首次设置了浑浊度指标。1976 年原卫生部组织制定了我国第一个国家饮用水标准，将生活饮用水水质标准由 17 项增至 23 项，主要增加了毒理性指标，经原国家基本建设委员会和原卫生部联合批准定名为《生活饮用水卫生标准（试行）》（TJ 20—76）。1985 年原卫生部对《生活饮用水卫生标准》进行了修订，指标进一步增加至 35 项，编号改为 GB 5749—85，适用于我国城乡生活饮用的集中式供水和分散式供水，包括各单位自备的生活饮用水。

2001 年 6 月，原卫生部下发了卫法监发〔2001〕第 161 号文件，规定于 2001 年 9 月 1 日实施《生活饮用水水质卫生规范》，有 96 项水质指标，其中常规检验项目 34 项，非常规检验项目 62 项；另外还规定了法定的饮用水水源的水质“法定的量的限值”共 122 项。该规范附件 1 为“生活饮用水水质卫生规范”，其编制说明实质是对 GB 5749—85《生活饮用水卫生标准》的修订，但国家标准化管理委员会未予承认。《生活饮用水水质卫生规范》仅是在卫生系统内部通用，卫生系统之外的各行各业仍按 GB 5749—85 国家标准来操作与实施。因此，从法律法规的属性而言，GB 5749—85 是国家标准，而《生活饮用水水质卫生规范》是原卫生部下发的文件标准。

2005 年原建设部颁布了《城市供水水质标准》（CJ/T 206—2005），水质标准项目达 103 项，其中常规检测项目 42 项，非常规检测项目 61 项，增加了很多有机污染

---

〔1〕 参见胡德胜、王涛：《中美水质管理制度比较研究》，载《中国地质大学学报（社会科学版）》2016 年第 5 期。

〔2〕 参见高娟、华珞等：《生活饮用水水质标准发展及其特点》，载《世界标准化与质量管理》2005 年第 5 期。

物的项目,以及耗氧量与微囊藻毒素等项目。但该标准也仅属于行业标准,且适用于城市公共集中供水、自建设施供水和二次供水。2006 年 12 月,由原卫生部、国家标准化管理委员会联合发布的《生活饮用水卫生标准》(GB 5749—2006)正式实施。该标准全文强制,自实施之日起代替《生活饮用水卫生标准》(GB 5749—85)。

该标准与 GB 5749—85 相比主要变化如下:(1)水质指标由 GB 5749—85 的 35 项增加至 106 项,增加了 71 项;修订了 8 项;其中:①微生物指标由 2 项增至 6 项,增加了大肠埃希氏菌、耐热大肠菌群、贾第鞭毛虫和隐孢子虫;修订了总大肠菌群;②饮用水消毒剂由 1 项增至 4 项,增加了一氯胺、臭氧、二氧化氯;③毒理指标中无机化合物由 10 项增至 21 项,增加了溴酸盐、亚氯酸盐、氯酸盐、锑、钡、铍、硼、钼、镍、铊、氯化氰;并修订了砷、镉、铅、硝酸盐;毒理指标中有机化合物由 5 项增至 53 项,增加了甲醛、三卤甲烷、二氯甲烷、1,2 - 二氯乙烷、1,1,1 - 三氯乙烷、三溴甲烷、一氯二溴甲烷、二氯一溴甲烷、环氧氯丙烷、氯乙烯、1,1 - 二氯乙烯、1,2 - 二氯乙烯、三氯乙烯、四氯乙烯、六氯丁二烯、二氯乙酸、三氯乙酸、三氯乙醛、苯、甲苯、二甲苯、乙苯、苯乙烯、2,4,6 - 三氯酚、氯苯、1,2 - 二氯苯、1,4 - 二氯苯、三氯苯、邻苯二甲酸二(2 - 乙基己基)酯、丙烯酰胺、微囊藻毒素 - LR、灭草松、百菌清、溴氰菊酯、乐果、2,4 - 滴、七氯、六氯苯、林丹、马拉硫磷、对硫磷、甲基对硫磷、五氯酚、莠去津、呋喃丹、毒死蜱、敌敌畏、草甘膦;修订了四氯化碳;④感官性状和一般理化指标由 15 项增至 20 项,增加了耗氧量、氨氮、硫化物、钠、铝;修订了浑浊度;⑤放射性指标中修订了总 α 放射性。(2)删除了水源选择和水源卫生防护两部分内容。(3)简化了供水部门的水质检测规定,部分内容列入《生活饮用水集中式供水单位卫生规范》。(4)增加了附录 A。附录 A 为资料性附录;为准备水质净化和水质检验条件,贾第鞭毛虫、隐孢子虫、三卤甲烷、微囊藻毒素 - LR 等 4 项指标延至 2008 年 7 月 1 日起执行。

第二节　饮用水安全重要意义及面临的问题

一、饮用水安全已上升为国家水安全战略

(一)充分认识保障饮用水安全的重要性和紧迫性

饮用水是人类生存和发展的基本需求。党中央、国务院对饮用水安全保障工作高度重视。近年来,中央和地方加大了城乡饮用水安全保障工作的力度,采取了一系列工程和管理措施,解决了一些城乡居民的饮水安全问题。但是,饮用水安全形势仍十分严峻,不少地区水源短缺,有的城市饮用水水源污染加重,一些农村地区饮用水存在苦咸或含有高氟、高砷及血吸虫病原体等问题,对人民群众身体健康构成严重威胁。

自 2015 年我国开始实施《水污染防治行动计划》以来,中国水环境质量大幅改

善。监测数据显示:2019 年全国地表水国控断面水质优良(Ⅰ～Ⅲ类)、丧失使用功能(劣Ⅴ类)比例分别为 74.9%、3.4%,分别比 2015 年提高 8.9 个百分点、降低 6.3 个百分点;大江大河干流水质稳步改善。但水污染防治形势依然严峻,以太湖、巢湖、滇池为代表的部分湖泊(水库)仍然呈轻度富营养状态(占所有监测湖泊的 22.4%)至中度富营养状态(占所有监测湖泊的 5.6%),农业面源污染防治压力较大。因此,我们必须加大重点流域、水源地的治理与保护,加强农业农村污染治理,实现可持续发展,方能确保饮用水安全。

(二)饮用水安全在国家水安全战略中具有重要地位

水安全属于非传统安全的范畴,至今尚无普遍的公认定义。2000 年海牙世界部长级会议和斯德哥尔摩世界水讨论会提出了保障全球水安全的 6 项指标。一般认为,水安全是指在一定流域或区域内,以可预见的技术、经济和社会发展水平为依据,以可持续发展为原则,水资源、洪水和水环境能够持续支撑经济社会发展规模、能够维护生态系统良性发展的状态即为水安全。水资源、洪水和水环境的有机统一构成水安全体系,三者相互联系、相互作用,形成了复杂、时变的水安全系统。水安全的对立面是水风险、水破坏、水灾害。水安全状况与经济社会和人类生态系统的可持续发展紧密相关。随着全球性资源危机的加剧,国家安全观念发生重大变化,水安全已成为国家安全的一个重要内容,与国防安全、经济安全、金融安全有同等重要的战略地位。

饮用水安全作为水安全的重要内容,毋庸置疑,应当纳入水安全保障的战略高度给予考量。2021 年 1 月 25 日,水利部部长鄂竟平在全国水利工作会议上指出,“十四五”时期我国将以建设水灾害防控、水资源调配、水生态保护功能一体化的国家水网为核心,加快完善水利基础设施体系,解决水资源时空分布不均问题,提升国家水安全保障能力。实施水资源配置工程。优化水资源配置格局,加强供水安全风险应对,逐步建成丰枯调剂、联合调配的国家水资源配置和城乡供水安全保障体系。推进重大引调水工程建设,抓紧推进南水北调东、中线后续工程建设,开展西线工程前期工作,建设一批跨流域跨区域骨干输水通道,逐步完善国家骨干供水基础设施网络。同时,推动综合性水利枢纽和调蓄工程建设,推进农村规模化供水。[1]

(三)饮用水安全直接关系广大人民群众的健康与生命

饮用水安全保障工作是维护广大人民群众根本利益、落实科学发展观的基本要求,是实现全面建设小康社会目标、构建社会主义和谐社会的重要内容,是把以人为本真正落到实处的一项紧迫任务。地方各级人民政府要充分认识保障饮用水安全的重要性和紧迫性,把这项工作纳入重要议事日程,加强领导建立领导责任制,切实

---

〔1〕 参见鄂竟平部长在 2021 年全国水利工作会议上的讲话,http://www.chinawater.com.cn/newscenter/kx/202101/t20210129_761227.html,最后访问日期:2021 年 8 月 21 日。

抓好各项措施的落实。各有关部门要各司其职,密切配合,加大工作力度,共同做好饮用水安全保障工作。

“十二五”末我国基本解决农村饮水安全问题之后,“十三五”期间,国家实施农村饮水安全巩固提升工程。截至2019年底,仅剩的新疆维吾尔自治区伽师县、四川省凉山彝族自治州约2.5万贫困人口饮水安全问题。其中,新疆维吾尔自治区伽师县位于塔克拉玛干沙漠边缘,且地震多发,特殊地形地貌导致多次改水,水质仍不达标。在中央的支持下,伽师县跨越3个县引来稳定优质水源。凉山彝族自治州7个深度贫困县农村饮水安全工程处数多,监管难度大。为确保每一处工程都能如期完成,水利部多次对凉山彝族自治州暗访调研、督战会战,实施清单化管理推进工作。2020年5月27日新疆维吾尔自治区伽师县城乡饮水安全工程通水,2020年6月底凉山彝族自治州7个县扫尾工程全部完工。2020年7月底,全国巩固提升了2.56亿农村人口供水保障水平,共解决了1710万贫困人口的饮水安全问题。按照现行标准,我国农村贫困人口饮水安全问题已全面解决。不过,鉴于我国农村人口居住分散、地理条件差异较大、水资源分布不均,当前农村供水整体水平仍处于初级阶段。下一步,将紧盯突出问题和薄弱环节,不断巩固脱贫攻坚成果。同时,持续实施农村供水工程规模化建设和升级改造项目,加强水源保护和水质保障,不断提升农村供水保障水平。[1]

二、我国饮水安全保障面临的主要问题

我国饮用水安全保障面临的问题,主要还是水量保障、水质保障和工程保障。这些都是一直以来的老问题,也面临着新形势新变化。水量和水工程保障紧密联系,水量和水质交叉缠绕,在不同时期、不同地区之间存在一定程度的差异性。“由于我国水污染问题的严重性,在水量分配方案中出现了水质配置的内容……在我国北方水资源严重短缺的地区和流域,如黄河流域、石羊河流域等,由于水量问题的严重性隐藏了其中更为严重的水质问题。”[2]虽然这里讲的是整个的水资源配置问题,但饮用水安全保障在水质和水量的关系上也是如此。

(一)水质方面的问题

在水质方面,首先,水源环境背景质量差。全国化学需氧量和氨氮排放总量远超环境容量;全国地表水国控断面中仍有近1/10劣于Ⅴ类,24.6%的重点湖泊(水库)呈富营养状态;全国4778个地下水水质监测点中,较差的监测点比例为43.9%,极差的比例为15.7%。其次,水源污染隐患多。全国近80%的化工、石化项目布设在江河沿岸、人口密集区等敏感区域;部分饮用水水源保护区内仍有违法排污、交通

---

〔1〕 参见国新办举行农村饮水安全脱贫攻坚新闻发布会,http://www.mwr.gov.cn/hd/zxft/zxzb/fbh20200821/,最后访问日期:2021年8月20日。

〔2〕 沈大军:《水资源配置理论、方法与实践》,中国水利水电出版社2007年版,第187页。

线路穿越等现象；突发环境事件频发，仅 2014 年就有 60 起涉及水污染的重大及敏感突发环境事件。最后，新型污染物问题凸显。抗生素、止痛药、抗菌药、防晒霜等种类众多的新型污染物在水中往往会产生协同作用，[1] 在一定条件下，有可能会对生物和人体健康产生不利影响，造成水源地保护和水质净化压力大。还有一个不容忽视的问题，就是城市供水管网老化漏损严重。目前全国有一半以上的城市供水管网漏损率高于国家标准规定值，年漏损水量达 60 亿立方米。农村供水工程普遍建设标准不高，数量众多的小规模单村（屯）供水工程，由于过于分散，抵御环境变迁、自然灾害的能力较低，大部分工程没有消毒设备。另外，水质监测检测和应急处置能力建设滞后，监测覆盖程度不足，指标不全，手段落后，自动化程度低，城镇供水应急能力建设刚刚起步，水厂应急装备和物资储备缺乏。

（二）水量方面的问题

水量方面问题，简单讲就是水多水少的问题。但事实上水量的问题又较水多水少问题要复杂得多。水量既可以表现为空间上的问题，即水资源在国土空间范围内的分布问题，也可以表现为在特定时间段内降水和河流水量的多少问题。同时，水量又与水质紧密联系在一起，“水质型缺水”不仅对缺水地区产生影响，就是在一些丰水地区也开始明显起来。水量和水工程建设以及供水能力有着相当大的关系。在我国不少地区都进行了大规模的跨地区的长距离调水，这种水量的配置和调度对水工程的依赖就更明显。

中国地域辽阔，降水分布受气候和地形地貌影响明显。在大陆季风区控制的东部地区降水相对丰富，而在西北内陆所处的非季风区较为干旱，其面积占到了国土面积的一半，但降水总量却只有全国的 9%，水资源总量更是不足全国的 5%。从地形上看，降水分布明显受西高东低的阶梯状地势影响，呈现从西往东逐渐递增的趋势。降水分布的南北差异也十分明显。以秦岭—淮河为界，南部亚热带季风气候区降水充沛，北部温带季风气候区降水明显偏少。

北方地区的降水时间分布极不均匀。一年中将近 62% 的降水都集中在夏季，汛期（6～9 月）降水占全年 75% 以上。降水的年际、年内剧烈变化，为防洪和水资源利用带来了很大的难度，使本来就有限的水资源难以被充分有效地利用。此外，受自然因素和人类活动的影响，近 30 年来我国水资源量发生了一定的变化，尤其是 21 世纪以来，北方地区水资源量减少显著。2001～2009 年多年平均值与 1956～2000 年多年平均值比较，全国降水减少了 2.8%，地表水资源量和水资源总量分别减少 5.2% 和 3.6%。

[1] 参见何义亮、赵肖荣：《水中的抗生素：无药可用的未来？》，载爱思想网，http://www.aisixiang.com/data/103314.html，最后访问日期：2021 年 8 月 21 日。

（三）水工程方面的问题

目前水工程也没有统一明确的范围，其广义可以涵盖：防洪排涝、城乡生活及工业用水、农田灌溉、水力发电、航运、排水治碱、水土保持、水产养殖、污水处理等工程以及附属的水文、电讯、供电、观测、道路等专用设施。现行《水法》当中对水工程的定义是："在江河、湖泊和地下水源上开发、利用、控制、调配和保护水资源的各类工程。"这里主要是指与饮用水有关的配置、输送和供给的各类水工程设施。

水工程方面存在的问题也不全是水工程建设自身的问题，更多的是水工程的思维模式、水工程的区域平衡和水工程的运营管理等问题。首先，最大的问题就是利用水工程调水输水的思维模式，造成很多地区在缺水之后，最直接的反应就是利用水工程调水输水，而不是通过建立节水型社会来从根本上解决问题。一边是大规模的超经济的调水输水，一边是对水资源毫不警醒的浪费。在这里并不是要反对搞水利工程输水调水，而是反对缺少科学论证、缜密规划的水工程调水的思维模式误区。其次，水工程输水调水带来的输水地区与受水地区之间的平衡问题。生态补偿是一个方面，但也许不是最重要的一个方面。由水工程所引发的输水地区与受水地区之间的发展公平、机会公平和社会公平问题也许更值得注意。最后，水工程的运营管理更多是一种行政管理，而很少从市场管理手段和方式引入，最直接的体现就是水工程输水成本竟远远高于最终的水价。这无论是对节水型社会的构建，还是对水资源的节约利用、饮用水安全的保障都构成了事实上的阻碍。

三、我国农村饮用水安全保障问题

党中央、国务院对农村饮水安全问题高度重视。习近平总书记多次强调农村饮水安全在脱贫工作中的重要性，其中特别强调指出应"着力补齐贫困人口义务教育、基本医疗、住房和饮水安全短板，确保农村贫困人口全部脱贫，同全国人民一道迈入小康社会"〔1〕。

（一）解决农村饮水安全问题的现实需求

1. 党和政府高度重视农村饮水安全工作

多年来，党中央、国务院和各级党委、政府对农村饮水安全问题高度重视，广大农民群众也迫切要求解决农村饮水安全问题。2005年，时任总书记胡锦涛在中央人口、资源、环境座谈会上明确指出，要把切实保护好饮用水源，让群众喝上放心水作为首要任务。2008年10月，中国共产党第十七届中央委员会第三次会议通过的《中共中央关于推进农村改革发展若干重大问题的决定》，在对新的历史时期继续推进农村改革发展重大任务做了全面部署的同时，就明确提出了加快农村饮水安全工程建设，5年内解决农村饮水安全问题。

---

〔1〕《决战脱贫攻坚　共进小康社会——写在第六个国家扶贫日之际》，载新华网，http://www.xinhuanet.com/2019-10/16/c_1125112461.htm，最后访问日期：2021年8月21日。

2017 年 12 月，水利部发布《关于扎实做好深度贫困地区农村饮水安全工作的通知》，要求省级水利部门要根据各省级人民政府批复的“十三五”农村饮水安全巩固提升工程规划及其分年目标任务，按年度任务计划逐级细化分解至市县，作为各省对市县农村饮水安全巩固提升工作进行年度考核的重要依据。各级水利部门要以国务院扶贫办提供的国家建档立卡贫困村、贫困人口中存在饮水问题的人口为基础，依据农村饮水安全评价标准，及时精准识别掌握贫困村、贫困人口饮水安全问题的真实情况，防止盲目提高标准。要按照脱贫攻坚要求，把农村饮水安全巩固提升工程规划与当地扶贫规划和经济社会发展规划布局紧密结合，科学合理确定农村饮水安全巩固提升目标任务和年度实施方案。省级水利部门要加大技术帮扶力度，通过组织专家团队、技术服务、技术培训等形式，指导市县优先实施深度贫困地区特别是建档立卡贫困村、贫困人口农村饮水安全项目。

2019 年 1 月，中共中央、国务院发布《关于坚持农业农村优先发展做好“三农”工作的若干意见》，明确提出要推进农村饮水安全巩固提升工程，加强农村饮用水水源地保护，加快解决农村“吃水难”和饮水不安全问题。为此，按照国家关于国民经济和社会发展规划编制工作的总体部署，结合国家国民经济和社会发展规划纲要关于“加快实施农村饮水安全工程”的具体实际，国家发展改革委、水利部和国家卫生健康委（原卫生部）编制实施了全国农村饮水安全工程系列规划。2021 年 9 月，水利部印发《全国“十四五”农村供水保障规划》，对“十四五”农村供水保障工作进行系统部署和全面安排。该规划指出，截至 2020 年年底，全国农村集中供水率达到了 88%，全国农村自来水普及率达到 83%。同时明确了“十四五”期间农村供水保障重点任务：（1）采取改造、新建、联网、并网等措施，巩固拓展农村供水成果，守住农村供水安全底线；（2）实施农村供水保障工程建设；（3）强化水质保障，健全完善水质检测制度；（4）创新农村供水工程管理体制机制。

2. 解决农村饮水安全问题的重要意义

首先，解决饮水安全问题是广大农民的迫切需要。水是人类生存最基本的条件，获得安全饮用水是人类的基本需求，事关群众的身心健康和正常生活。据世界卫生组织统计，在发展中国家，80% 的疾病是由不安全的水和恶劣的卫生条件造成的，其中妇女儿童受危害最为严重。要减少疾病、拯救生命，最行之有效的措施就是使所有人得到安全的饮用水。

其次，解决饮水安全问题是新时代新农村建设的重要内容。饮水安全工程是农村重要的基础设施，关系到农村居民的生存、生活和生产等切身利益。目前，我国农村部分地区的饮水设施以传统、落后的分散供水为主，饮水安全问题还相当严重，是农村发展中亟待解决的问题之一，不仅影响群众的身心健康和正常生产生活，关涉农村的社会稳定，还是农村进一步发展的制约因素。解决农村饮水安全问题，可减少疾病、改善农村人居环境、提高农民生活质量、增加农民收入、繁荣农村经济、缩小城乡差别,是新时代建设社会主义新农村的重要内容。

最后,解决饮水安全问题是各级人民政府的重要职责。农村饮水安全工程是农村公共基础设施和公共卫生体系的重要组成部分,其性质决定了农村饮水安全工程具有较强的公益性;农村经济基础普遍薄弱、农民收入较低,需要政府扶持;农村饮水安全工程建设涉及水资源等公共资源的合理配置、利用和保护,需要政府统一组织和协调,各级政府在解决农村饮水安全问题中应发挥主导作用。

3. 农村饮水安全建设管理存在较多问题

自2005年实施农村饮水安全工程建设以来,到2020年年底,我国农村饮水安全问题得到基本解决,但在一些地区,农村饮水安全成果还不够牢固、容易反复,在水量和水质保障、工程建设和运行管理方面还存在一些薄弱环节,与中央提出的到2020年全面建成小康社会、确保贫困地区如期脱贫等目标要求还有一定差距。为此,需要通过规范农村饮水安全工程管理,切实把成果巩固住、稳定住、不反复,全面提高农村饮水安全保障水平。

在农村饮水安全建设管理领域,现有上位法依据主要是2013年国家发展改革委、水利部等印发的《农村饮水安全工程建设管理办法》,该办法依据《中央预算内投资补助和贴息项目管理办法》等有关规定制定,对农村饮水安全工程的前期工作、投资计划、资金筹措与管理、项目实施、建后管理等问题作出了规范。

(二)规范农村供水管理的现实需求

首先,目前农村供水管理所依据的规范性法律文件主要有:《水法》、《农村饮水安全工程建设管理办法》(2013年12月31日国家发展改革委、水利部等印发)。

其次,我国农村供水管理涉及发展改革、财政、水利、自然资源、生态环境、应急管理等多个职能部门,而各个职能部门在农村供水管理上的职责与权限都需要地方性立法对其作出明确、具体的规定。这样才能规范协调各个职能部门,形成合力,完善农村供水工程运行、维护、管理长效机制,提升农村供水的管理水平。

最后,农村供水管理涉及多方主体,各方主体的具体利益诉求不尽相同,这就需要专门的地方性立法进行统一规范,明确各方主体的权利和义务,规范其行为。对于供水单位而言,农村供水行政主管部门应与其签订供水经营协议,明确供水区域、供水标准、服务范围、价格机制、设施维护、水质管理、安全应急、违约责任等内容。同时,供水单位还应与用水户签订供用水合同,保障供水质量,合理收取水费,提升服务水平;对于村民用水户而言,要按照合同约定及时缴纳水费,不得盗用农村供水、破坏供水设施;对于环卫、绿化、市政、消防等用水户而言,要按照规定取水并缴纳相应水费。

第三节 饮用水安全的法律保障

目前,我国饮用水安全状况不容乐观,国家在饮用水安全保护方面进行了一系列的立法工作,从宪法到环境保护基本法,到水资源基本法和单行法,再到与饮用水相关的行政法规、部门规章、地方性法规和地方政府规章等,通过上述法律法规的制定,逐步形成了我国饮用水保护的核心法律制度,其中包括:饮用水水源保护区制度、取水许可制度、水污染控制制度、供水安全保障制度、节约用水制度、水价制度、水生态补偿制度等。这些制度机制初步构成了我国饮用水安全保障法律体系。

一、保障饮用水安全的法律体系

(一)宪法与法律

在我国的法律体系当中,宪法和法律都属于较高位阶的法规范。其中,宪法作为根本法是制定其他法律法规的依据,一切法律、行政法规的制定都不能与宪法相冲突。但宪法法律位阶最高,又导致宪法条文的抽象和原则,无法对社会生活当中的诸多问题作出具体的规定。在我国的法律中,这里的法律是狭义的法律,即由全国人民代表大会及其常务委员会所制定的规范性文件,对水资源、水生态、水安全和水污染等已经作出了相关规定,也在法律文本中涉及饮用水安全卫生问题,但仍不够全面和系统。因此,在构建我国的饮用水安全保障法律体系时,一方面我们要梳理现行法律当中有关饮用水安全的规定;另一方面更要尽快制定一部反映饮用水安全的专门立法。

1.《宪法》中有关保障饮用水安全的规定

宪法是国家的根本法,是制定其他法律法规的依据。我国现行《宪法》没有直接与饮用水安全有关的规定内容,但《宪法》序言和条文当中有关于改善人民生活和生态环境保护的内容,《宪法》序言第 6 自然段最后指出,“广大人民的生活有了较大的改善”,第 7 自然段最后提出,“把我国建设成为富强民主文明和谐美丽的社会主义现代化强国”,第 26 条第 1 款规定,“国家保护和改善生活环境和生态环境,防治污染和其他公害”。第 89 条国务院职权的第 6 项规定,“领导和管理经济工作和城乡建设、生态文明建设”。尽管这些纲领性、宣示性的宪法内容相对抽象原则,但作为宪法文本的一部分,也具有法律的规范性作用,构成一种客观的宪法秩序,对国家的立法、行政和司法活动产生宪法上的拘束力,可以作为宪法上保障饮用水安全的国家责任和义务。

2004 年我国现行《宪法》第 4 次修改,在第二章公民的基本权利和义务当中,增加“国家尊重和保障人权”作为第 33 条第 3 款,对于我们从公民基本权利的角度理解饮用水安全具有重大的价值和意义。在国际人权法体系当中,安全、卫生、充足和可获得的饮用水已经被确认是一项基本人权。任何国家都应当尊重、保障基本人权,并促进基本人权的落实和实现。饮用水作为一项基本人权,国家就负有尊重、保障和促进该权利实现的国家义务。尽管在我国现行《宪法》基本权利体系当中还没有直接确认"饮用水"作为一项基本权利,但"饮用水"是自然人生存和生命健康基本保障的内在权利属性还是应当被充分予以肯定的。一直以来,"保障广大人民群众的饮用水安全""人人都能喝上安全的饮用水",就是我们国家和政府工作中的重点内容之一。实际上,这也是以国家政策和政府行动的方式来尊重、保障和促进作为基本人权的"饮用水权"。

2.《水法》中有关保障饮用水安全的规定

现行《水法》从总则,水资源规划,水资源开发利用,水资源、水域和水工程的保护,水资源配置和节约使用,水事纠纷处理与执法监督检查,法律责任和附则 8 个方面作出了相关规定。

《水法》规定县级以上人民政府水行政主管部门分级负责本辖区内水资源的监督管理工作,国家对水资源依法实行取水许可制度和有偿使用制度,县级以上地方政府应当加强水利基础设施建设,并将其纳入本级国民经济和社会发展计划。河湖管理范围内涉水工程未取得县级以上政府水行政主管部门签署的规划同意书,建设单位不得开工建设。开发利用水资源,要坚持兴利与除害相结合,兼顾上下游、左右岸和相关地区的利益,符合防洪的总体安排,先满足城乡居民生活用水并兼顾农业、工业、生态环境用水及航运等需要。国家禁止在饮用水源保护区设置排污口,禁止在河道管理范围内建设阻碍行洪的建筑物、构筑物及从事影响河势稳定、危害河岸堤防安全和其他妨碍河道行洪的活动。实行河取水许可制度和水资源有偿使用制度。

《水法》在全面分析我国水资源状况与经济社会发展需求矛盾的基础上,提出从传统工程水利向资源水利、现代水利、可持续发展水利转变的新思路,并用法律的形式加以固化。一是高度体现了新时期的治水新思路,明确了水利事业可持续发展方向,为依法治水提供了强有力的法律保障。二是从法律上确定水利作为国民经济和社会发展的基础产业和基础设施的重要地位。《水法》规定要把水利纳入国民经济和社会发展计划,从财政上予以保障。三是强化水资源统一管理,理顺水资源管理体制。四是水资源管理重心从开发利用管理转移到合理配置和节约保护,完成了重大转变。《水法》明确了新时期水资源发展战略,要以水资源的可持续利用支撑经济社会的可持续发展,强调水资源的合理配置,突出水资源的节约和保护。五是把节约用水放在突出位置,要求建设节水型社会。突出节水是水法的鲜明特点之一。《水法》明确要"发展节水型工业、农业和服务业,建立节水型社会"。在合理配置水资源方面,要求"国民经济和社会发展规划以及城市总体规划的编制、重大建设项目的布局,应当与当地水资源条件和防洪要求相适应,并进行科学论证"。

3.《环境保护法》中有关保障饮用水安全的规定

《环境保护法》是为保护和改善环境，防治污染和其他公害，保障公众健康，推进生态文明建设，促进经济社会可持续发展，制定的法律。国家实行重点污染物排放总量控制制度。国家依照法律规定实行排污许可管理制度。实行排污许可管理的企业事业单位和其他生产经营者应当按照排污许可证的要求排放污染物；未取得排污许可证的，不得排放污染物。第 50 条规定，各级人民政府应当在财政预算中安排资金，支持农村饮用水水源地保护、生活污水和其他废弃物处理、畜禽养殖和屠宰污染防治、土壤污染防治和农村工矿污染治理等环境保护工作。第 51 条规定，各级人民政府应当统筹城乡建设污水处理设施及配套管网，固体废物的收集、运输和处置等环境卫生设施，危险废物集中处置设施、场所以及其他环境保护公共设施，并保障其正常运行。

4.《水污染防治法》中有关保障饮用水安全的规定

2015 年 4 月，国务院印发了《水污染防治行动计划》，对水污染防治工作进行全面部署，并确立一系列防治水污染的制度和措施。按照规划，2017 年是完成阶段目标的关键一年，这为《水污染防治法》的再次修订提供了政治契机和制度保障。同时，涉及环境保护的其他法律规范在此期间也进行了诸多修订和调整，尤其是 2014 年颁布了新《环境保护法》。《水污染防治法》修改的主要内容如下：

第一，明晰政府监管职能，强化地方政府监管责任。针对以往水污染防治行政监管职权交叉、权责不明的问题，《水污染防治法》规定县级以上政府应当将水环境保护纳入国民经济和社会发展规划，各级政府对本行政区域的水环境质量负责；通过建立河长制，要求党政领导负责组织协调各方力量实施水环境治理、水生态保护、水生态修复等工作，把保护和治理水环境目标完成情况纳入对各级地方政府及其负责人的考评指标。

第二，尊重生态规律和生态化要求，强化对水污染的联防联控、综合治理措施。2017 年《水污染防治法》首先确立了“生态化”的立法目标，将“保护和改善环境”、“保护水生态”与“推进生态文明建设”紧密结合，提出水污染防治应当坚持预防为主、防治结合、综合治理的原则，首次确立了“河长制”的法律地位。[1]

第三，强化防治监管、细化措施落实，重点解决水污染治理中的突出问题。针对以往排污许可与总量控制目标严重脱节的矛盾，规定排污许可应载明排放水污染物的种类、浓度、总量和排放去向等内容，严格要求达标排放；在完善环境监测方面，除了要求对重点排污企业实施外部监测外，同时规定了排污单位的自行监测义务，并将其监测设备与环保主管部门监控设备互联互通，以保证精准把控污染物排放总量。

---

〔1〕 参见庞子渊：《我国城市饮用水安全保障法律制度研究》，重庆大学 2014 年博士学位论文，第 58 ~ 60 页。

第四，强化饮用水安全的制度保障。针对近年来饮用水安全方面的突出问题，设立专章确立了一系列保障饮用水安全的制度措施。诸如：建立饮用水水源保护区制度；饮用水水源风险评估制度；区域联网供水制度；达标供水制度；水质安全检测信息公开制度；同时，设立专章规定饮用水安全应急管理的制度和措施。

5.《传染病防治法》中有关保障饮用水安全的规定

《传染病防治法》于 1989 年 2 月 21 日通过，于 2004 年 8 月 28 日第十届全国人民代表大会常务委员会第十一次会议修订，经 2013 年 6 月 29 日第十二届全国人民代表大会常务委员会第三次会议修正，自 2013 年 6 月 29 日起施行。《传染病防治法》的立法目的是预防、控制和消除传染病的发生与流行，保障人体健康和公共卫生。该法当中有 6 条与饮用水有密切关系，主要为明确法定介水传染病的种类，规定各级政府卫生行政部门、供水单位、涉水生产企业的法定职责以及失职应负的法律责任等，该法对保障饮用水安全卫生具有重要意义。

此外，2007 年颁布的《突发事件应对法》要求国家建立统一领导、综合协调、分类管理、分级负责、属地管理为主的应急管理体制，预防和减少突发事件的发生，控制、减轻和消除突发事件引起的严重社会危害，规范突发事件应对活动，保护人民生命财产安全，维护国家安全、公共安全、环境安全和社会秩序。因此，饮用水安全卫生也包含在突发事件中。

（二）行政法规、部门规章

我国法律体系当中也还有行政法规、部门规章等对饮用水安全保障作出规定。

1.《城市供水条例》中有关保障饮用水安全的规定

1994 年 7 月 19 日国务院令第 158 号发布，根据 2020 年 3 月 27 日国务院《关于修改和废止部分行政法规的决定》修订。在第 1 条中规定，其立法目的是加强城市供水管理，发展城市供水事业，保障城市生活、生产用水和其他各项建设用水。该条例对城市供水管理体制、供水水源、工程建设、供水经营、设施维护、法律责任等进行规定，城市供水实行开发水源和计划用水、节约用水相结合的原则。应合理安排利用地下水。应优先保证生活用水，统筹兼顾工业用水和各项建设用水。在饮用水水源保护区内，严禁一切污染水质的活动。从完善供水环节的角度来讲，条例的出台对于城市饮用水安全法律保障具有重要意义。

2.《取水许可和水资源费征收管理条例》中有关保障饮用水安全的规定

《取水许可和水资源费征收管理条例》由国务院于 2006 年 2 月 21 日颁布，2006 年 4 月 15 日起实施，2017 年 3 月 1 日修订。该条例是根据《水法》制定的实施性法规，其立法目的是加强水资源管理和保护，促进水资源的节约与合理开发利用。这里的取水是指利用取水工程或者设施直接从江河、湖泊或者地下取用水资源。取用水资源的单位和个人，除本条例第 4 条规定的情形外，都应当申请领取取水许可证，并缴纳水资源费。其主要内容包括：取水的申请和受理、取水许可的审查和决定、水资源费的征收和使用管理、监督管理和法律责任等。该条例通过设置取水许可制度和水资源费征收制度，从取水环节为饮用水安全提供了法规保障。

3.《饮用水水源保护区污染防治管理规定》中有关保障饮用水安全的规定

1989 年 7 月由原国家环境保护局、原卫生部、原建设部、水利部、原地矿部等 5 部门联合颁布，2010 年进行了修正。这也是我国现今唯一一部最为集中规定饮用水水源地保护的部门规章。[1] 该规定适用于全国所有集中式供水的饮用水地表水源和地下水源的污染防治管理。按照不同的水质标准和防护要求分级划分饮用水水源保护区。饮用水水源各级保护区及准保护区均应规定明确的水质标准并限期达标。饮用水水源保护区的设置和污染防治应纳入当地的经济和社会发展规划和水污染防治规划。跨地区的饮用水水源保护区的设置和污染治理应纳入有关流域、区域、城市的经济和社会发展规划和水污染防治规划。

4.《生活饮用水卫生监督管理办法》中有关保障饮用水安全的规定

该办法由原建设部、原卫生部于 1997 年 1 月 1 日施行，后经两次修改，2016 年 6 月 1 日实施，其立法目的为：保证生活饮用水卫生安全，保障人体健康，其适用事项为集中式供水、二次供水单位和涉及饮用水卫生安全的产品的卫生监督管理。国家对供水单位和涉及饮用水卫生安全的产品实行卫生许可制度。供水单位供应的饮用水必须符合国家生活饮用水卫生标准。饮用水水源地必须设置水源保护区。保护区内严禁修建任何可能危害水源水质卫生的设施及一切有碍水源水质卫生的行为。二次供水设施选址、设计、施工及所用材料，应保证不使饮用水水质受到污染，并有利于清洗和消毒。各类蓄水设施要加强卫生防护，定期清洗和消毒。具体管理办法由省、自治区、直辖市根据本地区情况另行规定。

5.《城市供水水质管理规定》中有关保障饮用水安全的规定

2006 年 12 月 26 日经原建设部讨论通过《城市供水水质管理规定》，自 2007 年 5 月 1 日起施行。该规定是为了加强城市供水水质管理，保障城市供水的水质安全。城市供水水质是指城市公共供水及自建设施供水（包括二次供水、深度净化处理水）的水质。在管理体制上，实行“统一管理、分工负责”的原则。其中，国务院建设主管部门负责全国城市供水水质监督管理工作。省、自治区人民政府建设主管部门负责本行政区域内的城市供水水质监督管理工作。直辖市、市、县人民政府确定的城市供水主管部门负责本行政区域内的城市供水水质监督管理工作。涉及生活饮用水的卫生监督管理，由县级以上人民政府建设、卫生主管部门按照《生活饮用水卫生监

---

〔1〕 按照饮用水安全的过程，大致顺序是水源地保护、引水工程、取水、供水、水价，相应的法律保障也应当是按照这个次序展开，但在中国法律体系的位阶中，法律高于法规、规章，故此将水源地的内容置后。

督管理办法》的规定分工负责。

(三)地方性法规、地方政府规章

我国不少地方政府结合本地实际情况,制定了一大批饮用水安全的地方性法规和政府规章,对饮用水安全法律保障提供了有益的补充。其中具有代表性的地方性法规有:《广州市供水用水条例》(2019 年 3 月 28 日经广东省第十三届人民代表大会常务委员会第十一次会议于批准,自 2019 年 10 月 1 日起施行)、《苏州市节约用水条例》(2009 年 10 月 27 日制定,2009 年 11 月 23 日,江苏省第十四届人民代表大会常务委员会发布。2018 年 5 月 31 日江苏省第十三届人民代表大会常务委员会第三次会议批准修正)、《陕西省城乡供水用水条例》(自 2008 年 10 月 1 日起施行)、《甘肃省农村饮用水供水管理条例》(2015 年 9 月 25 日甘肃省第十二届人民代表大会常务委员会第十九次会议通过,2022 年 7 月 29 日,甘肃省第十三届人民代表大会常务委员会第三十二次会议表决修订)、《内蒙古自治区农村牧区饮用水供水条例》(2010 年 12 月 2 日内蒙古自治区第十一届人民代表大会常务委员会第十九次会议通过,自 2011 年 1 月 1 日起施行)、《福建省城乡供水条例》(福建省第十二届人民代表大会常务委员会第三十次会议于 2017 年 7 月 21 日通过,2021 年 4 月 1 日福建省第十三届人民代表大会常务委员会第二十六次会议批准修正)等。

这些法规、规章涵盖了水源地保护、工程建设、水污染防治、供水用水、节约用水等方面。《河南省农村供水管理办法》第 14 条规定,农村饮用水集中供水工程建成后,根据投资主体的不同对农村供水工程的产权作出了明确详细的规定。《内蒙古自治区农村牧区饮用水供水条例》第 27 条,对农村供水设备的管理主体作出了契合实际的规定。《福建省城乡供水条例》立法体例具有自身特色,其中单列"用户权益保护"一章。该条例第 15 条,对防治饮用水污染中各级人民政府、水行政部门、村民自治组织的职责作出规定,并对防止污染的具体措施进行了有益的探索。

二、保障饮用水安全核心法律制度

(一)饮用水水源保护区制度

1. 饮用水水源保护区的重要意义

饮用水水源地保护是保障饮用水安全的前提和基础。目前,我国对饮用水水源地的法律保护主要是建立饮用水水源保护区制度。根据《水污染防治法》的规定,国家建立饮用水水源保护区制度。饮用水水源保护区是指国家为了防止饮用水水源污染、保证水源地环境质量而划定,并要求加以特殊保护的一定面积的水域和陆域。1989 年颁布的《饮用水水源保护区污染防治管理规定》对饮用水水源保护区也进行较为详细的规定。2010 年 6 月原环境保护部会同国家发展改革委、住房城乡建设部、水利部和原卫生部 5 部门联合印发的《全国城市饮用水水源地环境保护规划(2008 - 2020 年)》是我国第一部饮用水水源地环境保护规划。该规划编制的意义在于让各级地方政府和公众了解我国水源地环境保护面临的严峻形势、存在的突出问题以及在水源地环境保护方面拟采取的措施、实施的重点工程和要实现的目标，共同做好饮用水水源地环境保护和污染防治工作，确保水源水质安全。

2. 饮用水水源保护区制度的主要内容

第一，饮用水水源保护区的分类分级。饮用水水源区分为地表水源和地下水源两大类，饮用水水源保护区涵盖了上述两类水源，并且需要按照不同的水质标准和防护要求分级划分饮用水水源保护区，饮用水水源保护区一般划分为一级保护区和二级保护区，必要时可增设准保护区。饮用水地表水源保护区包括一定的水域和陆域，其范围应按照不同水域特点进行水质定量预测并考虑当地具体条件加以确定，保证在规划设计的水文条件和污染负荷下，供应规划水量时，保护区的水质能满足相应的标准；饮用水地下水源保护区应根据饮用水水源地所处的地理位置、水文地质条件、供水的数量、开采方式和污染源的分布划定。[1]

第二，饮用水水源保护区的禁止性规定。一般来说，能够被划定为饮用水水源保护区的水域和陆域，都具有较好的水环境和水资源。因此，对饮用水水源保护区的保护主要是法律上的禁止性规定。例如，饮用水地表水源各级保护区及准保护区内均必须遵守下列规定：禁止一切破坏水环境生态平衡的活动以及破坏水源林、护岸林、与水源保护相关植被的活动；禁止向水域倾倒工业废渣、城市垃圾、粪便及其他废弃物；运输有毒有害物质、油类、粪便的船舶和车辆一般不准进入保护区，必须进入者应事先申请并经有关部门批准、登记并设置防渗、防溢、防漏设施；禁止使用剧毒和高残留农药，不得滥用化肥，不得使用炸药、毒品捕杀鱼类。

第三，饮用水水源保护区水质标准和要求。饮用水水源各级保护区及准保护区均应规定明确的水质标准并限期达标。首先，一级保护区的水质标准不得低于国家规定的《地表水环境质量标准》Ⅱ类标准，并须符合国家规定的《生活饮用水卫生标准》的要求。其次，二级保护区的水质标准不得低于国家规定的《地表水环境质量标准》Ⅲ类标准，应保证一级保护区的水质能满足规定的标准。再次，准保护区的水质标准应保证二级保护区的水质能满足规定的标准。最后，对于饮用水地下水源保护区水质，则要求均应达到国家规定的生活饮用水卫生标准。

第四，饮用水水源保护区污染防治的监督管理。首先，各级人民政府的环境保护部门的职责：会同有关部门做好饮用水水源保护区的污染防治工作；根据当地人民政府的要求制定和颁布地方饮用水水源保护区污染防治管理规定。其次，饮用水水源保护区的划定工作：有关市、县人民政府提出划定方案，报省、自治区、直辖市人民政府批准；跨市、县饮用水水源保护区的划定，由有关市、县人民政府协商提出划定方案，报省、自治区、直辖市人民政府批准；协商不成的，由省、自治区、直辖市人民

〔1〕 参见庞子渊：《我国城市饮用水安全保障法律制度研究》，重庆大学2014年博士学位论文，第67～69页。

政府环境保护主管部门会同同级水行政、国土资源、卫生、建设等部门提出划定方案,征求同级有关部门的意见后,报省、自治区、直辖市人民政府批准。再次,环境保护、水利、地质矿产、卫生、建设等部门应结合各自的职责,对饮用水水源保护区污染防治实施监督管理。最后,突发性饮用水水源污染事故处理机制:事故责任者应立即采取措施消除污染并报告当地城市供水、卫生防疫、环境保护、水利、地质矿产等部门和本单位主管部门。由环境保护部门根据当地人民政府的要求组织有关部门调查处理,必要时经当地人民政府批准后采取强制性措施以减轻损失。

第五,饮用水水源地保护的法律责任。修订后的《水污染防治法》对违反饮用水水源保护区制度的行为加大了处罚力度,尤其是对违法设置排污口和兴建建设项目的行为。其他违法行为,例如从事网箱养殖或者组织进行旅游、垂钓或者其他从事可能污染饮用水水体的活动的,饮用水供水单位供水水质不符合国家规定标准的,都应当承担相应的法律责任。

(二)取水许可管理制度

1. 取水许可管理制度的功用及原则

取水许可制度是我国用水管理的一项基本制度,取水许可制度体现国家对水资源实施权属统一管理的一项重要制度,是水资源管理的核心,贯穿于水资源调查、评价、规划、开发、利用、保护和监测的全过程,有利于实现水资源良性循环状态下的合理开发、高效利用、有效保护、强化管理。这种制度已被世界上许多国家普遍使用。取水许可制度是实现流域或区域水资源可持续利用,保障国家经济和社会可持续发展的有效措施。

取水许可属于一种对有限自然资源开发利用,需要赋予特定权利的行政许可事项,其主要功能是分配稀缺资源。从饮用水安全保障的角度来看,取水许可应当首先满足城乡居民生活用水,并兼顾农业、工业、生态与环境用水以及航运等需要。从自然资源的合理开发利用来看,流域内批准取水的总耗水量不得超过本流域水资源可利用量,实施取水许可应当坚持地表水与地下水统筹考虑,开源与节流相结合、节流优先的原则,实行总量控制与定额管理相结合。从行政程序正义的角度来看,取水许可的实施应当遵循公开、公平、公正、高效和便民的原则。

2. 取水许可的控制程序

在取水许可制度的行政法设置当中,主要体现为取水许可的程序控制。取水申请者的条件和资格;取水的申请和受理;取水许可的审批和决定;取水许可的救济与监督。申请取水的单位或者个人应当向具有审批权限的审批机关提出申请。申请人申请取水应当提交申请书和其他相关的材料。县级以上地方人民政府水行政主管部门或者流域管理机构,应当自收到取水申请之日起 5 个工作日内对申请材料进行审查,并根据下列不同情形分别作出处理。审批机关认为取水涉及社会公共利益需要听证的,应当向社会公告,并举行听证。

3. 取水许可的例外

取水许可既然是一种对公共资源的特许，必然带来对被许可人之外的权利的限制，但这种权利限制也不是任意的，因此也存在例外情形。(1)农村集体经济组织及其成员使用本集体经济组织的水塘、水库中的水的；(2)家庭生活和零星散养、圈养畜禽饮用等少量取水的；(3)为保障矿井等地下工程施工安全和生产安全必须进行临时应急取(排)水的；(4)为消除对公共安全或者公共利益的危害临时应急取水的；(5)为农业抗旱和维护生态与环境必须临时应急取水的。法律之所以规定，是因为要在个人利益与公共利益、社会与国家、习惯权利与法定权力之间需求一种平衡，尤其是在生活饮用水作为一种基本生存和生活需求时，应当将饮用水安全作为一种优先保障的权益或价值。

(三)饮用水供水管理制度

我国目前没有建立专门适用供水环节的法律制度，而是通过立法规定了一些供水主体应当遵守的规则和保障供水安全的措施。而且受城乡二元结构的影响，城市供水和农村供水在体制机制上存在较大差异。其中，《城市供水条例》和《城市供水水质管理规定》为城市供水环节的饮用水安全提供了主要法律保障[1]；《农村饮水安全工程建设管理办法》和《农村饮水安全项目建设资金管理办法》等多部行政法规、部门规章及规范性文件，对规范农村饮用水安全工程的实施起到了重要作用。

1. 供水管理体制

在城市供水方面，国务院城市建设行政主管部门主管全国城市供水工作。省、自治区人民政府市建设行政主管部门主管本行政区域城市供水工作。县级以上人民政府确定的城市供水行政主管部门主管本行政区域内的城市供水工作。而农村供水方面，目前主要以地方立法为主，各省、自治区农村供水立法区分为“城乡供水分别立法”、“城乡供水合并立法”和“农村水利综合立法”等类型，因此在供水管理体制上就有很大不同。但大多省、自治区都明确水行政主管部门主管农村供水工作，其他有关部门按照相关职责负责农村供水的相关工作。

2. 供水工程建设管理

《城市供水条例》对城市供水工程建设规划、设计、施工、验收和设施运行、维护进行了较详细的规定。2000 年发布的《关于加强公益性水利工程建设管理的若干意见》进一步对建立健全水利工程建设项目法人责任制、项目计划、资金管理以及检查监督等问题作出了规定。通过立法保障城市供水工程建设的顺利进行，进而促进了城市供水环节饮用水资源的保护。2005 年国务院办公厅《关于加强饮用水安全保障工作的通知》，继续强调保障饮用水安全的重要性和紧迫性，对城市饮用水安全侧重于供水设施的技术改造和供水能力的提高，对农村饮用水安全则强调饮用水工

〔1〕 参见庞子渊：《我国城市饮用水安全保障法律制度研究》，重庆大学 2014 年博士学位论文，第 74 页。

程建设的力度问题。东部较发达地区要率先解决农村饮用水安全问题，有条件的地方尽早实现城乡统筹区域供水，对中西部地区则由中央继续安排农村饮用水工程建设投资予以重点扶持。

2007年国家发展改革委、水利部和原卫生部联合制定了《农村饮水安全项目建设管理办法》，以部门规章的形式对农村饮用水安全中的工程建设相关问题予以规范。2019年8月26日水利部印发《关于农村供水工程监督检查管理办法(试行)的通知》，适用于全国范围内农村集中供水工程和由水利部门负责监管的城市供水管网延伸工程的监督检查，但不包含农村分散供水工程和由住建等部门负责监管的城镇供水及其管网延伸工程。第7条第1款规定："农村供水工程监督检查是对水源、取水工程、输配水工程、水厂、运营管理、安全管理等各个环节建设、运行、管理、维护等情况的监督检查。"

3. 供水运营管理

供水运营主要是指饮用水供水企业的供水，不包括上面的工程供水问题。在城市里就是自来水供水企业和自建设施对外供水企业从事经营活动；在农村地区，如果已经纳入城乡一体化供水，就与城市供水是一致的，如果没有纳入城乡一体化供水，则分为农村集中式供水和分散式供水。农村小型集中式供水是日供水在1000立方米以下(或供水人口在1万人以下)的农村集中式供水。分散式供水是用水户直接从水源取水，未经任何设施或仅有简易设施的供水方式。

城市供水企业应当具备相应的合法资质，在工商管理行政机关登记后，才能从事自来水经营活动。在经营过程中，应当建立健全相关制度，确保供水水质符合城市饮用水卫生标准，确保供水管网的压力符合国家规定的标准，以保证城市饮用水供水不间断。同时，城市供水企业应当对供水设施进行定期检查维修，确保安全运行。对农村供水单位的资质管理，原来的《村镇供水单位资质标准》(SL 308—2004)已于2020年5月7日被废止。《农村供水工程监督检查管理办法(试行)》的附件1，农村供水工程监督检查管理办法违规问题分类中对万人供水工程的水厂的检查监督内容包括：工程建设、管理主体和责任人、管理制度和人员、卫生许可、净水管理、设备管理、水厂化验室、资料档案等8大项25小项；对万人以下集中供水工程的水厂的监督检查内容包括：工程建设、管理主体和责任人、管理制度和人员、净水管理、设备管理、供水服务、资料档案等7大项16小项。

(四)饮用水水质监测制度

广义上，饮用水水质监测可以分为对水源地水质监测、水工程水质监测、供水企业水质监测和入户水质监测四个方面。在这里着重强调的是对供水企业的水质监测和入户水质监测。实际上，水质监测是一个动态的过程，每个阶段的水质监测对饮用水安全都具有重要的意义。水功能区的划分和饮用水水源地的水质监测，从源头上保障饮用水水质安全；水工程水质监测，从输水环节保障了饮用水水质安全；供水企业水质监测,从供水环节保障饮用水水质安全;入户水质监测,则从饮用水使用者的角度提供保障,具有基本权利保障的意义。

在水环境良好和水污染尚未严重的时期,对饮用水水质监测的标准和程序也比较简单;随着水环境的恶化和水污染的渐趋严重,对饮用水水质监测也更加复杂和严格。此外,在供水主体多元化以后,供水水质监测可能意味着权益的分割和责任风险的承担,也对水质监测问题提出了更加严格和规范的要求。

《水污染防治法》第 71 条规定,饮用水供水单位应当做好取水口和出水口的水质检测工作。饮用水供水单位应当对供水水质负责,确保供水设施安全可靠运行,保证供水水质符合国家有关标准。第 72 条规定,县级以上地方人民政府应当组织有关部门监测、评估本行政区域内饮用水水源、供水单位供水和用户水龙头出水的水质等饮用水安全状况。县级以上地方人民政府有关部门应当至少每季度向社会公开一次饮用水安全状况信息。《城市供水条例》第 33 条规定,城市自来水供水企业或者自建设施对外供水的企业供水水质、水压不符合国家规定标准的,由城市供水行政主管部门责令改正,可以处以罚款;情节严重的,报经县级以上人民政府批准,可以责令停业整顿;对负有直接责任的主管人员和其他直接责任人员,其所在单位或者上级机关可以给予行政处分。

2017 年 11 月 28 日,住房城乡建设部发布行业标准《城镇供水水质在线监测技术标准》(CJJ/T 271—2017),自 2018 年 6 月 1 日起实施。城镇供水水质在线监测系统应覆盖对供水水质安全有影响的关键环节,并应全面真实反映供水水质。水质在线监测环节包括:水源、水厂和管网。水质在线监测内容包括监测指标、监测点布局和监测频率。

（五）排污许可管理制度

1. 排污许可制

排污许可制是依法规范企事业单位排污行为的基础性环境管理制度,环境保护部门通过对企事业单位发放排污许可证并依证监管实施排污许可制。在实施范围上,排污许可制是覆盖所有固定污染源的环境管理基础制度。从保障饮用水安全的角度来讲,《水污染防治法》第 21 条规定,国家实行排污许可制度,直接或者间接向水体排放工业废水和医疗污水以及其他按照规定应当取得排污许可证方可排放的废水、污水的企业事业单位,应当取得排污许可证;城镇污水集中处理设施的运营单位,也应当取得排污许可证。

2. 排污许可制度主要内容

第一,排污申报登记。排污申报登记是指具有排污活动行为的单位依法就其生产经营活动中的生产工艺设备、原材料产品、污染物排放处理设施以及污染物排放种类、数量、方式、趋向等定期或不定期地向所在地环境主管部门进行呈报。它是各国环境保护管理过程中普遍采取的一项制度，是排污许可证制度的组成部分。[1]

第二，排污许可的申请。排污单位应当向其生产经营场所所在地设区的市级以上地方人民政府生态环境主管部门（以下简称审批部门）申请取得排污许可证。

第三，排污许可证的受理。审批部门对收到的排污许可证申请，应当根据不同情况分别作出处理。主要区分为：一是不需要申请取得排污许可证；二是不予受理；三是当场更正申请材料；四是出具告知单，补正材料；五是受理。

第四，排污许可证的审批。已经受理的申请区分为两种类型，即可简化管理的排污单位与重点管理的排污单位，对前者审批部门应当自受理申请之日起 20 日内作出审批决定；对后者审批部门应当自受理申请之日起 30 日内作出审批决定，需要进行现场核查的，应当自受理申请之日起 45 日内作出审批决定。经过审核之后，对符合条件的颁发排污许可证，对不符合条件的不予许可并书面说明理由。

（六）饮用水的价格机制

饮用水涉及社会公众利益和公共安全，一方面连接着为数众多的用水户，另一方面也连接着政府管理和调控下的供水企业。饮用水价格合理，不仅有利于和有益于用水户的用水和节水，也可以发挥供水企业的积极性。反之，不合理的定价机制，既可能损害用水户的利益，也可能挫伤用水企业的积极性。"我国现行的水价是依据国发〔1985〕94 号文颁布的《水利工程水费核订、计收和管理办法》（现已失效）制定的，是计划经济的产物。该办法中的水价仅局限于水利工程供水水价且不完整，没有真正体现水资源价值和用水的环境成本。"[2]

《城市供水价格管理办法》制定于 1998 年（2004 年修订，现已失效），《城市供水定价成本监审办法（试行）》2011 年实施（现已失效）。两个办法的实施曾对指导地方规范城市供水价格管理发挥了积极作用（现已失效）。但近年来随着城镇供水价格改革深化，原有水价构成、分类、定调价程序等已不符合形势发展变化需要，特别是在供水垄断环节价格监管方面。2020 年 12 月 23 日国务院办公厅转发《关于清理规范城镇供水供电供气供暖行业收费促进行业高质量发展的意见》（国办函〔2020〕129 号），要求加快建立健全以"准许成本加合理收益"为基础，有利于激励提升供水质量、促进节约用水的价格机制。

为提升城镇供水价格监管的科学化、精细化、规范化水平，促进行业高质量发展，国家发展改革委会同住房城乡建设部对原有办法进行了修订。2021 年 6 月 11 日新修订的《城镇供水价格管理办法》和《城镇供水定价成本监审办法》由国家发展改革委第 17 次委务会议审议通过和住房城乡建设部审签，自 2021 年 10 月 1 日起施行。《城镇供水价格管理办法》明确了城镇供水价格的定价原则、定价方法、定调价

---

〔1〕 参见庞子渊：《我国城市饮用水安全保障法律制度研究》，重庆大学 2014 年博士学位论文，第 72 页。

〔2〕 钟玉秀等：《合理的水价形成机制初探》，载《水利发展研究》2001 年第 2 期。

程序，以及水价分类、计价方式、规范供水企业服务收费行为等。一是按照“准许成本加合理收益”的方法核定城镇供水价格。二是简化水价分类、明确计价方式。三是规范定调价程序、强化信息公开。四是规范服务收费行为、提升服务质量。《城镇供水定价成本监审办法》明确了定价成本构成和核定方法。一是明确城镇供水定价成本构成范围。二是明确定价成本和有效资产核定方法。

两个办法的修订以问题导向，创新了城镇供水价格的长效机制。一是建立了促进供水企业降本增效的激励约束机制，提高生产经营效率和市场竞争力，推动行业高质量发展。二是对供水能力过度超前建设进行适当控制，有利于保障城市供水安全。三是建立了参考市场利率合理确定供水收益率的机制，有利于吸引社会资本进入，促进供水行业健康持续发展。四是建立了供水价格定期校核机制和补偿机制。明确城镇供水价格监管周期原则上为 3 年。因价格调整不到位致供水企业难以达到准许收入的，地方政府应当予以相应补偿。[1]

(七)饮用水安全应急管理制度

目前，有关饮用水安全的应急管理还没有形成专门的管理制度，一般从属于饮用水水源管理或者供水管理的范畴，尤其是在出现极端洪涝灾害、严重干旱灾害、地震灾害或者化学污染物或其他污染物泄露等灾害时，饮用水安全的应急管理会被纳入灾害管理或突发事件应急管理当中。饮用水安全应急管理需不需要成为专门的管理制度，可能还要等待时间的检验(饮用水安全保障的重要性和紧迫性进一步凸显)。

2007 年 8 月 30 日第十届全国人民代表大会常务委员会第二十九次会议通过了《突发事件应对法》，其中第 17 条规定国家建立健全突发事件应急预案体系。国务院制定国家突发事件总体应急预案，组织制定国家突发事件专项应急预案；国务院有关部门根据各自的职责和国务院相关应急预案，制定国家突发事件部门应急预案。地方各级人民政府和县级以上地方各级人民政府有关部门根据有关法律、法规、规章、上级人民政府及其有关部门的应急预案以及本地区的实际情况，制定相应的突发事件应急预案。应急预案制定机关应当根据实际需要和情势变化，适时修订应急预案。应急预案的制定、修订程序由国务院规定。尽管该法并未直接提及饮用水安全应急管理问题，但也可以作为饮用水安全应急管理的基本法律之一。

《水污染防治法》对饮用水安全应急管理作出了直接规定。其中第五章第 70 条对应急水源或者备用水源作出了原则规定。第六章对水污染事故处置作出了具体规定，其中第 79 条规定：“市、县级人民政府应当组织编制饮用水安全突发事件应急

---

[1] 参见《国家发展改革委 住房城乡建设部修订印发城镇供水价格管理办法和定价成本监审办法》，载中央人民政府网，http://www.gov.cn/xinwen/2021-08/07/content_5629984.htm，最后访问日期：2021 年 8 月 21 日。

预案。饮用水供水单位应当根据所在地饮用水安全突发事件应急预案，制定相应的突发事件应急方案，报所在地市、县级人民政府备案，并定期进行演练。饮用水水源发生水污染事故，或者发生其他可能影响饮用水安全的突发性事件，饮用水供水单位应当采取应急处理措施，向所在地市、县级人民政府报告，并向社会公开。有关人民政府应当根据情况及时启动应急预案，采取有效措施，保障供水安全。”

《城市供水条例》第22条对城市自来水供水企业和自建设施对外供水的企业因灾害、事故、工程施工、设备维修等情况下的特定情况和紧急情况作出了区别规定。“由于工程施工、设备维修等原因确需停止供水的，应当经城市供水行政主管部门批准并提前24小时通知用水单位和个人；因发生灾害或者紧急事故，不能提前通知的，应当在抢修的同时通知用水单位和个人，尽快恢复正常供水，并报告城市供水行政主管部门。”

此外，《防震减灾法》(1997年12月29日第八届全国人民代表大会常务委员会第二十九次会议通过，2008年12月27日第十一届全国人民代表大会常务委员会第六次会议修订)也对地震灾区饮用水水源保护区、过渡性安置点饮用水水质监测、优先恢复供水等企业的生产等作出规定。《危险化学品安全管理条例》(自2013年12月7日起施行)也涉及了饮用水源、水厂以及水源保护区的安全问题。

三、保障饮用水安全立法上的不足

关于水安全问题，习近平总书记在2014年的“3·14”重要讲话中指出了新老问题并存和交叉的特性，并提出了“节约优先、空间均衡、系统治理、两手发力”的16字治水思路。所谓的“老问题”就是地理气候环境决定的时空分布不均以及由此带来的水灾害。所谓的“新问题”就是水资源短缺、水生态损害和水环境污染。水安全中的老问题仍有待解决，新问题越来越突出、越来越紧迫。新老问题的交织，给我国治水赋予了全新内涵，提出了崭新课题。将水安全作为水事立法的价值选择的必要性和可能性更加紧迫，其中饮用水安全应当称为水安全的核心。根据水资源的自然特性、经济特性、社会属性建构符合饮用水安全目标的供给保障机制、市场交易机制、全管理机制。从法律制度建设方面看，我国有关保障饮水安全的法律制度则存在不健全、不完善、不协调、不经济的问题。[1]

(一)饮用水安全在立法理念预设上之不足

以保障饮用水安全城乡一体化的统筹理念在内容层面上，以饮用水安全保障作为立法理念在价值层面上，以保障饮用水安全与基本权利的理念相接连在目的层面上，共同建构了未来涉水法律法规的合法性与合理性的法理基础。

1.保障饮用水安全并未作为一种立法目的或价值目标

饮用水安全与水资源安全密切相关。水资源的有限与不可替代压力对冲突产

〔1〕 参见吕忠梅：《保障饮水安全的法律思考》，载《环境保护》2007年第19期。

生直接或间接的影响,其中饮用水安全是一个直接原因。确保饮用水的有效和充分供给一直是每个国家追求的基本目标。《水法》、《水污染防治法》和《城市供水条例》等涉水法律法规,基本上没有将保障饮用水安全作为立法目的或价值目标。这样的论证尽管是一种纯理论的结果分析,但并不妨碍未来的涉水法律法规在立法理念上将水安全(包括饮用水安全)作为预设目的之一。以饮用水安全保障为立法理念就是要将保障饮用水安全作为贯穿涉水法律法规的价值指引,并塑造为衡量相关法律法规的一种合目的性的标准。

2. 保障饮用水安全也未形成城乡统筹的一体化理念

在很长时间里,城乡社会二元结构不仅带来城乡之间经济发展上的差异,也带来了社会保障以及公共服务和公共产品供给上的不平衡。但在国家和社会观念里,却认为这些差异和不平衡更多来自自然条件和经济发展水平的限制。不过,伴随着每个人对于满足美好生活的需求,饮用水安全的重要性也日益递增,必须放弃以城市中心主义的饮用水立法理念,渐趋转向城乡饮用水安全一体化的统筹立法理念。"饮用水安全保障统筹立法是指:为实现饮用水安全的价值目标,饮用水安全保障应从全局出发,充分考虑城市和农村饮用水保障的各自特点,平等对待、兼顾各方并通过协调城市和农村在饮用水安全保障方面的利益,实现城乡饮用水安全保障立法的一体化。"〔1〕

3. 保障饮用水安全也未能与基本权利保障的理念相接连

保障饮用水安全,也就是保障人的有关饮用水的基本权利,也是保障人的最基本的生存条件。在目前我们的很多法律当中,尤其是在行政立法当中,不自觉地把其立法目的定位于"作为执行国家政策的一种工具"。国家的政策当然需要执行,但执行国家政策其实是为了国家的人民。就像通常所理解的"保护物的权利"就是"保护人的权利"一样。尽管保障饮用水安全的直接体现是对饮用水在"物"层面的保护,但在本质上是对作为生存权和健康权的个人饮用水权利的尊重和保障。

(二)饮用水安全在法律体系建构上之不足

1. 饮用水安全法律法规体系尚未形成

就现状来看,不仅饮用水安全法律法规体系没有明晰的概念,就连水法律法规体系也不是一个获得普遍认可的概念。但整体上讲,可以将有关涉水的法律法规视为一个体系,也可以将涉水法律法规中有关饮用水安全保障的部分和内容认为是一个体系。

法律体系应当包括法律结构、法律内容和法律形式。目前保障饮用水安全的法律法规主要散见于其他法律法规中,例如《水法》《水污染防治法》当中,而且也只有

---

〔1〕 谢玲:《从城市中心主义到统筹立法:饮用水安全保障立法理念的嬗变》,载《生态经济》2015 年第 5 期。

《水污染防治法》当中有专章对饮用水问题进行规定,其他法律法规当中都是零星的条文规定。因此,从整个体系的角度来看,保障饮用水安全的法律法规在结构上还没有定型或者存在结构比例失调的问题。相对比较理想的体系结构,应当是有一部到两部核心法律作为饮用水的基本法,其下有几部行政法规和众多地方性法规。与结构相关联的就是在有关饮用水安全保障的法律法规中,高位阶的法律相对较少,而为数众多的是部门规章和规范性文件,尤其是在农村饮用水安全保障问题上这一点显得更为突出。

此外,有关饮用水安全保障还有一个需要予以关注和研究的体系是:技术规范体系和标准体系。法律的目的和理念的实现要通过制度的设计,制度又要通过条文表现出来,而条文的内容要清晰很多时候就需要有所解释。政府行政部门中的技术规范和标准体系实际上就是一种技术性的客观解释。相对于法律法规体系来讲,保障饮用水安全的技术规范和标准体系更为成型和成熟一些。

2. 保障饮用水安全的核心法律尚未制定

目前保障饮用水安全的立法模式被认为存在两种形式,第一种是在相关的《水法》和《水污染防治法》当中设置专门的饮用水保护内容。第二种是单独制定专门的"清洁饮用水法"或"饮用水安全法",集中饮用水安全保护的各项事务。但我们认为,保障饮用水安全的立法模式只有一种,就是采取专门的立法来保障饮用水安全。至于在其他相关法律法规当中对饮用水安全设置专门的规定,也只是一种对现实的立法结果确认,至多算是一种过渡性质的立法选择。如果确立了这样的立法思维,对比其他一些国家的情况,结合国际国内水安全以及未来水危机的紧迫形势,再来分析目前的立法现状,就可以看出我们在饮用水安全保障立法上的问题和差距。我们从水量、水质和水工程对饮用水作出了规定,饮用水立法从属于水资源立法、水污染立法和水工程立法,但一直忽略从饮用水自身的角度、从安全的角度对保障饮用水安全进行立法。

(三)保障饮用水安全在法律内容规定上之不足

1. 农村饮用水安全法律保障较弱

正如上文所提及,构建于城市中心主义的饮用水安全法律法规存在农村饮用水安全法律保障缺失的问题。在法律法规数量上,有关农村饮用水的立法远远不及城市饮用水立法;在法律的位阶上,农村饮用水立法也以低层次的规章和规范性文件为主;在法律内容上,有关农村饮用水的规定也比较分散和凌乱,没有构成整体性法律规定。

2. 地下饮用水源法律保护力度不够

地下水和地表水是水资源的两大组成部分,但无论是在法律上,还是在管理上,二者的保护都还存在不小的差距。《河长制下的地下水之"痛"》一文以点带面揭示了地下水保护的窘境:河长制由党政领导担任河长,主要针对河湖"挂牌考核",而对地下水的保护、治理、修复和监管只能靠职能部门，河长制中"忘记"了地下水。有些地区特别是华北地区，大量的污染，特别是面源污染，源源不断地渗入地下，这将是更大的环境隐患。[1]

地下水饮用水源的保护涉及管理制度、保护区制度、取水许可、污染防治等问题。我国现行《水法》、《水污染防治法》和《取水许可条例》等法律法规对地下水资源保护都进行了规定，但相关规定不够细致、操作性不强，地下水资源立法保护严重滞后于社会经济发展。"从中国近几十年来面临的地下水污染形势来看，这些立法的实施效果并不理想……要解决中国的地下水超采、污染等问题，不能在现有立法的基础上进行修改，而要从国家层面上进行专门立法。"[2]

3. 饮用水节约用水机制不够完善

节约用水是解决我国水资源短缺问题的根本途径，今后节水型社会建设也将会进一步深入，与水资源节约相关的各种制度也将越来越健全。节约用水本身是个宏大的概念，涉及社会生产、生活的方方面面。我们这里的饮用水的节约问题，还主要是涉及饮用水的取、供、用、排的各环节的问题，属于大节水概念的一部分。目前，我们的很多节水措施都还处在政策宣传的角度，还没有能够通过法律形成刚性约束。

4. 饮用水市场价格机制尚不健全

长期以来，我国的水价普遍偏低，[3]不仅是工业用水、生活用水水价较低，尤其是农业灌溉用水水价更是低廉。这里面固然存在保障民生的政策意义，但也致使水资源短缺与水资源配置低效率和用水浪费长期并存。在上述饮用水安全涉及的主要制度当中，我们对饮用水价格机制已经做了分析，合理的饮用水价格机制对于节约用水、发挥市场对于水资源的配置作用以及保障公民的基本饮用水权利都具有积极的作用。而饮用水价格机制不健全，就无法发挥市场对水资源的优化配置作用。城市供水价格构成中供水成本不完全，主要只考虑净水成本补偿和对供排水管网和污水处理成本的部分补偿，对水权和环境成本考虑不够，没有建立根据市场供求和成本变化及时调整的水价机制。[4] 例如，在现行水价下居民用水占居民收入的比例还比较低，如果居民用水的水价不能真正反映供水的成本（远低于成本），导致的结果是企业的经营活动无法依靠利润来实现，加大了政府对相关企业的补贴。"虽然近些年来我国水资源已经逐步形成商品价格管理，但标准普遍偏低，特别是农业用水方面，水价大都低于供水成本。过低的水价不但不能有效刺激用水单位采用节

---

[1] 参见左其亭：《河长制下的地下水之"痛"》，载《水资源保护》2018 年第 2 期。

[2] 王国飞：《日本地下水保护的立法实践及其借鉴》，载《日本问题研究》2014 年第 6 期。

[3] 水价高或者低的问题本身也很复杂。例如，实践中，部分地区和城市对特种行业用水规定了较高的水价，导致的结果往往是特种行业用水户通过买水甚至偷水等手段获得所需用水，城市水管理部门实际也极难收到水费。因此，只有合理的水价，才能避免水资源的浪费以及用水效率的提高。

[4] 参见钟玉秀等：《合理的水价形成机制初探》，载《水利发展研究》2001 年第 2 期。

水技术和节水措施，水价的节水功能也难以发挥。合理提高水价有助于提高用水单位节水的意识，抑制不合理的用水增长。"[1]

5. 突发事件紧急处置机制缺位

突发事件紧急处理机制可以分为事前的预警机制、事中的应对机制和事后的处理机制。有关饮用水突发事件紧急处置机制包含在饮用水安全保障的各个环节。例如，目前很多城市饮用水水源地比较单一，就是造成饮用水突发事件的潜在风险因素，一旦出现极端天气、灾害事故或水环境恶化等情况，就极可能出现饮用水安全保障不足的问题。同样，那些依赖于长距离大规模输水的供给的城市，也存在饮用水安全保障的潜在不稳定因素。寻找替代水源以及加紧水资源储备，成为这些地区和城市的必然选择。另外，城市供水中二次加压引发的水质污染风险，农村地区集中式供水或分散式供水都还存在管理上不够严格导致的水质不达标的风险，在局部地区也可能会出现突发紧急情况。因此，无论从体制设置和核心制度上，还是管理体系和能力上，目前我们对饮用水紧急突发事件的处置水平都有待提高。

6. 饮用水安全法律责任的规定约束力不足

有关饮用水安全法律责任的规定约束力不足这个问题，其实在整个涉水法律法规当中是普遍存在的，因此，我国水行政主管部门的文件通知中，一直在强调法律法规"要带电""要长牙"。[2] 这些问题可以归纳为几个方面：水行政执法人员没有行政强制权力，执法能力不足，无法督促违法行为人及时履行行政处罚确定的义务；涉水法律法规对违法行为的罚款额度小，导致处罚力度不足；水行政管理中出现的新型违法种类，相应的法律责任不明确；像非法取水、故意破坏水利工程设施等严重水事件违法行为，没有纳入刑事处罚的范畴，导致水法律法规的威慑力不足。

在水法律法规普遍偏软的情况下，保障饮用水安全的法律法规在有关法律责任的规定上自然也就存在上述问题。对于这方面的问题，不可能期望仅仅通过饮用水安全一个方面的法律法规的修改就能解决问题，而是整个水法律法规体系的建设问题，甚至是整个中国的法治化建设问题。当然，对于很具体的问题，也可以通过涉水法律法规的修订给予完善，例如，提高罚款的额度；连日处罚等，只要有法律的依据，处在合法的范畴，并不是很难解决的问题。关键是要在整体的法律法规设计上具有统一性、协调性和合理性。

---

[1] 孙亮等：《南水北调水价与节水的博弈分析》，载《人民长江》2008 年第 8 期。

[2] 在法学界，"法律要有牙齿"的说法在热闹一阵子之后，似乎已归于沉寂，但目前水行政主管部门从上到下还在强调"法律'要带电''要长牙'"。"长牙"似乎是对法学界的借鉴，而"带电"不知又是从何而来。但透过"带电""长牙"两组感性词汇的观察，似乎能感受到相关部门对于行政权力和管理职责的双重焦虑，希望能够与公安部门联合执法或像公安部门一样执法成为对法律"要带电""要长牙"的内心表达。

第四节　饮用水安全的法律发展

一、我国未来饮用水安全的发展态势

(一)有关饮用水安全的五个判断

中国水利水电科学研究院王浩院士曾经对我国未来饮用水安全发展态势,给出了五个宏观判断。第一,到2040年之前,随着我国城镇化、工业化进程持续发展,用水(包括饮用水)的刚性需求会进一步增加,用水结构也会进一步持续变化,保障饮用水安全面临的挑战将进一步加大。第二,水污染风险仍然是未来很长一段时期内我国饮水安全保障需要面对的巨大挑战,尤其是经济后发地区水污染风险会对区域饮水安全带来严峻挑战。污染物类型呈多样化、复合化趋势,水污染的空间分布呈现由下游到上游、由东部向中西部发展的整体特征。第三,尽管存在某些不确定性,但多数预测结果表明,2050年前我国尤其是北方地区的水资源基础条件还将朝着不利的方向演化,饮用水安全保障风险会进一步加大。降水、气温的变化反映在水资源方面,其显著表现就是地表径流的增加或减少。研究表明,在自然现状下及人工用水条件下,气温升高1℃,径流会减少2% ~5%,农业灌溉需求增加10%;降水减少10%,径流则会减少20% ~30%。第四,2050年前,受全球气候变化和经济社会发展阶段的影响,极端和突发事件对饮用水安全的影响会进一步加剧,对饮用水安全应急保障体系建设提出更高要求。第五,未来我国饮用水安全保障必须进一步强化多部门、多主体、多层次的合作机制。日趋庞大和复杂的工程系统对运行管理将提出更高的要求。[1]

(二)对饮用水安全未来发展态势的分析

对上述五个态势做深入的分析,我们可以发现:在饮用水安全的五个态势中可以区分为两大类可控的与不可控的因素,例如因为气候变化导致的水资源基础条件的改变、极端和突发事件带来的风险是饮用水安全的不可控因素,也就是在一定条件下或时期内我们通过人为努力是无法予以解决的。而另外的一些态势则是可控的因素,例如减少水污染、对水资源的管理体系和能力的建设、通过节约用水对用水总量和用水效率进行控制。因此,在王浩院士对未来饮用水安全的判断当中,既有对未来不确定因素和风险的担忧,也包含着对人自身通过努力来降低或避免安全风险的希望。[2] 当然,这些希望不是平白无故就可以得到的,如果人不发挥自己的智慧,不能处理好人与自然的关系,人与水环境、水资源的关系,不能去设计好的制度、制定优良的法律,并且老老实实地贯彻实施,这些因素就会变为不利的因素。

---

〔1〕 参见王浩:《中国未来水资源情势与管理需求》,载《世界环境》2011年第2期。

〔2〕 参见王浩、王建华:《中国水资源与可持续发展》,载《中国科学院院刊》2012年第3期。

二、构建饮用水安全的法律体系

(一)饮用水安全的法律需求分析

第一,依法保障饮用水安全是新时期推进全面依法治国和依法行政的重大政治要求之一。全面依法治国和依法行政已经成为新时期中国特色社会主义的战略方针。全面依法治国包含了法治国家、法治政府和法治社会建设的各个方面,是一种综合式的立体治理模式。但在全面依法治国当中,首当其冲的就是依法行政,或者说依法治国最核心的就表现为对行政权力的规范和控制。因此,在新时期全面依法治国的战略指引下,饮用水安全要想得到有效的保障必须依赖于法治建设,将有关饮用水安全保障的制度和内容通过法律的形式规定具有规范性和强制力。而且相对于通过国家政策和行政命令来对饮用水进行管理,饮用水安全的法治化可以解决政策和命令的不稳定以及不公平等带有根本性的问题。

第二,依法保障未来饮用水安全是提升饮用水安全管理能力的现代化和法治化的根本路径。保障饮用水安全不仅要解决公平的问题,还要解决效率的问题。而解决公平和效率问题最有效的方式就是制定相对合理公平的规则。法律就是一个国家所能够制定的相对合理公平的规则,当然这样的国家原则上应当是一个民主法治国家。有了法律作为根本保障,就可以对事关民众重大利益的问题通过民主程序进行决定(如对相关的重要水事立法活动),就可以通过民主参与协商解决面临的棘手问题(如通过听证决定水价问题),就有了法定的程序了解相关的公开信息(水源地、水质、水量、水厂供水等)。

第三,依法保障饮用水安全是解决人民日益增长的美好生活需要与不平衡的安全饮用水供给矛盾的最佳出路。人民日益增长的美好生活需要表现在饮用水安全方面就是民众对清洁、安全、适量、便捷的饮用水的需求日渐提升。新时期的民众不仅要有水喝,还要喝干净的好水,喝健康的水,这与过去很长一段时期是有很大不同的。同时,这种对健康清洁水的要求在全国范围内还具有广泛性和普遍性。如何解决安全饮用水供给不足的问题?可能需要发挥政治的、行政的、市场的、经济的等多方面的作用,但这中间最有效的也是最可靠的应该就是法律的途径。

(二)饮用水安全的法律框架体系

1. 水安全和饮用水安全法规体系争议问题

"新中国成立之初,中央人民政府水利部就着手建立水管理的各项制度。"[1] 1957年国务院颁布的《水土保持暂行纲要》,开启了新中国水利立法的新纪元。1988年《水法》的实施则标志着水利工作进入了依法治水的新时期。此后水利部制定了"水法规体系规划",先后制定了《水土保持法》等法律。到21世纪后,水法规体系初步形成,水事活动基本实现了有法可依,此后就进入逐步完善阶段。经历了

---

[1] 柯礼丹:《新中国水法制建设为水利事业发展奠定了基础》,载《中国水利》2009年第17期。

70 多年的法制建设,目前我国已经形成了以《水法》为核心的水法律法规体系,内容涵盖了水利工作的各个方面:水灾害防控、水资源管理、水生态保护、河湖管理、执法监督等。

水法制建设也推动了水管理体制、机制和观念的历史性转变。从工程管理的观念向资源管理的观念转变,从水"取之不尽用之不竭"的观念向水资源有限宝贵的观念转变,从水资源无偿使用向水资源有偿使用的观念转变。[1] 正是在这些观念的转变过程中,我们愈加认识到水资源对整个中华民族永续发展、对整个社会可持续发展、对生态环境良好发展以及对人自身生命健康维持和保护的重要价值。"水是生命之源、生产之要、生态之基",对于生活在 21 世纪的人类来说,不仅是常识,还是警告。因此,水安全是国家安全中至关重要的基础性安全,同时也是一种国际战略安全。[2]

但我们发现,在初步形成的水法规体系中并未将水安全包括饮用水安全置于突出位置。首先,水安全包括饮用水安全隶属于水资源安全、水管理安全和水工程安全,对于水安全和饮用水安全的保护属于间接性保护。其次,饮用水安全也没有从水安全中进一步析分出来,还没有独立的地位和体系。饮用水安全是水安全的核心组成部分,具有重要的价值和意义。因此,有关饮用水安全的法律规定基本上都是适用水安全相关的法律规定。最后,有关水安全和饮用水安全的法律法规没有独立的地位和体系。实际上,不仅如此,研究者对于是否存在一个独立的水法律法规体系还时有争议,更遑论是否存在水安全和饮用水安全的法律体系。

上述基于法律实证主义的分析,只是说明在我们国家水安全和饮用水安全法治建设还任重而道远,这并不妨碍我们对于饮用水安全法律体系的设想和构建。对于饮用水安全法律体系的构建不仅是法律体系建设的一个组成部分和一种进步过程,而且也是我们面对严苛的饮用水安全形势下的一种自我反思和警醒,更是我们对满足人民日益美好生活需求的理想愿景。

2. 饮用水安全法律框架体系

法律体系本身是指一国现行有效的法律法规按照不同的法律部门分类组合而形成的一个体系化的有机联系的整体。法律体系存在横向的部门的分类和纵向的位阶差别。构建保障饮用水安全法律体系所表达的就是将与饮用水安全有关的法律法规按照位阶的高低进行体系化的整合,从而达到内部的协调统一和外部的全面覆盖。

首先,在宪法之下,需要一部具有基本法[3]或"母法"地位的"饮用水安全法"

---

〔1〕 参见柯礼丹:《新中国水法制建设为水利事业发展奠定了基础》,载《中国水利》2009 年第 17 期。

〔2〕 参见夏军:《保障水资源安全的思考》,载《中国国情国力》2014 年第 3 期。

〔3〕 在这里我们使用了基本法这一概念,目的是想与根本法相区别,因为在我们国家只有《宪法》才可以被认为是根本法,根本法具有特定的意义。但在其他一些著作中,有时也会使用根本法的说法,如果不在宪法学意义上使用,二者也可以通用。

(或者"清洁饮用水法"),对其他有关饮用水安全的法规、规章进行统摄和协调。也就是要对饮用水安全进行专门的立法,而且要在立法当中明确其在饮用水安全方面的基本法地位,其他的有关饮用水安全的法规规章要依据基本法制定,更不能同基本法相冲突。

其次,在"饮用水安全法"(或者"清洁饮用水法")之下,还应当制定与饮用水安全保障相关的法规和规章。例如,有关饮用水水源地保护的法规或规章、有关饮用水供水的法规或规章、有关饮用水紧急突发事件处置的法规或规章,有关饮用水水质标准的以及水价的规定等。这些法规和规章中,法规主要承担着将有关饮用水制度落实的作用,同时也对上位法进行补充性规定;规章承担着对上位法的细化和具体化的任务。

最后,保障饮用水安全的法律体系与其他部门法律之间的协调的问题。第一,与以《水法》为核心的水法规体系的协调的问题。如果《水法》的保护水资源的目的不改变,有关饮用水安全的法规可以相互配合协同发力保护水资源。第二,与以《环境保护法》为核心的法律体系之间的关系。应该是保障饮用水安全的法律体系是可以从属于以《环境保护法》为核心的法律体系的,从而构成其重要的组成部分。因为饮用水安全固然要关心水量的问题(这也是目前的水法体系所主要关心的),但其更关心的是水质的问题,因此是可以成为大环境保护概念的下位概念的。

由此,我们所构建的保障饮用水安全的法律体系就具有了类似于"一体两翼"的结构形式。"一体"就是以"饮用水安全法"为核心的法规体系,"两翼"就是水法规体系和环境保护法规体系。当然,如果我国的水事法规进行了较大的调整,构建了以"水安全"为理念的水安全法规体系,那么饮用水安全法规体系就完全可以名正言顺地置于其下了。

(三)饮用水安全的核心法律

1. 名称与立法目的

作为保障饮用水安全的基本法或者"母法",可以直接叫"饮用水安全法",或者是"清洁饮用水法"。前者直接体现了保障饮用水安全的目的性,安全的含义也比较广泛,可以包含不同人群对于饮用水需求的不同层面和维度,既可以是社会的、经济的、水质的、水量的,甚至还包含了平等的理念,同时也可以与水安全的概念相契合。后者则是因为在联合国公约和文件和其他国家的法律中有类似的名称,同时也可以在一定程度上表达对于饮用水清洁卫生的诉求。当然,如果对比起来,我们还是倾向于前者。

2. 立法的原则

对于保障饮用水安全的核心法律,其原则可以概括为五个:安全原则、预防原则、公平原则、节约原则、参与原则。

安全原则是核心原则,这是饮用水对人的生存健康的重要性所决定的,也是保障人的生存权和健康权的基础。世界上很多国家法规也都将饮用水安全置于突出位置加以规定,在价值位阶上获得优先性保护。

预防原则,或者叫预防性原则,也是国际社会普遍接受的保障饮用水安全的重要原则。"既要避免可能导致的损害,又要对今后可能导致的有害影响留有必要的余地,全方位保护饮用水不受污染。"〔1〕

公平原则,是一种抽象的原则,一般体现在不同的权利或权益的实现过程当中。公平原则在饮用水安全中的表现首先就是人人都应当获得清洁的、卫生的、易于获得的、适量的饮用水的权利。作为国家和政府具有尊重与保障获得公民饮用水的责任和义务。当然,公平不是绝对的平均或相等,而是指在基本的生存层面的每个人都应当享有同样的权利,可以过一种满足基本人格尊严的生活。

节约原则,就是节约用水原则。优质的饮用水不仅资源宝贵有限,而且需要付出极大的成本和代价。面对人口膨胀以及用水需求在量和质等多方面的提高,所有国家都必须采取必要的措施节约用水。

参与原则,也就是公共参与原则。饮用水安全的问题本身也是公众自身的问题,单纯依赖于政府公权力既不合理也不能全面有效解决问题。因此,有关饮用水安全问题必须在各个环节上吸纳公众参与,将公众从旁观者的角色变成作为主体的参与者。

3. 立法的主要内容

第一章是有关饮用水安全的总则或一般性规定,包括上述立法目的、原则、管理体制等;第二章是有关饮用水安全的规划的规定;第三章是有关饮用水水源地保护制度的规定;第四章是有关饮用水供水安全的制度规定;第五章是有关饮用水市场机制和价格机制的规定;第六章是有关饮用水安全的民主参与制度;第七章是有关饮用水突发事件应急处理制度;第八章是有关相关法律责任的规定。当然,以上还只是依据当前对饮用水安全的一般认识所设计的法律内容,也可以根据今后的实际需要和理论研究增加其他方面的内容。

三、构建饮用水安全法律体系的困难与挑战

在我国目前的情况下,因为相关理论基础相对薄弱,还不具备制定专门的"饮用水安全法"的条件。对于保护饮用水的立法应当分步骤进行,等到条件成熟时再进行专门的综合性立法。〔2〕应该说,保障饮用水安全分步骤立法或者先对重要制度立法,不失为一种现实主义的选择。当然,这也反映出保障饮用水安全立法目前所

---

〔1〕 董敏:《我国饮用水安全法律保障研究——以美国〈安全饮用水法〉为借鉴》,山东科技大学 2011 年硕士学位论文,第 26 页。

〔2〕 参见董敏:《我国饮用水安全法律保障研究——以美国〈安全饮用水法〉为借鉴》,山东科技大学 2011 年硕士学位论文,第 22 页。

面临着不少困难与挑战。

(一)有关饮用水安全的理论研究问题

从观念上,饮用水安全的重要性已经被社会所普遍接受,但有关饮用水安全的很多问题还没有被深入地研究。例如,饮用水安全的内涵究竟是什么?我们在前面概括地说,饮用水安全是一个含义非常宽泛的概念,如果作为一种理念,当然涵盖范围越广越好。但一旦观念要获得贯彻落实,就必须通过制度和技术(标准),否则再好的理念也只能是一种空想。因此,作为法律的饮用水安全必须有相对确定的范围和内涵,否则就无法获得良好的保护。

(二)专门立法可能引发的法律内部调整问题

制定专门的综合性饮用水安全法律,可能导致一系列法律的调整和变动。我们已经注意到,在水法规体系内部、水法规体系与其他部门法之间原本就存在一定的冲突和张力。有些法律法规之所以无法得到贯彻落实并不一定是因为自身制定的问题,而是因为与其他法律存在立法目的和立法角度的差异,导致法律之间存在矛盾和冲突。因此,制定出一部综合性的饮用水法律,或许并不是一件难事,难的是如何协调不同法律之间的关系。

(三)专门立法可能引发的管理体制变革问题

制定专门性的饮用水法律必然会带来相应的管理体制的变化,而管理体制就是政府权力的配置。我国目前的体制对于饮用水安全保护没有起到良好的保护作用,其原因就在于饮用水管理部门不仅数量众多,而且职权不明责任不清,也包括职权的交叉和重叠。但是在目前的情况下,建立单一的、集中的饮用水管理机构在我国并非易事,可能也需要一个长期的过程。“打破我国饮用水现有的管理模式,创新一种新型的管理模式在现实中也有许多障碍。”[1]

典型案例

兰州市市民诉威立雅自来水苯超标案[2]

【基本案情】

2014年4月11日,兰州发生“自来水苯超标”事件,致使兰州全城断水,备受关注。事后官方调查称:事故主要成因是因为威立雅3号、4号自流沟超期服役,沟体伸缩缝防渗材料出现裂痕和缝隙,责任公司兰州威立雅水务集团有限责任公司(以下简称威立雅)等单位及个人受到处理。

---

[1] 董敏:《我国饮用水安全法律保障研究——以美国〈安全饮用水法〉为借鉴》,山东科技大学2011年硕士学位论文,第28页。

[2] 参见赵孟等:《兰州市民诉威立雅自来水苯超标案败诉,法院称赔偿个人无必要》,载澎湃新闻网2015年11月27日,https://www.thepaper.cn/newsDetail_forward_1402000。

2014年4月14日，徐某琦、刘某元、王某等5位兰州市民对供水单位威立雅提起侵权诉讼，要求威立雅对苯污染事件造成的经济损失和精神损害进行赔偿。该案于2015年11月17日在兰州市城关区人民法院开庭审理，此时距离兰州自来水苯超标事件已19个月。

据相关报道，此案诉讼历经周折。最初将起诉材料递交到兰州市中级人民法院后，对方以“不符合民事诉讼法第55条”为由拒收起诉材料。5人又将材料交到城关区人民法院，亦遭拒收。后向甘肃省高级人民法院投诉后，城关区人民法院才收下了材料。但在此后的9个月里，当事人未收到立案通知，也未收到不予立案的裁定。2015年2月17日，此案在城关区人民法院立案。8月，原告追加兰州石化和中石油为被告，原因是兰州石化积存的地下含油污水渗入自流沟，对输水水体造成苯污染，致使局部自来水苯超标，而兰州石化的上级主管单位是中石油。此外，另有两位兰州市民起诉威立雅，因诉讼请求与5市民基本一致，经过商议后7人联合起诉，法院合并成一个案件审理。庭审持续近6小时，3被告除威立雅一位领导到庭外，其他均由代理律师出庭。原告方有北京义派律师事务所两位代理律师和部分当事人出庭。

原告诉求为，要求被告赔偿原告因购买矿泉水的损失72元、误工费100元、因检查身体的体检费用800元、精神抚慰金5000元。同时要求被告方在国家级媒体公开赔礼道歉。原告之一的火某兵说，此次联合起诉并不是为了赔偿金，而是希望借此提升民众对环保的认识，对个人权利的维护。7位兰州市民同意调解，但由于被告威立雅派出的代理人缺乏权限，无法作出是否调解的决定。

【裁判结果】

2015年11月27日下午，兰州市城关区人民法院宣判，法院驳回了原告要求威立雅进行经济损失和精神损害赔偿的诉讼请求。此案判决书显示，一审法院认为，自来水苯超标事件发生后，威立雅根据社会公众遭遇的损失，采取了公开赔礼道歉，并制定了相应的补救措施，符合公平的价值要求，要求威立雅对个体利益单独赔偿缺乏必要性。因不支持原告对威立雅的诉请请求，对兰州石化和中石油公司的连带责任赔偿请求亦被驳回。

一审判决后，原告温某等5人不服判决，提起上诉。2016年5月20日上午，甘肃省兰州市中级人民法院对5名上诉人因兰州“4·11”局部自来水苯超标事件诉威立雅等被告侵权案作出终审判决，认为一审法院认定事实清楚，适用法律正确，5名上诉人的上诉理由均不能成立，驳回上诉，维持原判。

兰州市中级人民法院审理认为，上诉人温某等4人主张一般侵权之诉，上诉人杨某主张环境污染特殊侵权之诉，无论是一般侵权还是特殊侵权，损害后果是侵权责任构成要件之一，这种损害后果是能够被法律评价的具体、现实存在的损害，有损害才有法律救济。兰州“4·11”局部自来水苯超标事件，作为一起社会公共突发事件,不仅涉及了居民作为社会成员的个体利益,也涉及了城市公共利益。在“4·11”事件中,受影响的不仅仅为有限的个人,也是全市居民,个人利益受侵害的现象具有普遍性,个人利益已转化为整体的公共利益,针对社会公共利益受损所采取的补偿方式、补救措施是否能够适当填补个人利益受损的状况应当是主要考量的因素。“4·11”事件发生后,政府立即启动应急预案,积极采取各种应对措施,公开事件进程,对涉事人员进行处理,修复治理周边污染区域,威立雅采取减退水量、公开赔礼道歉、公布水质检测数据等措施,即体现了城市供水企业具有的社会公共服务职能,又兼顾了社会公众因“4·11”事件产生的合理损失,确保了供水企业与公众之间的利益衡平,符合普遍公平的价值要求。因此,上诉人再次请求赔偿损失、赔礼道歉、公开水质数据的上诉理由不能成立。

【典型意义】

案件虽然以当事人败诉而告终,从法律层面来讲,作为公民应当服从于法院的生效判决,体现出对于法律和司法的尊重,但本案所凸显的饮用水安全问题,并未完全解决或结束。同时,在本案中体现出的公共利益与个人利益的关系问题,个人利益是否因为获得一定的救济就自然转化为公共利益也是值得关注的。我们不能期望所有的影响公共安全和公共利益的案件,都要求政府去处理或买单(至少是部分买单),而是希望每个公民都能去关心自身的利益,拿起法律的武器维护自身的权利。在法治国家,我们都要“认真对待你的权利”。

饮用水安全,不仅是事关个人生命健康安全的大问题,也是事关社会整体利益的大问题。饮用水安全问题需要引起各级政府、企业以及个人的高度关注。构建一套适合于中国社会发展保障人民群众身心健康的饮用水安全法律体系势在必行。

CHAPTER 05
第五章

水灾害防治法律制度

导读

本章讨论的水灾害主要是指水量异常及其持续的过程和由其引起的灾难性后果。无论是防治自然灾害还是防治人为灾害,无一例外都要经历防灾减灾、备灾、应急和救灾、恢复与重建这一周期。不同阶段的法律制度的要求是不同的,防灾减灾制度的关键在于它的可执行性;备灾制度的关键在于救援队伍的演练和物资的储备;应急和救灾制度的着力点应当是主体的响应力,重点是应急救援能力;而恢复重建制度最应当关注的是灾害分担和公众参与。防治水灾害也是如此,不仅要重视灾前预防和准备、灾中应急救援,还要注重灾后救助和恢复重建,这样才能真正减少灾害带来的损失和伤害。由于灾后恢复重建的目的在于如何恢复灾区正常的生产、生活秩序,而不在如何"防治"水灾害本身。因此,根据水灾害发生的过程,本章将水灾害防治法律制度分为水灾害预防法律制度、水灾害响应法律制度和水灾害救助法律制度,从而尝试构建科学有效防治水灾害的法律制度体系。

第一节 水灾害概述

法律上如何界定水灾害具有较为重要的意义,立法论上关涉有关制度的确立及有关主体权力(利)的边界;解释论上事关制度适用的范围。主要理由是:对水灾害外延进行界定的首要问题就是要分析引起水灾害的原因,并根据不同的标准对水灾害进行分类,构建科学有效防治水灾害的法律制度体系。

一、灾害学中的水灾害

水灾害是"水资源、水生态、水环境、水灾害统筹治理",即"四水同治"的环节之一。什么是水灾害呢?《新华字典》"灾"解释为"水、火、荒旱等所造成的祸害"。现代《汉语词典》"灾害"界定为"天灾人祸造成的损害"。《成语大全》中将"天灾人祸"释义为"天:自然。自然的灾害和人为的祸患"。由于现行法和现有的词语工具没有对"水灾害"进行明确的界定,因而灾害学界存在不同的认识。

(一)水灾害是指水本身存在的异常现象

持此类观点的学者虽然对水灾害的定义在论述上有一定的差别,但实质上所持的观点基本一致,即水灾害是指水本身存在的异常现象。例如:"水灾害的基本概念应该是水的存在异常,水的出现异常就是水灾害。"[1]该部分学者将水灾害的表现形式概括为洪水灾害、旱灾、冰灾。

该观点将水灾害限定在水本身存在的异常现象,既包括水量上的异常也包括水质上的异常,有合理性也有一定的局限性。合理性在于,该观点将由其他自然或人为因素导致的灾难性事故引发的与水有关的次生衍生灾害排除在外;局限性在于没有指出水异常导致的灾难性后果——对人类的人身和财产安全及社会经济发展等方面导致的损害结果。

(二)水灾害是由水造成的灾害

持这种观点的学者认为,水灾害是指由水造成的灾害。例如:"水灾害是指因水而带来或造成的灾害,即因水而导致的对人类生命财产的危害现象,如洪涝灾害、干旱灾害、水污染等。"[2]还有学者认为:"水对人类的生命财产和社会经济等造成的损害称为水灾害。"[3]

这种观点与第一种观点比较接近的是,把水量和水质引发的灾难性后果均包含在水灾害的含义内。不同的是强调了由水引发的灾难性后果,且把水灾害的外延扩大到其他灾害领域,让人误解只要因水产生的灾害都是水灾害,而无论水体本身以何种方式呈现。本书认为,如因水不洁导致的消化疾病、传染病、各种皮肤病等病症,属于广义的水安全的范畴,不属于水灾害。

(三)水灾害是指所有与水有关的灾害

也有观点认为,水灾害不仅包括由水造成的灾害,还包括因其他原因造成的与水有关的灾害。例如:"水灾害是因暴雨、台风、山洪、地震以及其他原因引起的洪水泛滥、风暴潮、灾害性海浪、积水、涝渍、水生态环境恶化等威胁人民生活和生命财产安全,对人类社会和经济发展造成损失或产生不良影响的祸害。"[4]

这种观点也认为水量和水质异常均是导致水灾害的原因,不过该观点将由其他自然现象或人类行为引发的与水有关的衍生次生灾害,如因地震引发的与水量异常

---

[1] 吴秋林:《水灾害的人类学意义》,载《六盘水师范高等专科学校学报》2011 年第 1 期。

[2] 谢永刚:《水灾害经济学》,经济科学出版社 2003 年版,第 1 页。

[3] 颜素珍、唐德善:《以史为鉴,科学认识水灾害——兼读〈100 例水灾害〉》,载《环境变化与水安全——第五届中国水论坛论文集》,中国水利水电出版社 2007 年版,第 960 ~963 页。

[4] 凌先有:《水灾害与水文化的发展和传承》,载《首届中国水文化论坛优秀论文集》,中华水利水电出版社 2009 年版,第 250 ~254 页。

有关的次生灾害,也认为是水灾害。

(四)本书对水灾害的界定

上述三种观点的共同之处在于:他们都认为引发水灾害的原因既包括水量异常也包括水质异常。本书认为:水质异常和水量异常发生的原因不同,水质异常往往是因不同物质在水中进行了化学反应而引起的,而水量异常则往往是由物理作用而产生。水质异常及其引发的灾难性后果属于水生态或水环境的范畴,是广义的水安全所包含的内容。本章讨论的水灾害主要是指水量异常及其持续的过程和由其引起的灾难性后果。

二、法学中的水灾害

自2000年开始在法学研究领域出现了灾害法学这一概念。对水灾害在法学中进行界定,应当以灾害在法学中的界定为前提。

(一)现有研究中灾害法学概念

国内最早提出灾害法学这一术语、撰写并发表文章对其进行概念界定的是学者喻中与钟爱萍。他们在2000年合著的一篇论文《灾害法学研究刍议》中提出:"灾害法学是以减灾防灾为中心的法学理论,它既是法学的一个分支,又不仅仅局限在法学之内。它与经济学、社会学、管理学、行政学及系统科学密切相关,不可分离。它以经济法、社会学、管理学、行政学及系统科学的眼光观察法学,以法学的思维回应其他社会科学。从这个意义上看,灾害法学乃是一门交叉性的边缘性学科,可以在一定意义上体现出法学界面对灾害挑战时的知识创新,以及为了人类未来的安全所作出的不懈探索。"[1]2007年,知网上又出现一篇关于灾害法学的文章,该文认为:"灾害法学,就是以防灾减灾活动作为研究对象的法学。"[2]2014年,另一篇文章认为:"灾害法学,是指对严重影响人类生存与发展的自然灾害,国家、政府、社会组织以及公民个人应如何有效预防、抗击以及救助等问题进行全面、系统、深入的法律思考的一门法学科。"[3]

(二)灾害法学研究者对灾害的界定

将灾害引入法学领域的学科是灾害法学,有关研究不同程度地涉及灾害这一概念,大多认为灾害主要是指自然灾害。如"众所周知,灾害作为一种影响范围广、经济损失严重的自然现象和过程,如洪涝干旱、地震、台风、海啸、滑坡、泥石流、火山爆发等,一直是人类生存和社会发展的大敌"[4]。再如"包含自然条件在内的客观条件的突变过程给人类造成的破坏和影响……通常人们所提到的灾害多指'天

---

〔1〕 喻中、钟爱萍:《灾害法学研究刍议》,载《桂海论丛》2000年第3期。

〔2〕 褚鑫杰:《灾害法学研究》,载《2007中国科协年会专题论坛暨第四届湖北科技论坛优秀论文集》,湖北省科学技术出版社。

〔3〕 方印:《灾害法学基本问题思考》,载《法治研究》2014年第1期。

〔4〕 喻中、钟爱萍:《灾害法学研究刍议》,载《桂海论丛》2000年第3期。

灾'——即自然灾害……以下如无特别说明,'灾害'一词均表示自然灾害"[1]。

(三)现行法律、行政法规中的灾害概念

国内最早将"灾害"引入法律文本的是1989年12月18日公布实施的《森林病虫害防治条例》,该条例第12条提出"提高森林抵御自然灾害的能力",但没有对自然灾害或灾害进行界定。自1998年3月1日起施行的《防震减灾法》第17条第3款提到了"可能发生严重次生灾害的建设工程",并于第5款对其进行了界定:"本法所称可能发生严重次生灾害的建设工程,是指受地震破坏后可能引发水灾、火灾、爆炸、剧毒或者强腐蚀性物质大量泄漏和其他严重次生灾害的建设工程,包括水库大坝、堤防和贮油、贮气、贮存易燃易爆、剧毒或者强腐蚀性物质的设施以及其他可能发生严重次生灾害的建设工程。"由此可见,该法将地震灾害区分为原生灾害和次生灾害。

(四)本书关于灾害法学和水灾害的观点

1. 灾害法学学科定位

灾害法学是法学与灾害学交叉的一个学科,其研究领域主要是从预防、防御和救助等方面针对自然灾害建立有效的法律制度,以尽可能减少灾害对人类和经济等带来的重大损失。在国内,灾害法学是近年来才兴起的学科,研究相对小众化。而且因研究不够全面和深入,目前没有形成体系化的理论架构。从立法论上讲,该学科研究似乎没有多大的空间,但是从法律适用的解释论上,该学科具有较为重要的研究价值。

2. 水灾害定义

习近平明确指出水安全方面存在的"老问题"就是"地理气候环境决定的水时空分布不均以及由此带来的水灾害"[2]。为有效防控水旱灾害,高效有序推进灾害避难、抗洪抢险、抗旱救灾工作,避免出现重大人员伤亡和财产损失,切实救援、救助受灾地区人员,需要建立行之有效的法律制度。因此,本书认为灾害法学上的水灾害,也称水旱灾害,是指人类有必要进行防范与处置的、由地理气候环境决定的水时空分布不均和人类行为引起的水量异常现象及其持续的过程,以及其对人类社会和经济发展造成的严重损害。该定义的外延包括三个方面:水量异常现象本身、水量异常持续的过程和水量异常对人类社会和经济发展造成的严重损害。

三、水灾害的类型及其法律意义

2020年5月31日国务院办公厅发布《关于开展第一次全国自然灾害综合风险普查的通知》(国办发〔2020〕12号),决定于2020年至2022年开展第一次全国自然

---

〔1〕 褚鑫杰:《灾害法学研究》,载《2007中国科协年会专题论坛暨第四届湖北科技论坛优秀论文集》,湖北省科学技术出版社2007年版,第270~272页。

〔2〕 韩全林、游益华:《论习近平治水思想的哲学内涵与实践意义》,载《水利发展研究》2019年第1期。

灾害综合风险普查工作，普查的自然灾害类型主要有地震灾害、地质灾害、气象灾害、水旱灾害、海洋灾害、森林和草原火灾等，[1]依据普查结果对水灾害进行分类，水灾害的区分将会更加科学具体。虽然调查至今仍未结束，但是已经取得了部分成果，如截至2023年5月9日的新疆地区“已完成96个县域普查调查任务，全疆普查调查工作获得了5大类、16种灾害等近1156万条空间位置和灾害属性信息，形成全疆自然灾害致灾因子、承灾体、历史灾害、综合减灾能力、重点隐患等专题数据集”，而且“水利部门收集整理出128处已建国家基本水文站洪水特征值”[2]。

根据前文的论述，基于引发水灾害的原因不同，可以分为自然水灾害和事故水灾害。除此之外，本书尝试将与防治水灾害制度密切相关类型从以下三个角度进行区分。

（一）突发性水灾害和常规性水灾害

1. 分类标准和分类依据

从水量异常是突发的还是缓慢发生的角度，区分为突发性水灾害和常规性水灾害。

2022年5月30日国务院发布的《国家防汛抗旱应急预案》适用范围是突发性水旱灾害，意味着还存在非突发的常规水旱灾害。学者对此也有回应，如“非常规突发水灾害”一词，是指“在自然因素或人为因素下突然发生的，对社会造成广泛负面影响，严重威胁多数人的生命财产安全，需要政府干预并立即采取应对措施的灾害性重大涉水事件”[3]。“事实上，自然灾害形成的过程有长有短，有缓有急。有些自然灾害，当自然力量的积累超过一定强度时，就会在几天、几小时甚至几分、几秒钟内表现为灾害行为，像地震、洪水、台风、冰雹等，这类灾害才是突发性自然灾害。旱灾、农作物和森林的病、虫、草害等，一般要在几个月的时间内成灾。而像土地沙漠化、水土流失、环境恶化等，通常要几年或更长时间的发展，完全就是缓发性自然灾害。”[4]

本书认为，无论是规范性文件中的“突发性”，还是学者提出的“非常规突发”，修饰的对象都应该是水而非灾害，也就是本书所称的水量异常。因为水量异常本是水灾害的应有之义，且“突发”就意味着水灾害是非常规的，无须再用“非常规突发”来修饰。而导致水量异常的原因可以分为突发的和缓慢产生的，据此可将水灾害分为突发性的和常规性的两类。

---

[1] 详见国务院办公厅《关于开展第一次全国自然灾害综合风险普查的通知》（国办发〔2020〕12号）的有关规定。

[2] 参见杨舒涵：《为大地体检　给山河把脉——新疆第一次全国自然灾害综合风险普查观察》，载《新疆日报（汉）》2023年5月9日，第4版。

[3] 王慧敏等：《非常规突发水灾害应急合作管理与决策》，科学出版社2016年版，第15页。

[4] 黄崇福：《自然灾害基本定义的探讨》，载《自然灾害学报》2009年第5期。

2. 分类的法律意义

缓慢发生的常规水灾害，给予各部门各单位的应对时间较为充裕，不同主管部门之间有充分的沟通交流和研讨机会，可根据水情演变情况不断变更应对措施和应急等级，因而现行法律体系足以保证制度供应。但是，对于突发水灾害，以2021年7月20日郑州市水灾害为例，现行制度应对显然滞后。

据报道，郑州市气象台于2021年7月16日已经发布了16～20日的天气预报，指出18～19日有大到暴雨，并提醒关注各种有关灾害和危害。[1] 另据新京报消息，郑州市气象台于7月18日21时54分，发布了暴雨黄色预警信号，但直到7月19日17时，河南省防汛抗旱指挥部启动防汛Ⅳ级应急响应，郑州市却是在郑州市气象台7月19日21时59分发布暴雨红色预警后，才于7月20日11时将防汛Ⅳ级应急响应提升为Ⅱ级，在气象部门于16时1分发布第5次红色预警后的16时30分才启动Ⅰ级应急响应，但为时已晚、灾难已经发生；国家防汛抗旱总指挥部（以下简称国家防总）[2] 于7月20日20时启动防汛Ⅲ级应急响应，后又提升至Ⅱ级；自然资源部于7月21日8时，启动地质灾害防御Ⅲ级响应，并派出工作组赴河南等地。[3]

本书认为这正是现行监测、预警等制度条块分割弊端的直接体现，应当及时修改《突发事件应对法》（2007年8月30日第十届全国人大常委会第二十九次会议通过，2007年11月1日开始实施），对包括突发灾害在内的突发事件做统一的制度安排。在保持现行管理体制的情况下，由最先发现险情的部门代为作出决策并担任暂时的指挥部门，责令其他有关部门及时响应并做好各项准备工作。

（二）特别重大水灾害、重大水灾害和一般水灾害

1. 分类标准和分类依据

国务院办公厅于2016年3月10日发布的《国家自然灾害救助应急预案》（国办函〔2016〕25号）根据自然灾害的危害程度等因素，将四级应急响应启动的条件之一确定为发生了特别重大或重大自然灾害，这里的自然灾害就包括因自然原因引起的

---

〔1〕 参见《强降水到来！7月18日到19日郑州有大到暴雨》，载新浪河南，https://henan.sina.com.cn/news/m/2021－07－16/detail-ikqciyzk5859400.shtml。

〔2〕 新中国成立后的1950年6月3日，经中央人民政府政务院批准，正式成立中央防汛总指挥部；1971年6月6日，改为中央防汛抗旱指挥部；1985年7月2日，又复称中央防汛总指挥部；1988年6月2日，改为国家防汛总指挥部，国家防讯总指挥部办公室设在水利部；1992年国务院办公厅《关于国家防汛总指挥部更改名称的通知》（国办发〔1992〕45号）将其更名为国家防总。根据国务院《关于议事协调机构和临时机构设置的通知》（国发〔2003〕10号），国家防总在水利部单设办事机构；根据国务院《关于议事协调机构设置的通知》（国发〔2008〕13号），国家防总具体工作由水利部承担；2018年国务院机构改革把国家防总等职能整合到应急管理部，国务院办公厅《关于调整国家防汛抗旱总指挥部组成人员的通知》（国办发〔2019〕12号）明确"国家防汛抗旱总指挥部办公室设在应急部"。

〔3〕 参见《郑州46小时发布8次暴雨红色预警》，载《新京报》2021年7月22日，第A04版。

水灾害；有学者将“危害最大、范围最广、持续时间较长的水灾害”总结为“干旱、洪水、涝渍、风暴潮及灾害性海浪、泥石流、水生态环境灾害”[1]。国务院于2021年12月30日以国发〔2021〕36号文印发的《“十四五”国家应急体系规划》在第十部分“（三）巨灾应对能力提升工程”中提出巨灾这一术语，却没有进行界定。对该规划规定的具体内容进行文义和体系解释，“巨灾”是指需要出动国家救援队伍（包括国家综合性消防救援队伍、国家级专业应急救援队伍）、地方综合性应急救援队伍、航空应急救援队伍进行应对的灾害。本书认为，这样的界定仍不明晰，应将其归入特别重大水灾害的范畴。

因此，从危害程度、辐射范围及持续时间等因素进行区分，水灾害包括特别重大水灾害、重大水灾害和一般水灾害。

2. 分类的法律意义

（1）不同的水灾害启动的应急响应级别不同。无论是与水灾害有关的国家专项应急预案，[2]还是国务院相关部委抑或地方各级政府制定的事关水灾害的应急预案，均将有关灾害区分为不同的程度，并针对不同程度的水灾害采取不同级别的应急响应。如《国家防汛抗旱应急预案》针对四种程度不同的洪水和干旱灾害，对应采取相应级别的响应行动。水灾害危急程度不同相应法律规范为国家配置的权力不同。

（2）国家为不同水灾害配置的权力各不相同。“紧急状态，是比应急状态（狭义）更严重的一种状态，是指发生特别重大突发事件，有关部门采取《突发事件应对法》和其他有关法律、法规、规章规定的应急处置措施不能消除或者有效控制突发事件，必须采取包括戒严等非常措施进行应对的状态。”[3]由此可见，在相关状态是水灾害引起且满足不同条件时，适用的法律制度不同，相应的制度为国家配置的权力也不相同。国外不乏其例，如2019年5月6日纳米比亚宣布由于全国发生干旱自然灾害，总统哈格·根哥布发表声明，依据《纳米比亚宪法》第26条，宣布国家进入紧急状态。[4] 再如，2021年5月30日，在遭遇连夜强降雨后，新西兰南岛坎特伯雷地区的阿什伯顿、蒂马鲁和塞尔温等地因洪涝宣布进入紧急状态。[5]

由此可见，在应急状态下，国家和政府部门适用《突发事件应对法》及有关法律、

---

〔1〕 徐向阳主编：《水灾害》，中国水利水电出版社2006年版，第1页。

〔2〕 包括《国家自然灾害救助应急预案》、《国家防汛抗旱应急预案》、《国家地震应急预案》、《国家气象灾害应急预案》、《国家突发地质灾害应急预案》和《国家森林草原火灾应急预案》。

〔3〕 胡建淼：《慎提“紧急状态”和“战时管制”》，载《文摘报》2021年1月26日，第6版。

〔4〕 参见冯孔：《纳米比亚因旱情进入紧急状态》，载新华网（xinhuanet. com）2019年5月7日，2021年6月23日浏览。

〔5〕 参见王頔：《新西兰坎特伯雷一些地区因洪涝进入紧急状态》，载新华网（xinhuanet. com）2021年5月30日，2021年6月23日浏览。

法规、规章启动应急处置措施即可,上述规范为国家配置的是行政应急权;而在达到紧急状态时,因事态威胁到国家的生存或生命,[1]且采取应急处置措施不能够维护秩序、保障安全,才由国家有权机关依据《宪法》第67条、第80条、第89条的规定决定并宣布进入紧急状态,宪法为国家配置的是国家紧急权。

(三)原生水灾害与次生水灾害

1.分类标准和分类依据

《关于开展第一次全国自然灾害综合风险普查的通知》中将主要的自然灾害分为地震灾害、地质灾害、气象灾害、水旱灾害、海洋灾害、森林和草原火灾;《防洪法》第1条开宗明义"为了防治洪水,防御、减轻洪涝灾害";《抗旱条例》第1条也开宗明义"为了预防和减轻干旱灾害及其造成的损失";《国家防汛抗旱应急预案》第1.3条中将突发性水灾害界定为两类,第一类包括江河洪水和渍涝灾害、山洪灾害(指由降雨引发的山洪、泥石流灾害)、台风暴潮灾害、干旱灾害和供水危机;第二类包括由洪水、风暴潮、地震等引发的水库垮坝、堤防决口、水闸倒塌、堰塞湖等次生衍生灾害。[2]《气象灾害防御条例》第2条第2款将气象灾害界定为"台风、暴雨(雪)、寒潮、大风(沙尘暴)、低温、高温、干旱、雷电、冰雹、霜冻和大雾等所造成的灾害"。该条第3款将水旱灾害、地质灾害、海洋灾害、森林草原火灾等界定为因气象因素引发的衍生灾害、次生灾害。

综上所述,水灾害指的是不包括水质异常在内的水旱灾害,因而以水灾害最初的形态是否由地理气候环境所造成,本书将其分为原生水灾害和次生水灾害。"灾害链中最早发生的起作用的灾害称为原生灾害,而由原生灾害所诱导出来的灾害则称为次生灾害。自然灾害发生之后,破坏了人类生存的和谐条件,由此还可以导生出一系列其他灾害,这些灾害泛称为衍生灾害。"[3]原生水灾害即《国家防汛抗旱应急预案》所界定的第一类水灾害;次生水灾害是指由地震灾害、地质灾害、海洋灾害、森林和草原火灾等诱导产生的水灾害,主要是指《国家防汛抗旱应急预案》所界定的第二类水灾害。

2.分类的法律意义

上述法律、法规及有关文件规定的自然灾害的种类之间相互交叉,导致相同灾害的监测、预警主体分散在不同的主管部门,致使应对灾害的反应和决策机制滞后,导致灾害范围扩大和程度加剧,郑州7·20水灾害充分体现了这些弊端。

(1)不同类型的水灾害其监测制度各不相同。根据国务院1998年4月29日批转的《减灾规划(1998—2010年)》附件1和附件2,当时与水灾害有关的监测有10

---

[1] 参见赵建文:《论人权公约的克减条款》,载《法学家》1996年第5期。

[2] 详见《国家防汛抗旱应急预案》,中央人民政府网(www.gov.cn)2022年5月30日。

[3] 《什么是次生灾害、什么是衍生灾害》,载《贵阳日报》2019年5月11日,第A02版。

种之多;《"十四五"国家综合防灾减灾规划》(国减发〔2022〕1 号)中提出"地震、地质、气象、水旱、海洋、森林草原火灾等灾害监测网络不健全",说明目前与水灾害有关的监测体系仍然存在多头并存的现象。

(2)预警信息处理主体根据水灾害的类型而有所不同。因水灾害预警信息的收集、储存、分析和预测不仅关系到发布警报级别的准确性,还事关公众的情绪从而影响社会稳定和安全。根据《突发事件应对法》第 43 条的规定,发布相应级别的警报、决定并宣布有关地区进入预警期和报告的责任主体是县级以上地方各级人民政府。水灾害信息报告制度中,虽然接受信息的部门都是有关防汛抗旱指挥机构,但是报告主体却因报告信息的种类不同而各不相同,当报告内容是当地灾害性天气的监测和预报时,气象水文海洋信息的报告主体是各级气象、水文、海洋部门;当报告内容是雨情、水情时,报告主体是水文部门,报告的条件是江河发生洪水,报告要求分别是雨情、水情应在 2 小时内报到,重要站点的水情应在 30 分钟内报到。

第二节　水灾害预防法律制度

天气和气候在同一地区具有周年或周期性的变化,因而由其引起的水灾害具有一定的周期性;又由于水灾害是一种客观现象或过程,因而有迹可循。这就意味着人类可以预测水灾害,并基于预测而采取各种预防措施以防灾抗灾,避免或减轻水灾害发生的强度和危害程度。同时,科技发展使得人们认识自然规律的手段和方法越来越先进,人类更加充分地认识、了解各种灾害发生的原理、条件等,因而对灾害可能发生的区域、时段有了相对准确的判断。为使上述预测和防治的过程常态化,需要对其进行制度化,从而建立起的各项制度就是水灾害预防法律制度。本节主要从规划、应急预案、水情监测和预警四个方面进行探讨,厘清有关水灾害现行制度,构建体系化的水灾害制度体系,使其发挥预防、抵御和救助水灾害的规则和依据的功能。

一、水灾害防治规划制度

目前,关于水灾害现行有效的规划,既包括水行政主管部门根据《水法》编制的综合规划和专业规划,也包括其他主管部门根据有关法律编制的如气象信息规划、治理规划等。

(一)现行水灾害防治规划制度存在的问题

依据有关法律、法规规定编制的关于水灾害的规划,因缺少保障有效实施的制度,使得实施效果不能实现法律、法规的立法目的,从而导致有关规划中的一些规定在实际工作中失灵。

1. 体系化的水灾害规划制度仍未建立

按批复的部门和时间顺序,现行与水灾害防治有关的规划包括以下几个方面:

第一，中共中央、国务院于2021年10月8日印发的《黄河流域生态保护和高质量发展规划纲要》和2021年12月30日发布的《“十四五”国家应急体系规划》；第二，水行政主管部门编制、国务院批复的水资源综合规划包括《关于长江流域综合规划（2012～2030年）的批复》（国函〔2012〕220号）、《关于黄河流域综合规划（2012—2030年）的批复》（国函〔2013〕34号），以及辽河、淮河、海河、珠江、松花江、太湖流域综合规划。〔1〕 第三，《减灾规划（1998—2010年）》就防灾、减灾和救灾任务以专项规划的形式提出。随后，连续制定了国家综合防灾减灾4个五年规划，先后出台了一批防灾、减灾和救灾的专项规划，地方也相应制订实施了适用于本行政区域的防灾减灾规划。2019年10月25日，在应急管理部（以下简称应急部）召开了国家综合防灾减灾“十四五”规划编制领导小组第一次会议，与会人员对规划具体编制工作提出了意见和建议。〔2〕 第四，水资源专业规划。首先，流域防洪规划，包括《珠江流域防洪规划》、《海河流域防洪规划》、《太湖流域防洪规划》、《辽河流域防洪规划》、《松花江流域防洪规划》、《长江流域防洪规划》、《黄河流域防洪规划》和《淮河流域防洪规划》；其次，抗旱和水土保持规划，包括《全国抗旱规划》和《全国水土保持规划（2015—2030年）》；其他专业规划，包括《渭河流域重点治理规划》、《关于黄河禹门口至潼关河段河道治导控制线规划意见的批复》、《全国蓄滞洪区建设与管理规划》和《全国中小河流治理和病险水库除险加固、山洪地质灾害防御和综合治理总体规划》，以及流域机构编写、水利部批复的《淮河干流行蓄洪区调整规划》。第五，其他专项规划。如国务院批复的《国家应对气候变化规划（2014—2020年）》（国函〔2014〕126号）、国家发展改革委《关于气象信息化发展规划（2018—2022年）的批复》（发改农经〔2017〕2085号）和《甘肃“两江一水”区域综合治理规划》等。

上述规划中，《黄河流域生态保护和高质量发展规划纲要》与水灾害防治相关性最强，对黄河流域水灾害应对体系和能力建设具有纲领性作用；而《“十四五”国家应急体系规划》与水灾害防治的相关性要低一些，对突发水灾害的应急体系建设具有指导性的作用。但是，其他规划则都是由单一行政主管部门制定，报有关机关通过。这样的编制体制会造成不同部门制定的规划，同时适用于相同地区或相同事项，如淮河流域存在《淮河流域综合规划（2012～2030年）》、《淮河流域防洪规划》和《淮河流域重点平原洼地除涝规划》，其中后两项规划之间就存在重复和重合之处。截至目前，本书作者检索到由不同部门间合作编写的规划，只有水利部、原国土资源部、气象局、原建设部和原国家环保总局5部（局）于2006年共同完成的《全国山洪

〔1〕《七大流域综合规划（修编）全部得到国务院批复》，载中央人民政府网，http://www.gov.cn/jrzg/2013-03/12/content_2352674.htm。

〔2〕《国家综合防灾减灾“十四五”规划编制工作启动》，载应急部网，https://www.mem.gov.cn/xw/bndt/201910/t20191025_339613.shtml。

灾害防治规划》。“这就造成不同部门制定的规划,同时适用于相同地区或相同事项,因缺少关于这些规划协调适用的规定,从而导致适用于同一问题的规划不成体系、不同规划之间的关系不清、效力不确定等问题。”

2. 现行规划缺少保障性规定

《防洪法》确立了防洪规划制度,规定了规划的法律地位、编制主体、编制及修改的程序、编制的原则和内容。但是缺少保证规划有效实施的法律规则,既没有规定有关责任主体违反上述条款时应承担的法律责任,也没有规定规划的检查、评估和考核制度。《抗旱条例》仅规定了规划的编制主体、生效程序、编制的原则和内容,其他规则都未确立。因此,无论是根据《防洪法》编制的防洪规划,还是依据《抗旱条例》编制的抗旱规划,在具体工作中的实施效果都并不理想。2020 年 12 月 26 日发布、2021 年 3 月 1 日开始施行的《长江保护法》和 2022 年 10 月 30 日公布、2023 年 4 月 1 日开始施行的《黄河保护法》,都没有设置保障性制度。

上述有关规划中,即使是《黄河流域生态保护和高质量发展规划纲要》也只是就“推进规划实施”作了一些原则性规定,而没有保障规划实施的制度。虽然有些规划自身规定了相应的检查、评估或考核制度,但实务中实施的效果也不明显,根本原因还是效力层级低,约束力不强。如《国家突发事件应急体系建设“十三五”规划》第 5.3 条就是“强化监督与评估”[1],2008 年国务院批复的《黄河流域防洪规划》,该规划也规定了实施效果评价和保障措施,《关于全国抗旱规划的批复》第 3 条[2]将检查、评估和考核规划完成情况的主导性职责赋予水利部,且水利部负责就总体实施情况向国务院报告。但是在有关部门的官网上以有关关键词进行搜索,没有搜索到相关信息,只有在水利部官网上以“抗旱规划”为关键词,搜索出 2013 年至 2017 年多条关于《全国抗旱规划实施方案(2014—2016 年)》的链接。

(二)完善水灾害防治规划制度的建议

根据《黄河保护法》第 20 条[3]的规定,在黄河流域规划体系中,国家发展规划处于统领地位,空间规划具有基础性地位,专项规划、区域规划具有支撑性的作用;规划对推进黄河流域生态保护和高质量发展发挥引领、指导和约束的作用。因此,本书认为,通过体系化的建设,形成以国家发展规划为统领,以空间规划为基础,以水资源规划中的区域或流域综合规划和专项防灾减灾规划为支撑,以专业规划为配

---

[1] 原文内容是:“建立健全规划实施评估制度,将规划任务落实情况作为对部门和地方工作督查和考核评价的重要内容。国务院办公厅、国家发展改革委要组织开展本规划实施情况中期评估,及时发现问题并提出改进措施。地方政府要加强对本地区实施规划情况的监督检查。”

[2] 原文内容是:“水利部要会同有关部门加强对《规划》完成情况的检查、评估和考核,总体实施情况向国务院报告。”

[3] 该条规定为:“国家建立以国家发展规划为统领,以空间规划为基础,以专项规划、区域规划为支撑的黄河流域规划体系,发挥规划对推进黄河流域生态保护和高质量发展的引领、指导和约束作用。”

套的水灾害防治规划体系；通过建立规划评估制度，加强规划的实施效力。

1. 建立体系化的水灾害防治规划制度

水灾害防治规划制度体系建设不要求制定专门的水灾害防治规划，而是“将现有的与水灾害有关的规划整合起来，将水资源规划中的综合规划和专业规划与防灾、减灾和救灾综合规划、部门专项规划和地方专项规划进行有效衔接，通过删减、增改补等方式，建立起体系和谐统一、定位准确、边界清晰、功能互补的规划体系”[1]达到这样的目标，应当做好以下几个方面的工作：

第一，“根据《水法》第 14 条的规定水资源规划包括区域规划和流域规划，二者分别包含综合规划和专业规划，其中的专业规划包括了防洪、治涝……渔业、水资源保护、水土保持、节约用水等 13 种。该法第 15 条第 1 款规定了流域规划与区域规划、综合规划与专业规划之间的关系”[2]。因此，水灾害的规划制度体系应当以水资源规划中的区域或流域综合规划为支撑。

第二，国家综合防灾减灾的五年规划不仅是国家将防灾、减灾和救灾工作纳入经济社会发展全局的重要举措，还是国家减灾委员会（以下简称国家减灾委）和有关单位履职尽责的重要依据。因此，以国家综合防灾减灾的五年规划为基础形成的防灾减灾规划体系也应当是水灾害防治规划制度体系的支撑。

第三，水资源专业规划和地方专项规划的编制，应该以水资源区域综合规划和流域综合规划中与水灾害有关的内容为基础，以国家综合防灾减灾的五年规划中涉及水灾害的内容为蓝本，由不同的部门联合编制或者完善规划评估协商机制。前者最典型的例子是《全国山洪灾害防治规划》，该规划于 2006 年 10 月 27 日获国务院以国函〔2006〕116 号文批复，省级人民政府是该规划实施的责任主体。这样制定的规划不仅能够避免令出多头、推诿扯皮等现象，还能避免多个部门针对同一事项分别制定规划而节约行政资源。后者如《“十四五”国家应急体系规划》第五部分中提出将在十四五期间完成的工作，即“强化自然灾害风险区划与各级各类规划融合，完善规划安全风险评估会商机制”[3]。《黄河保护法》第 23 条第 1 款对此作出了原则性的规定，即“国务院水行政主管部门应当会同国务院有关部门和黄河流域省级人民政府，按照统一规划、统一管理、统一调度的原则，依法编制黄河流域综合规划、水资源规划、防洪规划等，对节约、保护、开发、利用水资源和防治水害作出部署”。

---

〔1〕 郑永红：《水灾害规划和应急预案制度研究》，载《华北水利水电大学学报（社会科学版）》2021 年第 5 期。

〔2〕 郑永红：《〈黄河法〉中的规划制度研究》，载《华北水利水电大学学报（社会科学版）》2020 年第 4 期。

〔3〕 2022 年 12 月 30 日，国务院印发《关于印发“十四五”国家应急体系规划的通知》（国发〔2021〕36 号）第五部分中的“（一）注重风险源头防范管控”。

2. 增加保证规划制度有效实施的规定

保证规划制度有效实施，就必须在相应的法律中明确其性质和法律地位。本书认为与水灾害有关的规划性质上属于生态空间规划，包括绿色生态空间规划和其他生态空间规划，编写时应当遵循战略性原则、科学性原则、协调性原则和可操作性原则；与水灾害有关的规划应当是有关部门或单位开展防灾、减灾和救灾的依据，任何单位或个人未经法定程序不得变更。

保证规划制度有效实施，还应当在相应的法律中建立规划的定期评估制度，将评估作为有关规划实施的法定程序之一，明确规划批准部门的监督地位，确定其责权和公众参与的机制。由规划批准部门通过法定程序组织相关单位对相关规划的实施情况进行监督检查，并依法获取公众意见和建议，将规划实施情况纳入执法督察内容；根据监督检查和执法督察的结果，以防灾、减灾和救灾为标准，考虑各地各部门的实际情况，依法定程序调整和完善有关规划。[1] 从而避免规划评估制度形式化，以强化有关规划的权威性，保障规划的有效实施，督促有关部门实施规划的随意性。

二、水灾害应急预案制度

“应急预案，在不同的国家有不同的名称。如美国把预案称为国家响应计划（National Response Plan），联合国的相关组织把救灾后的应对组织和程序称为行动计划（Operational Plan）……中国应急预案建设方面的最大的特点是它既反映了中国在应对各种灾害的经验，又体现了突发事件发展的基本规律和明确了相应的应对措施和要求。”[2] 根据我国现行有效的法律、法规、规章及规范性文件等的规定，应急预案在预防水灾害方面发挥着重要的作用，但是现行的制度还存在一定的问题，需要进行充实和完善。

（一）现行应急预案制度存在的问题

现行应急预案制度存在的主要问题包括：第一，不同级别、不同部门、不同单位的应急预案差别不大，有些下级单位制定的预案就是上一级的简单复制，缺少能体现本部门、本单位特色的规定；第二，应急预案的法律地位不明确和多头并存。

1. 应急预案的法律地位不明确

根据国务院分别于 2006 年 1 月 8 日和 2006 年 6 月 15 日发布的《国家突发公共事件总体应急预案》和《关于全面加强应急管理工作的意见》，各地区、各部门编制本地区和本行业突发公共事件应急体系建设规划，城乡建设等有关专项规划的编制要与应急体系建设规划相衔接。2006 年 7 月 6 日，国务院应急管理办公室负责人答

---

〔1〕 参见郑永红：《〈黄河法〉中的规划制度研究》，载《华北水利水电大学学报（社会科学版）》2020 年第 4 期。

〔2〕 黄建发：《我国应急救援能力的建设与思考》，载《中国应急救援》2006 年第 2 期。

新华社记者问时提出“落实和完善应急预案为基础”，明确了应急预案的基础性地位。但是，以这种方式确定应急预案的法律地位，并不具有法律意义。

虽然《突发事件应对法》第 17 条第 3 款赋予地方各级人民政府和县级以上地方各级人民政府有关部门有依法制定突发事件应急预案的职责，第 18 条规定了突发事件应急预案的具体内容，[1]却没有明确应急预案的法律地位，即应急预案在各级政府及有关部门在应对具体的突发事件中应当发挥什么作用？

2013 年 10 月 25 日，为规范应急预案体系，国务院办公厅印发了《关于印发突发事件应急预案管理办法的通知》（国办发〔2013〕101 号，以下简称《应急预案管理办法》）将应急预案的编制主体扩大到“基层组织、企事业单位、社会团体等”[2]，实务中各地将“企事业单位应急预案”纳入应急预案体系中，如《四川省突发公共事件总体应急预案》第 1.5 条第 1 款第 5 项的规定[3]、《山东省突发事件应急预案管理办法》第 2 条的规定[4]等。

从《突发事件应对法》第 17 条和第 18 条的规定看，应急预案应当是有关行政机关制定并发布，在应对突发事件的实际工作中应当遵循的制度，对制定机关之外的第三人产生法律效力，属于抽象性行政行为。但是从《应急预案管理办法》的规定来看，企事业单位制定的应急预案仅为本单位内部有关部门和人员应当执行的规则，仅具有约束本单位内部的法律效力，应属于单位内部或行业内部的规章制度。这种性质不同的规定极易导致权责不清，引起上下级政府、部门以及各企事业单位之间推诿的现象，导致相关规定失去了可执行性。

2. 应急预案体系多头并存

国务院办公厅印发《应急预案管理办法》后，国务院各部门、地方各级人民政府及其部门也纷纷制定适用于本部门或本行政区划内的应急预案，各企事业单位也制定适用于本单位的应急预案。根据《应急预案管理办法》的规定，政府及其部门制定的应急预案包括总体应急预案、专项应急预案、部门应急预案和联合应急预案等[5]；机关、企业、事业单位、社会团体和居委会、村委会等法人和基层组织制定的

---

〔1〕 包括：“突发事件应急管理工作的组织指挥体系与职责和突发事件的预防与预警机制、处置程序、应急保障措施以及事后恢复与重建措施等内容。”

〔2〕《应急预案管理办法》第 2 条规定：“本办法所称应急预案，是指各级人民政府及其部门、基层组织、企事业单位、社会团体等为依法、迅速、科学、有序应对突发事件，最大程度减少突发事件及其造成的损害而预先制定的工作方案。”

〔3〕 原文为：“企事业单位应急预案。由有关单位根据有关法律、法规制定。省属重点单位的应急预案，报省级有关应急管理部门备案。重点单位由有关应急管理部门确定并实施动态管理。”

〔4〕 原文为：“我省应急预案体系由省总体应急预案，省专项应急预案，省部门应急预案，市、县（市、区）、乡镇（街道）应急预案，村（居）、社区和企事业单位应急预案，重大活动应急预案等 6 大类组成。”

〔5〕 详见《应急预案管理办法》第 7 条的规定。

是单位和基层组织应急预案。[1] 此后，大量的应急预案被制定出来，根据国务院办公厅2017年1月12日的《关于印发国家突发事件应急体系建设"十三五"规划的通知》（国办发〔2017〕2号），仅十二五期间就制修订各类应急预案550万余件。从国家减灾网查阅的资料显示，截至2019年年底，我国已编制应急预案780万余件，其中2019年新修订编制200余万件，2019年全国累计开展应急演练300万余次。[2] 国家应急部官网显示，国家专项应急预案就有6个，分别是《国家自然灾害救助应急预案》、《国家防汛抗旱应急预案》、《国家地震应急预案》、《国家气象灾害应急预案》、《国家突发地质灾害应急预案》和《国家森林草原火灾应急预案》。这充分显示国家对应急预案的重视程度，但是这些应急预案不仅重规累矩、浪费资源，而且不可避免会基于部门、行业或地区利益而存在相互冲突和矛盾。

虽然《应急预案管理办法》第8条明确了总体应急预案、专项应急预案、部门应急预案和联合应急预案各自的侧重点，但很多突发公共事件的起因或者危害对象或结果具有相同或相似性，造成不同部门制定的应急预案内容相互重复，如在自然灾害应急预案方面，各级政府除发布自然灾害（救助）应急预案外，还发布诸如防汛抗旱应急预案、气象灾害应急预案体系、地震灾害（救助）应急预案、海洋灾害应急预案、突发地质灾害应急预案等。水灾害方面的应急预案，经在水利部官网以"应急预案"为关键词进行查询，就会出现国家防汛抗旱应急预案、水雨情应急预案、凌汛应急预案、供水应急预案、防汛抢险应急预案、水库大坝安全管理应急预案、水库抢险应急预案、水量调度应急预案、灾害救助应急预案、城市防洪排涝应急预案、淤地坝应急预案等，呈现多而繁杂的状况。

制定应急预案不仅需要人力、物力成本，还要付出相当精力。将相同或近似的预案合并同类项，由有关部门联合编制，不仅能够节约大量的行政资源，还可以相互协调、消除冲突。

（二）完善水灾害应急预案制度的建议

通过明确应急预案在水灾害预防中的地位、明晰相关责任主体在编制工作中的职责，才能使应急预案具有针对性、实用性、系统性、概括性和完整性。

1. 明确应急预案的法律地位

从《突发事件应对法》和《应急预案管理办法》的规定，以及"各级人民政府及其部门、基层组织、企事业单位、社会团体等"在实务中制定和执行应急预案的实际情况看，政府及其部门制定的应急预案的效力延伸到制定者之外，对第三人具有约束力，应属于抽象行政行为；其他主体编制的应急预案则仅在本系统或单位内部发生

---

〔1〕 参见《应急预案管理办法》第9条的规定。

〔2〕 参见《应急部召开全国应急预案体系建设现场会》，载国家减灾网2020年10月14日，http://www.ndrcc.org.cn/yjglbyw/24027.jhtml，2021年1月5日最后访问。

约束力，不产生对第三人的效力，应属于该系统或单位内部应当遵守的规章制度。

《突发事件应对法》和《应急预案管理办法》赋予应急预案的法律地位是应急管理的政策依据和行动指南，应当具有预决策机制的作用。“所谓预决策，就是在法律制定之后，提前假设不同危机情景并做出相应的制度安排，预先假设的危机情景一旦出现，相关主体就应当直接采取法定措施，无须层层请示汇报、等待上级决策，贻误时机。”[1]目的在于解决应急效率上的要求。

因此，政府及其部门制定的应急预案，在预防水灾害方面应当发挥预决策机制的作用。理由有如下两点：第一，由于水灾害预防领域的法律主要是行政法，实施机关主要是各级水行政主管部门，但水行政主管部门不仅受上级部门的领导，还受同级政府的领导，使得基层政府或单位获知预警信息后须逐级上报，经决策层决策后才能逐级下达执行，导致水灾害预防效率低下；第二，赋予应急预案在水灾害预防方面的预决策机制作用，使各级政府发挥复核、纠错职能即可，即在确定水行政主管部门发布的预警信息存在错误时，及时纠正或撤回预警信息。如此一来，既能分散上级机关应对水灾害决策的压力，也使其有足够的精力去纠正下级在执行中的偏差。

2. 应急预案的编制应分工合作

水灾害发生的原因多样化和信息科技的进步要求将单一的、分散的应急预案，转变为效力更高、体系更完备的综合性应急预案和有针对性的专项应急预案。换句话说，应急预案体系建设应当是系统性工程，各地各部门之间的应急预案应当相互协调衔接，在对各种风险进行分类的基础上，开展部门之间的分工合作。[2]《“十四五”国家应急体系规划》第十部分“（二）风险防控能力提升工程”前两项工程分别是灾害事故风险区划图编制和风险监测预警网络建设，一旦这两项工程完工，应急预案的制定就有了基础性资料的支撑。

首先，对具有相同或相近风险的，以该风险所属部门或行业为主，其他部门或行业为辅；对具有不同风险的，则全部交由该风险所属部门或行业编制。如国务院于2009年12月11日发布的《国家气象灾害应急预案》编制的法律依据，除《突发事件应对法》《气象法》之外，还包括《防沙治沙法》《防洪法》《防汛条例》《抗旱条例》等。在此之前的2007年6月15日，原国家林业局（现为国家林业和草原局）就制订了

---

[1] 林鸿潮、赵艺绚：《应急管理领域新一轮修法的基本思路和重点》，载《新疆师范大学学报（哲学社会科学版）》2020年第6期。

[2] 《“十四五”国家应急体系规划》第七部分“（一）强化应急预案准备”提出：“修订突发事件应急预案管理办法，完善突发事件分类与分级标准，规范预警等级和应急响应分级。加强应急预案的统一规划、衔接协调和分级分类管理，完善应急预案定期评估和动态修订机制。强化预案的刚性约束，根据突发事件类别和级别明确各方职责任务，强化上下级、同级别、军队与地方、政府与企业、相邻地区等相关预案之间的有效衔接。建设应急预案数字化管理平台，加强预案配套支撑性文件的编制和管理。”

《重大沙尘暴灾害应急预案》;2006年1月10日,国务院发布有《国家防汛抗旱应急预案》。由此涉及的各部门应当进行研究分析,在国务院就灾害性气象制定了应急预案的情况下,沙灾、洪灾、旱灾等主管部门如何制定适用于本行业的应急预案,才能避免重复而具有针对性。

其次,在上述工作的基础上,还应当对风险进行深入细致地分析,对于相同或近似风险且风险程度相当的地区,由这些地区的上级人民政府指定一个地区编制。如在海洋灾害方面,因存在海冰、风暴潮、灾害性海浪、海底沙波、赤潮和海啸等不同的灾害形态,各级政府应当根据该地区海洋灾害的具体情况,在国家层面制定的《海洋灾害应急预案》的基础上,指定一个地区的一个部门制定应急预案即可,除有特殊情形的,需要针对特殊情形制定有针对性的预案外,其他有关部门和单位执行该应急预案即可。

最后,加强与水灾害有关的各部门之间的合作,包括水行政、气象、地震、海洋、地质、农业、林业、草原等部门,汇总各部门掌握的各种资料信息,包括但不限于危险源的辨识与风险等级的评价等,再进行统一的、系统的分析,找出水灾害发生的规律和可预测的信息。在上述工作的基础上,将可预测的信息区分为自然界存在的预兆和需要监测才能发现的信息,发现存在水灾害风险的重点区域、重点领域、重点环节和重大的危险源,针对不同的规律和不同的信息,制定不同的应急预案。

当然,这样做要求前期的基础性工作要做得扎实,收集的数据和资料应当相对精准,工作量大而复杂。但在此基础上制定的应急预案不仅具有针对性符合实际、实用有效,而且具备系统性、概括性和完整性,少而精、简而准。

三、水灾害监测法律制度

(一)水灾害监测制度体系还未形成

根据《减灾规划(1998—2010年》附件1“正在实施的减灾项目”,当时正在实施的与水灾害监测有关的项目包括空间大地形变动态监测网、灾害遥感监测、森林防火监测、中国土地荒漠化监测;附件2中与水灾害有关的监测“备选减灾项目”包括干旱灾害监测及预警系统、灾害性天气监测、全国和重点区域地震监测、重大气象灾害短期预测评估方法及其应用系统、台风暴雨监测预报与减灾研究、地质灾害监测。经过20多年的建设和研究,目前我国与水灾害有关的监测体系存在水灾害监测体系、气象灾害监测体系、地震监测体系、海洋环境监测体系等多头并存的现象,且不同监测体系获得的监测信息没有实现共享。

1. 与水灾害有关的监测资源分散割裂

首先,根据《突发事件应对法》第41条的规定,负有建立健全突发事件监测制度职责的是县级以上人民政府及其有关部门,据此各地县级以上人民政府的水行政主管部门应当建立健全突发性水灾害的监测制度。其次,根据《防洪法》第31条的规定,地方各级人民政府应当按照防洪规划和防御洪水方案建立并完善水文、气象、通信、预警以及洪涝灾害监测系统。2007 年的《水文条例》确立了水文监测制度,此后各地逐渐建立了中小河流水文监测体系,包括水文站、水位站、雨量站、水文信息中心站、巡测基地、应急机动监测等。最后,根据《山洪灾害监测预警监督检查办法(试行)》的规定,还存在山洪灾害自动监测系统和监测预警平台。另外,《黄河保护法》第 60 条明确国家应加强水文和气象监测预报预警,第 71 条明确黄河流域城市人民政府负有"完善城市洪涝灾害监测预警机制"的职责。由此可见,仅在水利系统就存在多种监测体系。这些监测体系之间的关系及运行和监督状况不是本书探讨的重点。但是,这也说明目前我国与水灾害有关的监测体系存在多头并存的状况。

此外,减灾委员会各成员单位,如自然资源、水利、气象、地震、住建、农业农村、林业和草原等部门分别承担着分类监测的职责,主要体现在以下几个方面:第一,根据《气象灾害防御条例》第 22 条的规定,气象灾害包括大雾和霾的监测;根据该条例第 28 条的规定,县级以上地方人民政府负有完善气象灾害监测体系的职责;根据第 29 条第 2 款[1]的规定,负有对灾害性天气进行监测的部门不仅包括各级气象主管机构所属的气象台站,还包括其他有关部门所属的气象台站和与灾害性天气监测、预报有关的单位;根据第 29 条第 3 款[2]的规定,各级气象主管机构负有开展跨地区、跨部门的气象灾害联合监测的职责。另外,在农业、林业和草原方面,也存在旱灾气象监测体系。第二,根据《防震减灾法》第 18 条的规定,我国的地震监测台网实行统一规划和分级、分类管理。第三,在自然资源行政主管部门系统内,也存在对土地、矿产、森林、草原、水、湿地、海洋等的监测体系。[3] 如海洋灾害监测与海洋环境监测是一个体系;在地质灾害方面,截至 2020 年 4 月,我国已经构建了 36 万人组成的群测群防队伍,初步形成了地质灾害监测预警理论技术体系和科技支持保障体系。[4]

2. 不同部门的监测信息没有实现共享

预警信息发布部门包括:自然灾害预警信息由自然资源主管部门发布,气象信息由气象部门发布,山洪灾害预警信息由水利部门发布等。近年来,多个部门联合

---

[1] 原文为:"各级气象主管机构所属的气象台站、其他有关部门所属的气象台站和与灾害性天气监测、预报有关的单位应当根据气象灾害防御的需要,按照职责开展灾害性天气的监测工作,并及时向气象主管机构和有关灾害防御、救助部门提供雨情、水情、风情、旱情等监测信息。"

[2] 原文为:"各级气象主管机构应当根据气象灾害防御的需要组织开展跨地区、跨部门的气象灾害联合监测,并将人口密集区、农业主产区、地质灾害易发区域、重要江河流域、森林、草原、渔场作为气象灾害监测的重点区域。"

[3] 如 2020 年 1 月 17 日,自然资源部发布《自然资源调查监测体系构建总体方案》,提出建立自然资源立体时空模型,并 2023 年完成自然资源统一调查、评价、监测制度建设。方案是关于土地、矿产、森林、草原、水、湿地、海域海岛 7 类自然资源的调查监测。

[4] 参见《地质灾害监测预警,靠它!》,载微信公众号"i 自然全媒体"2020 年 5 月 11 日,https://mp.weixin.qq.com/s/KiseS02vUSL9ESgKoMWgqw。

发布信息的做法较为常见，但是这种非基于制度化的做法并不规范，也不能消除令出多头的现象。

2018 年 10 月 24 日，水利部《关于印发省界断面水文监测管理办法（试行）的通知》（水文〔2018〕260 号）第 16 条的规定，水文监测数据在系统内部进行交换，实现信息共享。根据《气象法》第 16 条第 2 款〔1〕和第 28 条〔2〕的规定，气象资料和灾害性天气的监测和预报信息只在从事气象工作的机构之间实现共享；根据《防震减灾法》第三章"地震监测预报"的规定，地震监测信息共享平台也只在系统内部实现公开。

根据目前查到的资料，只有原国土资源部和中国气象局于 2010 年 10 月，签署了《关于深化地质灾害气象预警预报工作合作的框架协议》，双方联合成立了地质灾害气象预警预报工作协调领导小组，建立双方定期互访和交流机制。〔3〕不同部门间的多灾种联合监测制度或者监测信息共享制度至今仍未建立起来。

（二）水灾害监测制度的体系化建议

通过整合现有的监测资源，在综合监测的基础上实行联合监测，以避免重复监测或遗漏监测；健全各分类监测信息的共享制度，为减灾委员会各成员单位发布预警提供基础性资料，从而实现水灾害监测制度的体系化。

1. 自然原因引发的水灾害监测制度的体系化

为规范水灾害监测活动，提升水灾害监测能力，从而为应对水灾害提供及时、准确、权威的信息支撑，保障水灾害应对措施的有效实施，确保生命通道安全畅通和保护财产安全，笔者认为，健全水灾害监测制度的措施包括：第一，整合现有的分类监测体系，合并一些监测内容或项目，明确合并后的和未合并的内容或项目。对合并后的监测内容或项目实行联合监测或交由一个监测主体进行监测，对未合并的监测内容或项目则实行综合监测，或者由不同的主体在建立信息共享制度的基础上分别负责检测。这样既能解决重叠的问题，也利于发现检测项目发生的异常，准确及时判断水灾害发生的可能，达到防范的目的。第二，因各地实际情况不尽一致，地方应当建立符合本地实际的分级监测预警体系。同一行政区划内部特别是同一县级行政区划内，对于同一类监测项目或内容尽量采取单一监测部门负责的制度；对于不

〔1〕该款原文为："各级气象主管机构应当按照气象资料共享、共用的原则，根据国家有关规定，与其他从事气象工作的机构交换有关气象信息资料。"

〔2〕原文为："各级气象主管机构应当组织对重大灾害性天气的跨地区、跨部门的联合监测、预报工作，及时提出气象灾害防御措施，并对重大气象灾害作出评估，为本级人民政府组织防御气象灾害提供决策依据。各级气象主管机构所属的气象台站应当加强对可能影响当地的灾害性天气的监测和预报，并及时报告有关气象主管机构。其他有关部门所属的气象台站和与灾害性天气监测、预报有关的单位应当及时向气象主管机构提供监测、预报气象灾害所需要的气象探测信息和有关的水情、风暴潮等监测信息。"

〔3〕参见《国土气象部门深化地质灾害气象监测预警预报合作》，载中央人民政府网，http://www.gov.cn/gzdt/2012－05/19/content_2140952.htm，2021 年 1 月 2 日最后访问。

同的检测项目或内容则实行分类监测并建立信息共享制度。不同的行政区划之间，对于同一类的监测内容或监测项目，应当建立区域协同制度，对于影响重大和成效显著的事项，应由责任主体及时向本级党委、政府和上级应急部门报告，并通报有关各方。各类监测部门还可以通过签订协议等形式，明确监测信息共享的内容和更新的频次，建立本级自然灾害监测预警信息化平台，还应当通过建立健全地方各级党委和政府在监测预警工作中的责任制，使综合协调机制在防灾、减灾方面发挥重要的作用。第三，构建空天地一体化立体监测网络。《"十四五"国家应急体系规划》提出："充分利用物联网、工业互联网、遥感、视频识别、第五代移动通信(5G)等技术提高灾害事故监测感知能力，优化自然灾害监测站网布局，完善应急卫星观测星座，构建空、天、地、海一体化全域覆盖的灾害事故监测预警网络。"[1] 网络科技、大数据、云计算等手段使监测渠道实现信息自动化、智能化具有可能，各级应急部门区分不同的自然灾害，根据其特点划定重点监测区域，确定重要监测点，通过增加监测站点以消除监测盲区，同时提高监测的覆盖率。在前期整合监测体系监测内容或项目的基础上，对本行政区划内不同类别的监测内容或项目，构建包括自然资源、气象、水利、林草、工业和信息化、住房城乡建设、公安等部门及军队在内的空天地一体化监测体系，达到提升自然灾害立体综合监测能力的目的。

2. 事故水灾害监测制度的体系化

目前，没有法律或规范性文件规定因人类活动导致的水灾害，其监测体系应当如何构建或建立。本书认为，因为水文监测的内容包括水位、流量、流速、降雨(雪)、蒸发、泥沙、冰凌、墒情、水质等；而根据《水利水电工程安全监测系统运行管理规范》(SL/T 782—2019)，水利工程安全监测的对象是水利工程，监测的项目通常包括变形、渗流、应力应变、压力、温度、环境量、振动反应以及地震与泄水建筑物水力学监测等。因此，二者监测的内容或项目没有重复或相同，但是可以通过信息共享，提高判断水灾害发生的准确率和时效性，提高灾害早期的识别能力。《"十四五"国家应急体系规划》提出："推进跨部门、跨地域的灾害事故预警信息共享。"[2] 虽然该规定适用于自然灾害，但监测信息能够对事故水灾害的判定提供基础性资料。

四、水灾害预警制度

因水灾害预警信息的收集、储存、分析和预测不仅关系到发布警报级别的准确性，还事关公众的情绪从而影响社会稳定和安全。现行法律体系中处理水灾害预警信息的规定存在一定的问题。现行水灾害预警制度缺少对责任主体的约束机制，应

---

〔1〕 2021年12月30日，国务院印发《关于印发"十四五"国家应急体系规划的通知》(国发〔2021〕36号)第五部分中的"(二)强化风险监测预警预报"。

〔2〕 2021年12月30日，国务院印发《关于印发"十四五"国家应急体系规划的通知》(国发〔2021〕36号)第五部分中的"(二)强化风险监测预警预报"。

当修改现行规定,予以健全和完善。

(一)现行水灾害预警信息处理制度不完善且缺少责任约束机制

现行水灾害预警信息的收集处理制度不完善、预警责任主体不明确且缺少对责任主体的约束机制。

1. 预警信息收集与处理制度不完善

《突发事件应对法》第37条和第38条规定了水灾害预警信息的收集制度,其中第38条第3款就确立了水灾害预警信息的公众参与制度,[1]却没有明确参与主体和参与的途径。

根据《突发事件应对法》第39条的规定,专业机构、监测网点和信息报告员向所在地人民政府及其有关主管部门报告突发事件信息[2];根据第40条的规定,当突发事件所在地的县级以上地方各级人民政府对预警信息进行汇总分析后,认为可能发生重大或者特别重大突发事件的,应当向上级人民政府报告,并向上级人民政府有关部门、当地驻军和可能受到危害的毗邻或者相关地区的人民政府通报[3];根据第43条的规定,突发事件所在地的县级以上地方各级人民政府,在发布警报并决定宣布有关地区进入预警期时,应同时向上一级人民政府报告,必要时可以越级上报,并向当地驻军和可能受到危害的毗邻或者相关地区的人民政府通报;根据第46条的规定,县级以上地方各级人民政府及其有关主管部门,对即将发生或者已经发生的社会安全事件,应当按照规定向上一级人民政府及其有关主管部门报告,必要时可以越级上报。[4] 存在的问题包括:一是预警信息的汇集部门过多,包括上级人民政府、上级人民政府有关部门、当地驻军和可能受到危害的相关地区的人民政府等;二是没有规定这些单位在接到上报或通报的信息后,应当采取何种应对措施。

《国家突发公共事件总体应急预案》第3.2.1条对特别重大或者重大突发公共

---

[1] 其中第37条规定:“国务院建立全国统一的突发事件信息系统。县级以上地方各级人民政府应当建立或者确定本地区统一的突发事件信息系统,汇集、储存、分析、传输有关突发事件的信息,并与上级人民政府及其有关部门、下级人民政府及其有关部门、专业机构和监测网点的突发事件信息系统实现互联互通,加强跨部门、跨地区的信息交流与情报合作。”第38条规定:“县级以上人民政府及其有关部门、专业机构应当通过多种途径收集突发事件信息。县级人民政府应当在居民委员会、村民委员会和有关单位建立专职或者兼职信息报告员制度获悉突发事件信息的公民、法人或者其他组织,应当立即向所在地人民政府、有关主管部门或者指定的专业机构报告。”

[2] 《突发事件应对法》第39条规定:“地方各级人民政府应当按照国家有关规定向上级人民政府报送突发事件信息。县级以上人民政府有关主管部门应当向本级人民政府相关部门通报突发事件信息。专业机构、监测网点和信息报告员应当及时向所在地人民政府及其有关主管部门报告突发事件信息。”

[3] 《突发事件应对法》第40条与此有关的内容为:“认为可能发生重大或者特别重大突发事件的,应当立即向上级人民政府报告,并向上级人民政府有关部门、当地驻军和可能受到危害的毗邻或者相关地区的人民政府通报。”

[4] 《突发事件应对法》第46条规定:“对即将发生或者已经发生的社会安全事件,县级以上地方各级人民政府及其有关主管部门应当按照规定向上一级人民政府及其有关主管部门报告,必要时可以越级上报。”

事件,细化为最迟不得超过 4 小时的信息报告和通报制度,[1]但是也没有明确有关单位在接到报告或通告后如何行动。

《国家防汛抗旱应急预案》第 3.1 条“预防预警信息”包括气象水文海洋、工程、洪涝灾情和旱情四类信息,这些信息中只有气象水文海洋信息和工程信息中“水库工程信息”的“b”项[2]属于灾前信息,除此之外的信息均属于灾中、灾后的信息。但第 3.2 条“预防预警行动”中又按照原发性灾害的种类,即江河洪水、渍涝灾害、山洪灾害、台风风暴潮灾害、蓄滞洪区、干旱灾害和供水危机,赋予地方人民政府、各级防汛抗旱指挥机构和有关部门以不同的职责,与第 3.1 条“预防预警信息”之间缺少关联和衔接。

2. 三级、四级警报级别下的预警措施不完善

《突发事件应对法》第 44 条设立了三级、四级警报级别下的先期处置措施:第一,启动应急预案;第二,信息收集和报告、公布反映信息的渠道,以及加强监测、预报和预警工作;第三,信息分析评估、突发事件的预测;第四,发布预测信息和分析评估结果,并对相关信息的报道工作进行管理;第五,发布警告、宣传常识和公布咨询电话。[3] 存在的问题包括:

第一项措施存在两个主要问题:(1)因为该条中规定的应急预案,应当是采取先期处置措施的县级以上地方各级人民政府所制定的。因此,没有明确此时政府有关部门、社会组织、企事业单位等制定的应急预案是否启动。(2)没有明确应急预案启动的具体条件、程序及各应急主体的职责,当然这样的漏洞可以由各种应急预案予以填补,如《国家自然灾害救助应急预案》第 5 条规定了Ⅰ、Ⅱ、Ⅲ、Ⅳ共四级的应急响应,分别规定了这四级的启动条件、启动程序和响应措施,其中启动的条件均是灾害已经造成了较大的实际损害,采取的相应措施不仅仅是先期处置措施,还包括救助措施。同时,并不是所有的应急预案都会对启动条件、启动程序和响应措施予以

[1] 原文为:“特别重大或者重大突发公共事件发生后,各地区、各部门要立即报告,最迟不得超过 4 小时,同时通报有关地区和部门。应急处置过程中,要及时续报有关情况。”

[2] 该项的原文为“当水库出现险情征兆时,水库管理单位必须立即采取抢护措施,并在第一时间向预计垮坝淹没区域的有关基层人民政府和基层组织发出预警,同时向同级防汛抗旱指挥机构和上级主管部门报告出险部位、险情种类、抢护方案以及处理险情的行政责任人、技术责任人、通信联络方式、除险情况,以进一步采取相应措施”。

[3] 《突发事件应对法》第 44 条规定:“发布三级、四级警报,宣布进入预警期后,县级以上地方各级人民政府应当根据即将发生的突发事件的特点和可能造成的危害,采取下列措施:(一)启动应急预案;(二)责令有关部门、专业机构、监测网点和负有特定职责的人员及时收集、报告有关信息,向社会公布反映突发事件信息的渠道,加强对突发事件发生、发展情况的监测、预报和预警工作;(三)组织有关部门和机构、专业技术人员、有关专家学者,随时对突发事件信息进行分析评估,预测发生突发事件可能性的大小、影响范围和强度以及可能发生的突发事件的级别;(四)定时向社会发布与公众有关的突发事件预测信息和分析评估结果,并对相关信息的报道工作进行管理;(五)及时按照有关规定向社会发布可能受到突发事件危害的警告,宣传避免、减轻危害的常识,公布咨询电话。”

规定。有的规定并不明确，如《国家突发公共事件总体应急预案》第3.2.2条“先期处置”第1款的规定，“启动相关应急预案”的主体是“事发地的省级人民政府或者国务院有关部门”，条件是发生了“特别重大、重大突发公共事件”[1]；第3.2.3条“应急响应”第1款没有明确“启动相关预案”的主体，启动的条件是“先期处置未能有效控制事态的特别重大突发公共事件”[2]。

第二项措施存在的主要问题是重复规定，一方面表现在信息收集和报告以及公布反映信息的渠道，与前述信息报告制度相互重复；另一方面表现在监测、预报和预警工作，与预防制度的内容相互重复。本书认为，这些工作的管理重在日常而非灾难来临之时，只要日常工作做得扎实，不仅会临危不乱，还能为应急救援和应急处置工作提供准确而详尽的第一手资料。

第三项措施存在两个主要问题：(1)虽然《突发事件应对法》第44条、第45条明确了分析评估的对象突发事件信息，但是没有界定此处的信息与第38～40条规定的信息之间的关系。本书认为，这些信息应当是灾害发生后收集的，大部分属于自灾害发生至分析评估期间的信息，也包括预警阶段的信息。二者是一个整体，此处分析评估的对象应当是这个整体，才能保证预测对象的客观性，进而提高预测结果的准确性。(2)此处的分析评估是突发事件发生地县级以上地方各级人民政府的义务性职责，是强制性的，不同于第40条规定预警信息的必要会商制度，根据该法第63条第4项的规定，如果突发事件发生地县级以上地方各级人民政府没有组织分析评估而直接采取了第四项措施，有可能要承担相应责任。本书认为，这种规定反而会成为有关政府脱责的依据，在突发事件特别是突发性水灾害发生后，及时向社会公布基本上能够确定的相关信息，会起到稳定情绪、凝聚人心的重要作用，如果过分强调组织分析评估的话，不仅会导致信息传递的延迟，甚至会造成大众的恐慌心理，加剧不稳定因素，反而给应急处置增加难度。

第四项措施存在的主要问题是没有明确突发事件信息报道的管理方式。而且国家层面的应急预案，无论是《国家突发公共事件总体应急预案》还是6个专项应急预案，对此也都没有明确的规定。

第五项措施存在的主要问题是现行水灾害预警责任主体不明确。现行水灾害预警制度的责任主体，在不同的法律中有不同的规定，主要体现为以下几个方面。

---

[1] 《国家突发公共事件总体应急预案》第3.2.2条第1款规定：“突发公共事件发生后，事发地的省级人民政府或者国务院有关部门在报告特别重大、重大突发公共事件信息的同时，要根据职责和规定的权限启动相关应急预案，及时、有效地进行处置，控制事态。”

[2] 《国家突发公共事件总体应急预案》第3.2.3条第1款规定：“对于先期处置未能有效控制事态的特别重大突发公共事件，要及时启动相关预案，由国务院相关应急指挥机构或国务院工作组统一指挥或指导有关地区、部门开展处置工作。”

首先,《突发事件应对法》第 43 条[1]的发布相应级别的警报、决定并宣布有关地区进入预警期和报告的责任主体和《防洪法》第 42 条第 2 款[2]的泄洪人员不一致。前者是县级以上地方各级人民政府,后者则是国家防汛指挥机构或者其授权的流域、省、自治区、直辖市防汛指挥机构。

其次,《气象法》第 22 条第 1 款规定我国实行灾害性天气警报统一发布的制度,第 2 款和第 3 款分别规定各级气象主管机构所属的气象台站和国务院其他有关部门和省、自治区、直辖市人民政府其他有关部门所属的气象台站,是发布灾害性天气警报的主体。

最后,根据《自然灾害监测预警意见》"(二)基本原则"的规定,应急部门全面负责自然灾害的综合监测预警工作,但是作为新组建的部门,应急管理在基层的基础较为薄弱,且市县减灾委员会各成员单位之间,急需健全和完善分级预警、信息共享、会商研判等工作机制。

由此可见,对于突发性水灾害,虽然可以依《突发事件应对法》第 43 条的规定确定预警的主体,但是从整体上来讲,上述相关法律规定的责任主体不一致,也缺少不同主体在相同事项上履行预警职责时如何衔接的规定。因此,目前无法通过各种法律解释方法,就水灾害预警从相关规定中解释出完整的制度。

3. 现行水灾害预警制度缺少约束责任主体的规定

《突发事件应对法》第 42 条、第 43 条确立了突发事件预警制度,根据第 42 条的规定,可以预警的水灾害分为四级预警级别;根据第 43 条规定,对可以预警的水灾害,县级以上地方各级人民政府在水灾害即将发生或者发生的可能性增大时,负有依法发布相应级别的警报、决定并宣布有关地区进入预警期和报告的职责。但是,依该法第 63 条第 3 项的规定,有关人员违反上述规定未履行有关职责时仅承担"处分"责任即可,约束力不强。

根据《防洪法》第 44 条第 3 款的规定,上游水库泄洪时需取得防汛指挥机构的同意并接受其监督,但是没有明确谁是泄洪人员,且该法没有规定具体的实施程序,也没有规定相关人员泄洪前未按规定履行职责时,应承担何种法律责任。

另外,《气象法》仅在第 38 条规定了非法向社会发布灾害性天气警报的情形应当承担的行政责任,而没有明确规定负有职责的人员怠于履行职责或错误履行职责时应当承担的责任。

---

[1] 该条的原文为:"可以预警的自然灾害、事故灾难或者公共卫生事件即将发生或者发生的可能性增大时,县级以上地方各级人民政府应当根据有关法律、行政法规和国务院规定的权限和程序,发布相应级别的警报,决定并宣布有关地区进入预警期,同时向上一级人民政府报告,必要时可以越级上报,并向当地驻军和可能受到危害的毗邻或者相关地区的人民政府通报。"

[2] 该款原文为:"在紧急防汛期,国家防汛指挥机构或者其授权的流域、省、自治区、直辖市防汛指挥机构有权对壅水、阻水严重的桥梁、引道、码头和其他跨河工程设施作出紧急处置。"

上述相关法律均缺少相关主体未履行或未适当履行职责时应承担的法律责任；而对于常规性水灾害，如非汛期泄洪预警没有任何法律规定。

（二）健全水灾害预警机制

虽然根据《自然灾害监测预警意见》的规定，应急部门负责统筹协调自然灾害监测预警信息有关工作，并负有加强与自然灾害有关监测部门的应急联动机制建设的职责。但是，根据有关法律法规的规定，包括自然资源、水利、气象、地震、住建、农业农村、林业和草原等部门在内的应急会员单位，在各自职责范围内负责相应的预警发布等工作，这些部门与同级的应急部门职能相互平行，且《自然灾害监测预警意见》的效力偏低，导致专业性较强的应急部门难以发挥统筹协调职能。解决这样的问题，需要建立健全预警机制。

1. 完善水灾害预警信息的收集制度

第一，落实水灾害预警信息公众参与制度。公众参与制度的首要工作是明确参与主体：首先，专业科研机构，通过研究水灾害发生的规律，找出自然界本就存在的预警信号，形成科研成果；其次，发挥人民群众的智慧和在长期生活实践中总结的经验和规律，由研究人员对其进行体系化研究，形成科研成果；再次，在一定范围实施上述科研成果，培养一定的培训人员；最后，在上述工作的基础上，由这些受训人员再向普通百姓宣讲，在更广范围内发动社会力量，收集水灾害预警信息。第二，明确水灾害预警信息的汇总部门。根据《自然灾害监测预警意见》及《关于调整国家防汛抗旱总指挥部组成人员的通知》（国办发〔2019〕12 号）的规定，因自然原因引起的水灾害，国家层面的预警信息汇集机构是应急部，地方是各级应急部门；根据前文所述，事故水灾害预警信息的汇集机构是水行政主管部门。

本书认为，无论是自然水灾害还是事故水灾害，预警信息汇集机构应当统一为应急部门。理由是：第一，根据《突发事件应对法》第 37 ~ 40 条的规定，政府（包括有关部门）是突发事件预警信息的汇集者、储存者、分析者和传输者，这与预警信息发布的决策机构相一致，2018 年机构改革后应急部承担着该项职责；第二，从国家层面看，根据国家防总组成人员通知，行使日常防汛抗旱职责的国家防总办公室就设在应急部，预警信息当然应当汇集到负责防汛抗旱工作的日常管理部门，为保持上下级指导、沟通等工作的顺畅，地方也应如此安排；第三，无论是自然水灾害还是事故水灾害，自媒体一旦发声就会涌现海量的、繁杂的、真假相伴的信息，水灾害预警信息只有汇集到水灾害预警信息发布的决策机构，由决策机构组织相关部门及专家进行甄别、筛选，在此基础上进行风险评估和预测，才能确保风险预测的可靠性，保证预警信息的正确性。

2. 构建水灾害预警信息的处理制度

第一，完善综合风险会商研判制度。水灾害预警信息汇总后，预警信息发布的决策机构应当启动综合风险会商研判制度，使水灾害风险的分析、研判和会商工作实现常态化、规范化、精准化。因此,该制度不仅能够充分发挥水行政主管部门专业优势,还能够汇集各专业部门的意见和发挥应急部门的综合优势,使水灾害风险评估具有全面性和整体性,进而全面地采取具有可执行的、有效的风险防控措施,从而实现对水灾害的全面监管和防治,防风险于灾前。根据《突发事件应对法》第 40 条的规定,县级以上地方各级人民政府应在认为必要时,组织相关部门、专业技术人员、专家学者进行会商。[1] 本书认为,参与会商的人员范围除上述单位和人员外,还应当包括引发事故水灾害发生的单位;对于会商结果,应当通过分析水灾害趋势预测和重大水灾害形势研判意见,形成综合会商研判报告;会商的方式见下文。第二,定期或不定期的水灾害风险形势分析研判制度。定期主要体现在汛前、年终等重要节点,不定期主要体现在预警信息发布的决策机构认为有必要进行研判时。无论是定期还是不定期的水灾害风险形势分析研判制度,都要求水灾害预警信息发布的决策机构及时组织有关部门,对汇总的水灾害趋势预测信息进行分析,组织开展水灾害风险形势的分析研判,从而确定水灾害的风险水平、类型和高风险区域,并形成水灾害风险形势分析报告。第三,重大水灾害快速综合研判制度。水灾害预警信息发布的决策机构应密切关注重特大水灾害发生的风险,在初步判断有较大风险时,应及时组织监测部门、发动公众参与单位或个人,汇总分析监测/预报/预警信息,必要时进行多次会商,及时开展灾前预评估,快速综合研判水灾害的影响范围、损失程度和后续风险等,并形成水灾害风险形势分析报告。《"十四五"国家应急体系规划》还提出:"建立重大活动风险提示告知制度和重大灾害性天气停工停课停业制度,明确风险等级和安全措施要求。"[2]

3. 健全水灾害预警等级发布制度

根据《国家突发公共事件总体应急预案》以及《突发事件应对法》第 3 条的规定,突发自然水灾害属于第一类突发公共事件中的水旱灾害,突发事故水灾害属于第二类中的安全事故/事故灾难[3];区分应急等级的因素包括突发水灾害的性质、

---

[1] 《突发事件应对法》第 40 条有关的内容为"县级以上地方各级人民政府应当及时汇总分析突发事件隐患和预警信息,必要时组织相关部门、专业技术人员、专家学者进行会商,对发生突发事件的可能性及其可能造成的影响进行评估报告"。

[2] 2021 年 12 月 30 日,国务院印发《国务院关于印发"十四五"国家应急体系规划的通知》(国发〔2021〕36 号)第五部分中的"(二)强化风险监测预警预报"。

[3] 根据《国家突发公共事件总体应急预案》第 1.3 条"分类分级"的规定(1)自然灾害。主要包括水旱灾害,气象灾害,地震灾害,地质灾害,海洋灾害,生物灾害和森林草原火灾等。(2)事故灾难。主要包括工矿商贸等企业的各类安全事故,交通运输事故,公共设施和设备事故,环境污染和生态破坏事件等。《突发事件应对法》第 3 条第 1 款、第 2 款规定:"本法所称突发事件,是指突然发生,造成或者可能造成严重社会危害,需要采取应急处置措施予以应对的自然灾害、事故灾难、公共卫生事件和社会安全事件。按照社会危害程度、影响范围等因素,自然灾害、事故灾难、公共卫生事件分为特别重大、重大、较大和一般四级。法律、行政法规或者国务院另有规定的,从其规定。"

严重程度、可控性和影响范围/社会危害程度等，分为Ⅰ级（特别重大）、Ⅱ级（重大）、Ⅲ级（较大）和Ⅳ级（一般）共四级。因此，健全水灾害预警等级发布制度主要围绕发布主体和发布方式展开。

第一，明确预警等级发布主体。对接入全国应急管理大数据应用平台的信息，按照水灾害预警的级别、紧急程度、发展态势和可能造成的危害，由县级以上各级人民政府依照《突发事件应对法》有关规定发布。理由有以下几个方面：首先，预防水灾害不仅涉及与水灾害有关的各种要素之间的交互作用，而且单个乡镇区域或单一部门无法提供应对重大水灾害的全部资源，只有县级以上的人民政府才具备统一地管理和综合协调能力；其次，因《突发事件应对法》确立了综合协调和属地管理理念，各级政府为突破部门壁垒，曾普遍设立了充当政府与部门间纽带作用的应急办或者应急委员会，作为全局视角的辅助机构，当时发挥了较好的横向沟通作用。2018年机构改革后，大部分新组建的各级应急部门没有继续发挥综合协调职能，弱化了应急管理领域的信息交流，各级政府失去了作出应急决策时的全局视角，进一步强化了部门专业化和信息分割。赋予县级以上人民政府该职责可以解决上述问题。

第二，确定发布方式。各地区、各有关部门加强与广播、电视、报纸、互联网等社会媒体和基础电信运营商等信息发布渠道的协调对接，按照相关法律法规和制度规定，及时向社会发布应急基础信息，确保发布内容的权威性和准确率，保持传播渠道畅通。另外，还应当加强对微信、微博等互联网大众传媒的管理，以凝聚人心、增加受众的自信心和自制力，减少恐慌、无措感。

第三，确定主体责任。一是应当确立发布的程序和权限，使预警信息发布主体严格按照权限，以法律确定的形式和途径发布预警信息；二是要确定依法问责制度，即对于预警信息发布主体的违法行为和不当行为，根据情节轻重确定不同且相对恰当的处罚标准，应当避免任意扩大和转移主体责任。

第三节　水灾害应急响应法律体系

“所谓应急响应，即‘Incident Response’或‘Emergency Re-sponse’，通常指一个组织为应对各种意外事件的发生所做的准备以及在事件发生后所采取的措施。”[1]包括应急响应的启动、应急处置救援、信息报送和处理、应急救助等。规范有关主体实施这些措施的权限、义务和责任、方式方法、实施程序等，调整这些措施对水灾害、遭受灾害的事物和人员等产生的影响，所应当遵守的法律、法规等就构成了水灾害响应法律制度体系。因此，本书认为水灾害响应法律制度体系，是指自水灾害发生时起至应急处置救援措施终止前，为减轻灾害造成的损失、降低灾害影响的深度、缩小灾害波及

〔1〕　王亮、许昌军、刘阳：《浅谈企业信息安全应急响应体系构建》，载《电脑知识与技术》2015年第17期。

的范围，确立各参与主体应依法采取各种措施及措施发生的效力等制度的总称。根据《国家突发公共事件总体应急预案》，突发水灾害应急的工作原则包括快速反应，协同应对原则，即应急处置队伍以属地管理为主，按照联动协调制度运行。[1] 因此，本节主要从水灾害应急处置救援的管理体系、协同联动制度和制度体系三个方面，总结分析现行法律、行政法规及部门规章存在的问题，根据2018年国务院机构改革的情况和各部门在实际工作中的做法，通过修改包括《突发事件应对法》在内的有关法律、行政法规或部门规章等，完善健全有关的法律制度，以适应水灾害应急处置救援工作的需要。

一、水灾害应急处置救援管理体系

应急处置救援的目的之一，在于遏制突发水灾害，即在接到预警信息后，根据前期积累和本次预判的与该种水灾害有关的知识和信息，采取及时有效的措施，争取在最短的时间内遏制其发展态势，有效降低或减少受灾的程度及范围。因此，从某种意义上来讲，应急处置救援就是在与灾难抢时间、拼速度，需要一个坚强有力的指挥机构，一支富有战斗力、能打硬仗的队伍和一套队伍间相互协作的运行机制。

（一）现行水灾害应急处置救援管理制度不健全

水灾害应急处置救援管理体系包括水灾害应急领导体制、社会参与制度和联动协调机制，由于联动协同机制不仅与应急处置救援的管理体系有关，还与应急处置救援的制度体系息息相关，因此将其作为本节的第二个问题单独予以讨论。

1. 水灾害应急处置救援统一的指挥机制尚未建立

根据《突发事件应对法》第4条的规定，我国的应急管理体制应当是在一个统一的领导机构综合协调下，进行分类管理、分级负责，并以属地管理为主的。[2] 为确立这一统一的领导机构，该法与在先实施的《国家突发公共事件总体应急预案》的规定[3]保持一致，于第8条第1款授权国务院“根据实际需要，设立国家突发事件应急指挥机构”[4]，负责突发事件（自然灾害和事故灾难）的应对工作，但没有明确应急指挥机构的组成，也未赋予应急指挥机构以应急指挥权限。而根据该法第49条规定，负

---

〔1〕 详见《国家突发公共事件总体应急预案》第1.5条“工作原则”（5）的规定：“快速反应，协同应对。加强以属地管理为主的应急处置队伍建设，建立联动协调制度，充分动员和发挥乡镇、社区、企事业单位、社会团体和志愿者队伍的作用，依靠公众力量，形成统一指挥、反应灵敏、功能齐全、协调有序、运转高效的应急管理机制。”

〔2〕 本条原文为：“国家建立统一领导、综合协调、分类管理、分级负责、属地管理为主的应急管理体制。”

〔3〕 《国家突发公共事件总体应急预案》第2.1条中规定，国务院是突发公共事件应急管理工作的最高行政领导机构。在国务院总理领导下，由国务院常务会议和国家相关突发公共事件应急指挥机构（以下简称相关应急指挥机构）负责突发公共事件的应急管理工作。

〔4〕 该款原文为：“国务院在总理领导下研究、决定和部署特别重大突发事件的应对工作；根据实际需要，设立国家突发事件应急指挥机构，负责突发事件应对工作；必要时，国务院可以派出工作组指导有关工作。”

有履行统一领导职责的是相应级别的人民政府。[1] 从上述规定看，该法既授权国务院成立一个统一的指挥机构，又将相应级别的人民政府作为统一的领导机构，却没有界定指挥机构与领导机构之间的关系。2018 年国务院机构改革成立的应急机构与地方政府在应对水灾害方面的职责不是十分明确。以河南省郑州市为例，在应对水灾害方面，不仅设有防汛抗旱指挥部、城市防汛指挥部、气象灾害防御指挥部和突发地质灾害应急指挥部，四个指挥部的办公室分别设在应急管理局、城市管理局、气象局和资源规划局。而且同一个指挥部又在不同部门设有办公室，如防汛抗旱指挥部分别在应急管理局、水利局、城市管理局和黄河河务局设有防办、河湖水利防办、城防办和黄河防办。

根据《防洪法》《防汛条例》《抗旱条例》和国务院“三定方案”的规定，国家防总在国务院领导下，负责领导组织全国的防汛抗旱工作，办公室设在应急部。国家减灾委隶属应急部，根据《国家自然灾害救助应急预案》第 2 条的规定，国家自然灾害救助应急组织指挥体系由国家减灾委及其设立的专家委员会组成。其中，国家减灾委是综合协调机构；专家委员会是政策咨询和建议机构。[2] 虽然该条名为“组织指挥体系”，实际上国家减灾委及其专家委员会均无指挥职能。由此可知，国家层面应对突发性水灾害的部门包括国家防总和隶属国家应急部的国家减灾委和其设立的专家委员会，但二者均不具有应急处置救援的指挥职能。因此，到目前为止，我国尚未建立水灾害应急处置救援的统一指挥机制。

2. 现行应急处置救援体系层级较多

根据国务院于 2021 年 12 月 30 日发布的《“十四五”国家应急体系规划》，中国特色应急救援力量体系由国家综合性消防救援队伍（主力）、专业救援队伍（协同）、军队（突击）、社会力量（辅助）组成。[3] 根据中共中央办公厅、国务院办公厅于 2018 年 10 月印发的《组建国家综合性消防救援队伍框架方案》，国家综合性消防救援队伍的领导指挥体系组成包括：（1）省、市、县级分别设立的消防救援总队、支队、大队；（2）城市和乡镇根据需要按标准设立消防救援站；（3）森林消防总队以下单位

---

〔1〕 该条原文为：“自然灾害、事故灾难或者公共卫生事件发生后，履行统一领导职责的人民政府可以采取下列一项或者多项应急处置措施：……”

〔2〕 其原文为：“2.1 国家减灾委员会。国家减灾委员会（以下简称国家减灾委）为国家自然灾害救助应急综合协调机构，负责组织、领导全国的自然灾害救助工作，协调开展特别重大和重大自然灾害救助活动。国家减灾委成员单位按照各自职责做好自然灾害救助相关工作。国家减灾委办公室负责与相关部门、地方的沟通联络，组织开展灾情会商评估、灾害救助等工作，协调落实相关支持措施。由国务院统一组织开展的抗灾救灾，按有关规定执行。2.2 专家委员会。国家减灾委设立专家委员会，对国家减灾救灾工作重大决策和重要规划提供政策咨询和建议，为国家重大自然灾害的灾情评估、应急救助和灾后救助提出咨询意见。”

〔3〕 详见《“十四五”国家应急体系规划》第一部分“规划背景”。

保持原建制;(4)承担跨区域应急救援任务的专业机动力量。根据应急管理部于2022年6月22日发布的《“十四五”应急救援力量建设规划》,应急救援力量是指参与生产安全事故、自然灾害应急救援的专业应急救援力量、社会应急力量和基层应急救援力量。[1] 根据国务院、中央军事委员会令第436号于2005年6月7日予以公布、自2005年7月1日起施行的《军队参加抢险救灾条例》第2条第1款的规定,军队是抢险救灾的突击力量。由此可见,现行的应急处置救援体系层级较多,且缺少统一的指挥机构,从而导致救援演练水平参差不齐,不同层级的救援体系救援物资和设备的分配也存在差距,以至于在实际开展救援工作时,不仅存在指挥窘境,也难以管理和调配人员及物资,严重降低应急处置救援的效率。

3. 社会力量参与应急处置救援的途径不畅通

一些社会力量因具备一定专业背景、人脉及财物资源和社交能力,而有足够的能力及时参与水灾害的应急救助工作,如2016年江苏省阜宁县遭遇强冰雹和龙卷风双重灾害的4小时后,共青团江苏省委启动青年志愿者应急响应机制,迅速成立应急救灾指挥领导小组,选派机关精干力量,分别赴射阳、阜宁两县,协调对接青年救灾志愿服务工作。[2] 这些具有不同专业知识志愿者的参与,不仅提高了灾害防控的强度与广度,弥补了政府及有关部门应急能力的不足,还提升了应急处置救援的效率,更为凝聚人心、齐心抗灾、减少恐慌提供了榜样的支撑力量。社会力量参与水灾害救援,不仅具有以《民法典》为基础的民事法律制度的保障,还有《劳动法》《工伤保险条例》等劳动保障领域法律制度的保驾护航,更有《突发事件应对法》、《慈善法》和《志愿服务条例》等法律法规作为行动的依据。但志愿者因参与应急处置救援而导致的损害救济与风险负担制度仍不完善。

关于志愿者的损害救济问题,虽然《民法典》第183条的规定[3]对避免“英雄流血不流泪”能够产生一定的积极作用,但在志愿者参与灾害应急处置救援的场合,因为不存在侵权人,志愿者也不可能要求被救助者对自己遭受的损失予以补偿,即便是被救助者自愿补偿但遭受的损失也不一定能得到全部弥补;另虽然《民法典》第184条[4]豁免了志愿者因实施紧急救助行为而造成受助人损害的责任,能够鼓励更多人参与志愿服务,但是实践中,因在应急处置救援过程中,不仅灾害仍在持续甚至发酵,而且其强度、影响力等也不确定,这要求志愿者具备更高的专业能力,增加了志愿者致被救助者损害的概率,如伤害被救助者的人身或造成被救助者的财产损

---

〔1〕 详见《“十四五”应急救援力量建设规划》引言部分第二段。

〔2〕 参见李超、赵旭:《团组织参与社会救灾的“阜宁试验”》,载《中国青年报》2016年7月6日,第7版。

〔3〕 原文为:“因保护他人民事权益使自己受到损害的,由侵权人承担民事责任,受益人可以给予适当补偿。没有侵权人、侵权人逃逸或者无力承担民事责任,受害人请求补偿的,受益人应当给予适当补偿。”

〔4〕 原文为:“因自愿实施紧急救助行为造成受助人损害的,救助人不承担民事责任。”

失等。法院在处理此类案件时也会陷入两难境地。因此,需要风险负担制度对此进行补充。

关于风险负担问题,根据《工伤保险条例》第15条的规定,在抢险救灾等维护国家利益、公共利益活动中受到伤害的,视同工伤并享受工伤保险待遇。[1] 问题是该条例并没有明确志愿者没有参加工伤保险时应如何处理。根据《突发事件应对法》第27条的规定,国务院有关部门、县级以上地方各级人民政府及其有关部门,以及有关单位负有为专业应急处置救援人员购买人身意外伤害保险的义务。[2] 但是,第一,义务主体并不明确;第二,此处限定了保险对象,为专业应急处置救援人员而非所有的志愿者。而《志愿服务条例》第17条第2款又将购买保险的对象限制在志愿服务组织范围内,[3] 导致"草根"志愿者没有保险予以保障。实践中,人身意外伤害保险很少将住院医疗津贴纳入保障项目,而且不考虑后续治疗问题。

(二)完善应急处置救援制度体系

1. 构建统一的应急指挥机制并确立各方主体职责

《"十四五"国家应急体系规划》的主要目标包括"到2025年,应急管理体系和能力现代化建设取得重大进展,形成统一指挥、专常兼备、反应灵敏、上下联动的中国特色应急管理体制,建成统一领导、权责一致、权威高效的国家应急能力体系……"[4]。因此,修改《突发事件应对法》是当务之急。

《"十四五"国家应急体系规划》还提出:"按照常态应急与非常态应急相结合,建立国家应急指挥总部指挥机制,省、市、县建设本级应急指挥部,形成上下联动的

---

[1] 该条全文为:"职工有下列情形之一的,视同工伤:(一)在工作时间和工作岗位,突发疾病死亡或者在48小时之内经抢救无效死亡的;(二)在抢险救灾等维护国家利益、公共利益活动中受到伤害的;(三)职工原在军队服役,因战、因公负伤致残,已取得革命伤残军人证,到用人单位后旧伤复发的。职工有前款第(一)项、第(二)项情形的,按照本条例的有关规定享受工伤保险待遇;职工有前款第(三)项情形的,按照本条例的有关规定享受除一次性伤残补助金以外的工伤保险待遇。"

[2] 该条全文为:"国务院有关部门、县级以上地方各级人民政府及其有关部门、有关单位应当为专业应急救援人员购买人身意外伤害保险,配备必要的防护装备和器材,减少应急救援人员的人身风险。"

[3] 该款全文为:"志愿服务组织安排志愿者参与可能发生人身危险的志愿服务活动前,应当为志愿者购买相应的人身意外伤害保险。"

[4] 详见国务院《关于印发"十四五"国家应急体系规划的通知》(国发〔2021〕36号)第二部分"总体要求"中的"(三)主要目标""总体目标:到2025年,应急管理体系和能力现代化建设取得重大进展,形成统一指挥、专常兼备、反应灵敏、上下联动的中国特色应急管理体制,建成统一领导、权责一致、权威高效的国家应急能力体系,防范化解重大安全风险体制机制不断健全,应急救援力量建设全面加强,应急管理法治水平、科技信息化水平和综合保障能力大幅提升,安全生产、综合防灾减灾形势趋稳向好,自然灾害防御水平明显提升,全社会防范和应对处置灾害事故能力显著增强。到2035年,建立与基本实现现代化相适应的中国特色大国应急体系,全面实现依法应急、科学应急、智慧应急,形成共建共治共享的应急管理新格局。"

应急指挥部体系。”[1]通过修改《突发事件应对法》，将履行统一领导职责或者组织处置突发事件的职责赋予应急管理机构。这样不仅与该法第8条规定的“突发事件应急指挥机构”保持一致，还能保证军队及时参与应急处置和救援，也能使各成员单位保持行动的一致性。理由是：(1)2018年国务院机构改革后组建的应急管理部，其职责包括“建立灾情报告系统并统一发布灾情，统筹应急力量建设和物资储备并在救灾时统一调度，组织灾害救助体系建设，指导安全生产类、自然灾害类应急处置救援，承担国家应对特别重大灾害指挥部工作”[2]。(2)国家减灾委隶属应急部，减灾委的成员足以承担水灾害应急处置和救援，因国家防总也具备这样的能力，因此可以增加授权性规范，由国家防总承担水灾害应急处置救援领导职责；(3)“应急管理部逐步建立了多部门联合会商机制，在重大灾害事故处置阶段，由应急管理部牵头，自然资源部、水利部、气象局以及军队有关部门共同参与，每日联合会商研判”[3]；(4)地方也是如此，因为无论是减灾委还是防汛抗旱委员会，其成员组成来源只要与国家减灾委或国家防总保持一致，那么减灾委和防汛抗旱委员会的组成单位，基本上都是要参与应急处置救援的单位，能够保持行动的一致性。

2. 畅通社会力量参与应急处置救援的途径

第一，为确保企业、社会组织、志愿者等社会力量参与应急处置救援的有效性，需要修订《突发事件应对法》等现行法律法规，完善社会力量参与应急救助的制度，通过将社会力量参与应急处置救援的权利义务具体化，明确其参与领域和服务范围，建立引导、支持、管理和监督社会救援力量参与应急处置救援的制度。

第二，为确保社会力量参与应急处置救援的有序化，应当从国家和地方两个层面、政府与社会两个结构优化应急处置救援队伍，形成以政府为主、社会为辅的多元化建设、一体化发展的救援体系。该救援体系由不同层面、不同行业的单位或人员构成，具有综合、立体、系统而全面的特征，保证指挥机构对应急处置救援顺畅地统一调配，提高救援效率，为正确引导各种社会群体参与应急处置救援提供有力支撑。

---

[1] 详见《“十四五”国家应急体系规划》第三部分：“(一)健全领导指挥体制。按照常态应急与非常态应急相结合，建立国家应急指挥总部指挥机制，省、市、县建设本级应急指挥部，形成上下联动的应急指挥部体系。按照综合协调、分类管理、分级负责、属地为主的原则，健全中央与地方分级响应机制，明确各级各类灾害事故响应程序，进一步理顺防汛抗旱、抗震救灾、森林草原防灭火等指挥机制。将消防救援队伍和森林消防队伍整合为一支正规化、专业化、职业化的国家综合性消防救援队伍，实行严肃的纪律、严密的组织，按照准现役、准军事化标准建设管理，完善统一领导、分级指挥的领导体制，组建统一的领导指挥机关，建立中央地方分级指挥和队伍专业指挥相结合的指挥机制，加快建设现代化指挥体系，建立与经济社会发展相适应的队伍编制员额同步优化机制。完善应急部门管理体制，全面实行准军事化管理。”

[2] 详见中央人民政府网站对于应急管理部职责的介绍，http://www.gov.cn/fuwu/bm/yjglb/index.htm。

[3] 丁怡婷：《应急管理，枕戈待旦》，载《人民日报》2019年1月14日，第10版。

第三，为确保社会力量参与应急处置救援的持续性，应当增加政府激励机制和完善现行法律中关于社会参与者特别是志愿者的损害救济与风险负担制度。关于政府激励机制，可以通过向参与应急处置救援经验丰富的社会力量购买应急物资、装备等资源，或者通过税收减免或优惠、出资为参与者购买人身意外伤害保险等方式，有组织、有计划地重点发展壮大一部分社会力量，以提高水灾害的应急处置能力和提高社会力量参与应急处置救援工作的积极性和主动性。关于志愿者的损害救济与风险负担制度，首先，规定由政府或水行政主管部门出资或鼓励保险公司以赠送的方式，为志愿者购买人身伤害意外保险，可以解决《民法典》第183条规定存在的窘境；其次，修改《工伤保险条例》第15条的规定，明确志愿者即便没有参加工伤保险，也按照视同工伤对待；最后，修改《突发事件应对法》第27条的规定，将保险对象由专业应急救援人员扩展到所有参与人员，当然由于事前不能确定其他参与人员的数量和身份，不能事前购买，不过本书认为这是技术性问题，可以由政府或水行政主管部门与保险公司签订合同时进行协商，包括人身意外伤害保险将住院医疗津贴纳入保障项目这一问题。

第四，由于社会力量参与人员来自不同的行业、具有不同的社会背景、具备不同的专业素养、心理素质和思想品德，虽然大部分的组织为参与人员设定了一定的条件予以把关，但仍然不能保证所有的参与人员都符合要求，加上实际的应急处置救援工作纷繁复杂、情势多变，不可避免地会出现一些人员趁机作出损人利己的事情。因此，需要建立对社会力量的监管制度，强化事前和事中的监管力度，确保应急处置工作的正常进行、提高救援速度和效率。

二、水灾害应急处置救援联动协调制度

水灾害应急处置救援行动涉及部门多、领域广，因此需要建立健全跨部门、跨区域的应急协调联动机制，以优化整合水灾害应急资源、形成减灾合力、提升应灾效率。水灾害应急处置救援各参与主体之间的联动协调，不仅包括上下级政府及有关部门之间、同级的不同部门之间的联动协调，还包括政府及有关部门与社会力量之间的联动协调。

（一）水灾害应急联动协调机制存在的问题

1. 设立国家层面水灾害应急联动协调机制的文件效力层级低

根据国家防汛抗旱总指挥部《关于调整国家防汛抗旱总指挥部组成单位和人员的通知》（国讯〔2021〕3号），国家防汛抗旱总指挥部由以下25个部门和单位组成：应急部、气象局、中央军委联合参谋部作战局、中宣部、发改委、教育部、工信部、公安部、财政部、自然资源部、住建部、交运部、水利部、农业农村部、商务部、文化和旅游部、卫健委、广电总局、粮食和储备局、能源局、铁路局、中央军委国防动员部民兵预备役局、中国红十字会、中国国家铁路集团有限公司和中国安能建设集团有限公司。国家防汛抗旱总指挥部办公室设在应急部，承担总指挥部日常工作。

根据国务院办公厅《关于调整国家减灾委员会组成人员的通知》(国办函〔2020〕31号),国家减灾委员会由以下40个部门和单位组成:应急部、中宣部、外交部、发改委、教育部、科技部、工信部、公安部、民政部、司法部、财政部、人社部、自然资源部、生态环境部、住建部、交运部、水利部、农业农村部、商务部、卫健委、国资委、市场监管总局、广电总局、统计局、国际发展合作署、中科院、工程院、气象局、银保监会、粮食和储备局、能源局、国防科工局、林草局、民航局、中央军委后勤保障部、中央军委国防动员部、共青团中央、中国科协、中国红十字会和中国国家铁路集团有限公司。现任国家减灾委专家委员会由36位委员、4位名誉顾问和若干专家组成,分为应急响应、战略政策、风险管理和空间科技与信息4个分委会,基本涵盖防灾减灾领域的所有专业,具有广泛的代表性。〔1〕

由此可知,国家防汛抗旱总指挥部和国家减灾委员会有不少成员单位和人员是重合的,而且国家防汛抗旱总指挥部办公室设在应急部。因此,关于水灾害应急处置救援问题,不仅可以在各自体系内形成一定的联动协调机制,还可以在两个体系之间形成应急联动协调机制。存在的问题是:第一,没有法律文件明确确立水灾害应急联动协调机制;第二,国务院办公厅发布的规范性文件和应急部所发文件的效力层级较低。地方层面设立的指挥机构更是职能重叠交错,如前述河南省郑州市的指挥和管理体制,如果缺乏应急联动协调机制,怎么能够发挥统一有力的指挥作用呢?

2. 缺少政府与社会力量之间的应急联动机制

根据《突发事件应对法》第4条、第11条第2款〔2〕的规定,作为公权力的行使者,政府担负着管理公共事务的职责,能够作为公共利益的代言人,应当是突发水灾害应急处置救援的核心主体,包括社会组织、媒体、企业和公众等在内的社会力量也应当是多元主体中的重要力量。但是,该法仅在第49条第6项〔3〕规定了自然人参加应急处置救援和处置工作的方式(由履行统一领导职责的人民政府组织)和条件(具有特定专长),没有规定其他社会力量参与的方式、方法、条件和责任。虽然有关组织和单位可以依据本单位制定的应急预案,参与应急处置救援,但如前所述,我国现行应急预案体系存在一定的问题,且由于《突发事件应急预案管理办法》的适用范围不包括社会组织、媒体、企业和公众等社会力量,实践中很多社会组织和企业等并没有制定本单位的应急预案。因此,在突发水灾害来临之时,大部分的社会力量仍然无所适从,难以主动、有效地参与应急救援和应急处置。因此,应当建立水灾害应

---

〔1〕 参见《国家减灾委专家委委员和专家》,载国家减灾网网址:http://www.ndrcc.org.cn/EarlyData/jggl/0001000800020001-1.html,2021年1月26日访问。

〔2〕 该款原文为:"公民、法人和其他组织有义务参与突发事件应对工作。"

〔3〕 该项的原文为,"(六)组织公民参加应急救援和处置工作,要求具有特定专长的人员提供服务"。

急多元主体的协调协作机制和信息共享机制。

（二）完善水灾害应急联动协调机制

虽然《"十四五"国家应急体系规划》提出："制定出台加强社会应急力量建设的意见，对队伍建设、登记管理、参与方式、保障手段、激励机制、征用补偿等作出制度性安排，对社会应急力量参与应急救援行动进行规范引导。"[1]但是这样还不足以实现社会力量参与应急处置救援的常规化，还应当健全应急联动机制，为社会力量参与应急处置救援提供制度化保障。

1. 在《突发事件应对法》中增加建立应急联动协调机制的条款

在实际应急处置救援工作中，不同应急处置救援主体之间的合作协调程度是应急处置救援任务有效开展的关键因素之一。因此，首先，健全省、市、县三级应急预案体系建设，将社会力量在信息对接报告、统一调度指挥、应急处置救援、响应规范和方式等方面的分工协作纳入应急预案，以实现上下级联通、条块结合的政府应急力量以及其与社会力量的无缝对接，真正从制度上把社会力量纳入政府应急处置救援体系的统筹与管理中；其次，统一各级政府和各部门的应急响应执行管理制度，规范他们对突发水灾害的应急处置救援流程、方式和方法；最后，应当以应急处置救援的指挥机构为核心，通过授权或凝聚共识调动各方力量完成资源整合。具体包括以下几个方面：

第一，地方层面应确立政府应急决策和专家决策相结合的应急处置救援指挥机制。由指挥机构确定应急处置方案，负责指挥、安排和调度各种现场处置救援力量，同时组织现场应急处置工作组，开展现场应急处置工作；协调具有应急处置职责的有关单位或个人参与现场应急处置；统筹调配现场应急处置救援物资、装备、设备等资源，协调增减应急处置救援力量及救援物资；依法决定实施应急征收和征用；妥善解决应急处置救援工作中涌现的各种问题和困难，确保应急处置及时科学有效。第二，地方水行政主管部门应当根据应急指挥机构的安排，调动各种应急力量赶赴处置现场，协助开展现场应急处置工作；对于不能通过监测发现的水灾害，应当及时按照应急预案的要求，会同有关单位和部门查明水灾害发生的原因，做好分析研判工作，避免次生灾害发生或事态扩大化。第三，地方公安部门接报应急要求的信息后，按照应急预案规定的程序，立即启动预案，并根据灾害发展态势，根据有关规定提升警戒等级，以维护社会稳定。第四，驻军部队、武警各警种部队以及民兵组织等应急力量，应当按照《突发事件应对法》及有关法律、行政法规、军事法规的规定，服从应急指挥机构的调动，根据需要赶赴现场，按照规定采取应急处置救援措施，配合加强社会安全的管控工作，防止水灾害引发社会安全危机。第五，重特大水灾害所在地

[1] 详见国务院《关于印发"十四五"国家应急体系规划的通知》（国发〔2021〕36号）第六部分"加强应急力量建设，提高急难险重任务的处置能力"中的"（四）引导社会应急力量有序发展"。

毗邻地区的政府和有关部门,应当按照应急指挥机构的要求、根据水灾害发生地的需求,及时提供援助。第六,各方应急处置救援力量应当按照应急指挥机构的要求,分工负责、协同配合,加强水灾害现场联合处置,保持现场应急处置救援工作统一、有序、高效开展。

总之,各级政府和不同部门应分工做好自己职责范围内的工作。在洪水危险期以及在防汛抗旱活动中,各应急参与单位应当在各自的职权范围内加强日常工作,做好应急准备,并按照联合协商制度保持信息传递和沟通。在汛期,可能发生灾害的地方政府及水行政主管部门应保证及时采取补救措施或其他紧急措施,将可能发生的水灾害减到最小限度。必要时,所有的应急参与单位应当根据情况,按照法律、法规、规章或规范性文件规定的权限和程序,到现场进行调查,以采取妥当的防汛抗旱措施。

2. 建构政府与社会的分工合作制度

第一,要打造政府与社会的沟通平台。互联网增加了政府话语体系的透明度和民间话语体系的影响力,拓宽了政府与社会就应急处置救援进行沟通、协作和联系的渠道,使双方沟通的平台多元化。双方可以充分利用这些平台,在水灾害应急处置救援工作中,发挥政府话语体系的主导作用,推动包括社会救援力量在内的社会各界广泛参与协商和对话,实现二者之间在沟通方面的良性互动。第二,各级政府和各部门应立足应急联动,使社会力量在服从指挥部门的前提下通过协作平台,以对话等方式有序表达自身诉求,与有关政府或部门达成决策合意,保证联动机制的有效实施。

三、水灾害应急处置救援制度体系

突发水灾害应急处置救援的目的之二:通过在救援现场的迅速反应和正确处置,避免灾害蔓延,尽量缩小其影响范围,一定程度上防止次生、衍生灾害的发生。因此,水灾害发生后,保证有关主体及时采取有效的应急处置和救援措施的法律制度,对减灾灭灾来讲是至关重要的。

(一)现行水灾害应急处置救援制度存在的问题

现行法律体系中应对水灾害的处置救援制度缺少可操作性及衔接先期处置措施与应急处置救援措施的制度,最终导致现行水灾害应急处置和救援制度不能得到有效实施,处于失灵状态。

1. 水灾害应急处置救援制度缺少可操作性

第一,根据《突发事件应对法》第 8 条第 1 款的规定,根据突发事件的具体情况,应当设立应急指挥机构并由其负责突发事件应对工作,根据该条第 2 款的规定,驻当地中国人民解放军和中国人民武装警察部队有关负责人是突发事件应急指挥机构的成员,但是该法第四章却将“应急处置与救援”的领导职责仅仅赋予县级以上地方人民政府,且没有规定在需要军队、武警部队和民兵组织参与救援时的处理措施。第二,《突发事件应对法》第四章针对四类突发事件确定的各项处置救援措施,对水灾害处置和救援来讲不具有针对性。而且,现行“分级负责、属地管理”模式实质上就是层层递进的下级对上级负责的“自上而下”的管理模式,加上条块分割、专业分工的部门之间相互推诿,导致上下级政府之间为规避不利影响和相关责任,下级政府或隶属部门采取“遇事灵活”的策略,上级政府或直属部门为之掩饰的“常规”做法,最终致使处置救援措施无法得到有效实施。第三,对水灾害处置和救援来讲,国家层面有针对性的是《国家防汛抗旱应急预案》,其不仅在第4.1条中规定了应急响应的“总体要求”,还于第4.2.2条、第4.3.2条、第4.4.2条和第4.5.2条中将应急响应行动分为四级,分别规定了不同主体在相应情形下应当采取的响应行动。虽然如此,还是存在一定的问题。一是第4.1.4条规定负责组织实施抢险救灾和防灾减灾等方面工作的主体有两个,即地方人民政府和防汛抗旱指挥机构,[1]但是没有明确二者的级别和分工。虽然按照第2.3条“地方各级人民政府防汛抗旱指挥部”的规定,地方防汛抗旱指挥部的指挥长是地方政府主要负责人,但由于责任不明难免产生相互推诿的现象。二是对次生灾害规定的响应措施过于简单,不能及时阻断次生灾害蔓延扩张的路径。

2. 缺少衔接先期处置措施

《国家突发公共事件总体应急预案》在预警级别发布后,采取应急处置救援之前,规定了先期处置措施,而《突发事件应对法》没有确立这一措施的相关制度,其第二章虽然名为“预防与应急准备”,但本书认为实质上属于常态化防控,然后跳过先期处置措施,直接在第四章确立了“应急处置与救援”措施。《国家防汛抗旱应急预案》第3.2.1条从思想、组织、工程、预案、物资、通信、防汛抗旱检查和防汛日常管理工作八个方面,规定了“预防准备工作”,本书认为这属于先期处置措施。但是,因为预案的法律地位,不可能规定与先期处置措施对应的法律责任,该预案仅在第7.4条以援引条款的形式,对防汛抗旱工作中玩忽职守造成损失的人员责任,作出了原则性的规定,[2]不仅不具有针对性而且效力层级较低。另外,无论是《国家突发公共事件总体应急预案》还是《国家防汛抗旱应急预案》,都没有确立先期处置措施与应急处置救援措施之间的衔接制度。

3. 应急处置救援结束机制不健全

《突发事件应对法》第58条规定了应急措施结束机制,停止的条件是“突发事件的威胁和危害得到控制或者消除后”,停止的主体是“履行统一领导职责或者组织处置突发事件的人民政府”,停止应急措施但仍应采取或者继续实施必要措施,防止发

---

[1] 《国家防汛抗旱应急预案》第4.1.4条中规定:“洪涝、干旱、台风、堰塞湖等灾害发生后,由地方人民政府和防汛抗旱指挥机构负责组织实施抢险救灾和防灾减灾等方面的工作。”

[2] 《国家防汛抗旱应急预案》第7.4条中规定:“对防汛抗旱工作中玩忽职守造成损失的,依据《中华人民共和国防洪法》《中华人民共和国公务员法》《中华人民共和国防汛条例》追究当事人的责任,并予以处罚,构成犯罪的,依法追究其刑事责任。”

生自然灾害、事故灾难、公共卫生事件的次生、衍生事件或者重新引发社会安全事件。[1] 存在的问题有：第一，谁来判断突发事件的威胁和危害得到了控制或者消除，判断标准有哪些？第二，新采取必要措施的依据是什么？如何从应急处置救援措施过渡到继续实施的必要措施？对于上述问题，《国家突发公共事件总体应急预案》第3.2.4条的规定更为原则，而且由该规定引发一个新的问题，即现场应急指挥机构撤销后是否还需要采取一定的措施？《国家防汛抗旱应急预案》确定了宣布结束紧急防汛期或紧急抗旱期的主体是事发地的防汛抗旱指挥机构，[2]《国家自然灾害救助应急预案》确定终止响应经由国家减灾委办公室提出建议，启动响应的单位决定，[3]但仍存在以下两个问题，一是洪水灾害得到有效控制的标准不明确，二是没有确立防止次生灾害、衍生灾害的有关措施。

（二）完善水灾害应急处置救援制度的建议

除前文提及的修改《突发事件应对法》，确定统一的应急指挥机制并确立各方主体职责和增加建立应急联动协调机制的条款外，还应当确立如下三种制度。

1. 增加先期处置措施及其与应急处置救援相衔接的制度

先期处置是一种初步应对突发水灾害的措施，也是常态化防控向应急处置转化的衔接阶段，包括人员与财物的救助、救助物资的分配和灾害的控制等。由于常态化防控可能难以应对突发水灾害，从而导致先期处置存在被动、迟缓现象。其中，能够事先预警的水灾害应对工作相对容易，灾害发生后可根据既有预案或措施进行有针对性的资源配置。但是不能事先预警的突发性水灾害因原因不明、事先信息储备不足等，导致不能及时判断物资调配的方向和分布，必须随风险因素、伤亡及财产损失的程度和范围等的变化而变化，使应急处置与救助措施难以发挥其应有功能。

因此，应当在《突发事件应对法》中增加先期处置措施及其与应急处置救援相衔接的制度。第一，明确采取先期处置措施的各个主体在应急处置救援工作中的职责，确定新增参与应急处置救援工作的主体及其职责。第二，确保先期处置措施与应急处置救援的有效衔接，需要明确各级政府在先期处置措施中的主体责任及监管部门对相关职能部门的监督管理责任；上级职能部门以文件形式明确其对下级部门指导工作的内容、范围和方式；为确保有效开展工作，应当确立各职能部门就相关响

---

〔1〕《突发事件应对法》第58条规定："突发事件的威胁和危害得到控制或者消除后，履行统一领导职责或者组织处置突发事件的人民政府应当停止执行依照本法规定采取的应急处置措施，同时采取或者继续实施必要措施，防止发生自然灾害、事故灾难、公共卫生事件的次生、衍生事件或者重新引发社会安全事件。"

〔2〕《国家防汛抗旱应急预案》第4.13.1条规定："当洪水灾害、极度缺水得到有效控制时，事发地防汛抗旱指挥机构可视汛情旱情，宣布终止紧急防汛期或紧急抗旱期。"

〔3〕《国家自然灾害救助应急预案》第5.6条"响应终止"规定："救灾应急工作结束后，由国家减灾委办公室提出建议，启动响应的单位决定终止响应。"

应行动对同级政府的备案义务。

2. 细化应急处置救援结束机制

第一,关于水灾害应急处置救援结束的确定。本书认为,对于特别重大水灾害应急响应的结束,应由国务院审定;对于重大的或跨地、市的较大水灾害应急响应的结束,应由省级应急指挥部提出建议,报省级人民政府批准,必要时,可以按照评估制度进行评估后再行决定。第二,应急响应结束评估制度。由灾害发生地的应急指挥部组织相关部门、专家及中介机构,成立评估工作组,依据事先确定的评估方法、工作方案和评估标准,根据信息收集主体储备的信息,客观、全面地评估水灾害造成的损失及应急处置救援措施的有效性,提出采取新的或继续实施必要措施的必要性和可行性,并及时报告评估结果、总结经验、提出建议。

3. 增加保障应急处置救援有效实施的制度

第一,确立奖惩实施制度。其中奖励的实施制度可以确立如下,首先,明确表彰奖励的时间,本书认为可以确定为应急处置结束后的一个月内;其次,表彰奖励的主体应当是应急处置的指挥机构;最后,奖励的对象和标准,对在应急处置中积极认真履职的人员,无论身份是国家工作人员还是志愿者,由应急处置救援指挥机构分情况按不同的标准予以表彰和奖励;对决策科学、指挥有力、处置得当的单位或个人,应急处置救援指挥机构的上级单位应当分情况按不同的标准予以表彰和奖励。惩处实施制度可以确定如下,对于不履行法定职责的各级地方人民政府和有关部门,由上级行政机关或者监察机关责令整改。另有下列情形之一的,根据情节对直接负责的主管人员和其他直接责任人员依法给予处分:未按规定采取预防预警措施,导致发生水灾害的;未采取必要的先期处置措施,导致水灾害蔓延或扩大的;未采取必要的应急处置救援措施,导致发生次生、衍生事件的;未按规定及时发布水灾害警报、采取预警期措施,导致损害发生的;未按规定及时处置水灾害或者处置不当,造成不良后果的;迟报、谎报、瞒报、漏报有关水灾害信息,或通报、报送、公布虚假信息,造成不良后果的;干预应急指挥部正常指挥造成不良后果的;不服从应急指挥部作出的决定、命令或者未配合有关应急处置措施,造成不良后果的;其他违反国家和自治区有关应急处置法律法规或工作规定,造成不良后果的。构成犯罪的,依法追究刑事责任。

第二,引入监察制度。由于水行政部门在水灾害应急处置救援工作中,无论是对下级水行政部门还是其他参与者,兼具执行者和监督者的双重角色,难以保证监督的实效性和公正性。因此,有必要修改《突发事件应对法》《防洪法》《防汛条例》《抗旱条例》等法律法规,在法律责任部分引入监察制度,使监察权介入应急处置救援领域。本书认为可从以下几个方面设立:(1)监察对象明确为应急处置救援中的公职人员,监察范围是职务行为,包括水行政主管部门、防汛抗旱指挥部门、应急指挥部门、专业技术机构、与水灾害有关的国有企事业单位等;(2)确立监察对象的救济途径,如复查、复议制度;(3)设置在确保应急处置救援工作正常运转前提下启动监察程序的制度,比如可在事中启动核查程序,符合立案条件的可以先行立案,事后再进行调查和处理。

第四节 水灾害救助法律制度

一、现行水灾害救助法律体系概述

根据水灾害的不同类型,可将与水灾害有关的法律制度大致分为以下三个方面:一是关于突发性的水灾害,与之有关的法律制度是以《突发事件应对法》为主的法律体系确立的制度;二是关于自然原因导致的水灾害,与之有关的法律制度是由自然资源类法律体系所确立的制度构成,如《水法》《防洪法》《气象法》《防震减灾法》等法律,再如《地质灾害防治条例》《破坏性地震应急条例》《自然保护区条例》《防汛条例》《水库大坝安全管理条例》等行政法规;三是事故水灾害,与之有关的法律制度是以《安全生产法》为首的法律体系所确立的制度构成。

(一)现行水灾害救助法律体系的构成

与水灾害有关的法律制度相对应,水灾害救助法律体系也可以从上述三个方面进行总结,不过由于水灾害只是地震引发灾害中的一种,异常的气象可以通过监测事先预知等,导致自然资源法律中要么关于灾害救助的规定对水灾害救助缺乏针对性,如《防震减灾法》第33条;要么缺少有关灾害救助的规定,如《气象法》。而《自然灾害救助条例》是专门规范自然灾害救助的行政法规,加之水量异常是水灾害的应有之义。因此,本书分别从《突发事件应对法》《自然灾害救助条例》和水事法律体系三个角度,分析、总结和梳理水灾害救助法律体系中存在的问题。

根据不同的标准,现行水灾害救助法律体系确立的制度也区分为不同的种类。根据水灾害的种类,分为自然水灾害救助制度和事故水灾害救助制度;根据救助主体分为政府救助、社会互助和灾民自救;根据救助的内容分为救助管理制度、救助资金的监管制度、物资储备制度、损失评估与核定制度,以及捐赠款物的使用与监督检查制度等;根据救助持续的时间分为临时救助制度和其他救助制度;等等。

(二)不同法律体系下的水灾害救助制度

1.《突发事件应对法》框架下的灾害救助制度

根据《突发事件应对法》第五章和《国家突发公共事件总体应急预案》,突发水灾害恢复与重建包括善后处置、调查与评估主导、恢复重建制度和信息发布制度,没有独立的救助制度,《突发事件应对法》仅在第61条第2款中要求受突发事件影响地区的人民政府制定并组织实施包括救助在内的善后工作计划。[1]

---

[1] 《突发事件应对法》第61条第2款规定:“受突发事件影响地区的人民政府应当根据本地区遭受损失的情况,制定救助、补偿、抚慰、抚恤、安置等善后工作计划并组织实施,妥善解决因处置突发事件引发的矛盾和纠纷。”

2.《自然灾害救助条例》框架下的灾害救助制度

2010 年 9 月 1 日开始实施的《自然灾害救助条例》和国务院 2014 年颁发的《社会救助暂行办法》构成我国规范自然灾害救助国家层面的制度框架。

根据 2019 年修订后的《自然灾害救助条例》（国务院令第 709 号）第 2 条的规定，自然灾害救助的原则包括以人为本、政府主导、分级管理、社会互助、灾民自救；[1]该条例第 3 条确立了自然灾害救助的管理体系，分别是各级人民政府行政领导负责制，国家减灾委员会的组织、领导和协调制度，县级以上地方人民政府或其自然灾害救助应急综合协调机构的组织、领导和协调制度，应急部门具体负责的制度，政府有关部门的相关工作制度等；[2]第 4 条规定了资金、物资保障机制；第 5 条明确了社会组织、单位和个人参与制度；第 6 条是有关宣传教育的规定；第 7 条建立了表彰奖励制度。第二章确立了救助准备制度，包括救助应急预案规则、应急指挥技术支撑系统、物资储备制度、设立并告知居民应急避难场所、队伍建设和培训制度。第三章是应急救助制度，包括应急预警响应和应急响应救助措施、应急救助征用制度、应急救助报告制度和自然灾害损失评估、核定制度。第四章是灾后救助，确立了过渡性安置、恢复重建、基本生活救助等制度。第五章是救助款物管理，建立了救助资金的分配、管理和监督制度，政府采购、捐赠款物的使用（第 24～26 条）以及救助款物和捐赠款物的监督检查制度（第 26 条、第 27 条）。

《社会救助暂行办法》第四章“受灾人员救助”，这里的受灾人员仅指遭受了自然灾害的人员，其中第 20 条明确规定“国家建立健全自然灾害救助制度”，根据该条第 2 款的规定，自然灾害救助的管理体制实行属地管理，分级负责。[3] 该办法第 21 条落实了《自然灾害救助条例》第 10 条的规定，对物资储备制度进行了规定；第 22 条与《自然灾害救助条例》第 3 章保持一致，确立了应急救助制度；第 23 条对《自然灾害救助条例》第 17 条第 2 款的规定进行了落实，设立自然灾害损失评估、核定并发布的制度。另外，为与《自然灾害救助条例》保持一致，还分别于第 24 条、第 25 条和第 26 条规定了过渡性安置、资金和物资等救助制度和基本生活救助制度。

---

[1] 《自然灾害救助条例》第 2 条规定：“自然灾害救助工作遵循以人为本、政府主导、分级管理、社会互助、灾民自救的原则。”

[2] 《自然灾害救助条例》第 3 条规定：“自然灾害救助工作实行各级人民政府行政领导负责制。国家减灾委员会负责组织、领导全国的自然灾害救助工作，协调开展重大自然灾害救助活动。国务院应急管理部门负责全国的自然灾害救助工作，承担国家减灾委员会的具体工作。国务院有关部门按照各自职责做好全国的自然灾害救助相关工作。县级以上地方人民政府或者人民政府的自然灾害救助应急综合协调机构，组织、协调本行政区域的自然灾害救助工作。县级以上地方人民政府应急管理部门负责本行政区域的自然灾害救助工作。县级以上地方人民政府有关部门按照各自职责做好本行政区域的自然灾害救助相关工作。”

[3] 《社会救助暂行办法》第 20 条规定：“国家建立健全自然灾害救助制度，对基本生活受到自然灾害严重影响的人员，提供生活救助。自然灾害救助实行属地管理，分级负责。”

《国家自然灾害救助应急预案》第六部分是"灾后救助与恢复重建",针对冬令(春荒)灾民,建立救济人口台账、生活困难状况评估与核实、救济工作方案、特大自然灾害救济补助费制度等。

为落实《自然灾害救助条例》规定的相关制度,民政部先后单独或与有关部门联合颁行以下规范性文件:《关于印发〈自然灾害生活救助资金管理暂行办法〉的通知》(财社〔2011〕6号,已失效)、《关于加强自然灾害救助评估工作的指导意见》(民发〔2012〕148号,以下简称《评估指导意见》)、《中央应急抢险救灾物资储备管理暂行办法》、《中央救灾物资储备管理办法》(民发〔2014〕221号,已失效)、《关于加强自然灾害救助物资储备体系建设的指导意见》(民发〔2015〕164号)、《关于印发〈中央财政困难群众救助补助资金管理办法〉的通知》。

3.《安全生产法》框架下的救助制度

安全生产体系下与水灾害有关的法律包括《安全生产法》《消防法》《特种设备安全法》《矿山安全法》《石油天然气管道保护法》《城乡规划法》《劳动法》等。行政法规包括《安全生产许可证条例》、《生产安全事故报告和调查处理条例》、《国务院关于特大安全事故行政责任追究的规定》、《建设工程安全生产管理条例》、《特种设备安全监察条例》和原《企业安全生产应急管理九条规定》等。部门规章(部/委/局令)包括《劳动防护用品监督管理规定》(已失效)、《生产经营单位安全培训规定》、《安全生产检测检验机构管理规定》(已失效)、《安全生产违法行为行政处罚办法》、《安全生产事故隐患排查治理暂行规定》、《生产安全事故应急预案管理办法》、《生产安全事故信息报告和处置办法》、《安全评价机构管理规定》(已失效)、《安全生产监管监察职责和行政执法责任追究的暂行规定》(已失效)等。这些法律、行政法规和部门规章中均没有关于事后救助的条款。

水利部关于安全生产方面的规章约有十多个,如水利部办公厅《关于印发水利水电工程(水电站、泵站)运行危险源辨识与风险评价导则(试行)的通知》(办监督函〔2020〕1114号)、水利部《印发〈关于建立水利安全生产监管责任清单的指导意见〉的通知》(水监督〔2020〕146号)等,水利部关于安全生产方面的规范性文件也有很多。水利部的这些规章和规范性文件中,除了2016年12月水利部的《水利部生产安全事故应急预案(试行)》7.1〔1〕"善后处置"中提到了伤残抚恤,也都没有对事后救助进行规定。

4.水事法律体系下的灾害救助制度

《防洪法》第7条第2款、第32条第2款和第3款,仅规定了国家对蓄滞洪区建

---

〔1〕 其原文为:"直属单位(工程)发生生产安全事故的,安监司会同相关司局指导直属单位做好伤残抚恤、修复重建和生产恢复工作。地方发生生产安全事故的,按照有关法律法规规定由地方人民政府处置。"

立救助制度或办法；第47条规定：“发生洪涝灾害后，有关人民政府应当组织有关部门、单位做好灾区的生活供给……”本书认为，这属于应急救援的范围而不是灾后救助。2006年6月13日国务院办公厅以国办发〔2006〕45号转发的《关于加强蓄滞洪区建设与管理的若干意见》有两处提到灾后救助，意思也都是要建立完善救助制度。

《抗旱条例》第四章“灾后恢复”中也没有关于灾害救助的规定。《国家防汛抗旱应急预案》在善后工作中的6.1.1　确定灾区人民政府负责组织协调灾害救助[1]；有些地方的专项应急预案中确定的有灾害救助制度，如2020年3月12日开始实施的《上海市应对雨雪冰冻灾害专项应急预案》第6.1.1条规定：“市应急局及时会同各区及相关部门，根据情况紧急疏散、转移、安置受灾人员，及时为受灾人员提供必要的食品、饮用水、衣被、临时住所等应急救助，组织受灾群众自救互救，重建或者修缮因灾损毁的居民住房。”

《国家防汛抗旱总指挥部工作制度》赋予民政部的职责是：“组织、协调全国水旱灾害的救灾工作。组织核查灾情，统一发布灾情，及时向国家防总提供重大灾情信息。负责组织、协调水旱灾区救灾和受灾群众的生活救助。管理、分配中央救助受灾群众的款物，并监督使用。组织、指导和开展救灾捐赠等工作。”[2]

二、现行水灾害救助法律制度存在的问题

本书认为，有关水灾害救助现行规定的层级问题、不同救助制度之间的关系及其衔接，以及自然水灾害救助和事故水灾害救助制度的区分等属于水灾害救助制度的基本问题；关于灾害保险、灾情评估等属于水灾害救助制度的配套规则，下面就分这两方面探讨现行水灾害救助法律制度存在的问题。

（一）现行水灾害救助制度不健全

1. 确立灾害救助制度的现行规定效力层级低

《突发事件应对法》的规定说明，在突发事件应对法律体系下，救助是善后处置制度的一部分，而且仅是工作计划而已；明确规定建立灾害救助制度的法律只有《防洪法》，且限于蓄滞洪区。作为行政法规的《自然灾害救助条例》确立了自然灾害的救助制度，但适用范围仅限于自然灾害领域。较为具体详细的规定限定在自然灾害领域，且多属于部门规章或规范性文件。由此还产生一个问题，就是救助体系不清晰。

2. 没有明确突发水灾害救助与社会救助之间关系的规定

“社会救助的内涵，国家与社会面向由贫困人口与不幸者组成的社会脆弱群体提供款物接济和扶助的一种生活保障政策，它通常被视为政府的当然责任或义务，提供的也是非供款制与无偿救助的方式，目的是帮助社会脆弱群体摆脱生存危机，

---

〔1〕《国家防汛抗旱应急预案》第6.1.2条确定“应急管理部门负责受灾群众基本生活救助”。

〔2〕《国家防汛抗旱总指挥部工作制度》，载水利部网站，http://shzhfy.mwr.gov.cn/fgzd/201901/t20190107_1075416.html。

以维护社会的安定。社会救助的外延,则包括灾害救济、贫困救济和其他针对社会脆弱群体的辅助措施。"[1]由此可见,灾害救助属于社会救助,又独立于社会救助,如二者资金来源不同,财政部、民政部分别就灾害救助和社会救助发布了不同的资金管理文件,分别是《自然灾害生活救助资金管理暂行办法》(已失效)和《中央财政困难群众救助补助资金管理办法》。但是,上述任何一部法律、法规或规范性文件中均没有明确二者之间关系的条款,导致实际救助工作中对二者也不加区分。

3. 缺少事故水灾害的救助制度

2020年8月25日中共中央办公厅、国务院办公厅印发《关于改革完善社会救助制度的意见》(以下简称《社会救助意见》)重点任务的第四部分中"完善急难社会救助"包括强化急难社会救助功能,对象包括遭遇突发性、紧迫性、灾难性困难,生活陷入困境,靠自身和家庭无力解决,其他社会救助制度暂时无法覆盖或救助之后生活仍有困难的家庭或个人;救助方式包括临时救助和生活无着流浪乞讨人员救助;救助措施有:(1)依据困难情况制定临时救助标准,分类分档予以救助;(2)逐步取消户籍地、居住地申请限制,探索由急难发生地实施临时救助。要建立健全的工作机制是快速响应、个案会商"救急难"[2]。要进行完善的临时救助政策措施包括:(1)将临时救助分为急难型临时救助和支出型临时救助。实施急难型临时救助,可实行"小金额先行救助",事后补充说明情况;实施支出型临时救助,按照审核审批程序办理。采取"跟进救助""一次审批、分阶段救助"等方式,增强救助时效性。(2)必要时启动县级困难群众基本生活保障工作协调机制进行"一事一议"审批。(3)推动在乡镇(街道)建立临时救助备用金制度。(4)加强临时救助与其他救助制度、慈善帮扶的衔接,形成救助合力。[3]

根据前文所述,现行水灾害救助制度体系中只有《社会救助意见》的规定适用于事故水灾害。由此可见,目前我国缺少对在事故灾害中的受灾人员进行救助的规定。主要原因有以下几个方面:第一,事故水灾害是人为原因造成的,受灾人员应当按照民事法律制度中相应的侵权责任规则,要求对该事故负有责任的单位或个人承担民事赔偿责任,从而填平所遭受的各项损失;第二,事故水灾害应当以预防为主,过于完善的事后救助制度不仅使肇事者忽视甚至无视后果,而且其违法成本低,因而存在道德风险;第三,一般来讲,救助责任以政府为主导,在事故水灾害中,事后救助制度容易让受害者将精力集中在政府身上,不仅无助于政府集中精力查明事故原因、分析事故动态、遏制事故发展,还可能引发和激化受害者与政府的对立,从而产生不稳定因素。

---

[1] 郑功成:《社会保障学——理念、制度、实践与思辨》,商务印书馆2000年版,第13~14页。
[2] 详见《社会救助意见》重点任务的第四部分"完善急难社会救助"第14条。
[3] 内容详见《社会救助意见》重点任务的第四部分"完善急难社会救助"第15条。

(二)安责险制度仍不完善

1. 安责险的现行规范体系

安全生产领域责任保险制度由安全生产风险抵押金制度发展而来,由以下现行法律、法规及规范性文件的有关规定构成:一是 2021 年 9 月 1 日开始实施的修正后的《安全生产法》;二是 2006 年 6 月 15 日国务院出台的《关于保险业改革发展的若干意见》(国发〔2006〕23 号);三是原国家安全生产监督管理局、原中国保险监督管理委员会于 2006 年 9 月 27 日发布的《关于大力推进安全生产领域责任保险,健全安全生产保障体系的意见》(安监总政法〔2006〕207 号);四是中共中央、国务院于 2016 年 12 月 9 日出台的《关于推进安全生产领域改革发展的意见》;五是 2016 年 12 月 9 日中共中央、国务院发布的《关于推进安全生产领域改革发展的意见》;六是 2017 年 12 月 12 日由多部门联合颁行、自 2018 年 1 月 1 日起实施的《关于印发〈安全生产责任保险实施办法〉的通知》(安监总办〔2017〕140 号);七是应急管理部于 2019 年 8 月 12 日发布的 2019 年第 15 号公告,批准了包括《安全生产责任保险事故预防技术规范》(AQ 9010—2019)在内的 19 项安全生产行业标准,该技术规范作为行业强制性标准自 2020 年 2 月 1 日起施行。其中,《安全生产法》将安责险变为高危行业的强制性商业保险,在其他领域仍然保持鼓励性的态度〔1〕;《安全生产责任保险实施办法》则明确要求,在矿山、危险化学品、烟花爆竹、交通运输、建筑施工、民用爆炸物品、金属冶炼、渔业生产这八大高危行业领域强制实施安责险制度,切实发挥保险机构参与风险评估和事故预防功能,其中矿山、建筑施工(水利水电建设项目的建设与施工)和渔业生产与事故水灾害存在一定的关联。〔2〕

2. 安责险制度的基本内容及其意义

(1)安责险制度的基本内容。安责险是一种带有公益性质的强制性商业保险,保险范围是“投保企业的重大过失责任”和“违反安全法规的行为”;“安全生产责任保险”的理赔遵循“无过错责任”原则,不论事故的受害人对事故发生是否负有责任,都应获得赔偿。

〔1〕《安全生产法》第 51 条第 2 款规定:“国家鼓励生产经营单位投保安全生产责任保险;属于国家规定的高危行业、领域的生产经营单位,应当投保安全生产责任保险。具体范围和实施办法由国务院应急管理部门会同国务院财政部门、国务院保险监督管理机构和相关行业主管部门制定。”第 109 条规定:“高危行业、领域的生产经营单位未按照国家规定投保安全生产责任保险的,责令限期改正,处五万元以上十万元以下的罚款;逾期未改正的,处十万元以上二十万元以下的罚款。”

〔2〕《关于推进安全生产领域改革发展的意见》(二十九):“发挥市场机制推动作用。取消安全生产风险抵押金制度,建立健全安全生产责任保险制度,在矿山、危险化学品、烟花爆竹、交通运输、建筑施工、民用爆炸物品、金属冶炼、渔业生产等高危行业领域强制实施,切实发挥保险机构参与风险评估管控和事故预防功能。完善工伤保险制度,加快制定工伤预防费用的提取比例、使用和管理具体办法。积极推进安全生产诚信体系建设,完善企业安全生产不良记录‘黑名单’制度,建立失信惩戒和守信激励机制。”

安责险的保险责任包括：①雇员及第三方人员死亡、伤残的经济赔偿责任；②医疗费用；③因采取紧急抢险措施而支出的必要、合理的救援费用及疏散费用；④因生产安全事故被提起仲裁或者诉讼须支付的相关法律费用。〔1〕

（2）安责险制度的意义。第一，将保险的风险管理功能引入安全生产监管体系，建立保险机构参与的事故预防机制。第二，完善事故处理的经济保障机制（替代安全生产风险抵押金制度），帮助企业转移相应风险（不仅包括员工的事故赔偿，还包括对事故造成的第三者人身伤残、伤亡及财产损失），以企业在事故中应承担的经济赔偿责任为保险标的，既帮助企业转移风险，又切实为职工提供了经济补偿保障，对于第三者的赔偿责任还补全了工伤保险制度的"短板"。

3. 安责险制度存在的主要问题

第一，虽然修正后的《安全生产法》为高危行业、领域确立了强制实施安责险制度，但是安责险的具体范围和实施办法仍需国务院应急部门尽快会同国务院财政部门、国务院保险监督管理机构和相关行业主管部门制定。第二，需要明确安责险与其他责任制度的关系。修正后的《安全生产法》似乎是想明确工伤保险责任与民事赔偿责任之间的关系，但内容较为含糊，且并没有明确安责险与这二者之间的关系。〔2〕

（三）未建立统一的自然灾害保险制度

《突发事件应对法》第 35 条〔3〕、《防震减灾法》第 45 条〔4〕作为倡导性规范，对有关单位和个人并无强制力。十八届三中全会通过的中共中央《关于全面深化改革若干重大问题的决定》第 12 款提出完善保险经济补偿机制，建立巨灾保险制度。《关于推进防灾减灾救灾体制机制改革的意见》多处提到要建立完善灾害保险制度。截至目前，在国家层面仅在地震灾害领域建立了巨灾保险制度。根据 2016 年 5 月 11 日发布的《关于印发〈建立城乡居民住宅地震巨灾保险制度实施方案〉的通知》（保监发〔2016〕39 号），中国城乡居民住宅地震巨灾保险产品全面销售。

其他灾害保险制度仍然处于地方和保险公司的探索阶段，目前自然灾害保险实践主要有以下四种类型，即农房灾害保险、农业灾害保险、自然灾害公众责任险和巨灾保险。〔5〕 关于洪水灾害保险，地方已开展的巨灾保险探索有两大类：一是在广东

---

〔1〕 详见《安全生产责任保险实施办法》第 9 条第 1 款："安全生产责任保险的保险责任包括投保的生产经营单位的从业人员人身伤亡赔偿，第三者人身伤亡和财产损失赔偿，事故抢险救援、医疗救护、事故鉴定、法律诉讼等费用。"

〔2〕 详见《安全生产法》第 56 条第 2 款："因生产安全事故受到损害的从业人员，除依法享有工伤保险外，依照有关民事法律尚有获得赔偿的权利的，有权提出赔偿要求。"

〔3〕 该条全文为："国家发展保险事业，建立国家财政支持的巨灾风险保险体系，并鼓励单位和公民参加保险。"

〔4〕 该条原文为："国家……鼓励单位和个人参加地震灾害保险。"

〔5〕 参见廖永丰、赵飞：《我国自然灾害保险的实践探索》，载《中国减灾》2018 年第 15 期。

等地开展的巨灾指数保险，涵盖台风、强降雨等重大自然灾害；二是在宁波、深圳、厦门等经济基础好且灾害较为突出的地方开展综合性巨灾保险，针对暴雨、台风、洪涝等自然灾害及引发的次生灾害，为受灾居民的人身伤亡救助、住房损失补偿提供保障。保险公司开发的许多保险产品包含洪水责任，在保险对象为农业财产、在建工程和安装项目、企业财产、家庭房屋和财产等时，因洪水等造成的财产损失属于保障范围；另外，机动车辆保险、货物运输保险等险种也普遍承保水灾风险。

（四）灾害救助评估主体不确定且评估指标不科学

灾害结束后快速而全面地对灾情进行准确的评估，为决策者优化配置救助资源提供精准的数据支持；通过减少作出灾害评估报告所需的时间和精力，区分受灾程度向不同的受灾地区施以及时而较为准确的救助，从而缩短援助所需时间，增加救助的总体覆盖范围。因此，灾害救助评估制度能够提高灾害救助决策的科学性、提升灾害救助工作的总体水平，以切实保障受灾群众的基本生活。

1. 灾害救助评估制度的构成

评估的前提是数据的统计与核查，因此本书所讨论的灾害救助评估包含灾情统计与核查。现行灾害救助评估制度体系主要由《突发事件应对法》、《自然灾害救助条例》、《国家自然灾害救助应急预案》和《评估指导意见》等组成，其中《突发事件应对法》确立了突发事件损失评估制度，《自然灾害救助条例》确立了设立自然灾害损失评估、核定并发布的制度，《国家自然灾害救助应急预案》确立了生活困难状况评估与核实制度，《评估指导意见》则是落实《自然灾害救助条例》的规定，针对自然灾害损失进行统计、核定并进行评估的具体规则。

2. 现行灾害救助评估制度体系存在的问题

第一，《评估指导意见》将评估事项分为救助准备评估、应急救助评估、灾后救助评估和年度综合评估。本书将重点为灾害分担和公众参与的灾后制度统称为灾害救助制度，因此，《评估指导意见》中的灾后救助评估和年度综合评估属于本书探讨的内容。该《评估指导意见》仅适用于自然灾害救助评估工作，且没有明确评估的主体。第二，2020 年 3 月 8 日应急管理部发布《关于印发〈自然灾害情况统计调查制度〉和〈特别重大自然灾害损失统计调查制度〉的通知》（应急〔2020〕19 号）。为保证统一数据的准确性，《自然灾害情况统计调查制度》不仅规定地方各级应急部门负有建立健全灾情核查制度的职责；[1]还对自然灾害快报的报送在初报、续报后提出

〔1〕 详见《自然灾害情况统计调查制度》第 1 条"总说明"第 5 款"组织实施"第 5 项："地方各级应急管理部门须建立健全灾情核查制度。根据灾情情况，分级负责，派出核灾工作组。针对启动省级救灾Ⅳ级以上（含Ⅳ级）应急响应的自然灾害，省级应急管理部门须组织核灾工作组赴灾区核查核定灾情。重特大灾害稳定后、每月底及每年底，地方各级应急部门须与相关涉灾部门及时会商核定灾情。"

地方各级应急管理部门应组织力量,对灾情进行核定。[1] 由此可见,我国的灾情核查制度仍不完善。另外,根据该规定,灾情指标包括以下39类,即灾害种类、台风编号、地震震级、灾害发生时间、灾害结束时间、受灾乡镇名称、受淹乡镇名称、受灾人口、因灾死亡人口、因灾失踪人口、因灾伤病人口、紧急避险转移人口、紧急转移安置人口、集中安置点数量、集中安置人口、分散安置人口、需紧急生活救助人口、需过渡期生活救助人口、因旱需救助人口、因旱饮水困难需救助人口、因灾死亡大牲畜、饮水困难大牲畜、农作物受灾面积、粮食作物受灾面积、农作物成灾面积、农作物绝收面积、草场受灾面积、林地受灾面积、水产养殖受灾面积、倒塌房屋、严重损坏房屋、一般损坏房屋,受损工业企业、商贸网点、学校、社会服务机构等指标解释,直接经济损失、房屋及居民家庭财产损失、工矿商贸业损失、基础设施损失、公共服务损失和其他未能包括在以上几方面因自然灾害造成的直接经济损失。[2] 不包括间接损失,如因水灾害导致的生态系统损失,自然遗产遭受的破坏,以及其对旅游等服务业带来的损失和影响。

三、完善水灾害救助法律体系的建议

现代应对包括水灾害在内所有灾害的理念是要"实现从注重灾后救助向注重灾前预防转变,从减少灾害损失向减轻灾害风险转变"。但是灾害不可能百分百地得到预防或消灭,为防止次生灾害或衍生灾害的发生或蔓延,灾后救助仍然不可或缺。而妥善做好灾后救助,保证灾后救助的针对性和有效性,需要完善相关法律制度。

(一)完善水灾害救助制度的基本规定

1. 在相关法律中明确规定灾害救助制度

第一,修改《突发事件应对法》,明确国家建立突发事件救助制度,并确定以下相关内容:(1)突发事件救助工作机制,不仅要明确政府的主导作用,即明确规定对救助负有决策、领导及实施义务的单位及各自的具体职责,也要确立社会参与的方式、方法、程序及应当发挥的作用等,还要确定突发事件救助的启动、实施和停止的条件、程序等;(2)明确将突发事件预警、应急救援的信息统计、核查及报告制度延伸到救助环节,并建立相关的衔接规则;(3)明确突发事件救助与社会救助、灾害救助之间的关系,本书认为突发事件救助属于《社会救助意见》中的急难社会救助,与灾害救助一样,都属于社会救助中的一种,但又相互独立,因此应当建立相互间衔接的规则;(4)确立授权型规则,授权国务院建立突发事件救助的保险、评估等配套性制度规则。第二,修改《防洪法》,明确洪涝灾害的救助制度不仅限于蓄滞洪区,而是所有遭受洪涝灾害的领域。第三,修改《抗旱条例》,确立旱灾救助制度,为

[1] 详见《自然灾害情况统计调查制度》第1条"总说明"第6款"报送要求"第1项"自然灾害快报"相关规定。

[2] 详见《自然灾害情况统计调查制度》第三部分"调查表式"中的"主要指标说明"。

了避免重复，增加援引性规则，使与救助有关的具体工作通过适用《自然灾害救助条例》得以实施。

2. 增加衔接突发事件救助、灾害救助与社会救助制度的规定

突发事件救助中包含突发灾害救助，而突发事件救助属于急难社会救助。因此，只要分别明确突发事件救助和常规性灾害救助与社会救助之间的衔接制度即可。本书认为，衔接制度可通过以下方式建立：(1)修订《突发事件应对法》增加相关条款，规定在突发事件救助满足停止条件(一般是经有权机构评估核实，确实不需要继续救助的)时应当及时停止，仍需继续救助的，应当转换为社会救助；(2)修改《自然灾害救助条例》，增加将自然灾害救助分为突发自然灾害救助和常规自然灾害救助条款，并确定不同的救助规则，将常规自然灾害救助作为主要规范对象，因为突发自然灾害救助的规则应与修改后的《突发事件应对法》保持一致，为避免重复，可以通过援引性条款，适用《突发事件应对法》的相关规定；(3)水行政主管部门在落实《社会救助意见》的规定时，应重点关注常规水灾害救助制度，与社会救助的主管部门共同出台有关规定，以明确常规水灾救助制度与临时救助等相关社会救助政策有效衔接。

通过上述修改，不仅衔接了突发事件救助、灾害救助与社会救助制度，还可以建立健全分层分类的社会救助体系。

3. 确立事故水灾害救助制度

无论是何种灾害，受灾人员的基本生活都会受到一定程度的影响，需要得到相应的救助。特别是在事故责任单位或个人无力承担巨额的赔偿费用，又缺少其他救济方式的情况下，以事后救助制度为补充，填补受害者一定的损失，既是一种精神抚慰的方式，也是保证其基本生活的一种措施。

第一，应当修订《突发事件应对法》增加确定急难救助制度的条款，通过授权性条款规定由国务院确定具体内容。本书认为急需确定的规则包括以下两个方面：(1)应当明确急难救助与导致急难事件发生者的民事责任、受害者所在单位的工伤保险责任等之间的关系；(2)如《道路交通安全法》第17条规定的道路交通事故社会救助基金的做法，设立统一的急难事件社会救助基金。《"十四五"国家应急体系规划》提出："推动将社会应急力量参与防灾减灾救灾、应急处置等纳入政府购买服务和保险范围……"[1]

由于灾害救助制度和民事侵权责任赔偿制度，以及工伤保险基金和安全生产社会救助基金，无论是其一还是四者合一，均不足以彻底解决事故水灾害受害人的生活保障和损失赔偿问题。为分散水事事故风险、强化事故预防，水利行业有必要完善有关的保险制度，主要是安全生产责任保险制度。

---

[1] 详见《"十四五"国家应急体系规划》第六部分"(四)引导社会应急力量有序发展"相关规定。

（二）完善安责险制度

修正后的《安全生产法》仍然没有明确工伤保险责任与民事赔偿责任之间的关系，本书建议在出台《安全生产法实施条例》时予以明确，认为以下表述更为合适："因生产安全事故受到损害的从业人员，依法享受的工伤保险待遇不足以填补损害的，有权依照有关民事法律的规定提出赔偿要求。"同时，国务院应急部门随后尽快会同国务院财政部门、国务院保险监督管理机构和相关行业主管部门，及时制定安责险的具体范围和实施办法。本书认为安责险的具体范围和实施办法的主要内容包括以下几个方面：

1. 明确高危行业、领域的范围

本书认为，国务院不仅应以行政法规的形式将《关于推进安全生产领域改革发展的意见》确定的八大危险行业，明确为修改通过的《安全生产法》中的高危行业，还应当将水利行业中具有蓄水作用的水库大坝等水利工程纳入高危领域。

2. 确定安责险制度的内容

确定安责险制度应遵循的原则包括以政府为主导、以保护受害人为中心，以市场自行运作和行政监管相结合为运作模式。

第一，以政府为主导的原则，主要是指政府在安责险制度的实施中主要起指导、监管和规范业务开展的作用，可落实为以下具体规则：一是风险保障体系的规划规则，通过科学划分风险类型及其对应的风险评估标准，明确相对应的保险需求，从而布局高危行业和领域的保险安排，引导保险机构的产品创新；二是政府部门联动协调机制，明确与安责险有关的各政府部门的职责，落实牵头和协调单位或个人，按照已经制定的工作方案和措施，统一推进安责险的实施；三是保险机构市场准入与保险产品核准规则，通过招投标工作筛选承保的保险机构，以规范市场运作，提高安责险运营的经济和社会效益。

第二，以保护受害人为中心，是指对在安全事故中受害者遭受的经济损失，给予最大程度的补偿，将受害者的损失降到最低。具体体现为赋予第三人直接求偿权规则和优先对其损失进行赔付规则。通过强制高危行业和领域的生产者或经营者购买安责险，受害者不仅多了一条维权途径，承保的保险机构无条件对受害者的损失先行赔付，使其经济损失得以填补，而且由于经政府遴选的承保机构，是具有雄厚经济实力与丰富经验的保险机构，可以将安全生产事故导致的人员伤亡医疗费用及精神抚慰责任纳入保险责任，使受害者的精神也能在一定程度上得到安抚。

第三，以市场自行运作和行政监管相结合的运作模式，是指通过建立促使保险公司履约、激励及约束的规则，由根据筛选机制选出的专业机构和专家，根据事先制定的评审规则对保险机构的履约情况进行评估，评定其信用评级，以保证承保、监督、赔偿等工作的顺利进行，并逐步扩大安责险的覆盖范围。促使保险公司履约、激励及约束的规则体现为以下几个方面：一是安责险扶持补贴规则，即由有关安责险的牵头单位申请财政资金，并按照年限给予相关企业安责险投保保费补贴，以实现企业转投安责险造成的成本增量转移，或者通过协调税务、安检、环保以及金融机构，以在税收、银行贷款、保险费率等方面给予不同程度的优惠；二是有关行业或领域事故预防服务技术规范规则，授权有关安责险主管部门出台相关行业或领域的事故预防服务配套文件、编制服务指南和技术手册，通过技术引导推进服务评估标准制定工作，规范行业运作，如水行政主管部门可以通过调动社会资源，构建以服务水平、服务效果、服务价格等为基础的服务评价体系，制定服务评估标准，引导服务机构不断优化改进，完善安全服务体系，形成多方合作共赢的正向反馈机制；三是自主可防可控的安责险数字信息管理平台规则，由牵头单位协调各地有关主管部门构建相关行业或领域一体化安责险管理系统，通过模块接口接入手段，实现监管信息平台有效整合，在全国范围内形成透明公开、监督规范、互联互通的安责险信息管理平台体系，以实现对安全事故预防技术的信息查询、服务进展、安全评价、企业满意度调查等全系列实时动态监督和行业监管，打造业务流程公开、监管决策智能的安责险信息化监管应用格局。

(三)确立统一的自然灾害保险制度

总结地震灾害保险的实践经验，梳理地方和保险公司对农房灾害保险等四类灾害保险制度的探索及实践经验，分析整理出可以在全国推广的制度，通过修改《保险法》确立自然灾害保险制度，并明确区分作为不可抗力免责的自然灾害和作为保险事故的自然灾害，将自然灾害保险单独作为一章进行规定，或者仅用一个法律条文确立统一的自然灾害保险制度，并明确不同自然灾害的具体保险规则由相关的法律、行政法规进行规定，同时修改《突发事件应对法》《防震减灾法》《防洪法》等相关法律，修改《防汛条例》《抗旱条例》等行政法规或制定新的行政法规，具体规定相应自然灾害的保险制度。本书认为其中的水灾害保险制度至少应当包括以下内容。

1. 承保范围

承保的范围应当包括地震、洪水、海啸、地陷、山体滑坡、风暴、雪灾等引发的水灾害及其导致的次生灾害所造成的直接损失，无论被保险人是单位还是个人。

2. 保险的费率

可以采取差别费率，根据不同地区、不同行业水灾害的差异性，结合风险状况科学厘定保险费率标准，高风险地区或行业相应地实行高费率制，低风险地区或行业相应地实行低费率制。还可以区分为基本费率和附加保险费率，其中附加保险费率是根据被保险人的财产抗灾能力强弱而确定的费率，可以鼓励被保险人采取自我保障的方式提高财产的抗灾能力，国家或地方可以对采取防灾措施的单位或居民实行补贴费率政策。如关于洪水灾害保险，可以根据若干年一遇的洪水淹没的范围设定洪泛区，将若干年一遇的洪水设定为洪水保险区域的基准洪水，然后依据不同的洪水风险确定特定区域内的洪水保险费率。国家或地方的补贴费率可以通过向水灾害保险基金补足资金的方式给予，如对优质建筑物给予费率优惠等。

3. 关于覆盖所有水灾害的多灾因保险产品

通过建立由相关部门、地方政府给予保费补贴或财政支持的制度，促进保险机构研发多灾因保险产品、优化理赔流程，从而提高保险服务水平。

4. 建立社会力量参与水灾害保险的制度

调动社会参与积极性，实现水灾害防治的社会化。比如关于初始资金来源，可以通过激励机制鼓励保险公司出资，运行中的资金来源也是如此，还可以通过鼓励社会力量进行捐赠获得。

水灾害保险制度仍需进行深入研究的问题包括：(1)在以人为中心的理念下，水灾害保险是否应将人身伤亡也纳入保障范围；(2)水灾害是定位于政策性保险还是商业保险；(3)水灾害保险的实施形式应当采取强制保险还是自愿保险，或者是二者的结合；(4)水灾害保险基金的来源、运作和管理等；(5)水灾害保险的理赔，如无保单理赔、被保险人和受益人均死亡时保险金的给付和理赔应急机制的建立等。

（四）完善灾害救助评估制度

如前文所述，本书所讨论的灾害救助仅指灾后救助，因而此处所论述的灾害救助评估也仅指灾后救助评估，其"是决定救灾程度、制定灾后恢复建设总规划和总决策的重要依据，是在对灾害损失进行分类、分项、分区的抽样调查和统计计算后得出的灾情实况，是最后形成灾害损失评估报告的基础"。[1] 因此，确定评估主体和科学设定评估指标是灾害救助评估制度的两个重要内容。

1. 明确自然灾害救助评估主体为应急管理部门

根据《自然灾害情况统计调查制度》第1条"总说明"的规定，统计主体中的上报单位为县级以上（含县级）地方应急管理部门[2]，且各级应急管理部门负责组织、协调和管理自然灾害情况统计工作[3]，其中应急管理部负责全国自然灾害情况的汇总工作，组织开展阶段性灾情和重特大灾情的会商核定工作，向国务院报告灾情和救灾工作信息，向国家减灾委员会成员单位通报有关情况，统一发布灾情[4]；根据报送报表的不同，报送单位或者县级以上应急管理部门，或者县级以上应急管理

[1] 参见赵阿兴、马宗晋：《自然灾害损失评估指标体系的研究》，载《自然灾害学报》1993年第3期。

[2] 详见《自然灾害情况统计调查制度》第1条"总说明"第2款"统计范围"第1项："本制度以乡（镇、街道）为统计单位，县级以上（含县级）地方应急管理部门为上报单位。原则上乡（镇、街道）灾情报送人员为乡（镇、街道）政府（办）负责应急管理相关工作人员，行政村（社区）灾情报送人员为行政村"两委"成员、村（社区）灾害信息员，农场、林场等单位灾情报送人员为本单位工作人员。"

[3] 详见《自然灾害情况统计调查制度》第1条"总说明"第5款"组织实施"第1项："自然灾害情况统计工作由各级应急管理部门组织、协调和管理，相关涉灾部门（行业）须按照本制度要求提供本部门（行业）的灾情及其他相关数据，并接受同级政府统计机构的业务指导。"

[4] 详见《自然灾害情况统计调查制度》第1条"总说明"第5款"组织实施"第3项的规定。

部门会同相关涉灾部门。[1] 由上述规定能够确定，既然县级以上应急管理部门是上报单位，也应当是自然灾害救助评估的主体，因为在国家层面，经核查后的自然灾害情况是汇总到应急管理部的，应急管理部掌握着发生自然灾害的全面、翔实和较为准确的数据，便于开展评估工作。

2. 设定灾害救助评估指标

设定灾害救助评估指标应当遵循科学性原则、系统性原则和适用性原则，以针对不同灾害类型、不同评估需求建立既有共同特征又各有特色的灾害评估指标。

第一，"所谓科学性原则，是指自然灾害损失评估要有科学的依据，诸如采用数理统计模糊数学和预测理论中的某些方法，对评估区内的自然灾害损失在空间域和时间域进行科学的评估"[2]，使得出的结论符合客观事实。第二，所谓系统性原则，本书认为是指应该根据灾害发生的区、点、面、项及其发生的程度等因素，使灾害救助评估指标涵盖灾害损失的各个方面，在统一的评估标准下得出灾害损失的评估价值。第三，"所谓实用性原则是指自然灾害损失评估的方法便于推广，所得到的自然灾害损失评估的结果便于应用"[3]。

据此，本书认为应当将以下间接损失纳入评估指标：(1)受害者的医疗费以及失去工作和生活自理能力或造成终身残疾的社会保险费用等；(2)恢复土壤、水系等生态系统可能支出的费用；(3)历史文物、建筑、人类文化遗址等物质文化遗产遭受的破坏等。

典型案例

郑州"7·20"特大暴雨灾害

【基本案情】

2021 年 7 月 17 日 20 时至 20 日 20 时，郑州出现特大暴雨灾害，三天的过程降雨量为 617. 1mm。其中，19 日 20 时到 20 日 20 时，单日降雨量 552. 5mm，20 日 16 ~ 17 时，1 小时降雨量高达到 201. 9mm；20 日 8 时至 17 时二七区尖岗水库出现 438. 0mm 的最大降水量。此次灾害使郑州市遭受重大的人员伤亡和财产损失，截至 2021 年 8 月 2 日 12 时，郑州市因灾死亡失踪 380 人；直接经济损失 409 亿元。

【案件处理】

国务院于 2021 年 8 月 2 日宣布成立由应急管理部牵头，水利部、交通运输部等 10 部委局和河南省政府参加的郑州特大暴雨灾害调查组。调查组依法依规、实事求是、科学严谨、全面客观地对灾害应对过程进行了调查评估，总结了灾害应对经验教

[1] 详见《自然灾害情况统计调查制度》第 1 条"总说明"第 5 款"组织实施"第 4 项的规定。
[2] 赵阿兴、马宗晋：《自然灾害损失评估指标体系的研究》，载《自然灾害学报》1993 年第 3 期。
[3] 赵阿兴、马宗晋：《自然灾害损失评估指标体系的研究》，载《自然灾害学报》1993 年第 3 期。

训,提出了防灾减灾改进措施,对存在失职渎职的行为依法依规予以问责追责。

1. 灾害定性。经国务院调查组调查认定,河南郑州"7·20"特大暴雨灾害是一场因极端暴雨导致严重城市内涝、河流洪水、山洪滑坡等多灾并发,造成重大人员伤亡和财产损失的特别重大自然灾害。郑州市委市政府及有关县(市、区)、部门和单位风险意识不强,对这场特大灾害认识准备不足、防范组织不力、应急处置不当,存在失职渎职行为。总体是"天灾",具体有"人祸",特别是发生了地铁、隧道等本不应该发生的伤亡事件。

2. 查明问题。调查组查明灾害应对处置中存在的问题有六个方面,分别是应对部署不紧不实、应急响应严重滞后、应对措施不精准不得力、关键时刻统一指挥缺失、缺少有效的组织动员和迟报瞒报因灾死亡失踪人数。调查组还对造成重大伤亡和社会关注的事件进行了深入调查,查明了主要原因和问题。

3. 相关地方党委政府及其部门单位的责任。调查组调查认为,郑州市及有关县(市、区)党委、政府主要负责人对此负有领导责任,其他有关负责人和相关部门、单位有关负责人负有领导责任或直接责任。

4. 主要教训。调查组总结了六个方面的主要教训:郑州市一些领导干部特别是主要负责人缺乏风险意识和底线思维;市委市政府及有关县(市、区)党委政府未能有效发挥统一领导作用;贯彻中央关于应急管理体制改革部署不坚决不到位;发展理念存在偏差,城市建设"重面子、轻里子";应急管理体系和能力薄弱,预警与响应联动机制不健全等问题突出;干部群众应急能力和防灾避险自救知识严重不足。

5. 改进措施建议。调查组提出六项改进措施建议:大力提高领导干部风险意识和应急处突能力,建立健全党政同责的地方防汛工作责任制,深入开展应急管理体制改革及运行情况评估,全面开展应急预案评估修订工作、强化预警和响应一体化管理,整体提升城市防灾减灾水平,广泛增强全社会风险意识和自救互救能力。

6. 问责追责结果。第一,依据《中国共产党问责条例》《中国共产党纪律处分条例》《监察法》《公职人员政务处分法》等有关规定,经中央纪委常委会会议研究并报中共中央批准,决定给予徐某毅同志党内严重警告处分,由国家监委给予其政务降级处分。第二,河南省纪检监察机关按照干部管理权限,依规依纪依法对灾害中涉嫌违纪违法的89名公职人员进行严肃问责。其中,对郑州市应急管理局党委书记、局长任某公,郑州地铁集团有限公司副总经理、总工程师、技术管理部部长赵某臣,郑州市工程质量监督站轨道交通科副科长孙某亮等3名公职人员因涉嫌严重违纪违法被纪检监察机关立案审查调查并采取留置措施;给予郑州市委副书记、市长侯某党内严重警告、政务降级处分,给予郑州市政府党组成员、副市长吴某民撤销党内职务、政务撤职处分,给予郑州市政府党组成员、副市长李某安、陈某伟政务记大过处分;对其他相关责任人,也分别给予党纪政务处分或诫勉等问责处理。第三,河南省公安机关对郑州地铁集团有限公司地铁5号线五龙口站停车场建设工程设计项目负责人魏某安、北京城建设计发展集团股份有限公司郑州地铁5号线项目负责人汪某、河南五建建设集团有限公司南四环项目部指挥长郭某胜等8人涉嫌工程重大安全事故罪、重大责任事故罪进行立案侦查并依法逮捕。

【案件启示】

国家层面应当健全的有关制度包括：

1. 健全突发水灾害预警机制。第一，通过修改《突发事件应对法》，明确第38条第3款所确立的水灾害预警信息公众参与制度中的参与主体包括专业科研机构、培训机构及相关人员和普通民众等，将水灾害预警信息的汇总部门确定为应急管理部门，并确立先期处置制度，由最先发现险情的部门代为作出决策并担任暂时的指挥部门，责令其他有关部门及时响应并做好各项准备工作；第二，通过修改《自然灾害监测预警意见》，确立定期或不定期的水灾害风险形势分析研判制度和重大水灾害快速综合研判制度；第三，明确预警等级发布主体。对接入全国应急管理大数据应用平台的信息，按照水灾害预警的级别、紧急程度、发展态势和可能造成的危害，由县级以上各级人民政府依照《突发事件应对法》有关规定发布。

2. 完善应急处置救援制度体系。修改《突发事件应对法》，首先，是将履行统一领导职责或者组织处置突发事件的职责赋予应急管理机构；其次，是完善社会力量参与应急救助制度，通过将社会力量参与应急处置救援的权利义务具体化，明确其参与领域和服务范围，建立引导、支持、管理和监督社会救援力量参与应急处置救援的制度；再次，是建立对社会力量的监管制度，强化事前和事中的监管力度，确保应急处置工作的正常进行、提高救援速度和效率；最后，增加建立应急联动协调机制条款，以应急处置救援的指挥机构为核心，通过授权或凝聚共识调动各方力量完成资源整合。

CHAPTER 06

第 六 章

水环境安全法律制度

导　读

水环境是指自然界中水的形成、分布和转化所处空间的环境。水环境主要由地表水环境和地下水环境两部分组成。随着工业化进程的加快，人类用水活动增加，水污染事件增多，水环境面临前所未有的压力，水环境安全问题也得到了国内外的广泛关注。水环境安全是水安全的重要内容。鉴于水环境安全的重要性，本章主要通过对水环境安全概念、特性进行剖析，结合我国的水环境安全状况，从我国2014年统计的水环境数据到2015年发布实施《水污染防治行动计划》采取有力举措改善水环境，再到2022年我国的水环境质量特别是地表水和地下水的改善现状，来分析水环境安全的影响因素(主要为自然因素和人为因素)、水环境安全的外在和内在要求以及制度和治理的要求。本章最后梳理我国水环境安全保护的有关法律法规、规章制度及政策要求，对比借鉴国外水环境安全法律保护的相关经验，从水环境安全的立法、执法、司法保护等方面进行剖析，提出对策建议，以期更好地维护我国的水环境安全。

第一节　水环境安全概述

一、水环境与水环境安全

(一)水环境的概念

水环境是指自然界中由水量、水质、水能及水循环等要素组成的整个水圈的总称，包括大气水环境、地表水环境和地下水环境。水环境是自然界一切生命赖以生存的基本条件，水环境质量的优劣，对生态环境、大气环境、土壤环境及社会环境等都有直接和间接的影响。水是水环境的核心要素，没有水就谈不上水环境。水环境是构成环境的基本要素之一，是人类社会赖以生存和发展的重要场所，也是受人类干扰和破坏最严重的领域。

水环境主要由地表水环境和地下水环境两部分组成。地表水环境包括河流、湖泊、水库、海洋、池塘、沼泽、冰川等，地下水环境包括泉水、浅层地下水、深层地下水等。

（二）水环境安全的概念

水环境安全是20世纪70年代提出的重要概念，最早被作为环境安全的一部分进行研究。随着工业化进程的加快，人类用水活动增加，水污染事件增多，水环境面临前所未有的压力，水环境安全问题也得到了国内外的广泛关注。进入21世纪，对水环境安全问题的研究步入一个新的时代，不断吸纳国外先进经验，并结合我国的具体实际开展研究工作，相关研究达到了新的高度，我国有关水环境安全的理论研究较多，百花齐放。

焦士兴等认为，水环境安全问题的表现为水体的良性循环系统被打破，威胁到人类正常的生产生活，并由此产生一系列的安全问题。[1] 刘宏将水环境安全阐述为：在一定历史阶段和一定社会条件下，某一空间范围内的水体拥有充足水量和安全水质，以满足其内部和周围环境所组成的生态系统为维持正常运转而对水环境系统功能的需求，并能在相对较长的时段内实现该功能的可持续发挥。[2] 张小斌等认为：水环境安全的概念是指水体的水量、水质能够满足其内部及周围环境系统正常并持续的运转，并能保证人类社会良性持续发展。[3] 章无恨提出，水环境安全的内涵包括三方面的内容：一是水环境安全的自然属性，即水环境安全问题是水体的量、质以及时空分布变化产生的问题；二是水环境安全的社会属性；三是水环境安全的人文属性，人类过度开发和利用水资源，造成了水环境破坏，引发水环境安全问题，会使人类产生危机感。[4] 种潇认为：水环境安全包括水质安全和水量安全，涵盖社会、经济、资源、环境等方面，并且是能保证多个系统协调稳定发展的一种状态。[5]

《大辞海》中关于水环境安全概念指出：各类水体及其密切相关的各环境要素，能使人类自身和人类群体间关系处于不受威胁的状态。水体需保持一定的水量，维护水体正常的生态系统和生态功能，保障水中生物的有效生存，使周围环境处于良好状态。使水环境系统功能持续正常发挥，同时能较大限度地满足人类生产和生活

---

〔1〕 参见焦士兴、李俊民：《中国水资源安全的现状分析与对策研究》，载《新乡师范高等专科学校学报》2003年第2期。

〔2〕 参见刘宏：《镇江市水环境安全评价及风险控制研究》，江苏大学2010年博士学位论文，第10页。

〔3〕 参见张小斌、李新：《我国水环境安全研究进展》，载《安全与环境工程》2013年第1期。

〔4〕 参见章无恨：《城市化进程中南昌市水环境安全问题及对策研究》，南昌大学2014年硕士学位论文，第12页。

〔5〕 参见种潇：《三峡库区饮用水源地水环境安全评判体系的研究——以和尚山饮用水源地为例》，华北电力大学（北京）2017年硕士学位论文，第3页。

的需要。[1]

本书认为：水环境安全是各类水体及其密切相关的各环境要素，使人类自身和相关生物处于不受威胁的状态。水体中保持一定的处于安全状态的水量和水质[2]，维护水体正常的生态系统和生态功能，使周围环境处于良好并能够达到人类自身和相关生物和谐宜居的状态。水环境系统功能持续正常发挥，能较大限度地满足人类生产和生活及相关生物生存的需要。

二、水环境安全的特性

（一）全球性与综合性

近年来，人类对水的消耗以空前的速率增长，且需求量仍在不断增加。人类开发水资源的同时，也给水环境造成了巨大的压力。水量短缺、水质污染等水环境安全问题不是局部性问题，也无法以人为划定的疆界为限，涉及几乎所有国家和全人类的安全，属于全球性问题。2023 年 8 月 24 日，日本单方面强行启动福岛核污水排入海洋，根据日本福岛目前存放的核污水量，这一排污进程将持续数十年。德国海洋科学研究机构指出，福岛沿岸拥有世界上最强的洋流，从排放之日起 57 天内，放射性物质将扩散到太平洋大半区域，3 年后，核污水将随着海流逐渐抵达美国和加拿大西海岸，10 年后蔓延至全球海域。福岛核污水排入海洋将对全球海洋和水环境安全造成严重威胁和破坏。

水环境安全成为影响人类生存与发展以及国家安全的重要因素，而且来自水环境的威胁已经在全球范围内出现，水环境安全也已成为国家安全、经济安全的重要组成部分。因此，水环境安全问题的研究，不可避免地融入了政治、经济、文化等因素，成为一个全球性的综合问题。[3]

（二）动态性与系统性

水环境是一个完整的生态系统，任何自然系统的平衡都只是一种相对稳定的状态。水量、水质等情况的变化都是围绕稳定状态在自然波动，只是在不同的时段偏离在不同的平衡位置。一旦施加的外力或自然因素使水质、水量、生态的偏离超出了这个平衡值，水环境就极可能处于危险状态，水环境安全就无法保障。因而，水环境生态系统的动态性决定了水环境安全的动态性。[4]

水环境包括地表水环境和地下水环境，是二者的统一体，具有一定的系统性。不顾及水环境的承载力，过量开采地下水或过量开发地表水，都会造成水环境整体

---

[1] 参见《大辞海－能源科学卷》，上海辞书出版社 2013 年版。

[2] “安全状态的水量和水质”即本章第一节所谈“水量安全”和“水质安全”。

[3] 参见曾畅云：《水环境安全及其指标体系研究——以北京市为例》，首都师范大学 2004 年硕士学位论文，第 13 页。

[4] 参见曾畅云：《水环境安全及其指标体系研究——以北京市为例》，首都师范大学 2004 年硕士学位论文，第 14 页。

的破坏，应该将它们看成一个完整的系统。那么基于水环境的系统性，水环境安全应当是地表水环境安全和地下水环境安全的有机统一综合体。

（三）自然性与社会性

水环境安全具有自然属性和社会属性，水环境安全既是自然的水环境安全，又是人类生存、发展环境的水环境安全，是自然性与社会性的有机结合。人类从关注其社会属性，注重对自身生存的安全保障开始，慢慢关注其自然属性，在保护水环境的自然生态系统上有所探索，探求合理的生态用水量，将水环境的自然属性与社会属性共同考虑，力求达到可持续利用的状态。

三、近十年来我国水环境安全状况分析

（一）十年前水环境基础数据

中国《2014 年环境统计年报》显示，全国废水排放总量 716.2 亿吨。其中，工业废水排放量 205.3 亿吨、城镇生活污水排放量 510.3 亿吨。废水中化学需氧量排放量 2294.6 万吨，其中，工业源化学需氧量排放量为 311.3 万吨、农业源化学需氧量排放量为 1102.4 万吨、城镇生活化学需氧量排放量为 864.4 万吨。废水中氨氮排放量 238.5 万吨。其中，工业源氨氮排放量为 23.2 万吨、农业源氨氮排放量为 75.5 万吨、城镇生活氨氮排放量为 138.1 万吨。松花江、辽河、海河、黄河中上游、淮河、长江中下游、太湖、巢湖等重点流域的废水排放总量为 474.7 亿吨，比 2013 年上升了 2.4%，占全国废水排放总量的 66.3%。[1]

《全国地下水污染防治规划（2011—2020 年）》显示，地下水环境存在污染的安全问题。根据 2000 ~ 2002 年原国土资源部“新一轮全国地下水资源评价”成果，全国地下水环境质量“南方优于北方，山区优于平原，深层优于浅层”。按照《地下水质量标准》（GB/T14848—93）进行评价，全国地下水资源符合Ⅰ ~ Ⅲ类水质标准的占 63%，符合Ⅳ ~ Ⅴ类水质标准的占 37%。南方大部分地区水质较好，符合Ⅰ ~ Ⅲ类水质标准的面积占地下水分布面积的 90% 以上，但部分平原地区的浅层地下水污染严重，水质较差。北方地区的丘陵山区及山前平原地区水质较好，中部平原区水质较差，滨海地区水质最差。根据对京津冀、长江三角洲、珠江三角洲、淮河流域平原区等地区地下水有机污染调查，主要城市及近郊地区地下水中普遍检测出有毒微量有机污染指标。根据《全国城市饮用水安全保障规划（2006—2020 年）》数据，全国近 20% 的城市集中式地下水水源水质劣于Ⅲ类。部分城市饮用水水源水质超标因子除常规化学指标外，甚至出现了致癌、致畸、致突变污染指标。据近十几年地下水水质变化情况的不完全统计分析，初步判断我国地下水污染的趋势为：由点状、条带状向面上扩散，由浅层向深层渗透，由城市向周边蔓延。南方地区地下水环境质量变化趋势以保持相对稳定为主，地下水污染主要发生在城市及

[1] 参见中国《2014 年环境统计年报》（2016 年原环境保护部发布）。

其周边地区。北方地区地下水环境质量变化趋势以下降为主，其中，华北地区地下水环境质量进一步恶化；西北地区地下水环境质量总体保持稳定，局部有所恶化，特别是大中城市及其周边地区、农业开发区地下水污染不断加重；东北地区地下水环境质量以下降为主，大中城市及其周边和农业开发区污染有所加重，地下水污染从城市向周围蔓延。[1]

根据以上资料，2014 年之前，我国水环境恶化趋势尚未得到根本扭转，水污染形势仍然严峻。江、河、湖泊水污染负荷已超过其水环境容量。污水排放量仍在增长，七大江河水质继续恶化，水环境安全无法保障，治理势在必行。

（二）改善水环境安全重要举措

2014 年 3 月 14 日，习近平同志在中央财经领导小组第五次会议上的讲话中指出，随着我国经济社会不断发展，水安全中的老问题仍有待解决，新问题越来越突出、越来越紧迫。老问题就是地理气候环境决定的水时空分布不均以及由此带来的水灾害。新问题主要是水资源短缺、水生态损害、水环境污染。新老问题相互交织，给我国治水赋予了全新内涵、提出了崭新课题。我国水安全已全面亮起红灯，高分贝的警讯已经发出，部分区域已出现水危机。河川之危、水源之危是生存环境之危、民族存续之危。水已经成为我国严重短缺的产品，成了制约环境质量的主要因素，成了经济社会发展面临的严重安全问题。

2015 年 4 月 2 日国务院发布实施《水污染防治行动计划》明确指出："工作目标：到 2020 年，全国水环境质量得到阶段性改善，污染严重水体较大幅度减少，饮用水安全保障水平持续提升，地下水超采得到严格控制，地下水污染加剧趋势得到初步遏制，近岸海域环境质量稳中趋好，京津冀、长三角、珠三角等区域水生态环境状况有所好转。""主要指标：到 2020 年，长江、黄河、珠江、松花江、淮河、海河、辽河七大重点流域水质优良（达到或优于Ⅲ类）比例总体达到 70% 以上，地级及以上城市建成区黑臭水体均控制在 10% 以内，地级及以上城市集中式饮用水水源水质达到或优于Ⅲ类比例总体高于 93%，全国地下水质量极差的比例控制在 15% 左右，近岸海域水质优良（一、二类）比例达到 70% 左右。京津冀区域丧失使用功能（劣于Ⅴ类）的水体断面比例下降 15 个百分点左右，长三角、珠三角区域力争消除丧失使用功能的水体。"[2] 同时，该计划主要从全面控制污染物排放、推动经济结构转型升级、着力节约保护水资源、强化科技支撑、充分发挥市场机制作用、严格环境执法监管、切实加强水环境管理、全力保障水生态环境安全、明确和落实各方责任、强化公众参与和社会监督 10 个方面进行了详细的规定。

---

[1] 参见《全国地下水污染防治规划（2011－2020 年）》（2011 年 10 月 28 日原环境保护部发布）。

[2] 参见《水污染防治行动计划》（2015 年 4 月 2 日国务院发布）。

（三）水环境安全近况

1. 地表水现状

根据生态环境部于2022年7月公布的2022年第二季度（4～6月）和1～6月全国地表水环境质量状况，主要内容总结如下：

（1）地表水总体情况。2022年第二季度，3641个国家地表水考核断面中，水质优良（Ⅰ～Ⅲ类）断面比例为82.3%，同比上升2.9个百分点；劣Ⅴ类断面比例为1.1%，同比下降0.7个百分点。2022年1～6月，3641个国家地表水考核断面中，水质优良（Ⅰ～Ⅲ类）断面比例为85.7%，同比上升4.0个百分点；劣Ⅴ类断面比例为1.1%，同比下降0.8个百分点。

（2）主要江河水质状况。2022年第二季度，长江、黄河、珠江、松花江、淮河、海河、辽河七大流域及西北诸河、西南诸河和浙闽片河流水质优良（Ⅰ～Ⅲ类）断面比例为84.1%，同比上升3.3个百分点；劣Ⅴ类断面比例为0.9%，同比下降0.8个百分点。2022年1～6月，长江、黄河、珠江、松花江、淮河、海河、辽河七大流域及西北诸河、西南诸河和浙闽片河流水质优良（Ⅰ～Ⅲ类）断面比例为87.3%，同比上升3.8个百分点；劣Ⅴ类断面比例为0.8%，同比下降1.0个百分点。

（3）重点湖（库）水质状况及营养状态。2022年第二季度，监测的210个重点湖（库）中，水质优良（Ⅰ～Ⅲ类）湖库个数占比75.7%，同比上升0.9个百分点；劣Ⅴ类水质湖库个数占比4.8%，同比持平。2022年1～6月，监测的210个重点湖（库）中，水质优良（Ⅰ～Ⅲ类）湖库个数占比76.2%，同比上升3.3个百分点；劣Ⅴ类水质湖库个数占比5.2%，同比下降0.5个百分点。

2. 地下水现状

2022年5月生态环境部公布的《2021中国生态环境状况公报》关于地下水部分显示：2021年，监测的1900个国家地下水环境质量考核点位中，Ⅰ～Ⅳ类水质点位占79.4%，Ⅴ类占20.6%，主要超标指标为硫酸盐、氯化物和钠。[1]

根据以上资料能够看出，在2014年之前，我国水污染严重，水环境恶化，经过数年努力，到目前，我国的水环境质量持续改善，但是影响水环境安全的因素等仍然存在，水环境安全仍不乐观，不可视而不见，仍需进一步改善。

四、水环境安全的主要影响因素

（一）自然因素

1. 气候因素

第一，全球变暖已经成为不争的事实。气温升高会造成两种显著的变化，一是自然界的水蒸发速度加快，造成地表径流面积减少，同时也会使原来水体中污染的浓度增大，进而导致水环境的质量下降。二是自然界南北两极的冰川融化，导致海

〔1〕 参见《2021中国生态环境状况公报》（2022年5月27日生态环境部发布）。

平面升高，部分陆地被淹没，海水漫入陆地，会破坏原有的地表水平衡，这也会影响既有的水环境。第二，受到气候影响，强降水造成山洪暴发、泥石流等自然灾害。在这种情况下，自然界水体中的泥浆会增多，同时也会将土壤中的无机物携带到水体中，进而造成水环境质量下降。[1]

2. 水土因素

我国幅员辽阔，从北到南、从西到东地质水文条件差异非常大，特别是有的地方植被不足，地面裸露。在经历大风天气时，会形成沙尘暴，沙尘会随着雨水流入水体，或自然沉降到水体中，严重影响自然界水环境质量。此外，水土流失也加剧了水体污染，威胁水环境安全。

(二)人为因素

1. 工业污染

我国在工业领域迅速发展，特别是高污染高能耗工业在生产过程中产生了大量的废气、废水、废渣。废气通过降水进入水体；废水排入水体；废渣则随着降水冲刷流入水体。工业污染曾经对水环境安全造成严重威胁。

2. 农业污染

我国是农业大国，也是农药化肥使用大国。农业产量提高是通过科学管理、提高农业耕种效率达成的，但又使用了大量的化肥农药，这些化肥农药残留会随着降水流入水体，进而影响水环境质量。

3. 生活污染

我国随着城市化进程发展，人口迅速集中，产生了大量的生活污水。因城市污水处理能力未能与城市化进程同步发展，致使城市生活污水曾经成为水环境污染的因素之一。此外，随着生活水平提高，农村生活污水排放大量增加，也加剧了水环境污染。

4. 船舶污染

船舶在航行、停泊、装卸的过程中会对周围水环境产生污染，主要污染物有含油污水、生活污水、船舶垃圾。因水的流动性，由船舶进入水体的污染物不可能局限或固定在某一点静止不动，很大程度上会波及水体多个区域。船舶污染使水质受损，水中生物的生产环境遭破坏，严重影响水体自身的调节功能，进而加剧给水环境安全造成的威胁。

(三)突发事件

在发展过程中，影响水环境安全的突发事件时有发生。比如，甘肃锑泄漏事件。2015 年 11 月 24 日，甘肃省陇星锑业有限责任公司尾矿库发生尾砂泄漏，造成嘉陵

[1] 参见翟翠霞：《影响水环境质量的因素分析与水生态环境保护》，载《资源节约与环保》2020 年第 9 期。

江及其一级支流西汉水数百千米河段锑浓度超标。此次发生污染事件的西汉水，是长江流域含沙量的河流，在流经甘肃西和、康县、成县后，经陕西略阳向南注入嘉陵江四川广元段。受甘肃陇南锑泄漏影响，嘉陵江上游水锑浓度超标。再如，贵州洗油泄漏事件。2022 年 2 月 7 日，盘州市宏盛煤焦化有限公司生产过程中洗油泄漏次生重大突发环境事件，导致盘州市境内小黄泥河水质超标，造成贵州、云南跨界水污染。这些突发事件也是导致水环境污染不可忽视的因素。

五、水环境安全的基本要求

（一）水环境安全的外在要求

1. 节约合理用水，爱护水环境

在水量不变的情况下，要保证工农业生产用水、居民生活用水和良好的水环境，必须建立节水型社会。其中包括合理开发利用水资源，在工农业用水和城市生活用水的方方面面，大力提高水的利用率，要使水危机的意识深入人心，形成人人爱护水，时时、处处节水的局面。通过行政、技术、经济等管理手段加强用水管理，调整用水结构，改进用水方式，科学、合理、有计划、有重点地用水，提高水的利用率，避免水资源的浪费。

2. 增强水环境保护意识，自觉维护水环境安全

保护水环境安全的观念需要渗透到每个人的意识中，落实在社会的每个环节里。借助网络、微信等新媒体或深入基层，落实向公众宣传，切实增强全社会保护水环境安全的观念，依法向公众、社会组织提供水污染防治、水资源管理、水生态保护法规培训和咨询，提高公众对水环境的保护意识，自觉维护水环境安全。

3. 依法治水，加大水环境保护力度

通过法律管理，建立起适应现代化要求的水环境保护利用法规体系。加强水环境保护执法队伍建设，提高执法水平，加强以法律为手段的意识，严厉处罚、制止污染等破坏水环境行为的发生。

（二）水环境安全的内在要求

1. 水量安全

水量安全是水环境安全的重要组成部分，是指水资源供应能够满足生产、生活、生态的需要，对水资源的开发利用保持在水资源承载能力的范围之内。

2. 水质安全

水质安全以水污染防治为目标，将水污染程度控制在水环境自净能力范围内，并满足人们对清洁用水的需求。

（三）水环境安全的制度要求

1. 水环境健康评估诊断制度

水环境健康评估诊断是评价、判断水环境系统健康状况。水环境健康诊断包括水环境系统活力、组织结构和恢复力等评价。通过水环境健康诊断，正确认识水环

境对人类生存和发展的承载能力，以保护整个生命支撑系统和生态系统的完整性和持续性。[1]

2. 水环境安全预警预案制度

水环境安全预警从分析水环境系统要素和功能出发，探求维护系统安全的关键性要素和过程，通过对安全诊断指标的对比分析，划分安全等级，制定不同安全等级的预警标准。水环境安全预警制度包括监测突发事件和环境急剧变化所影响地区的水环境状况，并进行准确、快捷的评估，在规定的期限内向有关部门报告，一旦超过预警标准，便由系统发出预警警报，启动工作预案。

3. 水环境安全设计制度

水环境安全设计是指在预警结果安全等级较低的研究区域内，应用水生态环境建设的原理和方法，通过对原有系统要素的优化组合或引入新的要素，调整或构建新的水生态环境安全格局，从而使关键性水生态过程不受阻碍，系统所受胁迫控制在水安全等级允许的范围内。

4. 水环境安全维护和管理制度

水环境安全维护和管理是根据水环境风险评价、生态安全设计的结果，依照相关法律规定，选用有效的控制方法和技术，进行消减风险的费用和效益分析，确定可接受的风险度和损害水平，综合考虑社会、经济、政治等因素，决定适当的管理方案和措施并实施，以降低或消除事件风险度，保护人群健康和生态系统安全。水环境安全管理包括水环境健康状态管理、水资源管理、水环境质量管理、水灾害管理以及水环境安全综合管理等，要求从自然、经济、社会等各个层面对现有安全保障系统进行全面整合。安全管理应以减少风险为目标，按照预防和回避风险的目的，设置安全标准，建立社会公众对于公共安全监控和评估体制。安全管理应设定风险规避的优先顺序，制定应急响应和恢复措施。[2]

（四）水环境安全的治理要求

强化水环境污染系统治理，污染的表象在水里，根子在岸上。以河湖为重点，统筹推进农业面源污染、工业污染、城乡生活污染防治和矿区生态环境综合整治，“一河一策”“一湖一策”，加强水环境污染治理。

1. 强化农业面源污染综合治理

因地制宜推进多种形式的适度规模经营，推广科学施肥、安全用药、农田节水等清洁生产技术与先进适用装备，提高化肥、农药、饲料等投入品利用效率，建立健全

---

〔1〕 参见罗吉：《水环境安全的法律保障问题探讨》，中国环境资源法学研讨会2003年年会论文，第558页。

〔2〕 参见肖笃宁、陈文波、郭福良：《论生态安全的基本概念和研究内容》，载《应用生态学报》2002年第3期。

禽畜粪污、农作物秸秆等农业废弃物综合利用和无害化处理体系。根据实际情况，在一些重点区域实施农田退水污染综合治理，建设生态沟道、污水净塘、人工湿地等氮、磷高效生态拦截净化设施，加强农田退水循环利用。

2. 加大工业污染协同治理力度

严禁在重点河湖临岸一定范围内新建"两高一资"项目及相关产业园区。开展重点河湖入河排污口专项整治行动，加快构建覆盖所有排污口的在线监测系统，规范入河排污口设置审核。严格落实排污许可制度，重点河湖所有固定排污源要依法按证排污。重点河湖沿岸工业园区全部建成污水集中处理设施并稳定达标排放，严控工业废水未经处理或未有效处理直接排入城镇污水处理系统，严厉打击向河湖、沙漠、湿地等偷排、直排行为。

3. 统筹推进城乡生活污染治理

加强污水垃圾、医疗废物、危险废物处理等城镇环境基础设施建设。完善城镇污水收集配套管网，结合当地水环境保护目标精准提标，推进河湖沿线城镇污水收集处理效率持续提升和达标排放。在有条件的城镇污水处理厂排污口下游建设人工湿地等生态设施，在上游地区采取适用的污水、污泥处理工艺和模式，因地制宜实施污水、污泥资源化利用。巩固提升城市黑臭水体治理成效，基本消除县级及以上行政辖区建成区黑臭水体。做好"厕所革命"与农村生活污水治理的衔接，因地制宜选择治理模式，强化污水管控标准，推动适度规模治理和专业化管理维护。保障污水垃圾处理设施稳定运行，支持市场主体参与污水垃圾处理，探索建立污水垃圾处理服务按量按效付费机制。

4. 开展矿区环境综合整治

对河湖沿线历史遗留矿山生态破坏与污染状况进行调查评价，实施矿区地质环境治理、地形地貌重塑、植被重建等生态修复和土壤、水体污染治理，按照"谁破坏谁修复""谁修复谁受益"原则盘活矿区自然资源，探索利用市场化方式推进矿山生态修复。以河湖岸线、水库、饮用水水源地、地质灾害易发多发区等为重点开展尾矿库、尾液库风险隐患排查，"一库一策"，制定治理和应急处置方案，采取预防性措施化解渗漏和扬散风险，鼓励尾矿综合利用。[1]

5. 推进船舶污染防治工作

一是加强宣传，营造良好氛围。拓宽宣传形式，讲解船舶生活污水、油污水、作业污染等的正确处理方式，提高相关从业人员和船员的环保意识。二是坚持源头治理，细致排查问题。将生活污水、油污水、作业污水处理相关设备作为现场检查的必查项目，杜绝污水渗漏入河湖的情况发生，对所有船舶相关信息录入综合执法平台系统，并定期抽查。三是以高压态势严格督察执法，严厉打击生活污水、油污水、作

---

〔1〕 参见《黄河流域生态保护和高质量发展规划纲要》(2021 年 10 月中共中央、国务院印发)。

业污水等偷排违法行为。

第二节　水环境安全的立法保护

一、现行水环境安全法律体系

(一)水环境安全的宪法保护

《宪法》第26条规定:"国家保护和改善生活环境和生态环境,防治污染和其他公害。国家组织和鼓励植树造林,保护林木。"《宪法》并没有通过直接的条文对水环境安全的保护进行规定,但这些条款正是对我国自然资源和生态环境的保护,实质上可以看作水环境安全受到国家法律保护的宪法依据,也是我国对水环境安全进行保护的立法基础。

(二)水环境安全的民法保护

《民法典》第1229条规定:"因污染环境、破坏生态造成他人损害的,侵权人应当承担侵权责任。"第1232条规定:"侵权人违反法律规定故意污染环境、破坏生态造成严重后果的,被侵权人有权请求相应的惩罚性赔偿。"《民法典》中并没有关于水环境安全保护的直接条款,但是水环境作为生态环境的一部分,如果受到侵害或处于不安全状态,当然受到《民法典》的保护。

(三)水环境安全的行政立法保护

本书主要从行政法律法规政策等层面进行梳理分析对水环境安全的相关保护。相关法律主要有《水法》(2016年7月2日第二次修正)、《水土保持法》(自2011年3月1日起施行)、《水污染防治法》(2017年6月27日第二次修正)、《长江保护法》(自2021年3月1日起施行)、《黄河保护法》(自2023年4月1日起施行)、《青藏高原生态保护法》(2023年4月26日第十四届全国人大常委会第二次会议表决通过,自2023年9月1日起施行);行政法规、部门规章主要有《河道管理条例》(2018年3月19日国务院令第698号国务院《关于修改和废止部分行政法规的决定》修订)、《地下水管理条例》(2021年9月15日国务院第149次常务会议通过,自2021年12月1日起施行)、《排污许可管理条例》(2020年12月9日国务院第117次常务会议通过,自2021年3月1日起施行)、《尾矿污染环境防治管理办法》(2022年3月15日由生态环境部2022年第二次部务会议审议通过,自2022年7月1日起施行)。

1.《水法》

《水法》经3次修订修正(分别是2002年8月29日修订,2009年8月27日修正,2016年7月2日修正)。现行《水法》共八章82条,涉及水环境保护的有关条文如下:

该法第32条第3款、第4款规定:"县级以上人民政府水行政主管部门或者流域管理机构应当按照水功能区对水质的要求和水体的自然净化能力,核定该水域的纳污能力，向环境保护行政主管部门提出该水域的限制排污总量意见。县级以上地方人民政府水行政主管部门和流域管理机构应当对水功能区的水质状况进行监测，发现重点污染物排放总量超过控制指标的，或者水功能区的水质未达到水域使用功能对水质的要求的，应当及时报告有关人民政府采取治理措施，并向环境保护行政主管部门通报。”该法第 67 条规定：“在饮用水水源保护区内设置排污口的，由县级以上地方人民政府责令限期拆除、恢复原状；逾期不拆除、不恢复原状的，强行拆除、恢复原状，并处五万元以上十万元以下的罚款。未经水行政主管部门或者流域管理机构审查同意，擅自在江河、湖泊新建、改建或者扩大排污口的，由县级以上人民政府水行政主管部门或者流域管理机构依据职权，责令停止违法行为，限期恢复原状，处五万元以上十万元以下的罚款。”

以上条款能够对水环境，特别是水质和水量的安全起到保护作用，其强化了法律责任，对违法行为人应当承担的法律责任、行政处罚的种类和幅度等都作出了明确规定，处罚力度增强且比较明确、具体，可操作性强。

2.《水土保持法》

《水土保持法》于 2010 年 12 月 25 日第十一届全国人民代表大会常务委员会第十八次会议修订，自 2011 年 3 月 1 日起施行。该法第 16 条规定：“地方各级人民政府应当按照水土保持规划，采取封育保护、自然修复等措施，组织单位和个人植树种草，扩大林草覆盖面积，涵养水源，预防和减轻水土流失。”该条款体现预防为主保护优先的原则。该法第 31 条规定：“国家加强江河源头区、饮用水水源保护区和水源涵养区水土流失的预防和治理工作，多渠道筹集资金，将水土保持生态效益补偿纳入国家建立的生态效益补偿制度。通过水土保持实现对水环境的保护。”该条款体现谁开发谁治理谁补偿的原则，实行水土保持补偿制度，有效运用经济手段，可有效约束破坏水土资源和生态环境的行为，最大限度地保护水土保持设施、天然植被和原地貌，减轻因水土流失造成的危害。该法通过水土保持法律制度在一定程度上能够实现对水环境的保护。

修订后的《水土保持法》把预防为主、保护优先作为水土保持工作的指导方针，增加了对一些容易导致水土流失、破坏生态环境的行为予以禁止或限定的规定，这对预防人为水土流失保护生态环境至关重要。

3.《水污染防治法》

《水污染防治法》根据 2017 年 6 月 27 日第十二届全国人民代表大会常务委员会第二十八次会议《关于修改〈中华人民共和国水污染防治法〉的决定》第二次修正，共八章 103 条，该法更加明确了各级政府的水环境质量责任，能够以更大力度保护和改善水环境，是保护水环境最为直接的法律。主要特色内容如下。

（1）深植生态理念保护水环境。该法第 1 条规定“为了保护和改善环境，防治水污染，保护水生态，保障饮用水安全，维护公众健康，推进生态文明建设，促进经济社会可持续发展,制定本法”,体现立法目标生态化,将“保护和改善环境”放在首位,并加入了“保护水生态”“推进生态文明建设”。该法第29条涉及维护流域生态环境功能,严守生态保护红线,旨在提高流域环境资源承载能力,保护水环境安全,维护流域生态环境功能。

(2)多措并举推进农业和农村水污染防治。该法第52条规定:“国家支持农村污水、垃圾处理设施的建设,推进农村污水、垃圾集中处理。地方各级人民政府应当统筹规划建设农村污水、垃圾处理设施,并保障其正常运行。”该条涉及农村污水、垃圾集中处置,有利于推动农业农村水环境治理,提高农业农村水环境质量。该法第53条和第55条涉及加强化肥农药环保管理防止水环境污染,我国是农业大国,农药、化肥的施用量在世界上占的比重很大,由此也造成了比较严重的农业面源污染。该法第56条旨在防止畜禽养殖造成水环境污染。同时,该法第58条规定涉及农田灌溉水质安全,防止造成地下水、土壤等污染。

(3)各级政府的水环境质量责任更加明确,引入河长制,明确流域水环境保护联合协调机制。该法第4条第2款规定:“地方各级人民政府对本行政区域的水环境质量负责,应当及时采取措施防治水污染。”此条款明确了各级政府的水环境质量责任。该法第5条规定:“省、市、县、乡建立河长制,分级分段组织领导本行政区域内江河、湖泊的水资源保护、水域岸线管理、水污染防治、水环境治理等工作。”该条款引入河长制分级分段组织领导水环保工作。河长制是河湖管理工作的一项制度创新,也是我国水环境治理体系和保障国家水安全的制度创新。此外,该法第28条明确了重要江河、湖泊的流域水环境保护联合协调机制,有利于提高流域水环境保护效率。

(4)水污染防治设施与建设项目主体工程实施“三同时”制度。该法第19条第3款规定:“建设项目的水污染防治设施,应当与主体工程同时设计、同时施工、同时投入使用。水污染防治设施应当符合经批准或者备案的环境影响评价文件的要求。”

(5)实施排污许可证制度管理,严惩无证排污,要求排污单位对监测数据负责。该法第21条规定:“直接或者间接向水体排放工业废水和医疗污水以及其他按照规定应当取得排污许可证方可排放的废水、污水的企业事业单位和其他生产经营者,应当取得排污许可证;城镇污水集中处理设施的运营单位,也应当取得排污许可证。排污许可证应当明确排放水污染物的种类、浓度、总量和排放去向等要求。排污许可的具体办法由国务院规定。禁止企业事业单位和其他生产经营者无排污许可证或者违反排污许可证的规定向水体排放前款规定的废水、污水。”该条款明确了排污单位必须持证排污,取得许可证,必须按照许可证的要求排污,禁止无证排污。该法第83条的规定是针对无证排污依法进行的严惩重罚。该法第23条第1款规定:“实行排污许可管理的企业事业单位和其他生产经营者应当按照国家有关规定和监测规范，对所排放的水污染物自行监测，并保存原始监测记录。重点排污单位还应当安装水污染物排放自动监测设备，与环境保护主管部门的监控设备联网，并保证监测设备正常运行。具体办法由国务院环境保护主管部门规定。”否则将根据该法第 82 条规定依法进行严惩重罚。

(6)工业水污染防治加强。该法第 45 条明确规定排污企业要收集和处理全部废水，工业集聚区应当配套污水集中处理设施，向污水集中处理设施排放工业废水的应当预处理。否则，针对未按照规定进行预处理的，将根据该法第 83 条规定，由县级以上人民政府环境保护主管部门责令改正或者责令限制生产、停产整治，并处 10 万元以上 100 万元以下的罚款；情节严重的，报经有批准权的人民政府批准，责令停业、关闭。

(7)对污泥处置要求明确。该法第 51 条规定：“城镇污水集中处理设施的运营单位或者污泥处理处置单位应当安全处理处置污泥，保证处理处置后的污泥符合国家标准，并对污泥的去向等进行记录。”因为随着城镇污水集中处理率的不断提高，污水处理后产生的污泥日益增多，有的污泥含有毒有害物质，如果处理不当，会造成新的污染，因此该条款正是对污泥处理处置作出的明确规定。

(8)对船舶水污染防治进行完善。该法第 59 条第 5 款规定，“进入中华人民共和国内河的国际航线船舶排放压载水的，应当采用压载水处理装置或者采取其他等效措施，对压载水进行灭活等处理。禁止排放不符合规定的船舶压载水”。该法第 61 条第 1 款规定：“港口、码头、装卸站和船舶修造厂所在地市、县级人民政府应当统筹规划建设船舶污染物、废弃物的接收、转运及处理处置设施。”

4.《长江保护法》

2020 年 12 月 26 日，第十三届全国人民代表大会常务委员会第二十四次会议表决通过《长江保护法》，于 2021 年 3 月 1 日起施行。《长江保护法》是我国第一部流域专门法律，对于贯彻落实习近平生态文明思想和党中央有关决策部署，加强长江流域生态环境保护和修复，促进资源合理高效利用，保障生态安全，实现人与自然和谐共生、中华民族永续发展，具有重大意义。该法共九章 96 条，对长江水环境安全的保护意义重大，对我国水环境安全的保护具有促进作用，该法关于水环境安全保护的主要内容如下：

(1)强化政府保护管理责任，明确地方政府考核制度。该法第 5 条规定：“国务院有关部门和长江流域省级人民政府负责落实国家长江流域协调机制的决策，按照职责分工负责长江保护相关工作。长江流域地方各级人民政府应当落实本行政区域的生态环境保护和修复、促进资源合理高效利用、优化产业结构和布局、维护长江流域生态安全的责任。长江流域各级河湖长负责长江保护相关工作。”该法第 43 条规定：“国务院生态环境主管部门和长江流域地方各级人民政府应当采取有效措施，加大对长江流域的水污染防治、监管力度，预防、控制和减少水环境污染。”该法第 78

条规定“国家实行长江流域生态环境保护责任制和考核评价制度。上级人民政府应当对下级人民政府生态环境保护和修复目标完成情况等进行考核。”

（2）完善水环境污染防治措施。该法在2017年6月27日修正《水污染防治法》的基础上，针对长江水污染的特点，增加了几项要求：①控制总磷排放总量。该法第46条规定：“长江流域省级人民政府制定本行政区域的总磷污染控制方案，并组织实施。对磷矿、磷肥生产集中的长江干支流，有关省级人民政府应当制定更加严格的总磷排放管控要求，有效控制总磷排放总量。磷矿开采加工、磷肥和含磷农药制造等企业，应当按照排污许可要求，采取有效措施控制总磷排放浓度和排放总量；对排污口和周边环境进行总磷监测，依法公开监测信息。”②加强农业面源污染防治。该法第48条规定：“国家加强长江流域农业面源污染防治。长江流域农业生产应当科学使用农业投入品，减少化肥、农药施用，推广有机肥使用，科学处置农用薄膜、农作物秸秆等农业废弃物。”③加强对固体废物的监管。该法第49条规定：“禁止在长江流域河湖管理范围内倾倒、填埋、堆放、弃置、处理固体废物。长江流域县级以上地方人民政府应当加强对固体废物非法转移和倾倒的联防联控。”④开展地下水重点污染源和环境风险隐患调查评估。该法第50条规定：“长江流域县级以上地方人民政府应当组织对沿河湖垃圾填埋场、加油站、矿山、尾矿库、危险废物处置场、化工园区和化工项目等地下水重点污染源及周边地下水环境风险隐患开展调查评估，并采取相应风险防范和整治措施。”⑤严格危险化学品运输管控。该法第51条第2款规定：“禁止在长江流域水上运输剧毒化学品和国家规定禁止通过内河运输的其他危险化学品。长江流域县级以上地方人民政府交通运输主管部门会同本级人民政府有关部门加强对长江流域危险化学品运输的管控。”

（3）法律责任最为严格。①法律责任范围宽。该法第92条规定：“对破坏长江流域自然资源、污染长江流域环境、损害长江流域生态系统等违法行为，本法未作行政处罚规定的，适用有关法律、行政法规的规定。”②损害赔偿责任严。该法第93条规定：“因污染长江流域环境、破坏长江流域生态造成他人损害的，侵权人应当承担侵权责任。违反国家规定造成长江流域生态环境损害的，国家规定的机关或者法律规定的组织有权请求侵权人承担修复责任、赔偿损失和有关费用。”根据《民法典》《环境保护法》《水污染防治法》《水法》等有关法律法规规定，因污染环境和破坏生态对他人造成损害的，承担损害赔偿的侵权责任。根据现行法律规定，有的授权环保社会组织，有的授权检察机关等，对污染环境、破坏生态，损害社会公共利益的行为，向人民法院提起环境公益诉讼，让污染者作出污染损害赔偿，用于修复被其污染的生态环境。

5.《黄河保护法》

2022年10月30日，第十三届全国人民代表大会常务委员会第三十七次会议通过《黄河保护法》，自2023年4月1日起施行。《黄河保护法》是我国第二部流域法律，是继第一部流域法律——《长江保护法》实施后，我国流域生态文明建设的又一标志性立法成果。该法制定对强化我国黄河流域乃至其他各大流域的依法治理具有重大和深远的影响。该法包括总则、规划与管控、生态保护与修复、水资源节约集约利用、水沙调控与防洪安全、污染防治、促进高质量发展、黄河文化保护传承弘扬、保障与监督、法律责任和附则十一章,共 122 条。该法关于水环境安全保护的主要内容如下:

针对黄河流域水污染的突出问题。该法规定了黄河流域水环境质量标准、水污染物排放标准、流域重点污染物排放总量控制、排污口监管、土壤和地下水污染防治、农业面源污染防治等制度措施。如该法第 74 条第 1 款规定:“对没有国家水污染物排放标准的特色产业、特有污染物,以及国家有明确要求的特定水污染源或者水污染物,黄河流域省级人民政府应当补充制定地方水污染物排放标准,报国务院生态环境主管部门备案。”第 78 条第 1 款规定:“黄河流域省级人民政府生态环境主管部门应当会同本级人民政府水行政、自然资源等主管部门,根据本行政区域地下水污染防治需要,划定地下水污染防治重点区,明确环境准入、隐患排查、风险管控等管理要求。”第 79 条第 1 款规定:“黄河流域县级以上地方人民政府应当加强黄河流域土壤生态环境保护,防止新增土壤污染,因地制宜分类推进土壤污染风险管控与修复。”

为了增强可操作性,该法还对制定“更加严格的地方水污染物排放标准”的情形作出了明确限定。如该法第 74 条第 2 款规定:“有下列情形之一的,黄河流域省级人民政府应当制定严于国家水污染物排放标准的地方水污染物排放标准,报国务院生态环境主管部门备案:(一)产业密集、水环境问题突出;(二)现有水污染物排放标准不能满足黄河流域水环境质量要求;(三)流域或者区域水环境形势复杂,无法适用统一的水污染物排放标准。”

该法对污染物总量控制提出了不同于一般性法律法规的要求。如该法第 75 条 1 款规定:“国务院生态环境主管部门根据水环境质量改善目标和水污染防治要求,确定黄河流域各省级行政区域重点水污染物排放总量控制指标。黄河流域水环境质量不达标的水功能区,省级人民政府生态环境主管部门应当实施更加严格的水污染物排放总量削减措施,限期实现水环境质量达标。排放水污染物的企业事业单位应当按照要求,采取水污染物排放总量控制措施。”

该法还对全流域的环境监测提出专门要求。如该法第 80 条第 1 款规定:“国务院生态环境主管部门应当在黄河流域定期组织开展大气、水体、土壤、生物中有毒有害化学物质调查监测,并会同国务院卫生健康等主管部门开展黄河流域有毒有害化学物质环境风险评估与管控。”

以上是该法关于水污染防治的特殊规定,为强化黄河流域的污染治理,严密控制环境风险,提供了独特的法律制度保障。

6.《青藏高原生态保护法》

《青藏高原生态保护法》已由中华人民共和国第十四届全国人民代表大会常务委员会第二次会议于 2023 年 4 月 26 日通过，自 2023 年 9 月 1 日起施行。该法严控不符合生态保护管控要求的采砂、采矿活动。该法第 33 条第 1 款规定："在青藏高原设立探矿权、采矿权应当符合国土空间规划和矿产资源规划要求。依法禁止在长江、黄河、澜沧江、雅鲁藏布江、怒江等江河源头自然保护地内从事不符合生态保护管控要求的采砂、采矿活动。"此外，在青藏高原从事矿产资源勘查、开采活动，应当避免或者减少对矿产资源和生态环境的破坏，依法履行矿山污染防治和生态修复责任，加强尾矿库运行管理，防范和化解环境和安全风险。该法第 47 条第 2 款规定："青藏高原地方各级人民政府应当采取有效措施，推进农村生活污水和垃圾治理，推进农村卫生厕所改造和乡村绿化，持续改善农村人居环境，塑造乡村风貌，建设生态宜居美丽乡村。"以上条款对于保护青藏高原水环境安全能够起到非常有效的作用。

7.《河道管理条例》

《河道管理条例》依据 2018 年 3 月 19 日国务院令第 698 号国务院《关于修改和废止部分行政法规的决定》修订。该条例第 34 条规定："向河道、湖泊排污的排污口的设置和扩大，排污单位在向环境保护部门申报之前，应当征得河道主管机关的同意。"第 35 条规定："在河道管理范围内，禁止堆放、倾倒、掩埋、排放污染水体的物体。禁止在河道内清洗装贮过油类或者有毒污染物的车辆、容器。"以上条款对水环境安全起到非常重要的保护。

8.《地下水管理条例》

《地下水管理条例》于 2021 年 9 月 15 日国务院第 149 次常务会议通过，自 2021 年 12 月 1 日起施行。制定该条例是深入贯彻习近平生态文明思想、习近平法治思想和习近平总书记治水重要讲话指示批示精神，保障地下水质量和可持续利用的重要举措。该条例作为我国第一部地下水管理的专门行政法规，将为强化地下水管理，防治地下水超采和污染起到十分重要的作用。

该条款聚焦地下水超采、污染突出问题，强化地下水节约保护、超采治理和污染防治，对地下水管理作出重要制度安排。针对水环境安全问题，该条例第 39 条规定："国务院生态环境主管部门应当会同国务院水行政、自然资源等主管部门，指导全国地下水污染防治重点区划定工作。省、自治区、直辖市人民政府生态环境主管部门应当会同本级人民政府水行政、自然资源等主管部门，根据本行政区域内地下水污染防治需要，划定地下水污染防治重点区。"第 40 条规定："禁止下列污染或者可能污染地下水的行为：(一)利用渗井、渗坑、裂隙、溶洞以及私设暗管等逃避监管的方式排放水污染物；(二)利用岩层孔隙、裂隙、溶洞、废弃矿坑等贮存石化原料及产品、农药、危险废物、城镇污水处理设施产生的污泥和处理后的污泥或者其他有毒有害物质；(三)利用无防渗漏措施的沟渠、坑塘等输送或者贮存含有毒污染物的废水、含病原体的污水和其他废弃物；（四）法律、法规禁止的其他污染或者可能污染地下水的行为。”以上条款涉及划定地下水污染防治重点区，以及严格地下水污染管控的行为措施。该条例第 55 条规定：“违反本条例规定，未经批准擅自取用地下水，或者利用渗井、渗坑、裂隙、溶洞以及私设暗管等逃避监管的方式排放水污染物等违法行为，依照《中华人民共和国水法》《中华人民共和国水污染防治法》《中华人民共和国土壤污染防治法》《取水许可和水资源费征收管理条例》等法律、行政法规的规定处罚。”该条款是针对部分污染地下水行为所适用的法律责任。

9.《排污许可管理条例》

《排污许可管理条例》于 2020 年 12 月 9 日国务院第 117 次常务会议通过，自 2021 年 3 月 1 日起施行。该条例是在多年探索、实践积累、经验借鉴、问题倒逼的基础上，在一些重大问题上形成了解决路径，为污染源管理制度更加成熟定型更加完善奠定了法规基础，为改善生态环境质量提供了制度利器。该条例第 19 条规定：“排污单位应当按照排污许可证规定和有关标准规范，依法开展自行监测，并保存原始监测记录。原始监测记录保存期限不得少于 5 年。排污单位应当对自行监测数据的真实性、准确性负责，不得篡改、伪造。”第 21 条第 1 款规定：“排污单位应当建立环境管理台账记录制度，按照排污许可证规定的格式、内容和频次，如实记录主要生产设施、污染防治设施运行情况以及污染物排放浓度、排放量。环境管理台账记录保存期限不得少于 5 年。”第 25 条规定：“生态环境主管部门应当加强对排污许可的事中事后监管，将排污许可执法检查纳入生态环境执法年度计划，根据排污许可管理类别、排污单位信用记录和生态环境管理需要等因素，合理确定检查频次和检查方式。生态环境主管部门应当在全国排污许可证管理信息平台上记录执法检查时间、内容、结果以及处罚决定，同时将处罚决定纳入国家有关信用信息系统向社会公布。”第 34 条规定：“违反本条例规定，排污单位有下列行为之一的，由生态环境主管部门责令改正或者限制生产、停产整治，处 20 万元以上 100 万元以下的罚款；情节严重的，吊销排污许可证，报经有批准权的人民政府批准，责令停业、关闭：（一）超过许可排放浓度、许可排放量排放污染物；（二）通过暗管、渗井、渗坑、灌注或者篡改、伪造监测数据，或者不正常运行污染防治设施等逃避监管的方式违法排放污染物。”以上条款是以排污单位自行监测、台账记录、执行报告为手段，压实排污单位主体责任，推动其主动守法，同时推动生态环境主管部门履行好监管职责。通过严格落实企业主体责任和政府监管责任，将有力推动将排污许可制打造成改善环境质量包括水环境质量的制度利器。

10.《尾矿污染环境防治管理办法》

《尾矿污染环境防治管理办法》于 2022 年 3 月 15 日由生态环境部 2022 年第二次部务会议审议通过，自 2022 年 7 月 1 日起施行。我国尾矿年产生量约 10 亿吨，占一般工业固体废物年产生量的 1/4。尾矿种类多、成分复杂，环境风险高，污染防治工作基础弱。该办法出台是贯彻落实党中央、国务院深入打好污染防治攻坚战决策部署的重要举措，也是强化尾矿环境管理、防控尾矿库环境风险的必然要求，对保障公众健康、促进经济社会可持续发展具有重要意义。针对尾矿水的污染防治问题，该办法主要明确了三方面要求：

（1）明确尾矿水的排放要求。该办法第17条规定："尾矿水应当优先返回选矿工艺使用；向环境排放的，应当符合国家和地方污染物排放标准，不得与尾矿库外的雨水混合排放，并按照有关规定设置污染物排放口，设立标志，依法安装流量计和视频监控。污染物排放口的流量计监测记录保存期限不得少于五年，视频监控记录保存期限不得少于三个月。"

（2）明确尾矿水排放的监测要求。该办法第19条规定："尾矿库运营、管理单位应当按照国家有关规定开展地下水环境监测以及土壤污染状况监测和评估。排放尾矿水的，尾矿库运营、管理单位应当在排放期间，每月至少开展一次水污染物排放监测；排放有毒有害水污染物的，还应当每季度对受纳水体等周边环境至少开展一次监测。尾矿库运营、管理单位应当依法公开污染物排放监测结果等相关信息。"

（3）明确尾矿库封场期间及封场后收集、监测设施的管护要求。该办法第24条规定："尾矿库运营、管理单位应当在尾矿库封场期间及封场后，采取措施保证渗滤液收集设施、尾矿水排放监测设施继续正常运行，并定期开展水污染物排放监测，确保污染物排放符合国家和地方排放标准。尾矿库的渗滤液收集设施、尾矿水排放监测设施应当正常运行至尾矿库封场后连续两年内没有渗滤液产生或者产生的渗滤液不经处理即可稳定达标排放。尾矿库运营、管理单位应当在尾矿库封场后，采取措施保证地下水水质监测井继续正常运行，并按照国家有关规定持续进行地下水水质监测，直到下游地下水水质连续两年不超出上游地下水水质或者所在区域地下水水质本底水平。"

（四）水环境安全的刑事立法保护

1.《刑法》

关于水环境安全的有关规定，主要体现在第六节破坏环境资源保护罪，特别是该节第338条规定："违反国家规定，排放、倾倒或者处置有放射性的废物、含传染病病原体的废物、有毒物质或者其他有害物质，严重污染环境的，处三年以下有期徒刑或者拘役，并处或者单处罚金；情节严重的，处三年以上七年以下有期徒刑，并处罚金；有下列情形之一的，处七年以上有期徒刑，并处罚金：（一）在饮用水水源保护区、自然保护地核心保护区等依法确定的重点保护区域排放、倾倒、处置有放射性的废物、含传染病病原体的废物、有毒物质，情节特别严重的；（二）向国家确定的重要江河、湖泊水域排放、倾倒、处置有放射性的废物、含传染病病原体的废物、有毒物质，情节特别严重的……"

2. 最高人民法院、最高人民检察院《关于办理环境污染刑事案件适用法律若干

问题的解释》

该解释共计20条。如第1条“实施刑法第三百三十八条规定的行为,具有下列情形之一的,应当认定为‘严重污染环境’:(一)在饮用水水源保护区、自然保护地核心区排放、倾倒、处置有放射性的废物、含传染病病原体的废物、有毒物质的……(七)重点排污单位、实行排污许可重点管理的篡改、伪造自动监测数据或者干扰自动监测设施,排放化学需氧量、氨氮、二氧化硫、氮氧化物等污染物的……”。

二、水环境安全立法不足与完善建议

(一)立法不足

1. 立法技术上,法律与政策规范轻操作

有些法规规定存在缺乏针对性的问题。究其原因有两方面,一是立法体系不够完善。相关立法的时间先后有别,诸多法律效力层次相同,需要理顺相关法律之间的权责关系,而不是仅作出原则性规定,相同效力等级层次的立法协调性不足。二是部门主导立法,利益分配影响制度实效。部门立法色彩浓厚,我国水资源管理立法采用分立模式,实行双重管理体制。将流域管理机构设置在水利部之下,作为其派出机构,无法解决部门间水资源监管权的冲突问题。我国目前水资源管理与水环境保护分属两个部门管辖,流域管理机构无力解决属于环保部门管辖范围的水污染防治问题。此外,涉水部门还有农业农村、交通运输、林业与草原、自然资源、住房与城乡建设等部门。作为部门派出机构的流域管理机构无法解决部门间的协调问题。以部门为主的立法模式直接导致立法不协调,不易解决部门之间的矛盾和冲突。

2. 立法内容上,法律规范轻预防

在立法实践中,无论是环境影响评价制度,还是各类污染防治制度都不能做到将污染杜绝于发端。至于水环境安全制度,长期以来,我国不仅在地方政府政绩考核中片面追求经济总量,忽视环境代价,导致日常监管不到位,加上我国公民参与决策制度不完备,往往流于形式,致使严重水环境污染事件频发。不过党的十八大以来,中央开始着手调整地方领导干部的考核标准,创新社会管理制度,特别是《水污染防治法》第19条第3款规定:“建设项目的水污染防治设施,应当与主体工程同时设计、同时施工、同时投入使用。水污染防治设施应当符合经批准或者备案的环境影响评价文件的要求。”这对水环境安全的保障是具有重要意义的。

3. 立法实效上,管理体制重部门

当前水环境管理体制主要存在职能部门之间和流域内各区县之间管理职责划分及范围还不够完全清晰明确、信息数据交流共享不够畅通。在政府职能部门之间,生态部门、水利部门、建设部门、交通部门、农业农村部门、自然资源部门等都对水资源有其相应的管理责任,能够带来实际利益的,如旅游开发,能源投资等,会存在多个部门争相管辖,而对环境治理、生态补偿等关乎水环境安全的重大问题,却因责任多,成效慢,会存在相互推诿的现象,由此造成效率低。不过立法上已经意识到相关问题,特别是《长江保护法》第4条规定:“国家建立长江流域协调机制,统一指导、统筹协调长江保护工作,审议长江保护重大政策、重大规划,协调跨地区跨部门重大事项,督促检查长江保护重要工作的落实情况。”第9条规定:“国家长江流域协调机制应当统筹协调国务院有关部门在已经建立的台站和监测项目基础上,健全长江流域生态环境、资源、水文、气象、航运、自然灾害等监测网络体系和监测信息共享机制。”以上规定对水环境安全管理体制的发展及水环境的数据信息实现共享具有重要意义。

(二)完善建议

1. 坚守“四严”原则

(1)严守源头。在水环境安全法治化进程中,必须强化源头治理意识。搭建水环境安全的基本管理框架。通过推动可持续循环经济和清洁生产工作,减少入河湖污染物的排放。

(2)严防过程。在水环境安全法治化进程中,必须建立过程监管机制。建立健全评估监督机制、加强评估监督。确立管理体制、管理机构及其权限、机构间沟通协调原则和程序以及适用于流域内不同分段的水环境保护管理制度。

(3)严查责任。在水环境安全法治化进程中,必须严查水环境危害责任。对水域开发利用的各种行为及其开发利用主体、排污主体在水环境保护方面的权利义务作出明确规范并规定各项保护制度,确立严格全面的法律责任。

(4)严惩事故。在水环境安全法治化进程中,必须加大事故责任追究力度。对于发生重大水环境安全事件的直接责任人,相关行政部门负责人应当一律依法严格查处,对于发生直接危害人民群众生活、人身安全的,导致生态系统出现重大破坏的必须施以最严厉的刑事制裁。

2. 梳理整合现有法律法规及政策

针对现有水环境安全法律法规不能一概否定其应用管理价值,吸收现有水环境安全法律法规及政策中可操作性强、具有应用管理价值的内容。加强水环境安全法律体系建设,增强系统性,剔除法律体系内部逻辑混乱部分。从中央到地方定期、及时清理各级各类法律规条,制定环境规条冲突规范,有多个平级规范性文件的,由上位法协调使用,无上位法的,由冲突规范解决。继续推动政策法治化进程,将党的政策、政府理政方针与法律有机结合,实现政以法出,依法执政。

3. 适当借鉴先进立法理念

在立法工作中,应当避免口号宣言式的纲领性立法,立足我国的社会实际工作,适当借鉴先进的水环境安全保护的立法理念、立法模式,因地制宜,吸收转化,为我所用。在新形势下,水环境安全立法的发展与完善,应通过广泛调查研究,归纳和总结基层处理问题的典型经验,逐步推广试行,待条件成熟后再上升为法律法规或地方规章,以接地气的方式,自下而上、上下结合地进行水环境安全立法。应当摒弃

"拍脑门式"的立法思维和老生常谈的空洞理论,立足我国经济社会发展实际,新形势下的复杂国际背景与社会条件,深入了解广大干部群众的水环境安全保护诉求,集中人民的智慧,使制定出来的法律法规或地方规章回应人民的期盼,进而得到群众的普遍认可。

第三节　水环境安全的执法和司法保护

一、水环境安全的执法保护管理

(一)我国水环境安全执法保护的主要行政主体及有关法律规定梳理

1. 政府生态环境主管部门及有关法律规定

政府生态环境主管部门关于水环境安全执法保护的有关法律规定如下。

(1)《环境保护法》。如第 10 条规定:"国务院环境保护主管部门,对全国环境保护工作实施统一监督管理;县级以上地方人民政府环境保护主管部门,对本行政区域环境保护工作实施统一监督管理。县级以上人民政府有关部门和军队环境保护部门,依照有关法律的规定对资源保护和污染防治等环境保护工作实施监督管理。"第 60 条规定:"企业事业单位和其他生产经营者超过污染物排放标准或者超过重点污染物排放总量控制指标排放污染物的,县级以上人民政府环境保护主管部门可以责令其采取限制生产、停产整治等措施;情节严重的,报经有批准权的人民政府批准,责令停业、关闭。"以上规定涉及国务院环境保护主管部门及县级以上地方人民政府环境保护主管部门对生态环境包括水环境安全的执法保护职责。

(2)《水污染防治法》。如第 9 条第 1 款规定:"县级以上人民政府环境保护主管部门对水污染防治实施统一监督管理。"第 82 条规定:"违反本法规定,有下列行为之一的,由县级以上人民政府环境保护主管部门责令限期改正,处二万元以上二十万元以下的罚款;逾期不改正的,责令停产整治:(一)未按照规定对所排放的水污染物自行监测,或者未保存原始监测记录的……"第 84 条第 2 款规定:"除前款规定外,违反法律、行政法规和国务院环境保护主管部门的规定设置排污口的,由县级以上地方人民政府环境保护主管部门责令限期拆除,处二万元以上十万元以下的罚款;逾期不拆除的,强制拆除,所需费用由违法者承担,处十万元以上五十万元以下的罚款;情节严重的,可以责令停产整治。"以上规定涉及县级以上人民政府环境保护主管部门对水环境安全的执法保护职责。

(3)《长江保护法》。如第 89 条规定:"长江流域磷矿开采加工、磷肥和含磷农药制造等企业违反本法规定,超过排放标准或者总量控制指标排放含磷水污染物的,由县级以上人民政府生态环境主管部门责令停止违法行为,并处二十万元以上二百万元以下罚款,对直接负责的主管人员和其他直接责任人员处五万元以上十万元以下罚款;情节严重的,责令停产整顿,或者报经有批准权的人民政府批准,责令关闭。”针对长江的保护,《长江保护法》赋予了相关县级以上人民政府生态环境主管部门有关执法保护职责。

(4)《黄河保护法》。如第109条规定:“违反本法规定,有下列行为之一的,由地方人民政府生态环境、自然资源等主管部门按照职责分工,责令停止违法行为,限期拆除或者恢复原状,处五十万元以上五百万元以下罚款,对直接负责的主管人员和其他直接责任人员处五万元以上十万元以下罚款;逾期不拆除或者不恢复原状的,强制拆除或者代为恢复原状,所需费用由违法者承担;情节严重的,报经有批准权的人民政府批准,责令关闭:(一)在黄河干支流岸线管控范围内新建、扩建化工园区或者化工项目;(二)在黄河干流岸线或者重要支流岸线的管控范围内新建、改建、扩建尾矿库;(三)违反生态环境准入清单规定进行生产建设活动。”针对黄河的保护,《黄河保护法》赋予地方人民政府生态环境主管部门有关执法保护职责。

2. 水行政主管部门、流域管理机构及有关法律规定

水行政主管部门、流域管理机构关于水环境安全执法保护的有关法律规定如下。

(1)《水法》。如第12条规定:“国家对水资源实行流域管理与行政区域管理相结合的管理体制。国务院水行政主管部门负责全国水资源的统一管理和监督工作。国务院水行政主管部门在国家确定的重要江河、湖泊设立的流域管理机构(以下简称流域管理机构),在所管辖的范围内行使法律、行政法规规定的和国务院水行政主管部门授予的水资源管理和监督职责……”第67条第2款规定:“未经水行政主管部门或者流域管理机构审查同意,擅自在江河、湖泊新建、改建或者扩大排污口的,由县级以上人民政府水行政主管部门或者流域管理机构依据职权,责令停止违法行为,限期恢复原状,处五万元以上十万元以下的罚款。”

(2)《长江保护法》。如第91条规定:“违反本法规定,在长江流域未依法取得许可从事采砂活动,或者在禁止采砂区和禁止采砂期从事采砂活动的,由国务院水行政主管部门有关流域管理机构或者县级以上地方人民政府水行政主管部门责令停止违法行为,没收违法所得以及用于违法活动的船舶、设备、工具,并处货值金额二倍以上二十倍以下罚款;货值金额不足十万元的,并处二十万元以上二百万元以下罚款;已经取得河道采砂许可证的,吊销河道采砂许可证。”

(3)《黄河保护法》。如第110条第1款规定:“违反本法规定,在黄河流域禁止开垦坡度以上陡坡地开垦种植农作物的,由县级以上地方人民政府水行政主管部门或者黄河流域管理机构及其所属管理机构责令停止违法行为,采取退耕、恢复植被等补救措施;按照开垦面积,可以对单位处每平方米一百元以下罚款、对个人处每平方米二十元以下罚款。”

(4)《水污染防治法》。如第84条第3款规定:“未经水行政主管部门或者流域管理机构同意,在江河、湖泊新建、改建、扩建排污口的,由县级以上人民政府水行政

主管部门或者流域管理机构依据职权，依照前款规定采取措施、给予处罚。”

以上法律的有关条款规定了水行政主管部门、流域管理机构对水环境安全的执法保护职责。

3. 县级以上人民政府及有关法律规定

县级以上人民政府关于水环境安全执法保护的有关法律规定如下：

（1）《水法》。如第 67 条第 1 款规定：“在饮用水水源保护区内设置排污口的，由县级以上地方人民政府责令限期拆除、恢复原状；逾期不拆除、不恢复原状的，强行拆除、恢复原状，并处五万元以上十万元以下的罚款。”

（2）《水污染防治法》。如第 4 条规定：“县级以上人民政府应当将水环境保护工作纳入国民经济和社会发展规划。地方各级人民政府对本行政区域的水环境质量负责，应当及时采取措施防治水污染。”第 84 条第 1 款规定：“在饮用水水源保护区内设置排污口的，由县级以上地方人民政府责令限期拆除，处十万元以上五十万元以下的罚款；逾期不拆除的，强制拆除，所需费用由违法者承担，处五十万元以上一百万元以下的罚款，并可以责令停产整治。”

以上法律的有关条款规定了县级以上地方人民政府对水环境安全，特别是水环境质量的执法保护职责。

4. 交通运输主管部门、海事管理机构、渔业主管部门及有关法律规定

交通运输主管部门、海事管理机构、渔业主管部门关于水环境安全执法保护的有关法律规定如下：

（1）《水污染防治法》。如第 9 条第 2 款规定：“交通主管部门的海事管理机构对船舶污染水域的防治实施监督管理。”第 89 条规定：“船舶未配置相应的防污染设备和器材，或者未持有合法有效的防止水域环境污染的证书与文书的，由海事管理机构、渔业主管部门按照职责分工责令限期改正，处二千元以上二万元以下的罚款；逾期不改正的，责令船舶临时停航。船舶进行涉及污染物排放的作业，未遵守操作规程或者未在相应的记录簿上如实记载的，由海事管理机构、渔业主管部门按照职责分工责令改正，处二千元以上二万元以下的罚款。”第 90 条规定：“违反本法规定，有下列行为之一的，由海事管理机构、渔业主管部门按照职责分工责令停止违法行为，处一万元以上十万元以下的罚款；造成水污染的，责令限期采取治理措施，消除污染，处二万元以上二十万元以下的罚款；逾期不采取治理措施的，海事管理机构、渔业主管部门按照职责分工可以指定有治理能力的单位代为治理，所需费用由船舶承担：（一）向水体倾倒船舶垃圾或者排放船舶的残油、废油的……”

（2）《长江保护法》。如第 90 条规定：“违反本法规定，在长江流域水上运输剧毒化学品和国家规定禁止通过内河运输的其他危险化学品的，由县级以上人民政府交通运输主管部门或者海事管理机构责令改正，没收违法所得，并处二十万元以上二百万元以下罚款，对直接负责的主管人员和其他直接责任人员处五万元以上十万

元以下罚款;情节严重的,责令停业整顿,或者吊销相关许可证。”

以上法律规定涉及交通运输主管部门、海事管理机构、渔业主管部门对水环境安全的执法保护职责。

5. 国土资源、卫生、建设、农业农村等部门及有关法律规定

国土资源、卫生、建设、农业农村等部门关于水环境安全执法保护的有关法律规定如下:

《水污染防治法》。如第 9 条第 3 款规定:“县级以上人民政府水行政、国土资源、卫生、建设、农业、渔业等部门以及重要江河、湖泊的流域水资源保护机构,在各自的职责范围内,对有关水污染防治实施监督管理。”该条款涉及国土资源、卫生、建设、农业农村等部门对水环境安全的执法保护职责。

通过以上梳理,能够看出,我国涉水执法管理部门较多,管理职责虽有不同,但在实际执行过程中,仍需厘清职责范围,完善执法机制,提升执法效率。

(二)提升我国水环境安全的执法保护建议举措

1. 厘清职责权属,加大保护水环境安全的执法力度

由于水环境安全保护管理的行政机关职能部门较多,各水环境安全保护管理的行政机关要厘清职责权属,推动建立多部门、跨区域配合的联防联治机制,打破行政区域壁垒,贯通水环境安全有关的信息流通和互换,加强水环境安全保护信息共享,降低保护水环境安全的成本。加强与其他职能部门的协调、配合,联防联治。整合相关部门水污染防治和水环境保护执法职责、队伍,统一实行水环境保护执法,加大对保护水环境安全的执法力度,以减少破坏水环境安全方面的违法现象。

2. 鼓励群众及时举报,以扩大监督面,提高监管效能

各水环境安全保护管理的行政机关要鼓励群众对危害水环境安全的行为及时举报,以便扩大监督面,提高监管效能。同时,还需要水环境安全保护管理的相关部门积极引导个人和组织增强保护水环境安全的自律意识,一旦发现危害水环境安全的行为,要及时制止,并及时向监督管理机关举报。通过举报的信息,依法追查危害水环境安全的行为,严厉打击违法、犯罪行为,以最大限度地维护水环境的安全。

3. 进一步加强执法人才队伍建设

水利部《水行政执法效能提升行动方案(2022—2025 年)》提出,流域管理机构和地方各级水行政主管部门要依据所承担的执法职责和执法工作量,强化执法队伍建设,充实水行政执法力量,确保人员、经费等与执法职责、执法工作量相适应。严禁违规占用、挪用水行政执法编制从事其他岗位工作。[1]

4. 加强监测能力建设,推进水环境安全的执法保护

2020 年 3 月 3 日,《关于构建现代环境治理体系的指导意见》明确提出,加快构

---

[1] 参见《水行政执法效能提升行动方案(2022—2025 年)》(2022 年 6 月 17 日水利部印发)。

建陆海统筹、天地一体、上下协同、信息共享的生态环境监测网络,实现环境质量、污染源和生态状况监测全覆盖。实行"谁考核,谁监测",不断完善生态环境监测技术体系,全面提高监测自动化、标准化、信息化水平,推动实现环境质量预报预警,确保监测数据"真、准、全"。推进信息化建设,形成生态环境数据一本台账、一张网络、一个窗口。加大监测技术装备研发与应用力度,推动监测装备精准、快速、便携化发展。[1]

二、水环境安全的司法保护

(一)我国现行水环境安全司法保护的有关情况

1. 涉及生态环境及水污染的司法案件情况

2019 年,全国受理环境资源一审案件 290,216 件,其中受理各类环境资源刑事一审案件 39,957 件,受理各类环境资源民事一审案件 202,671 件,受理各类环境资源行政一审案件 47,588 件。2020 年,全国审结环境资源一审案件 25.3 万件,其中审结一审环境资源刑事案件 3.8 万件,审结一审环境资源民事案件 16.2 万件,审结一审环境资源行政案件 5.3 万件。2021 年,全国法院共受理环境资源一审案件 297,492 件,其中受理环境资源刑事一审案件 39,023 件;受理环境资源民事一审案件 185,468 件;受理环境资源行政一审案件 73,001 件。截至 2022 年 10 月 20 日,通过中国裁判文书网检索"水污染"三个字,能够看到相关司法文书情况如下:2019 年有 5185 份司法文书,2020 年有 3546 份司法文书,2021 年有 1179 份司法文书,2022 年截至 10 月 20 日有 272 份司法文书。由此能够看出 2019 年以来,涉及水污染的司法文书呈现数量下降趋势,案件总量及占比不大,司法保护的作用需进一步提升。

2. 环境公益诉讼有关情况

法院依法妥善审理社会组织、检察机关提起的环境公益诉讼和省、市地级政府及其指定的部门、机构提起的生态环境损害赔偿诉讼。2019 年全国受理环境公益诉讼案件 2488 件,受理生态环境损害赔偿案件 49 件。2020 年全国审结环境公益诉讼案件 3557 件,审结生态环境损害赔偿案件 62 件。2021 年全国受理环境公益诉讼案件 5917 件,受理生态环境损害赔偿案件 169 件。根据以上数据,2019 年以来,环境公益诉讼呈上升趋势,案件总量及占比不大,司法保护的作用需进一步提升。

为推进环境公益诉讼及生态环境损害赔偿诉讼,制定出台相关司法文件。2019 年 6 月,最高人民法院发布《关于审理生态环境损害赔偿案件的若干规定(试行)》,明确了生态环境损害赔偿诉讼案件的受理条件及其与环境民事公益诉讼的衔接等规则,2020 年 12 月修正。2019 年 12 月,最高人民法院与最高人民检察院共同发布

---

[1] 参见《关于构建现代环境治理体系的指导意见》(2020 年 3 月 3 日中共中央办公厅、国务院办公厅印发)。

《关于人民检察院提起刑事附带民事公益诉讼应否履行诉前公告程序问题的批复》，明确检察机关提起的刑事附带民事公益诉讼案件必须履行诉前公告程序。为贯彻实施《民法典》，2020 年 12 月修正了最高人民法院、最高人民检察院《关于检察公益诉讼案件适用法律若干问题的解释》。2021 年 7 月，最高人民检察院公布的《人民检察院公益诉讼办案规则》实施，用于规范人民检察院履行公益诉讼检察职责，加强对国家利益和社会公共利益的保护。

（二）创新环境资源审判机制、审判模式，加强水环境安全司法保护

1. 成立环境资源专门审判机构

截至 2020 年年底，全国共设立环境资源专门审判机构 1993 个，包括环境资源审判庭 617 个，合议庭 1167 个，人民法庭、巡回法庭 209 个，基本形成专门化的环境资源审判组织体系。截至 2021 年底，全国共设立环境资源专门审判机构和审判组织 2149 个，其中环境资源审判庭 649 个，人民法庭 215 个，审判团队（合议庭）1285 个，环境资源审判组织体系基本形成。

2. 创新审判模式，建立归口审理机制

通过最高人民法院发布的《中国环境资源审判（2021）》能了解到，2021 年最高人民法院实现了环境资源刑事、民事、行政审判职能由环境资源审判庭“三合一”归口行使，进一步完善对下监督指导。全国共有 27 家高级人民法院及新疆生产建设兵团分院实行环境资源刑事、民事、行政案件“三合一”归口审理模式，其中江西、云南等高院实行刑事、民事、行政、执行案件的“四合一”归口审理执行模式。继设立南京、兰州环境资源法庭之后，最高人民法院批准设立昆明、郑州环境资源法庭，探索专门审判机构建设和集中管辖机制新实践。[1]

3. 创新管辖，建立集中管辖机制

积极推进建立以流域等生态系统或者生态功能区为单位的跨行政区划集中管辖，探索跨省级行政区划集中管辖机制。如江苏实行“9 + 1”模式，其中“9”是指以江苏省政府确立的生态功能区规划为基础，以生态功能区为单位，在相关基层人民法院设立 9 个环境资源法庭，跨行政区划受理环境资源案件；“1”是指在南京市中级人民法院设立的南京环境资源法庭，其集中管辖江苏省中级人民法院管辖的一审环境资源案件以及不服 9 个生态功能区环境资源法庭审结案件的上诉案件。江苏已形成以江苏省高级人民法院环境资源审判庭为指导、南京环境资源法庭为核心、9 个生态功能区法庭为依托的环境资源集中管辖审判体系。如郑州环境资源法庭集中管辖淮河干流、南水北调工程沿线环境资源案件。[2]

---

〔1〕 参见《中国环境资源审判（2021）》（2022 年 6 月 5 日最高人民法院发布）。

〔2〕 参见《中国环境资源审判（2019）》（2020 年 5 月最高人民法院发布）。

(三)国外水环境安全司法保护的有关情况

1. 俄罗斯有关水环境安全的司法保护

设立自然保护检察院。伏尔加河位于俄罗斯西南部的高加索地区,全长3692千米,是欧洲最长的河流。伏尔加河在国民经济和人民生活中起着非常重要的作用,但也产生了不利的生态后果。为此,俄罗斯联邦设立了伏尔加河全流域性的自然保护检察院,即伏尔加河跨地区自然保护检察院(相当于联邦检察院级别),下辖有跨区、市级自然保护检察院。与普通检察院不同的是,伏尔加河跨地区自然保护检察院可以有针对性地对生态领域的活动进行监督,可以同环境执法部门紧密配合,促使地方检察院提高监督生态法律执行效率。根据《俄罗斯联邦检察院法》第23条的规定,伏尔加河跨地区自然保护检察院可采用异议书、呈文(建议书)、决定和警告的方式进行监督。具体地说,伏尔加河跨地区自然保护检察院可以对生态保护机关、对基本建设项目中执行生态保护法律、对用于生态保护措施资金的合法性等进行监督。还可以对下级检察院进行领导,可以提起公益诉讼性质的环境损害赔偿诉讼,可以公布生态法律执行及检查监督情况信息,可以对因全球生态问题而承担的国际义务的履行情况进行法律监督。[1]

2. 日本有关水环境安全的司法保护

从20世纪60年代中后期开始,日本民间要求损害赔偿和禁止排污的一系列“公害诉讼”正式拉开序幕。最著名的无疑是被誉为“战后四大公害诉讼”的“新潟水俣病第一次诉讼”(1967年)、“四日市公害第一次诉讼”(1967年)、“痛痛病第一次诉讼”(1968年)和“熊本水俣病第一次诉讼”(1969年)。20世纪70年代初期,这些诉讼的原告方纷纷胜诉,这无疑在公害防止史上具有指向性的划时代意义。这些公害诉讼让日本确立了一些极重要的法律原则,如“预测污染物对居民健康的危害是企业必须高度重视和履行的义务,忽视这些义务等同于过失”“只要污染危害超限的既成事实成立,即使无过失,也应承担赔偿责任”等。此外,通过这些公害诉讼,日本建立起了一套独具特色的救济、补偿制度。比如,《日本救济公害健康受害者特别措施法》(简称《救济法》)规定,需对因大气污染引起支气管哮喘、慢性支气管炎等的患者实施医疗费补偿,除由个人支付的部分外,其余相关的事务费由国家和地方自治体负担。[2]

(四)进一步加强水环境安全司法保护的建议举措

1. 加强司法保障作用,建立水环境安全保护综合行政执法机关、公安机关、检察

---

〔1〕 参见《国外流域保护法律制度的特点》,载北京市人大常委会门户网站,http://www.bjrd.gov.cn/zyfb/zt/sthyqstbhhlsfztl/tszs/202104/t20210422_2365862.html。

〔2〕 参见《日本水污染治理之策》,载长江流域生态环境监督管理局,https://cjjg.mee.gov.cn/xwdt/mtzs/201907/t20190702_718347.html。

机关、审判机关信息共享、案情通报、案件移送制度

2020年3月3日，中共中央办公厅、国务院办公厅印发《关于构建现代环境治理体系的指导意见》明确指出，强化对破坏生态环境违法犯罪行为的查处侦办，加大对破坏生态环境案件的起诉力度，加强检察机关提起生态环境公益诉讼工作。在高级人民法院和具备条件的中基层人民法院调整设立专门的环境审判机构，统一涉生态环境案件的受案范围、审理程序等。探索建立"恢复性司法实践＋社会化综合治理"审判结果执行机制。因此，在构建现代环境治理体系的过程中，建立水环境安全保护综合行政执法机关、公安机关、检察机关、审判机关信息共享、案情通报、案件移送制度，有助于增强水环境安全的司法保护。

2.坚持公平正义，司法机关在处理水环境安全有关的案件时，应"以事实为根据，以法律为准绳"，做到司法公正

司法机关在处理水环境安全有关的侵权、违法犯罪案件时，要以与案件有关的客观事实为根据，不能主观臆断，认真做到查清案件事实，严格按照法律法规规定办案，切实做到有法必依，执法必严，违法必究。司法机关特别是人民法院在处理水环境安全有关的案件时，必须坚持司法公正。司法公正是社会正义的重要组成部分，司法公正包括实质公正和程序公正。司法机关处理水环境安全有关的侵权、违法犯罪案件时，要坚持程序公正，保证案件实质的公平正义。要注重程序的公开性，防止"暗厢作业"。办案人员在审理关于水环境安全有关的侵权、违法犯罪案件时，除法律的特殊规定外，所有的案件原则上都应公开审判，当事人的相关证据和理由要当庭提出；在公开的程序中进行法庭辩论和质证；允许公民旁听审判；裁判文书要公开，裁判的事实与理由要向公众公开，以利于社会公众的监督。

3.借鉴先进司法保护理念，继续推进环境资源司法机制体制创新，加强水环境安全司法保护

优化环境资源审判等司法体系，完善环境资源审判组织建设。坚持体制机制创新，积极推进构建与公安、检察、生态环境、农业农村等行政职能部门的协调联动机制，在信息数据共享、证据调取采集、案件线索移交等方面衔接，推动形成水环境司法保护合力；继续加强环境资源案件专门审判机构的建设，专门设立环境资源审判合议庭，组成刑事、民事、行政环资类专业化审判团队，形成专门的环境资源审判组织体系。在前期涉及环境资源类刑事、民事、行政案件统一归口审理的基础上纳入破产衍生、执行异议案件的集中审理。形成环境资源案件司法工作新局面。积极推进建立以流域等生态系统或者生态功能区为单位的跨行政区划集中管辖，探索跨省级行政区划集中管辖机制。在坚持裁判中立的前提下，推进建立与检察机关、公安机关、行政执法部门的外部协调联动机制。充分发挥行政调解、行政裁决、人民调解等非诉讼纠纷解决机制的作用，加强司法确认等诉讼和非诉讼纠纷解决机制的衔接

配合,构建多元解纷机制,形成环境保护合力。[1]

4. 积极进行水环境安全保护的司法宣传,做好引导教育

对于具有代表意义的水环境安全有关案件应作为典型进行司法宣传教育,引导人民群众自觉保护水环境安全。司法宣传教育是司法机关的一项重要工作。特别是人民法院在行使宪法和法律赋予的审判权时,要积极开展水环境安全的法治宣传活动,教育好广大人民群众自觉遵守法律,维护好我国的水环境安全,为维护水环境安全创造一个良好的司法环境。

5. 加强队伍建设,努力提升水环境案件司法服务水平

加强审判队伍思想政治和专业化建设,努力打造党和人民信得过、靠得住、能放心的环境资源审判队伍。畅通诉讼渠道,完善便民措施。积极推进智慧法院建设,加速建设中国环境资源司法平台;推进网上立案、跨域立案、在线开庭和巡回审判,将环境资源司法服务延伸到群众身边。推进司法公开,深化公众参与。及时发布司法解释、指导性案例等。

典型案例

梧州某环保实业有限公司诉梧州市生态环境局行政处罚案

(最高人民法院发布 2021 年度人民法院环境资源审判典型案例十三)

【基本案情】

2019 年 8 月 16 日晚,梧州市生态环境局执法人员在对梧州某环保实业有限公司运营的垃圾填埋场进行现场检查,查实梧州某环保实业有限公司渗滤液处理线的运行记录日志未如实记录清理、维修、停运设备的时间,存在台账弄虚作假违法行为,2019 年 9 月 16 日,生态环境局作出梧环改字〔2019〕第 0916 - 02 号责令改正违法行为决定书。责令梧州某环保实业有限公司自该决定书送达之日起立即停止上述环境违法行为。

2019 年 12 月 25 日,生态环境局作出梧环罚告字〔2019〕109 号行政处罚听证告知书,告知梧州某环保实业有限公司拟处罚的事实、理由及依据,并告知其享有陈述申辩和申请听证的权利。并于 2019 年 12 月 26 日将该告知书送达梧州某环保实业有限公司。2019 年 12 月 30 日,梧州某环保实业有限公司向生态环境局提交了一份陈述申辩申请书。2020 年 6 月 25 日,生态环境局作出梧环罚字〔2020〕21 号行政处罚决定书,认为梧州某环保实业有限公司的行为属于台账弄虚作假的环境违法行为,违反了《水污染防治法》第 30 条的规定,且梧州某环保实业有限公司的违法事实清楚,证据确凿,因此对梧州某环保实业有限公司的陈述申辩意见不予采纳,不予变

[1] 参见《中国环境资源审判(2019)》(2020 年 5 月最高人民法院发布)。

更处罚额度,并依据《水污染防治法》第 81 条的规定及对照《广西环境行政处罚自由裁量权细化标准》第 7-2 项的自由裁量标准,决定对梧州某环保实业有限公司罚款 5 万元。梧州某环保实业有限公司对此不服,诉至法院。梧州市长洲区人民法院认为,本案的争议焦点为:(1)生态环境局梧州市生态环境局是否享有作出被诉具体行政行为即涉案行政处罚决定的职权?(2)行政处罚决定认定的事实是否清楚、适用法律是否正确?(3)行政处罚程序是否合法?

【裁判结果】

法院经过审判认为,梧州市生态环境局作出的行政处罚决定认定事实清楚,证据确凿充分,程序合法,适用法律、法规正确。梧州某环保实业有限公司请求撤销生态环境局作出的上述行政处罚决定书,缺乏事实及法律依据,故该院依法不予支持。依照《行政诉讼法》第 69 条之规定,梧州市长洲区人民法院判决:驳回梧州某环保实业有限公司的诉讼请求。梧州某环保实业有限公司不服一审判决提起上诉,二审由梧州市中级人民法院驳回上诉,维持原判。

【典型意义】

该案是排污单位未如实填写环保设备运行台账日志、存在台账弄虚作假引发的环境污染行政处罚案件。良好的生态环境是最普惠的民生福祉,该案充分发挥行政审判职能以及行政诉讼对预防环境污染的作用,监督支持环境保护行政主管部门依法积极履行行政监管职责,为防治水环境污染提供强有力的司法服务和保障,对水污染行政处罚案件的处理具有一定的示范意义。

CHAPTER 07
第七章

水生态安全法律制度

导读

水生态安全是指水生态系统能够持续地自我更新和良性循环,其功能不受破坏,进而能够满足人类需求的状态。水生态安全关系到水生态系统的承载能力和再生能力,与人类发展活动密切相关。当前我国水生态状况堪忧,主要存在水生态涵养空间严重挤压、河湖水沙循环条件变化显著、水资源环境承载力达到上限和水生态发展传承断裂日益严重等问题。因此,保障水生态安全任重而道远,在习近平总书记水安全思想指导下,坚持水生态保护的理论与基本原则,按照水生态安全的内外在要求,采取包括完善水生态文明体系,实施水生态红线管理;加强流域协调管理,实施山水湖田综合治理;建设友好生态水工程,发挥生态保护和修复作用等在内的行之有效的措施。

目前我国水生态保护有关法律主要有《宪法》《环境保护法》《水法》《水污染防治法》《长江保护法》《黄河保护法》《青藏高原生态保护法》以及国务院相关行政法规和地方性法规等,但在水生态安全保障的制度安排、内容设计和规范衔接等方面还存在不少问题。水问题已经延伸到了与水相关的生态环境和水生态系统问题,建立系统高效的水生态安全法律保障体系刻不容缓。建立流域管理法律制度、健全完善配套法律制度、完善水生态保护刑事法律制度、建立水生态环境保护补偿法律制度和建立促进公众参与水生态保护制度。

第一节　水生态安全概况

习近平总书记指出:“良好生态本身蕴含着无穷的经济价值,能够源源不断创造综合效益，实现经济社会可持续发展。"[1]因为水对生命的巨大价值，必须从生态的角度去理解水、保护水和发展水。[2]"人类活动对河流生态系统的最普遍的影响之一就是改变河流径流量，因而河流生境的恢复常常涉及河流的自然流态方面的恢复。"[3]目前以江河断流、湖泊湿地萎缩、地下水位持续下降为主要特征的水生态失衡问题仍未解决，甚至部分地区还愈演愈烈。从生态用水量看，重点流域水资源开发利用程度过高，导致部分流域出现"有河皆枯、有水皆污"的局面。据《2021年全国水利发展统计公报》：截至2021年年底，我们已建成各类水库97,036座，水库总库容9853亿立方米，已建成5级及以上江河堤防33.1万千米，已建成5立方米每秒及以上的水闸100,321座。[4]我们在强调拥有强大的水利调控和防御能力时，却忽略了河流生态问题。差不多20年前，李国英部长就充满情感地指出："'皮之不存，毛将焉附？'人类应该自觉地爱护自己赖以生存的河流。人类在治理开发河流时，需要建立一种至高无上的生态良知、生态道德和生态责任，并以此作为共同遵守的道德规范和行为准则。"[5]

一、水生态的概念

(一)生态与环境关系辨析

现在人们一般把生态环境连在一起谈论，但生态与环境这两个词有很大的区别。从学科发展的角度而言，"环境"是相对中心事物而言的外部要素，"故而作为研究对象的'环境'为'围绕着人群的空间及其中可以直接、间接影响人类生活和发展的各种自然因素和社会因素的总体'"；"生态"意指生物体及其"家"(栖息地)的关系，因此"作为各种'关系'之载体的'生态'(或称生态系统)自始即具有'去中心化'结构和'非人类中心'色彩"[6]。概括地说，环境指向生物体存在的条件和资源；生态表现为生物体对条件的耐受性以及对环境资源需求的综合。当然，这其中最根本还在于二者认识角度和出发点的差异。

在论述"生态"与"环境"关系时，最大的争讼恐怕就是有关"生态环境"这个名词或概念了。这究竟是一个中国特色的、独创性的和有价值的概念，还是一个无法

---

[1] 选自2019年4月28日习近平在2019年中国北京世界园艺博览会开幕式上的讲话。

[2] 这里讲的"水"是一个很宽泛的用语，包括一切形态的水以及与水有关的生态环境，但主要指向人类可以利用的，与人类生产生活相关的水资源与水环境。

[3] Michael Begon、Colin R. Townsend、John L. Harper：《生态学：从个体到生态系统》(第4版)，李博、张大勇、王德华主译，高等教育出版社2016年版，第180页。

[4] 参见中华人民共和国水利部编：《2021年全国水利发展统计公报》，中国水利水电出版社2022年版，第13页。

[5] 李国英：《维持黄河健康生命》，黄河水利出版社2005年版，第13页。

[6] 巩固：《"生态环境"宪法概念解析》，载《吉首大学学报(社会科学版)》2019年第5期。

与国外交流的、语义含混的和多余的名词?[1]实际上,这里面正好也体现了对“生态”和“环境”关系思考的多重性。关于生态环境的提法,“这个名词是已故中科院院士黄秉维(五届全国人大常委)在全国人大讨论宪法草案时,针对‘保护生态平衡’这一说法提出的”“他的建议在政府报告和宪法中都被采纳了,‘生态环境’从此成了法定名词。但以后,黄先生发现这个提法不当,在自己的文章中明确地说:‘顾名思义,生态环境就是环境,污染和其他环境问题都应该包括在内,不应该分开,所以我这个提法是错误的’”。[2]

对“生态环境”在学术界引起的争议以及因成为法定术语和政策用语获得广泛传播所带来的冲突或困境,不同学者提出了合理化建议或解释。陈昌春副教授提出“含义一分为二”“在‘生态’的学科含义之外,根据中国的语言应用实际,把原有的单一的‘生态’定义一分为二,即在学科含义的名词解释‘生物及其环境’之外另设形容词性质的‘用于指生物的天然状态或良好状态,符合生态特点与规律的、环境友好的’”。[3] 巩固教授认为:“我国宪法中的‘生态环境’是一个富于中国特色的独创概念”,虽“非理想的法律概念,但有其时代背景下的合理性和积极意义”。而且这种合理性和积极意义是来自“生态”和“环境”在时代演进和学科发展过程中的内涵扩展与词义丰富。“就当今已被广为接受的现代‘环境’(或者说生态)思想来看,整个地球,既是一个由诸多要素分门别类、错落有致构成的大自然环境,又是一个诸多物种既斗争又合作、此消彼长、动态平衡的大生态系统。”[4]

因此,我们可以总括地说:第一,“生态”与“环境”之间既有区别又有联系;第二,“生态”与“环境”之间的联系越来越紧密,甚至可以说在很多领域出现了界限和范围上的交叉或重合;第三,“生态”与“环境”在很多时候和场合可以指向同一对象或体系,即“生态”就是“环境”,“环境”就是“生态”。至于在学科上,各自遵守自己的概念、对象、范围与方法也是理所应当。以上三点分析,就是上文所说理解“生态”与“环境”关系的多重性。

---

〔1〕 参见陈昌春:《“生态环境”一词的汉语、日语及相应的英语含义、用法评述》《如火如荼的“生态”中国——中文“生态”的含义一分为二势在必行》等,载科学网博客,https://blog.sciencenet.cn/u/hillside。也可参见巩固:《“生态环境”宪法概念解析》,载《吉首大学学报(社会科学版)》2019 年第 5 期。

〔2〕 参见钱正英、沈国舫、刘昌明:《建议逐步改正“生态环境建设”一词的提法》,载《科技术语研究》2005 年第 2 期。但按照学者王孟本的考证,早在 20 世纪 50 年代初我国就有学者使用“生态环境”一词。参见王孟本:《“生态环境”概念的起源与内涵》,载《生态学报》2003 年第 9 期。当然,正如有学者推测的,至于黄秉维院士临时提出“生态环境”一词,也并非一定受到之前学者的影响,或许真是一时起意的产物。

〔3〕 参见陈昌春:《如火如荼的“生态”中国——中文“生态”的含义一分为二势在必行》,载科学网博客,https://blog.sciencenet.cn/u/hillside。

〔4〕 巩固:《“生态环境”宪法概念解析》,载《吉首大学学报(社会科学版)》2019 年第 5 期。

（二）水生态内涵解读及其重要意义

通过上述对“生态”与“环境”各自内涵以及两者关系的分析，我们再来理解什么是“水生态”。狭义的水生态主要是指生存于水中的水生生物构成的生态系统，而“水”可以是海洋、江河、湖泊、沼泽、湿地等，也可以是很小的坑塘、沟渠，甚至更小单位的水体（微生物生存水体）；广义的水生态则可以将生物群体生存的条件或环境也纳入其中，即将生物存在的环境本身也视为生态或生态系统，例如，江河、湖泊、沼泽、湿地也有自己的生命形态。“河流生命具有两层含义。一层含义是指河流对人类生存和发展而言，具有生命支持系统的作用。另一层含义是指河流的本身具有生命属性，即可以视河流为生命体，并以此为前提建立人与河流生命体的相互关系。”〔1〕

水生态主要是指水与生存于其中的水生生物构成的生态系统。从静态意义上讲，水生态是水在一定外部自然和社会环境条件下的存在状态；从动态意义上讲，水生态就是水与外部自然和社会环境相互影响的存在过程和方式。水生态在人类的生活环境中起着十分重要的作用。一方面，它在维持全球物质循环和水循环中具有重要的作用；另一方面，它还承担着水源地、动力源、交通运输、净化污染场所等功能。从中国工程院院士王浩曾对水生态文明下的定义中，我们也许更易于理解这一概念。他说：“水生态文明是指遵循水循环、生态演化、社会发展的客观规律，以人水和谐的理念为核心，积极改善和优化经济社会与水生态系统之间的关系，建设人类经济社会健康运行机制和良好水生态环境的过程中所取得的物质、精神和制度的总和。”〔2〕

水生态是涉及国家长治久安的大事。党的二十大报告提出，统筹水资源、水环境、水生态治理，推动重要江河湖库生态保护治理。提升生态系统多样性、稳定性、持续性。以国家重点生态功能区、生态保护红线、自然保护地等为重点，加快实施重要生态系统保护和修复重大工程。把水生态上升为国家战略，作出一系列重大决策部署，为系统解决我国水生态的治理问题、保障国家水安全提供了根本遵循和行动指南。

（三）水生态安全及其衡量指标体系

1. 水生态安全的概念

水生态安全是近几年才出现的新概念，目前还未形成统一的定义，许多学者从不同角度提出生态安全的定义。如黄昌硕等认为：水生态安全是指水生态系统能够不断地良性循环和自我更新，其功能不受破坏，进而能够满足人类需要的状态。水生态安全包括生态系统功能和人类需求两个方面，两者缺一不可，即水生态安全关

〔1〕 李国英：《维持黄河健康生命》，黄河水利出版社2005年版，第47页。

〔2〕 王浩、黄勇等：《生态文明建设规划理论与实践》，中国环境出版社2016年版，第5页。

系到水生态系统的承载能力和再生能力，与人类发展活动密切相关。水生态安全的实质是通过对水生态系统的可持续维护，确保其服务功能可持续提供。[1]

本书对水生态安全的概念界定为：广义上，水生态安全是国家生态安全的重要组成部分，是指一个国家生存和发展所需的水生态环境处于不受或少受破坏与威胁的状态。狭义上，水生态安全是其系统的完整性和健康的整体水平反映，是指水在人的生活、健康、安乐、基本权利、生活保障、必要资源、社会秩序和人类适应环境变化的能力等方面不受威胁的状态，包括自然生态安全、生态经济安全和社会生态安全。

2. 水生态安全的衡量指标

水生态安全，亦可以称为水生态健康。而我们人类对水生态健康的需求也主要来自河流（尤其是大江大河流域以及较大的湖泊水系等）。因此，我们在选取以及评价水生态安全或生态健康时，其指标体系主要以河流流域为参考对象。

刘昌明院士认为，健康的河流是自然功能和社会功能都得以均衡发挥的河流，其标志是具有良好的水质、水沙流畅的河床与可维系的河流生态系统。河流健康的指示性因子应当是能够基本反映河流自然功能的因子，包括河床形态、水质、河流生态与河川基流等。“人类过多抽取河川径流和开发水电、不当地调控洪水和泥沙、过多向河流排污和过多改变关键物种栖息地水环境的活动，均会对河流健康造成伤害。”[2]

影响河流（水）生态健康的因素是多方面的，而且因子的种类和数量也会因河而异，其量化标准的确定也要充分考虑河流（水）自然功能和社会功能的均衡发挥。归结起来，主要包括：(1)水流条件，包括河流的水循环状态或降水、河川流量、流速和流态等，它是生态系统中生命的基础元素；(2)主要营养物质条件；(3)水体和空气质量；(4)气候变化引起水流条件的变化；(5)湿地附近的土地利用方式；(6)外来生物物种入侵导致的生态群演变；(7)河流泥沙通量变化；(8)河床渠化、硬化、节点化引发河流生物栖息地环境变化。[3]

二、我国水生态的基本概况

我国是水资源严重短缺的国家，人多水少、水资源分布不均是我国的基本水情，同时民众节水意识不强、用水粗放、浪费严重、效率不高等问题普遍存在，水资源短缺已经成为生态文明建设和经济社会可持续发展的“瓶颈”。另外，我国也是一个水生态禀赋条件较为脆弱的国家。改革开放以来，随着城镇化和工业化进程的不断加快，发展生产力所面临的人口、生态、环境、资源等重大矛盾日益突出，经济社会发展

---

[1] 参见黄昌硕、耿雷华等：《中国水资源及水生态安全评价》，载《人民黄河》2010年第3期。
[2] 刘昌明、刘晓燕：《河流健康理论初探》，载《地理学报》2008年第7期。
[3] 参见刘昌明、刘晓燕：《河流健康理论初探》，载《地理学报》2008年第7期。

对水生态的影响与日俱增，水生态问题逐渐从区域性、局部性向全国性、整体性演变，日益成为经济社会可持续发展的重要制约因素。特殊的自然地理、气候条件、水资源特点和人口经济状况，决定了我国是世界上治水任务最为繁重、治水难度最大的国家之一。随着经济社会发展和全球气候变化的影响，水安全中的老问题仍有待解决，新问题越来越突出。目前，我国水生态系统存在的问题主要表现为：水生态涵养空间严重挤压，河湖水沙循环条件变化显著，水资源环境承载力达到上限等。[1]

（一）水生态涵养空间严重挤压

随着人口持续增长和经济社会快速发展，人们生产、生活区域面积不断增加，严重侵占了水源涵养区、河湖沼泽区、蓄洪滞涝洼淀区等的水生态涵养空间，水生态空间格局变化显著。

（1）水土流失面积大。2020 年，全国共有水土流失面积 269.27 万平方千米。其中，水力侵蚀面积 112.00 万平方千米，风力侵蚀面积 157.27 万平方千米。按侵蚀强度分，轻度、中度、强烈、极强烈、剧烈侵蚀面积分别为 170.51 万平方千米、46.30 万平方千米、20.39 万平方千米、15.34 万平方千米、16.73 万平方千米，分别占全国水土流失总面积的 63.33%、17.19%、7.57%、5.70%、6.21%。我国水土流失分布呈现由西向东逐步降低的特征。其中，西部地区水土流失最为严重，面积为 227.07 万平方千米，占全国总水土流失面积的 83.76%。中部地区水土流失面积为 29.62 万平方千米，占全国总水土流失面积的 10.93%。东部地区水土流失面积为 14.39 万平方千米，占全国总水土流失面积的 5.31%。以水力侵蚀为主的西北黄土高原水土流失面积 21.01 万平方千米，占土地总面积 57.46 万平方千米的 36.56%。其中，水力侵蚀面积 15.99 万平方千米，风力侵蚀面积 5.02 万平方千米。2021 年全国共有水土流失面积 267.42 万平方千米。其中，水力侵蚀面积 110.58 万平方千米，风力侵蚀面积 156.84 万平方千米。按侵蚀强度分，轻度、中度、强烈、极强烈、剧烈侵蚀面积分别为 172.28 万平方千米、44.25 万平方千米、19.72 万平方千米、14.68 万平方千米、16.22 万平方千米，分别占全国水土流失总面积的 64.42%、16.65%、7.37%、5.49%、6.07%。[2]

（2）湖泊沼泽萎缩加剧。湖泊沼泽数量减少，面积缩减。1949 年新中国成立初期，尤其是"大跃进"时期，为满足生产需要，大范围围垦、填湖，造成湖泊沼泽数量迅速减少。20 世纪 50 年代以来，面积大于 10 平方千米的湖泊有 230 余个萎缩，其中干涸 89 个，总萎缩面积约 1.4 万平方米，约占现有湖泊面积的 18%，湖泊储水量减少 517 亿立方米。全国天然陆域湿地面积减少了 28%，其中由于围垦造成的面积减

---

〔1〕参见王晓红、史晓新：《我国水生态环境现状及其原因分析》，中国水利学会环境水利专业委员会 2015 年年会论文，第 5～9 页。

〔2〕参见《2021 年中国水土保持公报》。

少约占 81%。三江平原湿地面积由 500 万平方米减少到 91 万平方米。我国松辽平原湿地、黄河中下游湿地、淮河湖泊湿地及西北内陆河河谷湿地，因生态水量不足及人类活动干扰影响萎缩退化严重。长江流域号称“千湖之省”的湖北省，湖泊数量从 1000 个减少到不足 300 个。[1]

《2022 年中国水资源公报》数据显示，全国统计的 753 座大型水库和 3896 座中型水库年末蓄水总量比年初减少 406. 2 亿立方米，其中长江区大中型水库蓄水总量减少 401. 3 亿立方米。监测的 76 个湖泊年末蓄水总量比年初减少 18. 1 亿立方米。年末与上年同期相比，43. 9% 的浅层地下水水位监测站、57. 9% 的深层地下水水位监测站、48. 7% 的裂隙水水位监测站、42. 6% 的岩溶水水位监测站，水位呈弱上升或上升态势。全国地表水资源量为 25, 984. 4 亿立方米，折合年径流深为 274. 7 毫米，比多年平均值偏少 2. 2%，比 2021 年减少 8. 2%。[2]

（二）河湖水沙循环条件变化显著

我国特殊的水情和国情决定了我国必须依靠建设水库等水利工程来满足经济社会发展的需求，加上人类活动对下垫面的剧烈影响，导致水资源过度开发、水土流失严重等，许多河湖的水循环条件、泥沙输移状况等变化剧烈，这种变化导致河湖水文生态过程发生重大变化，并产生了一系列严重的河湖生态环境恶化问题。受水量减少、河湖治理等自然和人为因素的影响，历史上存在水力联系的河湖的连通条件不断减弱，河流的连通性变差，不少湖泊失去了与河流的水力联系。鄱阳湖、洞庭湖上游水流减少，河床下切，长江流域原本与长江连通的湖泊及洼淀，中下游通江湖泊数量不断减少，有 40% ~60% 和长江不连通。河湖连通性的阻隔使得河湖水循环动力不断下降，严重影响了河湖供水能力和水域自净能力等资源环境功能，南方部分河流由于高强度的水电开发导致河流生境阻隔。[3]

（三）水资源环境承载力达到上限

特殊的水情条件和快速的经济社会发展，带来了严重的水资源短缺和水污染严重等问题，使我国大部分区域水资源环境承载能力接近或达到上限，水生态环境不堪重负。

（1）水资源依旧短缺。我国是全球缺水最严重的国家之一。2021 年中国水资源总量为 29, 638. 2 亿立方米，比多年平均值偏多 7. 3%。2022 年中国水资源总量为 27, 088. 1 亿立方米，比多年平均值偏少 1. 9%，比 2021 年减少 8. 6%。[4] 据联合国教科文组织统计资料，按全世界人口为 50 亿 ~60 亿计算，人均占有水量为 8000 ~

---

〔1〕 参见刘吉峰、吴怀河、宋伟：《中国湖泊水资源现状与演变分析》，载《黄河水利职业技术学院学报》2008 年第 1 期。

〔2〕 参见《2022 年中国水资源公报》。

〔3〕 参见万荣荣、杨桂山等：《长江中游通江湖泊江湖关系研究进展》，载《湖泊科学》2014 年第 1 期。

〔4〕 参见《2021 年中国水资源公报》和《2022 年中国水资源公报》。

10,000 立方米。中国约 1/4 的省份面临严重缺水问题,联合国统计局评定相关省份人均年均淡水资源量少于 500 立方米。随着城镇化、人口增加以及污染情况的变化,人们用水需求不断增长,水资源短缺问题愈加严重。

中国城镇化进程加快导致城镇耗水量增加,相关数据显示:自 2013 年起,生活污水排放量持续增加,从 2013 年的 485 亿立方米增至 2017 年的 571 亿立方米,复合年增长率为 4.2%。自 2013 年至 2017 年中国工业废水排放量呈下降趋势,主要由于产业升级及政府在工业污染防治方面的持续努力。工业废水排放量自 2013 年的 210 亿立方米降至 2017 年的 191 亿立方米。基于城镇化,人口增长及经济发展的持续趋势,自 2017 年至 2022 年,生活污水排放量将以 3.4% 的复合年增长率增长。与之相反,随着政府持续推进工业节水及工业废水"零排放"项目,估计工业废水排放量将于 2022 年进一步降至 171 亿立方米。

(2)地下水超采依旧严重。全国有 23 个省区存在地下水超采问题。超采量 158.7 亿立方米,海河区尤为严重。北方平原区地下水平均开发利用程度达 85%,其中河北、天津、河南、山西超过 100%。全国超采区面积约为 30 万立方米,平均每年超采地下水 170 亿立方米,累计超采量已达 2300 亿立方米,相当于全国平原区地下水可开采量的 2 倍。[1] 水利部此前以 2001～2010 年为评价期的全国地下水超采区评价结果显示,全国 21 个省(区、市)存在不同程度的超采问题,个别地区甚至存在开采深层地下水问题。地下水超采区总面积达 28.7 万平方千米,年均超采量 158 亿立方米,其中华北地区地下水超采问题最为严重。另水利部 2021 年统计数据显示,我国地下水年均超采 158 亿立方米,地下水"双控"规定开始全国实施。

(3)水污染问题依旧突出。《2019 中国生态环境状况公报》数据显示,2019 年,全国地表水监测的 1931 个水质断面(点位)中,Ⅲ类及以下水质断面(点位)占 50%,劣Ⅴ类占 3.4%。[2] 水质状况总体为中。其中,西南诸河区、西北诸河区水质为优,珠江区、长江区、东南诸河区水质为良,松花江区、黄河区、辽河区、淮河区水质为轻度污染。总之,我国西部地区的河流水质好于中部地区,中部地区好于东部地区,东部地区水质相对较差。[3] 2021 年,3641 个国家地表水考核断面中,Ⅲ类及以下水质断面比例为 43.9%,劣Ⅴ类断面比例为 1.2%,主要污染指标为化学需氧量、高锰酸盐指数和总磷。对主要江河水质状况的调查显示,松花江和海河流域为轻度污染。监测的 210 个重点湖(库)中,劣Ⅴ类水质湖库个数占比为 5.2%,其中,太湖、巢湖、滇池为轻度污染。2022 年,全国地表水监测的 3629 个国控断面中Ⅲ以下水质

---

[1] 参见《2014 年全国水资源保护规划》。
[2] 参见《2019 中国生态环境状况公报》。
[3] 参见《2019 中国生态环境状况公报》。

断面为40.2%，V类和劣V类占2.4%。[1]

（四）水生态发展传承断裂日益严重

中华民族一直重视水生态发展。但新中国成立以来，受一些因素影响，传统的水生态观念意识逐渐被丢弃。悠久的水生态发展遗迹渐遭破坏，和谐的亲水环境日益减少，中华水生态发展传承断裂风险日益增大。敬水、爱水、护水的传统意识理念逐渐淡化。现代社会对古人尊重自然、顺应自然、保护自然的理念传承不够，失去了对水的敬畏与爱护之心，自觉节约水资源、保护水资源、亲近水资源的理念与意识缺失。

现代城市规划与建设中较少考虑水生态要素，使得反映本身特色的水元素丢失，使得我国大部分山水地区城市规划建设缺少了水的灵性。历史悠久的水生态景观古迹遭到破坏。人们对凝聚了古人智慧的水生态遗产古迹的保护不足，使得大部分水生态遗产遭到破坏，部分水生态发展传承载体不复存在，人水相亲的滨水空间不断减少。由于片面追求安全性与功能性，大部分工程占据大量的人与自然的交流空间，使得人水阻隔，原本可以亲水、爱水的空间大大减少。[2]

社会经济的发展以及生态文明的建设离不开水，而面对严峻的水问题，如水资源短缺、水环境污染、水生态破坏以及水空间萎缩等，未来的挑战依然十分严峻。水生态是人类遵循人水和谐理念，以实现水资源可持续利用、支撑经济社会和谐发展、保障生态系统良性循环为主体的人水和谐伦理形态。水生态建设，体现了永续发展的价值取向，顺应了宜居宜业的发展需求，是人水和谐的必然选择，同时也是制度探求的强力呼唤，是生态发展的重要部分和基础内容。

三、水生态发展的内涵与原则

水生态发展既包含人类保护水生态环境健康，也包括维护生态平衡和人、水、社会可持续发展。

（一）水生态发展的四个层面

（1）理念层面。树立人水和谐理念，倡导全社会确立尊重自然、顺应自然和保护自然的水生态伦理价值观念、普及水资源节约保护意识，科学认知水资源、生态系统与社会经济之间的相互关系及规律。

（2）行为层面。以水资源节约保护为重点，统筹水资源开发、利用、治理、保护各方面，包括合理开发、高效利用水资源、严格控制污染排放，科学修复保护水生态环境、加强水利建设中的生态保护、大力发展循环经济，形成满足人类自身发展需要又不损害自然的生产方式和生活方式，养成自觉自律的行为习惯。

---

〔1〕参见《2022中国生态环境状况公报》。

〔2〕参见王晓红、史晓新：《我国水生态环境现状及其原因分析》，中国水利学会环境水利专业委员会2015年年会论文，第5～9页。

(3)制度层面。建立健全维持水生态系统健康和水资源高效循环利用的有效法律制度安排,包括建立体现水生态发展要求的目标体系、考核办法、奖惩机制,落实最严格的水资源管理制度,建立反映资源稀缺程度、体现生态价值的水资源市场机制和生态补偿制度,健全水生态环境监管制度等。

(4)效果层面。水生态的发展要体现为水的资源功能、环境功能、生态功能完整、良好并有效发挥作用,实现经济、社会、水生态环境的可持续发展,包括与水资源、水环境承载能力相匹配的社会经济规模和产业结构、安全高效的防洪供水保障系统、健康优美的水生态环境等。[1]

(二)水生态发展应坚持的基本原则

(1)人水和谐、科学发展原则。尊重自然规律和经济社会发展规律,针对水生态发展的薄弱环节和关键问题,采取顺应自然规律的保护与修复措施,充分发挥水生态系统的自我修复能力,突出自然特色和本地特色,正确处理人与自然的关系,降低水事活动的生态负面影响,推动经济社会发展与水资源和水环境承载力相协调,提升自然水生态系统完整性和健康状况。

(2)因地制宜、突出特色原则。充分结合区域水系分布特点,整治河、湖水系,建设生物多样性支撑体系和河流健康保障体系。在保障水生态系统健康的前提下,逐步构建贴近自然的人居环境。根据区域经济社会和水资源条件,结合城市规划布局和水资源配置格局,确定合理适度的水生态文明建设目标,根据不同区域功能定位、自然条件以及水生态文明现状具体问题,开展具有本土特色的水生态文明建设。

(3)统筹兼顾、合理安排原则。立足当前,面向未来,统筹兼顾,综合布局。坚持污染控制和水体修复并重,地表水和地下水兼顾。注重与城市发展规划和各有关规划相协调,充分利用现有成果,科学谋划区域水生态建设布局,统筹考虑水的资源功能、环境功能、生态功能,协调好上下游、左右岸、干支流、地表水和地下水关系,合理安排生活、生产、生态用水,保障防洪安全、供水安全、生态安全。

(4)综合治理、措施配套原则。加强节水、水资源循环利用和污染源源头控制,规范各类涉水生产建设活动,落实各项监管措施,着力实现从事后治理向事前保护转变。在维护河湖生态系统的自然属性,满足居民基本水资源需求的基础上,突出重点,推进生态脆弱河流和地区水生态修复,从疏浚、生态护岸、滨水区建设、生态补水、污染治理等方面,采用先进合理的治理技术,工程措施和管理手段相结合,提出水生态系统保护与修复的综合整治措施,恢复河流健康生命。适度建设水景观,避免借生态建设名义浪费和破坏水资源。[2]

---

〔1〕 参见王浩、黄勇等:《水生态文明建设规划理论与实践》,中国环境出版社 2016 年版,第 5 页。

〔2〕 王浩、黄勇等:《水生态文明建设规划理论与实践》,中国环境出版社 2016 年版,第 6 页。

第二节 水生态安全的指导思想、理论、要求与措施

一、习近平水生态安全指导思想

2004 年水利部印发《关于水生态系统保护与修复的若干意见》，在全国范围内开展了 14 个城市水生态系统保护与修复试点工作，起到了引领和示范作用。[1] 党的十八大以来，以习近平同志为核心的党中央高度重视水生态治理，形成的习近平水生态思想，提出我国的水利工作要坚持“节水优先、空间均衡、系统治理、两手发力”的治水思路，同时将水生态治理与“两个一百年”奋斗目标相衔接，具有强烈的战略思维意识；强调新发展理念在水生态治理中的引领和导向作用，更加注重系统思维的运用，善于从全面、长远的角度看问题；积极参与国际合作，希冀与其他国家携手共谋治水良策，彰显了大国的责任意识和担当情怀。[2]

（一）开展水生态保护修复

党的十九大确定了 2035 年“生态环境根本好转，美丽中国目标基本实现”的奋斗目标，提出要“提供更多优质生态产品以满足人民日益增长的优美生态环境需要”。“十四五”时期处于“两个一百年”奋斗目标的历史交汇期，是在 2020 年全面建成小康社会、打好打胜污染防治攻坚战基础上，向美丽中国目标迈进的第一个五年。党中央、国务院对流域水生态环境保护给予了前所未有的高度重视。国家十四五规划提出了新的 2035 年目标展望：建成与基本实现社会主义现代化国家相适应的水安全保障体系，人民饮水放心、用水便捷、亲水宜居、洪旱无虞。

习近平总书记多次强调，要坚持山水林田湖草沙一体化保护和修复。对于长江、黄河两条母亲河，习近平总书记亲自部署、亲自推动、亲自督促，提出要“把修复长江生态环境摆在压倒性的位置，‘共抓大保护，不搞大开发’”，要“共同抓好大保护，协同推进大治理”“让黄河成为造福人民的幸福河”。体现在水生态环境保护领域，需要在持续改善水质的基础上，实施水生态保护修复，逐步实现“清水绿岸、鱼翔浅底”的美好景象。[3]

（二）推进水生态治理

“十四五”规划重点流域保护中更加注重生态要素，建立统筹水资源、水生态、水环境的规划指标体系，强调在目标设置上有所突破，要达到“有河要有水，有水要有鱼，有鱼要有草，下河能游泳”的目标，通过努力让断流的河流逐步恢复生态流量，

---

〔1〕 参见傅春、刘杰平等编著：《河湖健康与水生态文明实践》，中国水利水电出版社 2016 年版，第 3 页。

〔2〕 参见冯红伟：《习近平生态文明思想的源流考——以水生态治理为视角》，载《南京林业大学学报（人文社会科学版）》2019 年第 4 期。

〔3〕 参见马乐宽、徐敏等：《“三水”统筹力争实现清水绿岸鱼翔浅底目标》，载《中国环境报》2020 年 7 月 13 日，第 3 版。

生态功能遭到破坏的河湖逐步恢复水生动植物,形成良好的生态系统,对群众身边的一些水体,进一步改善水环境质量,满足群众的景观、休闲、垂钓、游泳等亲水要求。对公众而言就是"河畅、水清、岸绿、鱼跃、景美、人和"等直观感受。水生态环境治理千头万绪,问题纷繁复杂,河湖是其中最为关键的节点。从空间角度来说,上下游、左右岸污染都将汇聚于河湖中;从因果角度来说,河湖是水污染排放和水生态破坏的直接承载者,基础设施不足、超标排污、生态破坏等所有问题最终将体现于河湖上。要坚决杜绝违反自然规律,表面上生态修复、实质上生态破坏的行为。例如,在缺水地区制造人工湖"造湖大跃进"的问题,要坚决反对。

(三)改善水生态环境

"十四五"以生态流量保障为重点,力争在"有河有水"上实现突破。其中,北方地区由于水资源相对短缺,以解决"有没有"为重点,让干涸、断流的河流恢复有水;南方地区水资源相对丰富,以解决"够不够"为重点,让缺水变成丰水。

当前水生态环境质量改善成效并不稳固,与美丽中国建设目标和人民群众期待还有差距。全面建成小康社会后,老百姓对生产生活环境质量要求更高、对生态环境问题的容忍度更低。目前,城市黑臭水体长治久清还需持续推进,农业农村污水治理亟待加强,海河、辽河、黄河等流域劣V类断面多,长江等流域总磷污染较重,湖库富营养化问题尚未得到有效控制,长江口、杭州湾、珠江口近岸海域水质较差。

要完成"十四五"规划目标,可从以下三个方面有序推进。一是分门别类制定水体清单。对于水质较差的水体,仍然以改善水质为主,纳入水质改善清单;对于断流干涸且区域具备水资源优化配置条件的水体,纳入"有河有水"清单;对于公众关注度高、生态功能重要的水体,纳入"有鱼有草"清单。二是有针对性地实施水生态保护修复。各地在水生态保护修复过程中,应坚持保护优先、自然恢复为主的方针,优先对与水源涵养区、水域、河湖缓冲带等重要生态空间主导功能不相符(矛盾)的生产、生活活动进行清理整治,然后以当地的自然状态为参照,根据当前水生态受损情况和现实条件,选择适宜的措施。三是夯实水生态环境保护政策制度。着眼于中远期水生态健康保障,研究制定反映我国流域特色、涵盖物理生境、水体理化和水生生物等要素的水生态监测评价体系,明确水生态状况和生态流量监测的长效机制;对富营养化、蓝藻水华、河湖生态系统健康保障等难点问题开展专项研究;探索基于水生态状况评价和老百姓诉求意见的空间管控、污染防治、生态调度、水生态保护修复等制度设计,为美丽中国建设奠定基础。[1]

二、水生态安全基本理论

为了保护一个国家和一个地区的水生态安全对区域经济可持续发展的环境支

---

[1] 参见马乐宽、徐敏等:《"三水"统筹力争实现清水绿岸鱼翔浅底目标》,载《中国环境报》2020年7月13日。

撑能力,必须保证水资源在不受威胁的状态下良性运行,避免水生态环境恶化和水资源短缺对经济发展环境基础的威胁。这既是实践的需要,也是理论的呼唤。

(一)水生态伦理

水生态伦理颠覆了传统的"人类中心主义",强调"人与水的和谐",认为自然不仅具有对于人的工具价值,即外在价值,而且具有自身的内在价值和制度价值。万物都有生存的权利,人类应该尊重生命和自然的存在。因此,人类不能仅用自己的价值标准来评价生态系统中其他生物和非生物的价值,它们都有自己的客观价值,不应受到污染和破坏。人类有责任保护生态安全。每个人都有义务关心生态系统,尊重自然的极限,公平、可持续地利用自然资源,禁止破坏生态安全的不道德行为。珍惜和合理利用每一滴水,尊重水的生态价值。保持水质生态不退化,保持水资源的高生产力;促进水资源在经济上的合理配置和高效利用,即要使有限的水资源产生尽可能多的经济效益,保持水资源的高效输出功能,实现社会对水资源的利用,不仅满足当代人的需要,同时也保证子孙后代生存和发展的需要。可见,水生态伦理为水生态保护提供了道德基础、观念基础和价值基础。

(二)水生态经济

水生态社会经济系统的生产过程是自然、社会和技术的综合。在这一系统中,生态系统的再生产与经济系统的再生产交织在一起,它们之间存在着物质和能量的交换。生态系统通过自然再生产过程将物质和能量转化后,将各种可再生产品输入经济系统进行再生产,成为经济系统的输入,而经济系统输出劳动、技术和物质产品,成为生态系统的输入。在这个循环中形成的最终社会产品作为物质和能量的统一输入社会进步系统。这三个系统是相互依存、相互制约的。水资源既是基本的生产资料,又是基本的生态要素。因此,保护水生态安全,必须以水生态系统为基础,运用生态经济学原理,将自然生态、社会经济等生态因素有机地结合起来。在实践中,人们往往只注重在水资源的开发利用中获取直接的经济效益,而忽视了更多涉及人类整体利益和长远利益的间接社会效益和生态效益;只注重经济建设,忽视生活设施建设和生态环境保护,导致一系列水生态环境问题。保护水生态安全,必须调整水资源效益的分配格局,实现经济效益、社会效益和生态效益的互动协调。[1]

(三)水生态法律秩序

与传统民法和经济法不同,自然法不仅调整人与人之间的社会关系,保护人类社会及由人组成的社会秩序,而且促进人与自然的协调与互助,调整人与自然的关系,保护人与自然组成的世界和人与自然构成世界秩序的形成。法律是为了满足或

---

〔1〕 参见李玲:《水资源非农化对粮食生产的影响及应对策略研究》,山东农业大学2020年博士学位论文,第26页。

帮助人们的共同需要而做出的一种合作努力，每一种法治都有其实现一定价值法律秩序的目的。法律作为生态秩序实现的保障机制，也应以法益为衡量其合理性的标准，以保证权利与权力、义务与责任的合理分配。同时，法律的实施必将对水生态安全和可持续发展的水平和程度产生影响。法律应保护水生态安全，以满足水资源权益主体的利益，促进可持续发展，维护社会整体公平。此外，保护水生态安全，要求我们尊重自然规律，维护自然秩序。通过水资源规划、生态补偿等法律制度，可以实现法律的生态公正和生态公平。[1]

三、水生态安全外在和内在要求

(一)水生态安全外在要求

水生态安全的外在要求主要包括水量安全、水质安全、水生态环境安全和与水有关的经济安全。[2]

水量安全是指水资源供应能够满足生产、生活、生态的需要，主要是从水资源供需和可持续利用的角度，体现水资源的多功能特点；水质安全是以水污染防治为目标，是指将水污染程度控制在环境自净能力范围内，不因水质变化造成的生态破坏和水质短缺而损害经济社会发展，反映了水资源的质量特征；水生态环境安全是指人们在获得安全用水设施和经济条件的过程中，能够满足清洁生态、健康和环境保护要求，满足生活和生产需要，妥善保护自然环境的社会状态[3]；水资源经济安全是指保障经济社会发展不受水资源和水环境问题的破坏和威胁，体现了水资源的社会属性。

(二)水生态安全内在要求

水生态安全是关系到生态安全、粮食安全、经济社会安全的重大问题。因此，在新时代我们应该更加坚决地处理水生态问题，从水生态安全的内在价值出发，做好顶层设计。我们要持续以习近平新时代中国特色社会主义思想为指导，深入贯彻党的十九大和十九届历次全会精神，统筹推进“五位一体”总体布局和协调推进“四个全面”战略布局，立足新发展阶段，完整、准确、全面贯彻新发展理念，构建新发展格局以推动高质量发展，坚持“节水优先、空间均衡、系统治理、两手发力”的治水思路，统筹发展和安全，以全面提升水安全保障能力为主线，强化水资源刚性约束，加快构建国家水网，加强水生态环境保护，深化水利改革创新，提高水治理现代化水平，为全面建设社会主义现代化国家提供有力支撑和保障。

---

[1] 参见张帅鹏：《水生态安全保护及其法律对策分析》，全国环境资源法学研讨会 2011 年年会论文。

[2] 参见张翔、夏军、贾绍凤：《水安全定义及其评价指数的应用》，载《资源科学》2005 年第 3 期。

[3] 参见严立东、岳德军、孟慧君：《城市化进程中的水生态安全问题探讨》，载《中国地质大学学报(社会科学版)》2007 年第 1 期。

1. 坚持以人为本

坚持以人为本,以“人”为价值尺度评价水生态安全建设的“利”与“害”。水生态系统有两种形态:自然形态和社会形态,它们扩展了水生态系统的自然价值和社会价值。在水生态安全建设的过程中,片面强调自然价值和对人自身价值和需求的漠视,势必威胁人类生存和发展的物质基础。忽视社会价值,水生态安全建设将失去其意义和力量。此外,我国的社会主义制度也决定了人民利益高于一切,因此水生态安全建设应该强调满足基本需要和长期保障的重要性,把广大人民群众的根本利益作为水生态安全建设的出发点和落脚点。同时,要处理好水生态与自然和人的关系。在充分尊重其自然价值的同时,要不断激发其社会价值,逐步实现两种价值的融合,不断满足人民群众日益增长的需求,真正实现人与水的相通、自然与人的和谐。

坚持以人为本,在水生态安全建设过程中要注重人民群众的全面努力。根据党的十九大报告,解决环境问题,要坚持公众共治原则,构建公众参与的多元治理体系,为水生态安全建设提供有益借鉴。恩格斯在阐述其合力思想时指出“有无数的相互交织的力量,有无数的平行四边形的力,因而产生了一个普遍的结果”,即整体是个体有机结合的结果,整体的绩效取决于个体功能的协调。

水生态安全建设是一项涉及经济、社会、生态等多方面的综合性工程,涉及多个部门和领域,与人民生活息息相关。个体作用合力决定了水生态安全建设的发展方向。公众是包括每个人在内的水生态建设的基础和主力军。在水生态安全建设过程中,只有坚持公众参与,充分激发个人的主动性和创造性,形成和壮大“合力”,才能不断优化水生态系统的整体性能,建设蓝天碧水的美丽中国。

2. 完善法律制度

党的十九大报告明确提出了建设社会主义法治国家的目标。社会主义法治国家的建设,有赖于法律的刚性约束和对违法行为的制裁和惩罚,把法律作为治国理政的重要手段。国家治理如此,水生态安全问题也是如此。保障水生态安全,必须坚持依法治国。但是,目前,保障水生态安全的法律体系还不完善。近年来,面对日益严峻的水生态安全形势,我国相继制定实施了《环境保护法》《水法》等一批与水生态安全有关的法律法规。根据需要,立法部门对水资源的保护和利用分别制定了有关法律,与时俱进,根据社会发展也对相关法律法规进行了必要的修改,如《海洋环境保护法》《水污染防治法》等。但是,从保障水安全的战略角度看,我国现行的水法律制度、水生态保护机制和管理体制仍不能满足其维护的水安全和其他安全。[1] 要实现依法治水,必须着力于与水生态系统相关的法律体系建设。完善以水法为核心的“水法”体系。目前,我国具有维护水生态安全功能的国内水法已逐步

---

〔1〕 参见何艳梅:《水安全与依法治水》,载《福建江夏学院学报》2017 年第 5 期。

确立,但在水资源管理、气态水资源、流域水资源保护、节水等与水生态安全密切相关的方面,还没有专门的法律。因此,要不断填补空白,研究制定水资源管理法、流域水资源保护法和气态水资源条例、节水条例等法律制度。同时,根据国家政策,及时修订出台相关规章制度。目前,中国正在实施河流水头制度,可以将其良好的经验和方法合法化和制度化,并利用法的约束力进一步发挥其积极作用,为水生态安全奠定坚实的基础。[1]

完善其他有关水生态安全的法律制度。水生态安全系统既自成体系,又是一个子系统。它与大气和生物系统一起构成了我们赖以生存的大环境。水生态安全是一个关键而脆弱的环节。马克思认为,事物一般是相互联系的,任何其他制度的问题都会影响水生态安全,甚至造成无法弥补的损失,因此,要维护水生态安全,必须完善大气、生物等相关法律制度,最大限度地减少外部环境对水生态安全系统的威胁。

3. 坚持市场调节

保证水生态安全,首先要保证水资源在安全范围内的数量和质量,但在我国,这两方面的情况并不乐观。据估计,到 2030 年,中国将缺水 400 亿 ~ 500 亿立方米。然而,在农业、工业和日常生活中仍然存在严重的水资源浪费。此外,我国水资源污染依然严重。大量生产、生活废水肆意排入江河、湖泊、海洋,造成严重的水质污染。水污染还导致可利用水量进一步减少,加剧了我国水资源短缺的现状。如果水资源的数量和质量得不到保证,水生态安全问题就无从谈起。虽然法律对水生态安全的保护是绝对有效的,但无论条文多么细致周到,水安全引发的问题都无法穷尽。从新问题的出现到法律规定的形成,还有一个过程。因此,有必要利用及时、有效、灵活的市场机制,填补法律规定在时间和空间上的空白。

水权交易平台的建立旨在提高水资源交易效率,至少包括水权管理、信息服务、交易操作和交易结算四个方面。[2] 通过科学公正的水权交易机制,可以降低交易双方的风险。此外,还要借鉴国外先进的水权管理经验,如开展公开水域活动,成立用水者协会,让公众参与水权管理、分配、交易、监督等方面,从而保证水权交易平台的顺利运行,为水资源公平交易打下基础。

完善水价形成机制。我国水资源的政府定价模式与水资源的稀缺性不相匹配。水资源价值与利用价值的不平等是造成水资源浪费和水资源短缺的重要因素。因此,在制定水价的过程中,要充分尊重市场在水资源配置中的决定性作用,利用市场供求关系,制定合理的水价政策,使水资源商品价格和市场定价能够很好地反映水

---

〔1〕 参见陈德敏、乔兴旺:《中国水资源安全法律保障初步探究》,载《现代法学》2003 年第 5 期。

〔2〕 参见严立东、岳德军、孟慧君:《城市化进程中的水生态安全问题探讨》,载《中国地质大学学报(社会科学版)》2007 年第 1 期。

商品的价值，对于人们对水资源的附加值，可在此基础上形成包括水资源成本价、人工成本、环境补偿等在内的水价，政府可以根据实际情况在正常波动范围内调整水价，以保证水价市场的正常运行。完善水市场设施。我国水市场建设还处于探索阶段，需要资金、技术、人才等方面的支持。因此，可以加大对水市场建设的资金投入，为水市场建设提供资金支持；完善蓄水输水设施，加大技术支持力度，建立网络交易平台；开展水交易和水管理培训，在出台优惠政策的同时，要建立健全水市场的法律监管机制，以保障水生态安全。[1]

四、水生态安全保障措施

（一）实施水生态红线管理

要尽快建立完善的水生态文明体系，规划、引导和约束各种利用和开发水生态和水资源的行为；控制建设项目占用自然岸线，城市规划要保留一定面积的水域；结合我国的功能区划和生态区划，认识水生态的空间划分，划定湖泊、河流的保护管理范围，划定用水量有限、占用河流生态环境逐步恢复的生态区。

（二）加强流域协调管理

要统一水生态、水量和水质规划，制定科学的水生态保护和恢复规划，尽快实施流域水资源保护。推进流域综合治理，完善污染防治与水资源保护协调机制，实施重要湖泊、河流划分，建立污染防治体系。完善水生态补偿机制，调整经济利益与生态环境保护的关系，实施水体治理、创新江河湖泊管理模式。

（三）建设友好生态水工程

为使水利工程规划设计更加规范，必须协调好生态保护与水利工程建设的关系，在水利工程建设实施、运行调度、规划设计等方面加强生态保护。提倡建设环境影响小、模仿自然的水利工程。河流工程的布局应保持自然，并保持浅滩、海湾、湿地等多种生境。闸坝和水库的生态运行要满足河流的生态用水量。完善建设农村水沟塘管理，充分运用河渠连接、疏浚等策略，实现生态河塘，打造河岸清秀的美丽乡村。

（四）建立生态水网体系

实施河湖通水，是增强水利工程保障能力、优化水资源、推进水生态文明建设的有效战略。坚持自然连通与人工连通相结合，依托天然河湖水系和大中型蓄水工程，重点建设流域生态水网体系，加快河湖连通建设，加强江湖连通，提高江河湖泊水环境容量，恢复江湖生态。东部地区要尽可能加快骨干网建设，保持河网畅通，率先建立现代水网体系。东北地区要加快连接工程建设，注意增加水源、减少支出，加快湖泊湿地水源地扩建。中部地区要积极开展疏浚，建立人工航道，加强江河湖泊连通。在西部地区，要科学论证、合理建设水源工程和水系衔接。根据“十四五”规

---

〔1〕参见杨航：《新时代我国水生态安全问题浅析》，载《科技视界》2018年第35期。

划的数据，大江大河基本形成以堤防、控制性枢纽、蓄滞洪区为骨干的防洪工程体系，基本具备新中国成立以来最大洪水的防御能力。

（五）建设水生态文明城市

推动水生态文明城市建设，构建水清、河畅、景美的人类生活水和谐生活空间，探索水生态文明建设，促进流域和区域水生态的改善和完善。加快海绵城市建设，采取“渗、蓄、排、用、净”的策略，因地制宜合理安排滞流、集水和用水。增加凹形绿地、植草沟、人工湿地、透水铺面、砂砾地和天然地基，增加停车场、广场等城市可渗透区域，确保蓄洪空间。[1]

（六）增强监管能力

研究生态用水、分配与调控、生态补偿、生态修复技术、水生态评价与监测、管理机制和保障措施等主要技术，建立健全水生态保护标准和技术规范体系。加强水生态保护和恢复，加强新技术、新材料的开发应用。持续开展河流生态安全监测和水资源信息系统建设。建立水生态预警决策系统。加强监督管理能力建设，建立多层次、多情况、高科技的监督机制，加强对违法无序开发活动的监督管理。

（七）建立严格的水资源管理制度

以流域和区域用水总量控制指标为基础，严格取水许可证审批管理，实施用水总量控制，制定区域、行业、水产品用水效率指标体系。逐步建立水使用权和排污权初始分配制度，建立水资源所有权和使用权分离制度，率先在部分区域实施最严格的水资源管理模式。

（八）健全水生态空间开发保护制度

加快水生态空间保护红线管控目标分解落实，完善与红线管控相适应的准入制度，将水生态空间保护红线作为区域空间开发的底线，强化开发建设的边界管制。建立红线管控责任制，将水生态空间保护红线管控作为政府行政问责的重要内容，约束和引导地区城镇发展布局和产业布局，促进区内水生态格局优化。[2]

第三节　水生态安全法律保护与制度建设

水生态安全和保护涉及水资源开发保护、植被保护、水土流失防治、水污染防治、生物多样性保护等多个方面。虽然我国水法治建设取得重要进展，随着长江保护法、黄河保护法以及地下水管理条例等的颁布实施，水管理制度和体系不断完善，水行政执法效能不断提升，智慧水利和智慧环保科技创新能力不断提升。但必须看

---

〔1〕 参见林志敏：《我国水生态系统保护和修复技术的分析》，载《环境与发展》2018 年第 11 期。

〔2〕 参见彭习渊：《江汉平原水生态安全保障思路》，（第七届）中国水生态大会 2019 年会议论文，第 202～207 页。

到，现有法律及制度体系在水生态安全保护方面还存在不少问题。

一、水生态安全法律保护体系

我国在水生态领域目前已经形成庞大的法律规范体系，它包括以涉水管理为主要内容的法律、行政法规、部门规章、地方性法规和地方政府规章以及与水相关的其他生态领域的部门法。此外，水文生态安全保障还涉及与水相邻的湿地系统、森林和草原等系统，因此《草原法》《森林法》《农业法》《矿产资源法》等法律也会涉及水生态安全问题。除与水有关的综合性法律、法规和部门规章外，其他如《民法典》《刑法》《清洁生产促进法》中也有关于水生态安全的相关规定，但限于篇幅不在一一述及。

（一）宪法和法律

1.《宪法》

《宪法》第26条第1款在生态保护方面做了原则性的规定，即“国家保护和改善生活环境和生态环境，防治污染和其他公害”。2018年3月的《宪法修正案》在序言中新增“生态文明”与“包含绿色发展在内的‘新发展理念’以及‘美丽’的强国”[1]等内容，进一步丰富和提升了生态宪法的内涵。尽管如上文所述，“生态环境”一词具有学科用语方面的争议，但在宪法教义学上却可获得一种多元解释的空间与可能性。无论“生态环境”一词指向的是与“生活环境”相对应的“生态”问题，还是因为“生态”修饰“环境”而造成了词义重心的改变，导致词义的重复，都可以为生态安全和生态保护提供最高位阶的合法性支持。或者说，正是因为“生态”入宪，为我国的生态安全和生态保护法治化提供了根本法上的支持，大致可以表现在几个方面。

生态入宪或者说将生态保护载入宪法，标志着生态保护已经进入宪法保护层面。尽管在1982年之前，我们对生态保护方面的意识、理念以及制度、措施等尚未有非常明确的理解和认识，甚至可以说是生态包括环境问题的现实危机倒逼修宪者将其列入宪法总纲，但是无论如何“生态环境”借助宪法规定进入国家政策和法律用语中，甚至渐趋成为规范化的专门词语。“在随后制定的《水土保持法》《水污染防治法》……相关法律中，都分别作出了保护、改善或者防止污染‘生态环境’的规定”“在相关国家政策文件中，‘生态环境’也得到广泛使用”，并衍生出一系列与生态环境有关的词组，“‘生态’入宪并作为国家保护目标的定位显然起到积极作用”。[2] 这也就为新时期生态保护法治化奠定了合宪性基础——生态宪法或宪法生态规范。

按照宪法一般理论的理解，宪法生态规范作为生态法治化的根本规范依据，是我国制定生态类型法律法规的根本遵循和指导，并且对相关法律法规产生直接的约

---

〔1〕 张震：《中国宪法的环境观及其规范表达》，载《中国法学》2018年第4期。

〔2〕 巩固：《“生态环境”宪法概念解析》，载《吉首大学学报（社会科学版）》2019年第5期。

束，任何类型的生态法律法规都必须以此为依据，同时不能同宪法生态规范相抵触。“此后数年间，国家相应制定了《森林法》(1984)、《草原法》(1985)、《渔业法》(1986)、《矿产资源法》(1986)、《水法》(1988)、《野生动物保护法》(1988)、《水土保持法》(1991)等自然资源相关立法，通过对资源开发利用活动的约束和规范，初步建立起(狭义的)‘生态保护’法律制度体系。”[1]同时，生态入宪对国家权力机关具有约束效力，从而对国家机关课以相应的国家义务。国家设定了生态保护的目标(生态保护和生态文明)，就应当通过立法、行政、司法以及监察等方面实现其目标。

无须赘言，水生态属于生态中的一种或一部分，水生态保护或水生态安全属于生态保护或生态安全的一种或一部分。生态宪法或宪法生态规范没有直接规定水生态(水生态保护和安全)，但有关水生态保护和安全自然可以纳入其中。因生态宪法目前尚处于探索时期，其内涵和界限也并未明晰，故此，水生态的宪法规范更需通过法治实践进一步探明。

2.《环境保护法》

《环境保护法》[2]属于环境保护领域的“基础性法律”[3]，是对宪法生态环境保护条款的贯彻落实和具体化。1989 年颁布《环境保护法》时，尚定位“小环保”的理念，“其规制对象主要是防治环境污染和其他公害”[4]，从环境保护的任务、环境保护的对象、环境监督管理以及损害赔偿、法律责任等多方面对各种资源做了规定。在内容上对“自然生态系统区域”“水源涵养区域”“风景名胜区域、自然保护区和其他需要特别保护的区域”等“更具整体性、系统性的特殊‘环境’(或者说生态系统)的保护作出了原则性的规定”，“对农业生产、海洋开发、城市规划、城乡建设等具有较高生态破坏风险的活动提出了保护要求”。[5]

2014 年《环境保护法》进行了重大修订，在“大环保”理念下明确了生态文明建设和可持续发展原则，修改了“环境监测”“环境影响评价”“生态恢复”“农业环境保护”“突发环境事件应对”等一系列制度，增加了“生态保护红线”“重点污染物排放总量控制”“排污许可”“防止农业源污染环境”“生态保护补偿制度”等有关生态保护的规定，“在建立生态环境保护机制方面实现了重大突破”。[6]

作为“最严厉”的环境法律，《环境保护法》构建了整体性的生态环境保护制度，

---

〔1〕 巩固：《“生态环境”宪法概念解析》，载《吉首大学学报(社会科学版)》2019 年第 5 期。

〔2〕 1979 年 9 月，我国第一部环境法律——《环境保护法(试行)》颁布，标志着我国环境保护开始步入依法管理的轨道。

〔3〕 吕忠梅教授认为，《环境保护法》在 2014 年修改的过程中虽有一定的突破，但也存在重大缺陷，其中之一即“基本法地位未获”。参见吕忠梅：《〈环境保护法〉的前世今生》，载《政法论丛》2014 年第 5 期。

〔4〕 吕忠梅、吴一冉：《中国环境法治七十年：从历史走向未来》，载《中国法律评论》2019 年第 5 期。

〔5〕 参见巩固：《“生态环境”宪法概念解析》，载《吉首大学学报(社会科学版)》2019 年第 5 期。

〔6〕 参见吕忠梅：《〈环境保护法〉的前世今生》，载《政法论丛》2014 年第 5 期。

对水生态安全保护提供法律依据和制度支持，其中包括生态红线制度、生态保护补偿制、自然资源合理开发利用与生态多样性保护制度、环境与健康监测、调查和风险评估制度以及有关的污染防治制度等，都能在水生态安全保护中发挥重要作用。

3.《水法》

《水法》有关水生态保护的内容相对薄弱，实践中水生态保护工作未得到应有的重视。这既与我们对水生态重要性的认识不够有关，也与《水法》自身的立法定位有关。1988 年制定《水法》时将其定位于“新中国第一部水的基本法”“即涉水法律问题都需在《水法》中予以原则体现”“但是这一体系格局在 2002 年《水法》修订时被打破”“修改后的新《水法》被定位于‘水资源管理方面的基本法律’”。[1] 于是，在“水专项法律”、“水行政法规”和“水地方性法规”三层级体系下，《水法》调整水资源管理，《防洪法》调整防治洪涝灾害，《水污染法治法》调整水污染防治，《水土保持法》调整水土保持，“契合了我国所面临的重大水问题挑战对法律制度的迫切需求”[2]。

目前《水法》规定中与生态保护相关的内容主要包括：水功能区管理制度；入河排污口设置审批制度；生态用水保障制度；用水总量控制和定额管理相结合制度。《水法》第 23 条规定了水功能区监督管理、入河排污口设置、饮用水水源保护区管理等水资源保护制度。《水法》第 34 条第 2 款中明确“在江河、湖泊新建、改建或者扩大排污口，应当经过有管辖权的水行政主管部门或者流域管理机构同意”，确立了入河排污口设置审批制度的法律地位。《水法》第 67 条进一步明确了违法设置入河排污口行为的处罚措施。

《水法》在总则第 4 条明确提出了水资源开发利用的指导方针是“全面规划、统筹兼顾、标本兼治、综合利用、讲求效益，发挥水资源的多种功能，协调好生活、生产经营和生态环境用水”，并将保证生态用水的精神和目标贯穿到规划、开发建设和利用等各个方面。第 44 条第 2 款规定“水中长期供求规划应当依据水的供求现状、国民经济和社会发展规划、流域规划、区域规划，按照水资源供需协调、综合平衡、保护生态、厉行节约、合理开源的原则制定”。但在生态用水方面依然存在一些问题：一是生态用水保障制度缺乏关键的制度措施。如生态流量或生态水位核定、特殊区域生态用水保障要求、水利枢纽及水库电站等管理单位保障生态流量应当履行的责任和义务等。二是生态补水的规定操作性不强。生态补水是保障特定河流、湖泊水质及生态功能，提高水体修复能力，确保水生态安全的重要手段。《水法》没有明确实行生态补水所应具备的条件、应履行的程序等。

---

〔1〕 徐金海：《水政治、水法与水法体系建设》，载《水利发展研究》2012 年第 9 期。
〔2〕 徐金海：《水政治、水法与水法体系建设》，载《水利发展研究》2012 年第 9 期。

4.《水污染防治法》

1984年5月通过的《水污染防治法》是“我国防治陆地水体污染方面的综合性单行法”。在当时的社会经济背景下,其立法目的主要是“保障人体健康,保证水资源的有效利用,促进社会主义现代化建设的发展”。2008年《水污染防治法》修订后,将水环境保护目标修改为“保障饮用水安全,促进经济社会全面协调可持续发展”,部分地纠正了以前过于偏向经济建设的倾向。2017年6月第二次修正,在第1条立法目的中增加“保护水生态,保障饮用水安全,维护公众健康,推进生态文明建设”等内容,在第27条规定:“国务院有关部门和县级以上地方人民政府开发、利用和调节、调度水资源时,应当统筹兼顾,维持江河的合理流量和湖泊、水库以及地下水体的合理水位,保障基本生态用水,维护水体的生态功能”,凸显了以保障生态承载能力为核心协调水的开发利用与水污染防治的关系。

5.《防洪法》

在上文,我们已指出江河湖泊等属于“广义生态”的组成部分,其实洪水本身也属于自然生态的一部分。我们需要辩证地看待洪水和防洪问题:洪水不只是有害的,也存在其有利的一面。水利工程包括闸坝堤岸工程等不只是有利的,在特定情形下也存在不利的一面。[1] 作为单行水事立法,《防洪法》有其特定的立法目的,即“为了防治洪水,防御、减轻洪涝灾害,维护人民的生命和财产安全,保障社会主义现代化建设顺利进行”。据此,《防洪法》并未对水生态安全进行专门规定,但也有部分条款涉及水生态安全问题。第18条第2款规定,防治江河洪水,应当加强流域水土保持综合治理。第19条第1款规定,整治河道和修建控制引导河水流向、保护堤岸等工程不得任意改变河水流向。第23条规定:“禁止围湖造地。已经围垦的,应当按照国家规定的防洪标准进行治理,有计划地退地还湖。禁止围垦河道。确需围垦的,应当进行科学论证,经水行政主管部门确认不妨碍行洪、输水后,报省级以上人民政府批准。”

6.《野生动物保护法》

《野生动物保护法》(1988年通过,2004年修正,2009年修正,2016年修订,2018年修正,2022年修订)的立法目的是“保护野生动物,拯救珍贵、濒危野生动物,维护生物多样性和生态平衡,推进生态文明建设,促进人与自然和谐共生”,主要保护对象是珍贵、濒危的陆生、水生野生动物,而珍贵、濒危的水生野生动物以外的其他水生野生动物的保护,适用《渔业法》等有关法律的规定。因此,从水生态安全的角度理解,《野生动物保护法》很重要,但对水生态安全只能发挥有限作用,主要体现在野生动物及其栖息地保护、野生动物遗传资源的保护、人工繁育野生动物、禁止出售、

---

〔1〕 大型水利工程在发挥其防洪等功能时,也改变了河道形态及其生态体系。对于一些中小型洪水,究竟需不需要防洪的问题,在理论上其实也存在部分争议。

购买、利用国家重点保护野生动物及其制品等方面。

7.《固体废物污染环境防治法》

水生态、水环境危机都是“问题在水里,根源在岸上”。因此,《固体废物污染环境防治法》(1995 年通过,2004 年修订,2013 年修正,2015 年修正,2016 年修正,2020 年修订)对水生态安全具有极为重要的意义。该法第 20 条第 2 款规定:“禁止任何单位或者个人向江河、湖泊、运河、渠道、水库及其最高水位线以下的滩地和岸坡以及法律法规规定的其他地点倾倒、堆放、贮存固体废物。”结合法律规定,这里的固体废物主要包括:工业固体废物、生活垃圾、建筑垃圾、农业固体废物、危险废物等。地方各级人民政府对本行政区域固体废物污染环境防治负责(第 7 条第 1 款),同时固体废物污染环境防治坚持污染担责的原则(第 4 条第 1 款)。

8.《渔业法》

水生态良好的一个重要标志就是水生动物的生存状态,而其中比较直观的就是鱼类的生存发展问题,甚至有学者提出了“鱼儿答应不答应”的命题。[1]《渔业法》(1986 年通过,2000 年修正,2004 年修正,2009 年修正,2013 年修正)是为了加强渔业资源的保护、增殖、开发和合理利用,发展人工养殖,保障渔业生产者的合法权益,促进渔业生产的发展,适应社会主义建设和人民生活的需要而制定的渔业领域的根本法。《渔业法》的颁布使我国水产生产纳入法治轨道,改变了渔业发展无法可依的状态。针对渔业资源衰竭,国家根据捕捞量低于渔业资源增长量的原则,确定渔业资源的总可捕捞量,实行捕捞限额制度和捕捞许可证制度(第 22 条)。针对渔业生态环境恶化,国家保护水产种质资源及其生存环境,并在具有较高经济价值和遗传育种价值水产种质资源的主要生长繁育区域建立水产种质资源保护区。未经国务院渔业行政主管部门批准,任何单位或者个人不得在水产种质资源保护区内从事捕捞活动(第 29 条)。在鱼、虾、蟹洄游通道建闸、筑坝,对渔业资源有严重影响的,建设单位应当建造过鱼设施或者采取其他补救措施(第 32 条)。用于渔业并兼有调蓄、灌溉等功能的水体,有关主管部门应当确定渔业生产所需的最低水位线(第 33 条)。

尽管《渔业法》经历了几次修改,还存在与社会经济发展不相适应的地方,“已经不适应产业发展和管理需求”[2]。目前十四届全国人大常委会立法规划已将《渔业法》修改纳入“需要抓紧工作、条件成熟时提请审议的法律草案”(第二类)中。

---

〔1〕 参见陈昌春:《保护河、湖水生生态系统必需的底线——“环境流量”有待法规保护》,载科学网博客 2015 年 6 月 9 日,https://blog.sciencenet.cn/blog-350729-896727.html。

〔2〕 杨惠:《司法部组织召开〈中华人民共和国渔业法(修订草案)〉专家论证会》,载中国农网,https://www.farmer.com.cn/2022/10/09/99900492.html。

9.《长江保护法》

作为我国第一部流域保护的专门法,《长江保护法》是我国在流域生态治理和环境保护领域的一次立法创举,其突出制度贡献是:将推动长江经济带"生态优先、绿色发展"的战略定位和"共抓大保护、不搞大开发"的战略导向,提升到法律层面予以贯彻落实,转化为国家意志和全社会行为准则。[1] 该法总则第 1 条规定,其立法目的是"加强长江流域生态环境保护和修复,促进资源合理高效利用,保障生态安全,实现人与自然和谐共生、中华民族永续发展"。

《长江保护法》从生态系统的整体性和流域的系统性出发,按照"生态优先、绿色发展"战略定位构建法律框架,包括保护和发展两个层面。在保护层面,把保护和修复长江流域生态环境放在压倒性位置,针对长江特定区域、特定问题采取特别制度措施,保护修复长江流域生态环境,保障自然资源高效合理利用,防范和纠正各种影响长江流域生态环境的行为。在发展层面,充分发挥长江流域发展规划(第 18 条)、国土空间规划(第 19 条)、生态环境保护规划(第 18 条)等引领和约束作用,强调调整产业结构与布局,强力推动长江流域科学、有序、绿色、高质量发展的实现。

《长江保护法》第 7 条提出了"三线一单"的明确要求,即环境质量底线、资源利用上线、生态保护红线和生态环境准入清单,同时明确了"四个禁止":一是禁止在长江流域重点生态功能区布局对生态系统有严重影响的产业;二是禁止重污染企业和项目向长江中上游转移;三是禁止在长江干支流岸线一千米范围内新建、扩建化工园区和化工项目;四是禁止在长江干流岸线三千米范围内和重要支流岸线一千米范围内新建、改建、扩建尾矿库。

10.《黄河保护法》

《黄河保护法》作为第二部流域性综合立法,与《长江保护法》既有共同之处,也有其自身特点。"在借鉴《长江保护法》的基础上,对水生态保护修复、水资源保护节约、水灾害防御调控、水环境污染防治、流域高质量发展、文化保护传承弘扬等问题做了全面系统的规定,在中国环境立法史上具有重要意义。"[2] 比较而言,《长江保护法》主要以生态保护为核心,促进资源的合理利用;《黄河保护法》主要以水资源节约利用为目的,推动流域高质量发展。《黄河保护法》第 1 条规定:"为了加强黄河流域生态环境保护,保障黄河安澜,推进水资源节约集约利用,推动高质量发展,保护传承弘扬黄河文化,实现人与自然和谐共生、中华民族永续发展,制定本法。"

---

[1] 参见吴晓华、王继源:《完整准确全面理解〈长江保护法〉推动长江经济带绿色高质量发展》,载中华人民共和国国家发展和改革委员会网,https://www.ndrc.gov.cn/xxgk/jd/wsdwhfz/202104/t20210406_1271770.html。

[2] 《黄河保护法——如何保护黄河》,载宁夏生态环境网 2022 年 11 月 29 日,https://www.163.com/dy/article/HLOGB01V0514NJ6N.html。

11.《青藏高原生态保护法》

《青藏高原生态保护法》虽然以青藏高原生态保护为目的，但青藏高原生态保护必然涉及对河流、湖泊、湿地、雪山冰川等水生态系统的保护，尤其是三江源（长江、黄河、澜沧江发源地）等众多国家重点生态功能区的水源涵养、生物多样性保护、水土保持、防风固沙等保护问题。[1]《青藏高原生态保护法》第3条明确规定："青藏高原生态保护应当尊重自然、顺应自然、保护自然；坚持生态保护第一，自然恢复为主，守住自然生态安全边界；坚持统筹协调、分类施策、科学防控、系统治理。"同时，该法还规定，国家统筹青藏高原生态安全布局，明确优化生态安全屏障体系建设，提升生态系统质量和多样性、稳定性、持续性。按照生态保护红线、环境质量底线、资源利用上线的要求，从严制定生态环境分区管控方案和生态环境准入清单。青藏高原国土空间利用和国土空间用途管制、自然保护地体系建设等制度措施。

（二）行政法规和部门规章

1. 行政法规

针对水污染防治、水量调度分配、河道管理、水生野生动物等众多具体问题，国务院制定了与水生态安全有关的行政法规。第一类是水污染防治方面的行政法规，对水环境和水生态都具有重要意义，主要包括：《地下水管理条例》《排污许可管理条例》《淮河流域水污染防治暂行条例》《城镇排水与污水处理条例》《防止拆船污染环境管理条例》《太湖流域管理条例》等[2]；第二类是水资源管理和调度方面的行政法规，主要包括：《南水北调工程供用水管理条例》《黄河水量调度条例》《取水许可和水资源费征收管理条例》《抗旱条例》等；第三类是河（航）道管理方面的行政法规，主要包括：《河道管理条例》《长江河道采砂管理条例》《航道管理条例》等；第四类是水生动物以及渔业方面的行政法规，主要包括：《濒危野生动植物进出口管理条例》《水生野生动物保护实施条例》《渔业法实施细则》《水产资源繁殖保护条例》等。

国务院制定（或批准）的行政法规在我国法律体系中具有重要的作用。行政法规可以分为执行性的和创制性的，其中执行性的行政法规是对上位法的细化，创制性的行政法规一般是宪法或法律授权，在没有制定法律的情况下由国务院先行制定行政法规。通过我们上面的简单归类列举可以发现：在涉及水生态（水环境、水资源）的行政法规中，有不少是在没有上位法情况下的授权立法，属于填补法律空白性质的创制性法规。这其中，有些是近些年制定的，也有些是在20世纪八九十年代制

---

[1] 主要包括：三江源（长江、黄河、澜沧江发源地）草原草甸湿地生态功能区、若尔盖草原湿地生态功能区、甘南黄河重要水源补给生态功能区、祁连山冰川与水源涵养生态功能区、阿尔金草原荒漠化防治生态功能区、川滇森林及生物多样性生态功能区、藏东南高原边缘森林生态功能区、藏西北羌塘高原荒漠生态功能区、珠穆朗玛峰生物多样性保护与水源涵养生态功能区等。

[2] 此处对涉及水生态的行政法规分类并非一种专业性的分类，而是一种概括性分类，其中有不少行政法规属于综合性的法规，很难简单归于某一单独类型。

定并经过修订或多次修订的。由于水生态概念出现相对较晚，不少行政法规在制定时，并未有明确的生态保护概念，只是近年来随着生态保护和生态文明理念的传播，逐渐在法规制定和修改过程中将生态概念融入其中。但正像我们在不少地方分析的，有时一部法律（法规）在制定颁布后，很难通过部分修改、补充来改变整部法律（法规）的精神和格局，这种嵌入式的法律修改方式只能对水生态安全起到有限的保护作用。同时，也有像《水产资源繁殖保护条例》，是国务院于 1979 年 2 月 10 日发布的现行有效的行政法规，不仅与我国现行管理体制相脱节[1]，也严重不适应新时期社会经济的发展需要。

2. 部门规章

由于我国涉水管理在很长一段时间实行的是分散管理模式，因此，环境保护、水利等不同部门从各自管理范围、职责出发，制定了诸多与水有关的行政规章，并以环保部门和水利部门为典型代表。水利部门侧重于水资源的开发、利用层面部门规章的制定；环境保护部门侧重于水质和水污染防治层面的制定。

水利部制定的涉及水生态安全的规章有：《长江流域控制性水工程联合调度管理办法（试行）》（2023 年发布）、《生产建设项目水土保持方案管理办法》（2023 年发布）、《珠江河口管理办法》（1999 年发布，2017 年修正）、《三峡水库调度和库区水资源与河道管理办法》（2008 年发布，2017 年修正）、《取水许可管理办法》（2008 发布，2017 年第二次修正）、《长江河道采砂管理条例实施办法》（2003 年发布，2016 年修正）、《入河排污口监督管理办法》（2004 年发布，2015 年修正）、《饮用水水源保护区污染防治管理规定》（1989 年发布，2010 年修正）、《水量分配暂行办法》（2007 年 12 月 5 日水利部令第 32 号发布）、《黄河河口管理办法》（2004 年发布）、《黑河干流水量调度管理办法》（2009 年发布）、《海河独流减河永定新河河口管理办法》（2009 年发布）。

生态环境部制定的涉及水生态安全的规章有：《重点管控新污染物清单（2023 年版）》（自 2023 年 3 月 1 日起施行）、《生态环境标准管理办法》（自 2021 年 2 月 1 日起施行）、《排污许可管理办法（试行）》（2018 年公布，2019 年修正）、《饮用水水源保护区污染防治管理规定》（1989 年发布，2010 年修正）、《突发环境事件应急管理办法》（自 2015 年 6 月 5 日起施行）等。

（三）地方性法规和政府规章

水资源时空分布往往存在很大差异，不同地区的水资源条件、面临的主要水资源问题以及地区经济实力等都各不相同，因此，水资源法律管理需要因地制宜地展开。2023 年 7 月 27 日《天津市人民代表大会常务委员会关于加强生态保护红线管

[1] 《水产资源繁殖保护条例》第 3 条规定：国家水产总局、各海区渔业指挥部和地方各级革命委员会，应当加强对水产资源繁殖保护工作的组织领导，充分发动和依靠群众，认真贯彻执行本条例。

理的决定》第 5 条规定，下列区域应当划入生态保护红线：(1)具有重要水源涵养、生物多样性维护、水土保持、防风固沙、海岸防护等功能的生态功能极重要区域；(2)生态极敏感脆弱的水土流失、海岸侵蚀等区域；(3)其他经评估具有潜在重要生态价值的区域。生态保护红线内，自然保护地核心保护区原则上禁止人为活动。甘肃省出台了首部配套黄河流域生态保护和高质量发展方面的基础性、综合性重要地方性法规《甘肃省黄河流域生态保护和高质量发展条例》，将于 2023 年 10 月 1 日起施行。广东省出台了《广东省环境保护条例》(2004 年通过，2022 年第三次修正)和《广东省湿地保护条例》(2006 年通过，2022 年第三次修正)等与生态环境相关的法规。杭州市人大常委会通过了《杭州市淳安特别生态功能区条例》(自 2022 年 1 月 1 日起施行)，以千岛湖保护为核心，建立健全淳安特别生态功能区水生态系统保护体系，完善生态环境共建共保机制和保障措施。浙江省人民政府为了加强水域保护，维护和发挥水域在防洪、排涝、蓄水、供水、生态环境等方面的功能，制定了《浙江省水域保护办法》(自 2019 年 5 月 1 日起施行)。为了保护生物多样性，保障生态安全，推进生态文明建设山东省人大常委会通过了《山东省生物多样性保护条例》(2023 年 7 月通过)和《山东省黄河三角洲生态保护条例》(自 2023 年 8 月 1 日起通过)，同时山东省还制定了东平湖、南四湖保护条例以及胶东调水条例、水污染防治条例等众多涉及水生态的法规。

二、水生态安全保护制度建设

水生态安全是现代国家安全政策体系的重要组成部分。当前，中国可持续发展已经受到了生态环境危机的影响，构建国家水生态安全保障制度尤为迫切。

(一)国家水生态安全保护监管制度建设

我们立足实际国情组建生态环境部，使生态环境保护监管体系得到进一步完善。2015 年 4 月 25 日，中共中央颁布《关于加快推进生态文明建设的意见》，对加快构建系统完整的水生态安全制度体系做了总体部署和安排。

(1)资源利用更加高效。用水总量力争控制在 6700 亿立方米以内，万元工业增加值用水量降低到 65 立方米以下，农田灌溉水有效利用系数提高到 0.55 以上，非化石能源占一次能源消费比重达到 15% 左右。水生态环境质量总体改善。重点流域和近岸海域水环境质量要得到改善，重要江河湖泊水功能区水质达标率要提高到 80% 以上，饮用水安全保障水平持续提升，湿地面积不低于 8 亿亩，自然岸线保有率不低于 35% 。

(2)加强海洋资源科学开发和生态环境保护。根据海洋资源环境承载力，科学编制海洋功能区划，确定不同海域主体功能。坚持“点上开发、面上保护”，控制海洋开发强度，在适宜开发的海洋区域，加快调整经济结构和产业布局，积极发展海洋战略性新兴产业，严格生态环境评价，提高资源集约节约利用和综合开发水平，最大限度减少对海域生态环境的影响。严格控制陆源污染物排海总量，建立并实施重点海域排污总量控制制度,加强海洋环境治理、海域海岛综合整治、生态保护修复,有效保护重要、敏感和脆弱海洋生态系统。加强船舶港口污染控制,积极治理船舶污染,增强港口码头污染防治能力。控制发展海水养殖,科学养护海洋渔业资源。开展海洋资源和生态环境综合评估。实施严格的围填海总量控制制度、自然岸线控制制度,建立陆海统筹、区域联动的海洋生态环境保护修复机制。

(3)加强水资源节约。加强用水需求管理,以水定需、量水而行,抑制不合理用水需求,促进人口、经济等与水资源相均衡,建设节水型国家和社会。推广高效节水技术和产品,发展节水农业,加强城市节水,推进企业节水改造。积极开发利用再生水、矿井水、空中云水、海水等非常规水源,严控无序调水和人造水景工程,提高水资源安全保障水平。

(4)实施水污染防治行动计划。严格加强饮用水源保护,全面推进涵养区、源头区等水源地环境整治,加强供水全过程管理,确保饮用水安全;加强重点流域、区域、近岸海域水污染防治和良好湖泊生态环境保护,控制和规范淡水养殖,严格入河(湖、海)排污管理;推进地下水污染防治。

总的而言,该意见主要规定要尽快健全法律法规、完善标准体系、健全自然资源资产产权制度和用途管制制度、完善生态环境监管制度、落实责任追究体系等不同方面的内容。[1]

(二)水生态风险监测评估与预警体系建设

近年来,水生态安全事件发生频率较高,加强生态环境风险监测、评估、预警和应急处理制度尤为必要。国务院2011年颁布实施的《关于加强环境保护重点工作的意见》提出,继续加强主要污染物总量减排。完善减排统计、监测和考核体系,鼓励各地区实施特征污染物排放总量控制。对造纸、印染和化工行业实行化学需氧量和氨氮排放总量控制。加强污水处理设施、污泥处理处置设施、污水再生利用设施和垃圾渗滤液处理设施建设。对现有污水处理厂进行升级改造。完善城镇污水收集管网,推进雨、污分流改造。强化城镇污水、垃圾处理设施运行监管。要完善以预防为主的环境风险监测、评估和管理制度、建设更加高效的环境风险管理和应急救援体系、制定切实有效的水生态环境安全应急预警方案。"十四五"规划纲要第十一篇第三十七章第二节中规定,完善自然保护地、生态保护红线监管制度,开展生态系统保护成效监测评估。《环境保护法》从法律上明确规定了国家建立健全生态环境安全监测制度、生态环境资源承载能力监测预警机制、生态环境红线制度、生态保护和环境污染联合防治协调制度等生态安全保护内容。[2]

---

〔1〕 参见张润:《中国生态安全法治建设的成就、经验与路径展望》,载《公安学研究》2019年第6期。
〔2〕 参见张润:《中国生态安全法治建设的成就、经验与路径展望》,载《公安学研究》2019年第6期。

(三)水生态保护补偿机制和损害赔偿制度

2016 年国务院出台《关于健全生态保护补偿机制的意见》,对健全生态保护补偿制度进行了进一步规定。2018 年,中共中央办公厅和国务院办公厅联合印发《生态环境损害赔偿制度改革方案》,标志着在全国范围内开始试行生态环境损害赔偿制度。水生态环境保护补偿制度是通过制定合理、科学、可行的规划,对参与生态环境保护工作的人们给予正向激励,对参与的各方主体之间的利益关系给予协调处理,以实现促进社会公平、保护生态环境的目的。具体而言,应该综合运用法律、合同、政策等多种方式,加快生态保护补偿规则体系建设,以确保生态保护补偿机制的有效运行。

(四)水生态环境公益诉讼救济制度建设

水生态损害是指因为人类自身活动人类生存发展所依赖的水生态环境发生生物性能、化学、物理的重大退化。司法和立法应当对水生态环境损害的现象,及时给予回应和救济。现在我们国家环境民事诉讼基于侵害对象的差异性以及公私益诉讼分野原理,在立法上分为环境民事公益诉讼与环境私益诉讼。《民事诉讼法》第 58 条明确法律规定的机关和有关组织可以针对污染环境等损害社会公共利益的行为向人民法院提起诉讼。当前,我们国家已经形成了包含包括行政公益诉讼和民事公益诉讼的(水)生态环境损害司法救济体系。但是在具体实践中,有时单纯依靠某种单一的社会化救济工具或侵权模式不能有效救济困难,因此有必要加强协作,采取生态环境损害复合救济模式。

三、水生态安全法律及制度存在的问题

(一)管理体制的不完善

我国仅南方等部分地区水资源比较充沛,其他大多数地方水资源都比较匮乏,故依法管水、依法治水就显得更加重要。我们国家现在有关水资源的法律制度,在遇到水资源开发面临的较为严重问题时,就显得薄弱无力,根本没办法从根源上遏制水资源问题的持续恶化,因此完善相关法律制度用来保护水资源就成为特别的急需。2002 年修订的《水法》对水管理体制作出了明确界定,国务院水行政部门负责水资源的管理。但是这种管理权限在具体操作实施过程中被各级各部门瓜分,进而形成了水资源开发利用部门和管理部门的长期矛盾,诸如水资源保护与污水防治,地下水与地表水、排水与供水等体制机制均存在问题,还有“信息孤岛”、部门本位主义等更严重的管理漏洞。

从目前情况看,《水法》并没有从根本上解决水资源管理的问题,权力分散,诸如城市供水以及水资源的节约利用属于建设部门管理,淡水养殖属于农渔业部门管理,工业用水属于经济部门管理。然而,只要涉及水资源工程,就会涉及非常多的管理部门,无形之中降低了效率、增加了工程成本。早在 1998 年国务院曾经进行了一次比较大的机构调整,其中也涵盖水管理体制的调整,但是最后很遗憾没有以法律

形式确定;2002 年借鉴国外的先进经验将流域管理体制引入行政区域管理中。流域管理机构是水利管理部门的派出机构,负责统一管理流域内的水资源,并没有打破管理权属分离问题。“九龙治水”的后果是水资源不能得到有效配置,无法发挥其最大利用率,也无法有效进行保护,甚至会影响经济持续健康发展,影响人民的正常生产生活。所以,水资源管理体制不完善,成为我们当前开发和保护水资源最亟待解决的一个重要问题。除此之外,还要加强取用水管理执法检查,重点监督水资源管理有关法律法规执行情况,针对发现问题,依法实施整改。依托水资源信息管理系统,建立超用水管理监督机制,运用信息化手段提升取用水监管能力。

(二)缺乏水权交易流转制度

当前,我们国家的自然资源产权交易制度还处于初级阶段,只是单纯地建立了土地的产权交易流转和矿产资源流转制度,要走的道路还很长。实践证明,在社会主义初级阶段,市场对资源的有效配置,其成本和效率基本都比计划配置优越。所以,亟须明确水权用以适应市场化发展,最大限度地发挥水资源的综合效益。2009 年和 2016 年《水法》又相继与时俱进地进行了修改完善,其中明确水权、建立取水许可制度的内容都只是水资源占有权、使用权、收益权等进行交换的前提,而不是水权交易方面本身的规定。

(三)刑事责任制度不健全

在水资源保护的相关法律中,企业获取的巨大利益和受到的微弱处罚比例不对等,造成处罚手段失灵,起不到震慑作用。所以,完善、加强水资源刑事责任制度成为一个大的发展方向。查阅当今刑法中对水生资源的保护,存在诸多漏洞:对水资源保护范围过窄、不全面,没有对毁坏水利工程设施的行为和污染水体进行明确规定。对于污染,我们现行的刑法也仅是以渎职罪或者破坏环境资源保护罪中相关的具体情形来定罪;事实上水利方面的工程绝大部分是公共设施,不仅是群众利益问题还是公共安全问题,如此重要的事情,我们仅定性为故意毁坏财物罪或者贪污罪,忽视了侵占毁坏水工程设施、防汛、水文监测等行为的刑事立法。

除上面的立法缺陷之外,还有水资源开发利用的“度”至今没有系统规定的缺陷。比如,有的企业取水行为虽然得到了同意,但是没有按照规范的操作流程来做,其取得的取水许可证和有偿使用制度成了一个摆设;更有甚者个别企业在没取得许可证的情况下私自取水。上面的行为,我们现在大多用行政法来管理,缺乏刑法的强制约束力,致使水生态保护和水资源利用未能得到切实有效的贯彻执行。

还有就是水资源刑事保护力度亟待加强。在当前的有关环境刑事罪名中,一般是结果导向。比如只有使财产或者人身受到侵害,造成严重后果的才会构成犯罪。但是水资源是一种比较特殊的自然资源,它们自身遭受的后果往往不直接显现,有很多的犯罪行为正是利用了这个特征间接地造成了对他人的侵害。如果单纯以结果论,就很难将水资源污染事故和保护生态环境预防到位。

（四）缺乏公众参与明确规定

《水法》虽然强化了国家的管理和保护力度，特别是加强了行政管理和行政执法力度，但是在实现国家统一管理的同时，还需要加强广大群众的参与度，保证公众的知情权。因为水资源的利用和保护单纯依靠政府行政力量显然是不够的，归根到底还要依靠广大人民群众环保意识的完善和加强。

（五）水生态安全立法存在盲点

无论是在学术研究，还是在日常的宣传中，我们经常将水生态、水环境和水资源等并列，甚至作为同义词来使用。这种现状，既可能对水生态安全有利，也可能对水生态安全不利。因为它们之间确实存在交叉重叠以及"你中有我，我中有你"的情况。但不利的一面是，很容易导致对于水生态的忽略甚至是忽视。为了社会经济的发展，我们需要对水资源进行开发利用，而水资源开发利用到一定阶段就产生了水资源自身的承载能力问题，从而引发相应的水污染、水环境和水生态危机。然而，我们的法律法规往往又具有相对的滞后性，从一种理念的传播、接受到进入规范形成制度，需要一个相对长的过程。生态环境、生态安全、生态文明等理念兴起后，必然会对涉水法律法规产生重大影响，但从理念到制度再到技术，涉水立法也要有自身的成长。应该说，我国至今还没有完整统一的水生态保护法，对水生态的执法机构、保护主体及其管理体制、职责等没有作出清晰规定。至于对水资源保护和治理相应推广投入，水资源的调配权制度和所有权，对水资源税的管理和征收支付等都没有清晰具体的统一规定。

四、水生态安全法律制度完善建议

多年的探索证明，已经被破坏掉的水生态环境可以通过科学系统的有效治理，采取与生态发展相吻合的经济发展模式而逐步得到修复，但是以往我们采取的"先污染，后治理"模式，让我们付出了极为惨痛的代价。所以，我们要以预防为主，坚定走可持续发展之路。综观国内外关于水生态的案例，虽然各国方式不尽相同，但是可以给我们带来一定启迪。

（一）建立流域管理法律制度

国外的主流治理模式大致分为以英美为代表的流域综合治理模式和以荷兰为代表的合作管理模式。诸多治理模式中，主要以英美为代表的流域综合治理模式最为有效。我们国家制定的《水法》也充分肯定了以流域为基础进行水资源综合管理的必要性和重要性。但是《水法》中的管理体制仍以行政手段为主，本质上来说仍然属于统一管理与分级、分部门管理相结合的模式。这一体制容易导致水生态安全事务多头管理，各自为政，不仅降低了国家行政机关的工作效率，也不利于水资源的优化配置和综合利用。为了实现水资源可持续利用和水生态环境长治久安，水事管理的体制机制必须不断进行改革创新：第一，要完善相关法律法规，对水资源管理改变以往以行政为主导、多部门分散的管理局面；第二，要严格依托水资源的流动性、整体性、上下游紧密联系特性,借鉴欧美国家先进经验,以流域为基础建立管理与经济发展、区域与流域、地方与中央相结合的水生态管理机制,对负责流域内管理的机构赋予充足的自主经营权和决策权,使其能够宏观协调、规划与监督同时进行,促进整个流域经济的发展。

(二)健全完善配套的法律制度

健全法制、依法治水,是水资源保护工作的基础,要依托系统完善的水生态安全法律法规体系,切实维护水生态法律法规的权威和尊严,全面提高水利系统依法行政的水平,使我们水资源的开发利用和保护全面进入科学治水、依法治水体系,实现水资源持续利用。

1. 建立市场化法律体系

在市场经济下,水的价值不断得到多元化发掘,水资源也逐渐步入市场化运作。所以要健全水生态保护的法律法规,建立用益物权制度、水权流转制度、债权制度和水价法律制度等用来解决水资源多元性价值产生的矛盾。

2. 因地制宜建立配套制度

针对各区域、流域的实际特点制定相对应的配套法规政策,比如设立黄河流域水生态安全保护法等,更有针对性的法律法规会增强实际可操作性,会在落地过程中做到有的放矢。

3. 建立完整的执法责任体系

依法治水、科学治水在有法可依之外,还必须做到执法必严、违法必究。要充分运用警告、罚金等多种手段执法,对于个别影响特别恶劣、后果特别严重的,除追究刑事责任外,还要公开曝光、增强震慑力,运用宣传手段、发动舆论力量增强执法效果。

另外,还要在法律制度中赋予水行政执法机关及工作人员查封、扣押、没收等行政强制权。主要理由在于:(1)赋予水行政执法机关及工作人员查封、扣押、没收等行政强制权,是维护水事管理秩序的需要。在水政执法实践中,由于缺乏必要的行政强制手段,执法工作开展十分困难,不利于有效打击涉水违法行为,也不利于有效维护正常水事管理秩序。(2)赋予水行政执法机关及工作人员查封、扣押、没收等行政强制权,是水政执法机关有效行使职权的需要。水政执法机关履行职责,必须要有与之相匹配的法律手段,以便能有效预防和制裁违法行为,对不履行法定义务的行政相对人依法实施必要的强制,这是法律"刚性"作用的需要。(3)赋予水政执法机关及工作人员查封、扣押、没收等行政强制权,是适应水政执法特殊性的需要。部分涉水违法行为具有很强的流动性,如果不及时采取强制措施,可能会导致违法行为人逃离违法现场。事后,水行政机关要想再执行,将会增加执行难度和执行成本,降低执行保证率。

（三）完善水生态保护刑事法律制度

1. 增设破坏水生态相关罪名

完善水生态保护刑事立法框架，增强水生态保护刑事法网的严密性，是开展水生态保护的根本性措施之一。首先应增设水资源开发利用方面的相关罪名，如非法取水罪等；其次是增设造成水污染、破坏水生态的相关罪名，如水环境污染罪等；最后是毁坏、破坏性取水及水文设施罪等。

2. 加强水生态相关刑事保护力度

因为水生态是自然生态的一部分，如果受到污染或者破坏，很难在第一时间被发现，从而导致犯罪取证较难。而当前我们采取的模式是过错责任原则，只惩罚结果犯，这对整个水生态保护是相当不利的。所以，水生态保护不能仅局限于结果犯，应该将行为犯和危险犯也纳入其中，这样才能更好更有效地预防破坏生态行为的发生。

根据近年来水资源管理中出现的违反水量调度管理、破坏地下水保护、违法填堵河道等新型违法行为，进一步明确其相应的法律责任。同时，还要以此次《水法》修订为契机，进一步推动严重水事违法行为入刑，将非法取水、故意破坏水利工程设施等严重违法行为纳入刑法调整范畴。

3. 增强水生态违法犯罪活动打击力度

以往我们在处理水生态的违法犯罪中，大多数采用的是行政处罚，这对于具有丰厚利润的水生态污染企业来说根本起不到震慑作用，所以要想减少水资源相关的违法活动，必须持续加大刑法打击力度，对其严肃追责。

（四）建立水生态环境保护补偿法律制度

1. 完善相应法规或条例

用法律形式，落实生态补偿机制。当前，我们国家的生态补偿机制还没有形成统一的规则制度，不同区域的补偿政策也千差万别，整体还处于初级阶段。我们应坚持“谁开发，谁保护；谁破坏，谁恢复；谁受益，谁补偿；谁污染，谁付费”的原则，充分发挥市场作用，不断完善政府调控手段，逐步建立规范化、法律化的生态补偿机制。

2. 探索市场化生态补偿模式

动员社会各界参与建立生态补偿机制。积极探索排污交易权、资源使用权等市场化的补偿模式，尽快建立完善水资源使用出让、转让等制度，加强不同主体之间在水资源利用和水生态安全保护方面的合作。另外，还需要建立在政府监管下的排污权交易，运用市场机制降低运营成本，提高效率。通过一系列的政策引导作用，积极吸引社会资本进入水生态环境保护、水生态建设和资源开发，建立起政府引导、市场推进、社会参与的水生态补偿机制。

3. 试点探索建立水生态补偿机制

我国部分地区在前期开展积极探索，已经取得一定成效。比如在浙江省，2005

年,出台《关于进一步完善生态补偿机制的若干意见》(已失效);2006 年,出台《钱塘江源头地区生态环境环保省级财政专项补助暂行办法》;2008 年,出台《浙江省生态环保财力转移支付试行办法》,成为全国第一个实施省内全流域补偿的省份。我们国家其他地区在鼓励开展试点工作时,也可借鉴其先进经验,补充完善本地生态补偿机制,确保试点工作的顺利开展。

就补偿所涉主体而言,主要涉及流域上级政府实施纵向协调(如在中央协调下,2013 年广西、广东两省实施的关于九州江流域环境治理的生态补偿实践)、流域同级政府间的横向组织协调(如 2011 年浙江与安徽两省围绕新安江流域水环境治理实施的所谓"水质对赌协议")。就补偿资金来源来看,主要包括财政资金纵向补偿机制(如 2008 年开始实施的《浙江省生态环保财力转移支付试行办法》)、财政资金横向补偿机制(如 2014 年实施的《江苏省水环境区域补偿实施办法(试行)》)、财政资金混合补偿机制(如 2008 年山东省与莱芜、泰安两市围绕大汶河领域水生态补偿的实践协议,2012 年安徽与浙江签署的《关于新安江水环境补偿协议》),除了常规性的资金补偿形式外,实践中还涉及专业人才培训、强化补偿区域间在经济发展与生态保护间的对口协作、产业转移、生态园区共建等多元化水生态补偿实践形式。

(五)建立促进公众参与水生态保护制度

只有紧紧依靠群众参与的水事行政管理才是水生态法律保护的良策。一是要保证公众知情权和监督权。其核心就是建立水生态安全管理信息公开制度、听证制度、程序公示制度等,敦促和监督水行政管理机关作出公平、公正、高效的管理行为。二是建立水安全保护宣传激励制度。结合我国不同地区的具体情况,有针对性地建立节水型经济激励制度,通过群众的积极参与扩大宣传节水效果、提高水生态安全意识,并进而影响带动更多的群众参与到保护水生态安全的人民大军中。持续加强节水宣传教育;加强国情水情教育,建设国家水情教育基地,向全民普及节水知识。持续开展世界水日、中国水周、全国城市节水宣传周等形式多样的主题宣传活动。强化水行政主管部门的节水管理和服务职责,加强节水形势宣传、知识普及、信息公开和政策解读,鼓励引导社会公众自觉参与爱水、节水行动。加强节水教育培训,逐步将节水纳入国民素质教育和中小学教育活动,积极推进节水教育进校园、进课堂,培育校园节水文化。

典型案例

江苏省扬州市人民检察诉高某龙等 10 人环境民事公益诉讼案

(最高人民法院发布 10 个长江流域水生态司法保护典型案例之九)

【基本案情】

2019 年年初,高某龙等 8 人在高邮湖、邵伯湖禁渔期内,使用电瓶、逆变器、电渔网等工具,多次采用快艇拉网方式电捕鱼,捕获渔获物1.3万余斤。李某宽明知非法捕捞仍利用工作之便违规开闸。王某早明知系非法捕捞渔获物仍予收购。高某龙、李某宽、王某早等10人因非法捕捞行为已被另案依法追究刑事责任。江苏省扬州市人民检察提起环境民事公益诉讼,请求判令高某龙等10人在国家级媒体公开赔礼道歉,并依法承担相应的生态环境损害赔偿责任。

【裁判结果】

江苏省南京市中级人民法院一审认为,高某龙等人作为电捕鱼组织实施者,组织策划或直接实施电捕行为,造成生态资源重大损害;李某宽作为协助者,其行为与生态资源损害结果之间有法律上的因果关系;王某早作为收购者,与高某某形成固定的捕捞、销售、收购链条,均应在相应范围内承担赔偿责任。一审法院判令高某龙等人在国家级媒体公开赔礼道歉,并对非法捕捞、收购行为造成的生态资源损失、直接渔业资源损失分别或者连带承担152.44万元至3.95万元不等的赔偿责任,上述款项用于高邮湖、邵伯湖地区生态资源修复。一审判决已发生法律效力。

【典型意义】

该案系在长江流域国家级水产种质资源保护区非法捕捞水产品引发的环境民事公益诉讼。该案中,人民法院对从事或者协助非法捕捞、收购的全部当事人均课以法律责任,并在庭后开展增殖放流、集中销毁电鱼器具网具等多种活动,体现了人民法院严惩非法捕捞、销售、收购长江野生鱼类黑色产业链条的决心,有助于营造全社会保护长江流域生态环境的良好氛围。该案具有重要意义:

1.准确认定生态修复费用,使电捕鱼案件的生态损失鉴定有了新路径。由于鉴定机构和标准不统一,电捕鱼案件的难点在于如何准确认定生态修复费用。在该案办理过程中,检察机关没有局限于既往判例,而是在科学实验的基础上,以电捕鱼获物损失、被电击致死或伤害的其他鱼类损失、鱼类繁殖损失、鱼类饵料生物四项损害为定损模型,计算公益修复数额,依法追究侵权责任。

2.查明"捕捞—销售—收购"之间的因果关系,依法追究生态损害侵权责任。"捕捞—销售—收购"链条中的收购者,由于没有刑法上的共同故意,不构成共同犯罪,则以掩饰、隐瞒犯罪所得罪追究责任。但在这类破坏生物多样性案件中,收购者在"捕捞—销售—收购"全链条中不可缺少,与其他环节相互利用、相互支持,共同损害生态资源,符合侵权责任法规定的共同侵权要件。检察机关依法要求其承担民事侵权责任,既增加了违法成本,又铲除了利益链条的"最终端"。

3.加强司法与执法联动,做好释法说理,让保护"生物多样性"的理念深入人心。生物多样性是地球生命的基础。生态兴则文明兴,生态衰则文明衰。检察机关通过与执法机关联动,围绕该案办理,开展了一系列的释法说理活动,传递渔业资源保护意识。该案公益诉讼的提起,加大了对高压电捕鱼的打击力度,对保护生物多样性具有积极意义,让"保护生物多样性"的理念深入人心。

CHAPTER 08
第八章

水文化保护政策与法律制度

—— 导　读 ——

水文化是中华文化的重要组成部分，也是水利事业不可或缺的重要内容。习近平总书记先后对保护传承弘扬利用黄河文化、长江文化、大运河文化作出一系列重要指示批示，明确提出统筹考虑水环境、水生态、水资源、水安全、水文化等多方面的有机联系。要保障水安全，前提就是正确处理好人与水的关系，而水文化的实质正是人与水关系的文化，对于人类的行为具有指导、引领、教化、熏陶功能。当今社会在用水领域存在的一些不良习惯、行为，部分根源于不健全的水文化法律制度。因此，当前水文化发展急需建章立制，引进先进经验和管理模式，加强水文化法制建设。本章在界定水文化内涵的基础上，探讨了水文化在保障水安全和节水型社会建设中的重要作用，梳理了与水文化建设相关的法律法规，并针对现有水文化法律制度的不足，尝试性地提出水文化法律框架体系。

第一节　水文化概述

一、水文化的提出

水是生存之本、文明之源。水与人类生存、经济社会、治国安邦和生态环境的联系十分密切，水不仅孕育了中华文明，也催生了华夏民族。中国人一直对水抱有敬意与美意。古代的哲学家们说“天一生水”“水者，何也？万物之本原也，诸生之宗室也”，把水看作万物之母。管仲指出“是以圣人之治于世也，不人告也，不户说也，其枢在水”，认为治理国家的关键在于掌握水。老子曾说“水，善利万物而不争，处众人之所恶，故几于道”，将水与道联系起来。中国古代关于水的哲学思想是中国古代自然哲学的精华，也是中国古代文化的精华。中华民族悠久的文明史，从某种意义上说就是一部治水史。在长期的治水实践中，中华民族形成了独特丰富的水文化。水文化是中华文化和民族精神的重要组成部分，也是水利事业不可或缺的重要内容。

党的十一届三中全会后,我国的水利事业出现了一个新的发展时期,提出了“大水利”“社会办水利”“水利为社会”等新理念。特别是1988年1月《水法》的颁布,标志着我国水利事业进入了依法治水的新阶段。在上述背景下,1988年10月,水利部淮河委员会召开了淮河流域四省宣传工作会议,时任淮河水利委员会宣传教育处处长李宗新同志,在《加强治淮宣传工作,推进治淮事业发展》的大会发言中提出:“要开展水文化的研究,要研究水事、水政、水利的发展历史和彼此关系;研究水与人类文明、社会发展的密切关系;研究水利事业的共同价值观念等。”此时,水文化主要是从水利行业文化的角度提出的,具有明显的社会文化性质。[1] 2007年10月25日,时任水利部部长陈雷在传达党的十七大精神时指出:“积极推进水文化建设,以水利实践为载体,弘扬水文化传统,创造无愧于时代的先进水文化,推动社会主义文化大发展大繁荣。”2010年3月,李长春同志在中国水利博物馆建馆的批示中说:“水文化博大精深,值得深入研究、广泛宣传和大力传承。”水文化建设逐步受到水利部和中央领导的高度重视。

党的十八大以来,习近平总书记先后对大运河文化、黄河文化、长江文化等作出系列重要指示批示,为新阶段水文化建设提供了根本遵循和行动指南。2019年9月18日,习近平总书记在黄河流域生态保护和高质量发展座谈会上提出“黄河文化是中华文明的重要组成部分,是中华民族的根和魂”,要“保护、传承、弘扬黄河文化”。2020年11月14日,习近平总书记在全面推动长江经济带发展座谈会上,强调要“统筹考虑水环境、水生态、水资源、水安全、水文化和岸线等多方面的有机联系”,并指出“要把长江文化保护好、传承好、弘扬好”。这充分反映了党和国家最高领导人对水文化的高度重视,也标志着人们对水文化的认识迈进了一个更高的层次。

二、水文化的界定

(一)现有研究中水文化的概念

大禹治水奠定了国家文明的根基。“水利”更是中国特有的词汇。司马迁在《史记》中已使用“水利”一词,即“水之为利害也”,指的是兴水之利,除水之害。在中国历史上,因为都江堰,成都平原成为水旱从人、沃野千里的“天府之国”;因为郑国渠,关中沃野无凶年,秦以富强,卒并诸侯;因为三峡水利枢纽,长江中游城市如武汉、荆州等地的防洪能力得到显著提升;因为南水北调,我国北方地区的经济发展、社会稳定和生态改善有了坚强的保障……文明的发展离不开水利,水利的发展铸就更辉煌的文明。

如何界定水文化是水文化研究的重要课题,但对于水文化的界定是仁者见仁、智者见智,其中较具代表性的有以下几类观点。

---

[1] 参见李宗新、闫彦编著:《中华水文化文集》,中国水利水电出版社2012年版,第6页。

(1)物质层面的水文化。物质层面的水文化并不是说物质就是文化,这种物质只是作为一种文化的载体,融入人类的劳动,融入人们的思想形成社会财富以后才能形成文化。物质层面的水文化主要包括水形态、水工程、水工具、水环境、水景观等。水有不同的自然形态,如江、河、湖、海等,这些自然形态的水还不是文化,但是,当人们把某种精神寄托在这些水的自然形态中时就形成了一种文化。水工程是指古今的一切水工程建筑,如京杭大运河、都江堰、三峡水利枢纽工程、南水北调工程等。一切水工程的设计、施工、功能都凝聚着不同时代人们的知识、智慧和创造力,是水文化的一种重要载体。水工具是指治水、管水、用水、护水的工具。工具的制造和使用是人类特有的一种文化行为,也是一种典型的文化现象。水工具是人们在用水、治水、管水中使用的用具、机械、仪器和设备的总称,每一种水工具都蕴含着人类的知识、智慧和创造力,是水文化的重要载体,不同时代的水工具代表着不同时代的水文化。水环境通常指江、河、湖、海、地下水等自然环境,以及水库、运河、渠系等人工环境。水环境不仅有给人们不同使用价值的意义,而且有给人们审美价值的作用。水环境与水文化有密切的关系,形态多姿、优美的水环境给人以灵感,是诗歌、绘画、文学创作的重要源泉和场所。水景观是指以水为景形成的风景区。水利风景区是以水域(水体)或水利工程为依托,具有一定规模和质量的风景资源与环境条件,可以开展观光娱乐休闲度假或科学文化教育活动的区域。水景观是展示水文化的窗口,是传播水文化的重要载体。

(2)制度层面的水文化。制度层面的水文化是劳动者与劳动对象、人与物、物质与精神的结合,是指导和规范人们行为的水文化。制度层面的水文化可以分为两个部分:一是与水有关的法律、法规、条例、制度、方针政策、重大决定等。这些是体现领导者和管理者意志的,用来规范人们行为的准则,用于指导人们在水事活动的实践中创新和创造水文化。二是人们的实践行为,主要指人们在饮水、治水、管水、用水、亲水等实践中的行为规范。饮水文化是阐明人饮水的重要意义以及如何科学饮水;治水文化是指在治水过程中的各种文化行为,如水文、勘测、规划、设计、工程建设中所进行的科学研究、科学实验、文化教育等各种实践活动中的文化行为;管水文化是指对水资源和水工程管理中的文化行为;用水文化是阐明科学用水、节约用水,构建节水型社会的重要意义;亲水文化是讲人水和谐的文化意义。制度层面的水文化,就是要以国家法律、方针政策和先进的思路理念指导水事活动,培育人们爱水、节水的生活方式,增强人们依法治水、管水的法制意识,使人们在水事活动实践中创造、发展水文化。

(3)精神层面的水文化。精神层面的水文化主要指与水有关的意识形态,是人们在长期的水事活动中形成的一种心理积淀,具有历史的继承性和相对的稳定性,对指导人们的行为和维系事业的连续性具有十分重要的作用。精神层面的水文化主要包括水哲学、水精神、水价值、水文艺、水著作等。水哲学,是指水自身的哲学意义和水给人们的哲学启示；水精神，是指因水而形成的精神力量，包括理想信仰、思想道德、行业精神等；水价值，是指水、水利工作、水利人的价值观；水文艺，即以水为题材创作的文学和艺术作品；水著作，是指以水为主题的各种文字记载、科学著述等，是积累和传承水文化的重要载体。

（二）本书关于水文化的观点

我们认为，水文化是有关水的文化或是人与水关系的文化。也可以说，水文化是人们在水事活动中，以水为载体创造的各种文化现象的总和，或者说民族文化中以水为轴心的文化集合体。广义的水文化是人们在水事活动中创造物质财富和精神财富能力与成果的总和；狭义的水文化是指观念形态的文化，主要包括与水有密切关系的思想意识、价值观念、精神成果等。

水文化是以治水实践为载体进而产生的物质水文化与非物质水文化。物质水文化，是指人类在饮水、用水、治水、管水、赏水等实践活动中创造的物质财富的总和，是一种有形的可视、可触的客观存在，是人们水观念的外在、具体表现形式。物质水文化主要包括经过人工的实践活动而发现或建造的水景观、水环境、水工程、水工具等。从都江堰、灵渠、京杭大运河、郑国渠等古代水利工程，到三峡、小浪底、南水北调、黄河标准化堤防等现代水利工程，其设计、施工、造型、工艺和作用，都凝聚着不同时代人们的文化创造。非物质水文化主要包括制度和精神水文化。制度水文化，是指人们对水利用、开发、治理、配置、节约、保护以及协调水与经济社会发展关系过程中所形成的法律法规、规程规范以及组织形态、管理体制、运行机制等构成的外显文化，是水文化的格式化和规范化，包括与水有关的法律法规、风俗习惯、宗教仪式及社会组织。从西汉时期的《水令》，到今天以《水法》为代表的一系列水利法律法规，都反映了不同时代的社会关系、生产方式、行为准则和制度模式。精神水文化，是指人类在与水打交道的过程中创造的非实在性财富，如水科学、水伦理、水哲学、水文艺、水风俗等，包括与水有关的思想意识、价值观念、行业精神、科学著作以及文学艺术等。例如，天人合一、人水和谐的思维方式，水能载舟、亦能覆舟的政治智慧，水善利万物而不争的道德情操，以及以水为题材创作的大量神话传说、诗词歌赋、音乐戏曲、绘画摄影、科学著述，这些内涵丰富的精神产品，是中华民族特有的文化瑰宝。

（三）水文化中治水思路的转变

治水思路是精神形态的水文化，是水文化的最大创新和最新成果。我国当代治水思路的转变经历了以下两个重要的阶段。

一是21世纪初期，水利部和我国水利理论界根据中央的治水方针，以科学发展观为指导，从我国国情、水情出发，提出了"从传统水利向现代水利、可持续发展水利转变，以水资源的可持续利用支持经济社会的可持续发展"治水思路，并在治水管水的理论上进行了一系列创新。新的治水思路和理论创新，确立了"人与自然和谐相处”的新的治水理念，提出变传统的工程水利、农村水利为资源水利、现代水利、城市水利、生态水利和环境水利。其主要内容包括：①树立人与水和谐共处的理念；②人类应调整约束自己的行为，减少对大自然的干扰侵害；③转变和提升对水重要性的认识；④经济建设和城市发展要充分考虑水资源和水环境的承载能力；⑤调整水利工作重点，在抓好水资源开发、利用和治理的同时，着重搞好水资源的节约、保护和配置；⑥建立符合社会主义市场经济体制要求的水管理体制和机制。

二是党的十八大以来，习近平总书记站在战略和全局高度，深刻洞察我国国情水情，深刻分析经济社会发展大势，就保障国家水安全发表重要讲话并提出“节水优先、空间均衡、系统治理、两手发力”治水思路。“十六字”治水思路是习近平总书记关于治水系列重要讲话的思想主线，是逻辑严密的治水理论体系，是新发展理念在治水领域的集中体现。从理论逻辑来看，“十六字”治水思路坚持人与自然和谐共生，更加注重尊重自然、顺应自然、保护自然，更加突出节约优先、保护优先、生态优先，更加强调从改变自然、征服自然转向调整人的行为、纠正人的错误行为，深化了保护发展的实践认识，体现了我们党对治水规律认识的新高度，丰富和发展了马克思主义人与自然关系论述的理论内涵，是习近平生态文明思想的重要组成，深刻阐释了人与水、人与自然辩证统一的关系。[1] “节水优先”抓住了主要矛盾和矛盾的主要方面，强调要抑制不合理的用水需求，提高水资源利用效率，突出节水的优先地位，把节水作为解决水问题的根本出路。“空间均衡”表明要尊重自然和客观规律，将人口经济发展规模控制在水资源承载能力范围之内，以水资源的可持续利用支撑经济社会的可持续发展。“系统治理”强调解决水问题不能“头痛医头、脚痛医脚”，必须按照山水林田湖草是一个生命共同体的理念，在统筹自然生态各个要素的基础上进行治水。“两手发力”是矛盾对立统一规律的具体应用，要求在解决水问题、提供水服务时，不能仅依靠政府，或仅依靠市场，要推动有效市场和有为政府更好地结合，切实把政府和市场的优势充分发挥出来。

从历史逻辑来看，“十六字”治水思路深刻论述了治水与治国的内在关系，鲜明地指出了治水对我国的特殊重要性，明确水安全是涉及国家长治久安的大事，是在纵览中华民族五千年治水史基础上对治水规律的科学把握。我国独特的地理条件和农耕文明决定了治水对中华民族生存发展和国家统一兴盛的重大意义。大禹治水催化了统一国家的诞生，春秋战国时期的秦国修建都江堰、郑国渠、灵渠得以成就大一统霸业。我国历史上的一些“盛世”局面，无不得益于统治者对水利的重视，得益于水利建设成就。兴水利、除水害，古今中外都是治国大事。兴修水利，取江河之利为民所用，提高生产能力和水平，实现民富国强，是长期以来我国治水事业长盛不

---

〔1〕 参见陈茂山、王建平、夏朋：《“十六字”治水思路是推动新阶段水利高质量发展的根本遵循》，载《水利发展研究》2021 年第 9 期。

衰的内在动力和基本逻辑,从都江堰、京杭大运河到三峡、小浪底、南水北调等,都发挥了巨大的社会效益、经济效益和生态效益,既造福当代,更泽被后世。尽管不同时期治水重点和任务有所不同,但其共同点都是为经济社会发展创造稳定的环境和条件,服务经济社会发展、增进人民福祉。

从实践逻辑来看,“十六字”治水思路针对新老水问题相互交织的国情水情,面向经济社会发展对水利的实践需求,为统筹解决新老水问题、支撑和保障全面建设社会主义现代化国家提供了科学指南。在保障国家安全与发展的需求方面,我国防洪工程体系需要进一步巩固提升,需要建设现代化、高标准、与经济社会相协调的流域防洪减灾体系,为确保人民生命财产安全筑起坚强屏障;同时,水工程安全运行及保障能力、水资源集约安全利用水平需要进一步提升,为国家经济长期稳定发展提供有力支撑。在解决发展不平衡不充分的问题方面,长江经济带发展、黄河流域生态保护和高质量发展等重大国家战略,要求必须尊重流域管理客观规律,坚持系统观念,进行统筹保护和治理;乡村振兴战略要求深入推进农村水利基础设施提档升级,巩固提升农村饮水安全保障水平,加强河湖管理和实施河湖水系综合治理,为提高农业质量效益和竞争力、提高农村民生保障水平、改善农村人居环境提供坚实支撑。在实现人与自然和谐共生的现代化需求方面,解决水资源短缺、水生态损害、水环境污染等新问题,要求必须坚持空间均衡,立足水资源承载能力,强化水资源刚性约束,合理规划城市、土地、人口和产业发展,落实以水定城、以水定地、以水定人、以水定产;必须坚持山水林田湖草沙综合治理、系统治理、源头治理,加强大江大河和重要湖泊湿地生态保护治理,提升生态系统整体质量和稳定性。

三、水文化建设路径

水文化建设是弘扬中华文化和建设社会主义文化的重要组成部分,是大发展大繁荣水文化的根本途径,是水利行业文化建设和社会主义精神文明建设的重要内容。加强水文化建设,培育“以人为本”“人水和谐”等观念,从文化的角度促进中国水问题解决,对我国水危机问题具有重要的现实意义和深远的历史意义。当前,加强水文化建设的主要路径包括以下几个方面。

(一)中华优秀治水文化保护与传承

1. 加强水文化遗产的资源调查与研究

以治水实践为主线,深入挖掘水文化遗产,编制水文化遗产调查规范,分流域、分省(自治区、直辖市)因地制宜组织开展水文化遗产资源调查,逐步摸清全国水文化遗产资源家底。对水利工程遗产的分布进行梳理,建立水利工程遗产数据库。在条件成熟的地区,对非工程性文化遗产进行调查和整理,编制国家水利遗产名录。建立水文化遗产资料库,创新管理模式,推动资料、档案的保护、开放和共享,推动深化水文化遗产及水利史研究。

2. 推动国家水利遗产认定

开展国家水利遗产认定工作，采取试点先行、逐步扩大的方式，逐步推进国家水利遗产认定和规范管理工作。利用5年时间，以黄河流域、长江流域、大运河沿线为重点，初步认定50处以上的国家水利遗产，基本形成兼顾各种类型、各种特点、各区域的遗产分布格局。逐步完善国家水利遗产认定标准，鼓励遗产所在地政府部门出台相应保护与利用专项规划。建立协调工作机制，推动更多水利遗产列入世界文化遗产和世界灌溉工程遗产。

3. 完善水文化遗产管理体系

建立健全水文化遗产保护与利用规划体系，指导和推动各流域、各省（自治区、直辖市）编制水文化遗产保护与利用规划。编制国家水利遗产认定管理办法、国家水利遗产申报导则等政策性文件。以政府为主导，建立促进水文化产业发展的管理制度，引导更多社会资本参与水文化建设。推进世界灌溉工程遗产遴选与管理制度建设，加强动态管理。

4. 重点加强"红色水文化"保护与挖掘

在革命建设年代，中国共产党领导人民开展了广泛的治水实践，创造了许多极具特色的"红色水文化"。在开展调查的基础上，充分挖掘"红色水文化"中蕴含的治水精神、革命精神和历史文化内涵，积极推进挖掘、保护、传播等工作。

（二）当代水工程与水文化融合提升

1. 提升水利工程文化内涵

对已建工程，充分挖掘水利工程文化功能，从保护传承弘扬角度将水利工程与其蕴含的水文化元素有机融合，提升水利工程文化品位。对新建、在建工程，在工程建设中融入水文化元素，依据工程特点配建水文化、水利科普展示场所，面向社会公众开放。重点建设一批富含水文化元素的精品水利工程，积极开展水工程与水文化有机融合案例推选、示范推广工作。

2. 完善水利工程建设规划与标准等政策体系

在相关水利规划中增加水文化建设的有关内容，建立与完善水文化规划体系。将水文化要素纳入水利工程建设标准体系，确保水利工程建设与文化保护传承同步规划、同步设计、同步建设。梳理现有水利工程建设管理政策文件中的相关条款，补充水文化建设相关内容，把水文化元素列入工程建设规范、标准、定额及评价指标体系等。积极推动制定国家或行业水文化建设方面的规范或标准，鼓励社团和地方出台水文化建设领域的相关规范或标准。强化创新设计引领，鼓励发展体现中国文化魅力的水利工程设计。

3. 推动江河文化提升工程建设

总结推广水生态文明建设试点成果和经验，推动江河文化及地域水文化挖掘与利用，重点推进黄河文化、长江文化、大运河文化的传承与弘扬。结合河湖水系连通、河湖生态修复、流域综合治理等工程，推进河湖水域岸线的生态化以及与文化融合建设的实践探索，打造示范“美丽健康河湖”，展现河湖治理成效。开展河流寻根溯源及发源地立碑标记工作。以黄河、长江及大运河等为重点，推动建设以水文化为主题的国家文化公园。

（三）新发展阶段水文化传播与弘扬

1. 加强水文化阵地建设

以水利风景区、水情教育基地、水保科教园（示范园）、博物馆、档案馆、展示（览）馆、水文化园区、主题公园等为载体，加强面向社会公众的水文化宣传教育。以水利工程为依托，采取“工程＋文化”等形式，鼓励与水相关文化的多元化、多样化发展。

2. 丰富宣传模式与手段

拓宽水文化宣传教育渠道，开发研学课堂，积极开展水文化进社区、进校园、进机关、进企业、进基层等活动。积极推动水文化纳入国情国民教育，通过展览、读物、博览会、讲坛、比赛等形式，开展水科普活动，利用世界水日、中国水周等时间节点，面向社会公众广泛开展科普活动。多渠道创新传播模式，综合利用传统媒体、新媒体等多种传播途径，利用数字技术、网络技术、虚拟现实技术等现代化手段，推动水文化创新发展。

3. 加强水利行业精神文明建设

加强水利单位文化建设，探索水利系统单位精神文明建设、文化建设和思想政治工作融合发展的路径，把水文化建设与群众性精神文明创建活动结合起来，引导群众更加自觉、主动地弘扬水文化。

4. 促进水文化国际交流与合作

坚持“引进来”与“走出去”相结合，积极借鉴国外水文化保护利用管理和宣传等方面的经验，加强中国水文化对外交流合作。充分利用参与国际水事活动和国际水组织平台的机会，加大中华水文化对外宣介力度，提升中华水文化的国际地位与影响力。加强与联合国涉水组织的联系交流，研究推动设立国际水文化中心。

第二节　水文化与水安全

一、从水文化入手揭示水安全的实质

2011 年，中央一号文件中共中央、国务院《关于加快水利改革发展的决定》以水利改革发展为主题，向全党全社会发出了大兴水利的明确信号，这是新中国成立以来中央首个关于水利的综合性政策文件。文件提到保障城乡居民饮水安全和农村饮水安全，必须坚持人水和谐，顺应自然规律和社会发展规律，合理开发、优化配置、全面节约、有效保护水资源。要保障水安全，前提就是要正确处理好人与水的关系，

而水文化实质正是人与水关系的文化，是在人与水发生联系的过程中形成的一种文化现象。

2014 年 3 月 14 日，习近平总书记在中央财经领导小组第五次会议上就保障水安全的问题，发表了重要讲话。为了保障水安全，正确处理好人与水的关系，习近平总书记提出了“节水优先、空间均衡、系统治理、两手发力”新时代的治水思路。这一治水思路是在对历史保障水安全经验总结的基础上，经过深思熟虑后，对新时期治水道路的思考、确定和践行。这是一种思想的结晶，是一种水文化的创新成果。

在这次重要讲话中，习近平总书记还提出了保障水安全的治本之方。在谈到如何正确处理好人与水的关系时，他说：“要调整人的行为、纠正人的错误行为。”鄂竟平部长说：“这是针对新老水问题开出的治本之方，是对传统治水思路的革命性转变。”从水文化视角看这一治本之方，揭示了制度层面水文化的实质。因为制度层面的水文化就是通过法律、法规、方针、政策、规章、风俗等来规范人们水事活动促其实施正确行为的水文化。调整人的行为、纠正人的错误行为，就是要求变革人水关系、调整生产关系、转变传统的治水管水思路、重塑水利行业的各项工作。

二、水文化在水安全中的作用

2019 年 9 月 18 日，习近平总书记在黄河流域生态保护和高质量发展座谈会上的讲话中强调，要保护、传承、弘扬黄河文化，推进黄河文化遗产的系统保护，守好老祖宗留给我们的宝贵遗产，要深入挖掘黄河文化蕴含的时代价值，讲好“黄河故事”，延续历史文脉，坚定文化自信，为实现中华民族伟大复兴的中国梦凝聚精神力量，这是实现“让黄河成为造福人民的幸福河”的核心任务之一。

2020 年 11 月 14 日，习近平总书记在南京市主持召开全面推动长江经济带发展座谈会，并发表重要讲话。他指出“要把修复长江生态环境摆在压倒性位置，构建综合治理新体系，统筹考虑水环境、水生态、水资源、水安全、水文化和岸线等多方面的有机联系，推进长江上中下游、江河湖库、左右岸、干支流协同治理，改善长江生态环境和水域生态功能，提升生态系统质量和稳定性”。这里肯定了水文化在修复长江生态环境，改善长江生态环境和水域生态功能，提升生态系统质量和稳定性中的重要作用，充分反映了党和国家最高领导人对水文化的高度重视，也标志着人们对水文化的认识迈进了一个更高的层次。

三、水文化在节水型社会建设中的作用

文化决定观念，观念指导行为。水文化是在人水关系实践中产生的文化，对于人类的行为具有指导、引领、教化、熏陶功能。在建设节水型社会的进程中，先进的水文化发挥着重要作用。当今社会在用水领域存在的一些不良习惯、行为，则根源于落后的水文化观念。在节水型社会建设中，除了采取法律政策、制度构建、科技手段之外，还应发挥先进水文化的作用进行文化心理上的除旧布新，培育全社会良好

的用水素质和节水、爱水的水文化观念。政府宣传节约用水已有多年，全国最早的地方节水管理机构在20世纪50年代中期即已成立，70年代初期在全国范围内提出了“节约用水”的要求，80年代国家有关部门强调“加强城市节水”，我国城市的节水工作逐步走向正轨，取得了很大的成绩。〔1〕党的十八大以来，习近平总书记站在战略和全局的高度，就保障国家水安全发表重要讲话并提出“节水优先”治水思路，其中，“节水优先”强调要抑制不合理用水需求，提高水资源利用效率，突出节水的优先地位，把节水作为解决水问题的根本出路。但从实践来看，在企事业单位和民众之中，还没有普遍形成自觉的节水文化。

四、现行法律法规中水文化与水安全的关系

（一）《长江保护法》

2020年12月26日，第十三届全国人民代表大会常务委员会第二十四次会议通过《长江保护法》，这是我国首部有关流域保护的专门法律。该法在第一章总则第15条规定：“国务院有关部门和长江流域县级以上地方人民政府及其有关部门应当采取措施，保护长江流域历史文化名城名镇名村，加强长江流域文化遗产保护工作，继承和弘扬长江流域优秀特色文化。”该条法律条文彰显了水文化在保障长江流域水安全中的重要作用。

（二）《黄河保护法》

2022年10月30日，第十三届全国人民代表大会常务委员会第三十七次会议表决通过《黄河保护法》，这是一部针对黄河流域的基础性、综合性和统领性专门法律。《黄河保护法》设置“黄河文化保护传承弘扬”专章，对保护传承弘扬黄河文化主要作了以下规定：一是明确国家加强黄河文化保护传承弘扬，系统保护黄河文化遗产，研究黄河文化发展脉络，阐发黄河文化精神内涵和时代价值，铸牢中华民族共同体意识。二是要求编制黄河文化保护传承弘扬规划，推动黄河文化体系建设，组织开展黄河文化和治河历史研究，推动黄河文化创造性转化和创新性发展。三是规定国家加强黄河流域具有革命纪念意义的文物和遗迹保护，建设革命传统教育、爱国主义教育基地，传承弘扬黄河红色文化。四是对黄河文化资源调查、文化遗产保护、黄河国家文化公园建设、公共文化服务、文艺作品创作、文化宣传展示等作了规定。《黄河保护法》以法的形式对保护传承弘扬黄河文化的法律主体、职责权限等作出规定，不仅为黄河文化事业发展提供坚强的法治保障，也必将有力促进黄河文化事业大发展大繁荣，对延续中华民族的历史文脉、维系中华民族的精神纽带、打牢文化强国的坚实根基发挥重大作用。

---

〔1〕参见尉天骄：《从水文化视角看节水型社会建设》，载《河海大学学报（哲学社会科学版）》2010年第4期。

五、水安全保障规划中水文化与水安全的关系

(一)《"十四五"水安全保障规划》

《"十四五"水安全保障规划》中包括"推进水文化建设和水情教育"专节，主要以保护、传承、弘扬和利用中华水文化为主线，加强水文化建设，繁荣发展先进水文化，保护河湖水生态和水利工程的思想意识和行动自觉，为保障国家水安全提供强有力的思想保证、精神动力和文化支撑。

主要内容包括:(1)加大水文化遗产保护和挖掘。强化中华优秀水文化保护和挖掘，因地制宜组织开展水文化遗产调查和认定，制定国家水利遗产认定标准和管理办法。开展国家水利遗产认定，积极推动更多水利遗产列入世界文化遗产和世界灌溉工程遗产名录。着力开展"红色水文化"保护与挖掘，加强水利史志编撰和水利古籍整理。以黄河、长江、大运河等治水文化研究为重点，挖掘水文化蕴含的时代价值。加强基础与应用研究，强化水文化遗产保护的专业技术支撑。(2)推进水文化传承和利用。充分挖掘已建水利工程文化功能，推出水利建设与文化相融合的精品工程。积极探索将文化要素融入水利工程规划、设计、建设、管理等方面的有效途径，提升新建水利工程文化品位。在"一河(湖)一策"编制中体现水文化内涵，推动江河文化提升工程建设，开展江河寻根溯源及发源地立碑标记工作。以国家重大水利工程为重点，打造一批水利风景区水生态文化长廊。系统梳理人水和谐共生的治水理念，推选一批历史治水名人，精心创作一批水文化精品力作，弘扬新时代治水精神，推进"中国名水志文化工程"建设，推出一批名水志精品著作。

(二)各流域与各地"十四五"时期水安全保障规划

各流域与各地制定了"十四五"时期水安全保障规划，其中均包括"水文化建设"专节，较具代表性的水安全保障规划如下。

水利部联合粤港澳大湾区建设领导小组办公室于2021年1月6日印发《粤港澳大湾区水安全保障规划》，该规划科学谋划了未来一个时期大湾区水安全保障的总体布局，明确了2025年、2035年水安全保障目标任务，为全面保障大湾区水安全厘清思路、找准方向。在主要任务部分，提出"大力弘扬和发展岭南特色水文化"。

水利部太湖流域管理局、长江水利委员会、淮河水利委员会于2021年6月共同编制完成的《长江三角洲区域一体化发展水安全保障规划》经推动长三角一体化发展领导小组审议通过并正式印发。该规划为整体提升长三角一体化发展水安全保障能力作出了顶层设计，是指导长三角区域当前和今后一个时期水安全保障工作的重要依据。另提出了水安全保障总体目标。到2025年，长三角区域水安全保障能力进一步增强，初步建成与社会主义现代化进程相适应的水利现代化体系，太湖流域水治理体系和治理能力现代化达到较高水平;到2035年，长三角区域全面建成现代化水安全保障网络，实现饮水放心、用水便捷、亲水宜居、洪涝无虞，人民群众获得感、幸福感、安全感进一步增强，江南韵、古镇味、水乡风的长三角特色水文化全面弘

扬，水安全保障能力基本达到国际先进水平。

浙江省发展和改革委员会、浙江省水利厅于 2021 年 4 月 20 日印发《浙江省水安全保障“十四五”规划》，在发展目标中提出，到 2035 年水法规体系基本健全，涉水事务监管精准高效，水文化繁荣发展，充分发挥协调人水关系的基础作用。其中，在“深化改革创新，激发水利发展动力”部分专设“守根铸魂，弘扬先进水文化”。具体内容包括：（1）健全水文化顶层设计，制定全省水文化建设规划。把文化建设理念贯穿到水利工程规划设计建设全过程，与主体工程同步规划、同步设计、同步建设。结合全域幸福河湖建设，创造一批富有浙江特点、河湖特色的水文化成果。打造流域和区域水文化品牌，保护传承大运河、良渚水系、通济堰、古海塘、曹娥江大闸等水利工程文化价值，挖掘大禹、马臻、苏东坡、潘季驯、黄光昇、汪胡桢等治水人物故事，传承浙江治水历史文脉。（2）加强水文化遗产保护，全域调查重要水利遗产，出台重要水利遗产调查等规范；推进水利工程遗产认定，制定水利工程遗产认定标准和认定管理办法，组织申报世界灌溉工程遗产等；推进遗产保护修复基地和实验室建设。合理布局全省水文化场馆，建设海塘博物馆、浙东运河文化园、宁波水利文化园等；不断完善和提升中国水利博物馆设施与功能；加大水文化研究、展示、宣传、教育力度。（3）挖掘新时代水文化内涵，凝练艰苦创业的大禹精神、自力更生的乌引精神、砸锅卖铁的海塘精神、以人为本的抗台精神、科学创新的治水精神、新时代勇立潮头的浙江水文化精神；开展最美系列评选活动，积极选树践行新时代水利精神的先进典型。利用数字化手段丰富水文化传播形式，深化“浙江省亲水节”“同一条钱塘江”等特色水文化品牌活动，开设水文化大讲堂宣传水文化，开发一批水利文创 IP 产品，推动水文化传播有力有效。

天津市人民政府办公厅于 2021 年 6 月 25 日印发《天津市水安全保障“十四五”规划》，提出以大运河文化保护传承利用上升为国家战略为契机，加强河道水系综合治理，积极推动大运河国家文化公园建设，打造贯穿南北的绿色生态廊道，构建多渠道多水源保障格局，实现大运河的生态、防洪、文化、景观等多种功能。

四川省人民政府于 2021 年 8 月 30 日印发《四川省“十四五”水安全保障规划》，其中第十章为“挖掘传承弘扬蜀水文化”，具体包括加强蜀水文化水利遗产挖掘保护、加强蜀水文化载体建设、加大蜀水文化宣传力度、加强川渝水文化研究合作四个方面。在加强蜀水文化水利遗产挖掘保护方面，提出要传承长江文化、黄河文化等自然水文化，修编《四川江河志》，深入研究河湖水系、水资源等方面的文化元素；传承都江堰、东风堰等传统水文化，修编《都江堰志》，提炼都江堰生态水利工程文化内涵，丰富完善治水智慧；开展水利工程遗产普查，建立名录，申报国家水利工程遗产；加强都江堰世界文化遗产和世界灌溉工程遗产、东风堰世界灌溉工程遗产等水利遗产保护利用。在加强蜀水文化载体建设方面，提出打造集水利工程博览园、水文化传播体验园、工业文化研学实践园为一体的“上善若水会客厅”，实现教育培训、文化旅游、水情教育、科学研究、对外合作交流等多功能融合，形成蕴含城市精神、融入产业社区的文化地标，实现传统水文化创造性转化、创新性发展；积极培育“大灌区”品牌，塑造“水润天府，诗画田园”品牌形象，建设水文化传承创新发展的典范；打造东风渠百里蜀水文化风光带，发展以河湖公园、湿地公园、水美乡村等为载体的现代水文化景观，营造节水、惜水、爱水、护水的浓厚氛围。在加大蜀水文化宣传力度方面，提出开展蜀水文化活动，加强对外文化交流，进一步提升以都江堰清明放水节为代表的蜀水文化品牌影响力，推动更多优秀蜀水文化遗产走向世界；加强水情教育，以大型水利工程管理单位和重大水利工程展览场馆建设为重点，启动水情教育基地建设和申报考评工作；建设四川水利融媒体中心，搭建蜀水文化宣传平台，更加注重运用微信公众号、微博、手机报、手机应用软件（App）等基于互联网与移动互联的新媒体形式，形成种类齐全、优势互补的水文化现代传播体系、广泛宣传蜀水文化和水利改革发展成就。在加强川渝水文化研究合作方面，提出组建研究中心和专家委员会，搭建合作研究平台；鼓励和支持川渝两地水利高职院校联合申报省部级以上科研课题，推动研究成果应用，力争在全国水利职教文化育人中发挥示范引领作用；联合开展水利工程遗产挖掘保护课题研究，推动四川省都江堰水利发展中心、东风堰管理处与重庆白鹤梁水下博物馆等机构进行交流合作，共同打造中国水文化遗产名片，合力推进川渝水文化挖掘研究、保护传承和开发利用。

第三节　水文化政策和法律发展

一、水文化建设整体规章制度

（一）现行水文化建设规章制度

1. 水利部颁布的《水文化建设规划纲要（2011—2020年）》

水利部于2011年颁布《水文化建设规划纲要（2011—2020年）》，是水文化建设共同行动的纲领。规划目标立足水利建设实践，分层次设立。第一层次是构建水文化体系。目标有二：①完善有利于水文化发展的体制机制；②构建符合社会主义先进文化前进方向、具有鲜明时代特征和行业特色的水文化体系。第二层次是推动水利文化建设。目标有四：①提升水利工程的文化品位；②弘扬水利行业精神，加强文明建设；③推动水文化事业和水文化产业发展；④提高水利事业的综合文化实力。第三层次是促进水文化向社会的辐射。目标是引导社会建立人水和谐的生产生活方式，为建设资源节约型和环境友好型社会贡献力量。根据规划目标的层次设置，规划纲要的重点任务大致分为三个层面。

一是水文化体系构建（自身）层面，含规划纲要3项重点任务，任务一：把社会主义核心价值体系融于水利改革发展全过程。社会主义核心价值体系自十六届六中全会明确提出后，一直是我国的核心价值观。水文化建设的重要任务之一就是将之融于水利改革发展过程中，并引领水文化建设。任务二：不断丰富完善可持续发展治水思路和民生水利的文化内涵。具体任务分解为三：①国内传统与新时代治水经验的总结，世界其他国家先进治水经验的总结；②水利发展改革阶段性特征的把握；③治水实践中的新认识、新做法和新经验在文化层面的提升；④民生水利蕴涵的丰富文化内涵、时代特点和重点任务的把握。任务三：水文化体系研究。具体任务分解为四：①理论问题研究；②文化与水利建设结合问题研究；③水利系统各领域文化研究；④水文化与社会各方面的结合。

二是水利文化建设（行业）层面，水利文化建设主要包括文化建设与水利建设实践的结合、水文化产业的培育，以及水文化的教育与交流三大内容。内容之一：把文化建设与水利建设的实践相结合。根据传统水利工程和现代水利工程不同的特性和文化需求，规划纲要将该项内容分解为两大重点任务。任务一是传统水利工程的科学保护与合理利用相结合。任务二是将文化元素融于现代水利工程建设过程，提升其文化内涵和品位。根据已建和拟建工程的特性与要求，该项任务又可具体分解为二：①已建工程，深入挖掘其文化元素，增加文化配套设施；②拟建工程，把文化元素融入工程的规划、设计、施工和管理过程中，使其成为水利技术与文化元素完美融合的典范。该项内容是规划纲要的亮点，通过科学保护与合理利用，可使传统水利工程得以永续利用，并赋以新的功能；文化元素的融入，将赋予水利工程以灵魂和鲜活的生命力；而在水环境的改善、水生态的优化和水景观的提升等工程建设中，文化元素的融入则是彰显其个性，避免高度趋同的基本元素之一。内容之二：水文化产业培育。文化可分文化事业和文化产业，具有公益性和经营性双重属性，水文化同样如此。该项任务具体分解为三：①营造水文化产业成长环境；②各级水利部门在充分掌握所在地区水文化产业资源的基础上因地制宜加以发展；③发展水文化创意产业。内容之三：加强水文化的教育与交流。该项内容含文本中的两项重点任务。任务一是水文化教育，具体任务分解为四：①专业教育方面：在水利院校开设水文化课程；②水利系统职工教育方面：开展相关培训工作；③向社会辐射方面：开展节水、爱水、护水和亲水教育；④硬件设施建设方面：因地制宜地建设水文化教育基地或中心。任务二是水文化交流，具体任务从三个层面开展：①水利行业内交流；②国内不同行业部门间交流；③国际交流。

三是水文化向社会辐射（社会）层面，主要通过水利文学艺术的发展、水文化的传播及社会力量的动员三项任务开展。任务一：繁荣发展水利文学艺术。主要包括文学、戏剧、音乐、美术、书法、摄影、舞蹈、影视、动漫等的发展繁荣，注重原创，实施精品战略。任务二：水文化传播。具体任务分解为二：①在国际、国家级水活动如世界水日和中国水周中等增加水文化内容。如2006年第十四届“世界水日”的主题即为“水与文化”。该次会议达成共识：文化传统、风俗习惯和社会价值决定了人们如何认识和利用水。要解决当前日益严峻的水危机，就必须理解和考虑它的文化内涵。②因地制宜地建设有特色的水文化展陈馆或博物馆。任务三：动员社会力量关心支持水利工作，建立人水和谐生产生活方式。具体任务分解为四：①把水文化建设融入水利改革发展顶层设计；②推动有利于水资源节约保护法律法规的建设完善；③提高社会水法制意识；④大力开展精神文明创建活动。

2. 水利部颁布的《“十四五”水文化建设规划》

水利部于2022年1月颁布《“十四五”水文化建设规划》，该规划是指导全国水利系统今后5年水文化建设的重要政策性文件。总目标为，“十四五”期间力争实现“水利遗产保护显著加强，水利工程建设文化品位明显提高，水文化公共产品和服务进一步丰富，水利行业文化软实力和社会影响力大幅度提升，水文化建设管理体制机制逐步完善”。到2035年，基本建成完善的水文化规划体系和保障体系；建立较为完善的水利遗产保护和认定管理体系，基本摸清水利遗产家底；建成较为完善的水利工程与文化融合体系，治水理念进一步深化，水文化保护传承弘扬工作全面融入新阶段水利高质量发展，水文化建设工作与建成文化强国目标要求基本适应。该规划的重要任务围绕“水文化保护、水文化传承、水文化弘扬、水文化利用”等方面展开。

一是水文化保护层面，重点为水利遗产系统保护工作。该项任务主要包括：

（1）开展全国重要水利遗产调查工作，鼓励各地利用空间地理信息等技术手段开展遗产调查。科学构建水利遗产的分类体系，制定统一的调查规程和标准等规范文件。系统整合各地区各单位已有调查成果数据，补充开展未实施水利遗产调查区域的调查工作，推进全国水利遗产名录建设。启动水利遗产保护标识工作，有序推进已调查认定的水利遗产标识设立工作。

（2）推动重要水利遗产申遗。推动重要水利遗产申报“世界文化遗产”“世界自然遗产”“世界灌溉工程遗产”“全球重要农业文化遗产”“中国非物质文化遗产”等世界和国家级遗产名录。对列入相关名录的水利遗产，做好跟踪指导和后续利用工作，充分发挥水利遗产的社会文化功能与示范作用。

（3）组织开展国家水利遗产认定工作，重点认定一批治水特色鲜明、历史文化及科技价值重大、安邦惠民价值突出的水利遗产。完善国家水利遗产认定的标准、程序及管理办法，强化国家水利遗产管理工作的科学性和规范性。发挥地方政府主体作用，将水利遗产保护纳入本级国民经济社会发展规划，充分发挥水利遗产在本地区经济社会发展中的作用，实现水利遗产保护传承利用协调推进的目标。鼓励各地积极开展省级、市级水利遗产认定工作，强化水利遗产系统性保护。

（4）强化水利遗产保护的技术支撑。充分发挥科研机构、高校现有的水利遗产保护重点实验室、重点科研基地等技术支撑平台作用，深入开展水利遗产保护理论与技术研究。针对水利遗产分类保护修复等关键工作，研究编制系列技术标准规范，指导具体保护工作的实施。推动水利遗产保护相关规范制度的修订。

二是水文化传承层面，重点为水文化理论与实践研究。该项任务主要包括：

(1)开展水文化基础理论与实践研究。深入挖掘黄河治理等文化的发展演变、精神内涵和时代价值，加强黄河文化保护传承弘扬的方法、路径、策略研究。深入研究长江文化内涵、特征及传承，挖掘长江治理保护历史经验与时代价值。挖掘大运河历史价值，传承大运河文化的生命力和精神内涵。开展区域水文化、史前水利与文明起源研究，追溯水文化历史起源，坚定文化自信。

(2)开展水文化研究交流活动。聚集学术力量，构建水文化研究平台。依据重点江河高质量发展的要求，举办黄河文化学术研讨会、长江文化论坛等。依托水利遗产保护与研究国家文物局重点科研基地、中国水利学会、中国水利史研究会等研究机构开展中国水利史和水文化的学术交流，搭建高层次、高水准的水文化对话交流平台。

(3)开展重要历史治水名人推介活动。研究挖掘历史治水人物的相关治水事迹、治水理念、治水方略、治水精神等文化内涵，推广宣传"历史治水名人讲堂""历史治水名人有声故事"。以历史治水名人为原型，开发制作形式多样的文创产品和科普作品，通过群众喜闻乐见、生动通俗的形式，传播治水名人故事，传承治水文化，增进文化认同，增强文化自信。

(4)加强水利史志编撰。做好水利史资料的收集整编工作，充实水利史志记载手段，提高史志编撰质量。组织《中国水利通史》《中国古代水利法规选编》编撰工作；积极促进首批"中华名水志文化工程"高质高效完成，推出一批名水志精品著作，推动地方水利史志出版。推进史志资料的信息化、数字化、网络化、现代化建设，创新开发史志资源应用方式，发挥水利史志传承水文化和纪实、存史、资治、教化等方面的功能。

(5)加强党领导人民治水红色资源的保护与传承。加强对中国共产党领导人民治水历程的系统梳理和挖掘，开展具有红色基因的水利遗产资源调查，纳入水利遗产名录。提高革命文物和红色遗迹保护水平，结合革命文物保护利用工程，推进对党领导人民治水红色资源的系统性保护。结合长征文化线路及国家文化公园建设工程，依托爱国主义教育基地等平台和载体，针对原中央苏区、陕甘宁边区等开展水利遗产保护与展示工程。开展"人民治水·百年印迹"推荐宣传活动，展示在中国共产党领导下的具有重大历史意义的治水工程、治水制度和治水事件。推动重要革命根据地围绕治水主题进行展览展示馆建设，对江西瑞金山林水利局旧址等革命文物和红色遗迹以适当方式进行提升改造，展示具有红色基因水利遗产资源的丰富文化内涵。

(6)专群结合传授水文化知识。鼓励各级各类水利院校探索有效的水文化教育模式，将水文化课程纳入水利专业必修课，融入学校的人才培养、学科建设和办学理念中，创新以水文化为载体的教学课堂、素质拓展课堂和实践课堂体系，使水利院校成为传承和弘扬水文化的重要阵地。在中小学、高校和党校等课堂传授水文化知识。统筹利用水文化的历史遗存、革命文物、水情教育基地等资源，开展丰富多彩的水文化研学实践和科学普及等活动。支持各地根据实际需要编写适合中小学生、具有地方特色的读本读物。

三是水文化弘扬层面，重点为水文化展示与传播。该项任务主要包括：

(1)加强水文化成果展示。依托水利工程设施、流域水文化展馆、地方水文化特色场馆等载体，构建水文化展览展示体系。加强全国重要水文化展览展示场所建设，形成布局合理、功能完善的水文化展示利用设施体系，用好用活各类水文化展示空间，举办主题鲜明、形式多样的水文化展陈活动，全方位、多视角诠释水文化丰富内涵、精神实质和时代价值。鼓励已有的水文化展览展示场所以改造升级为主，进一步提升保护研究、展示教育和传播水平。依托"互联网 + 中华文明"行动计划，加强水文化数字化产品制作和推广。开展水文化展馆数字化建设工作，采取 AI、VR 等新技术手段，让水文化载体从"线下"走向"线上"，使水文化"动"起来"活"起来。

(2)加强水文化传播。依托中央和地方主流媒体、行业媒体及网络新媒体，结合水利工作重要时间节点，抢抓重要水利政策出台契机，以刊发专题报道、组织主题采访活动和定期发布等方式，宣传水利重大成就和典型经验、水文化阶段性成果，向社会公众传播水利好声音。水利行业报、刊、网、微信公众号、微博等平台将水文化传播作为重要内容。

(3)推进水文化交流。抓住共建"一带一路"等契机，充分利用国际水事活动和国际水组织平台，加强国际水文化合作交流。创新宣传与交流手段，开发一批对外文化宣传产品，传播中华治水理念、治水经验，讲好中国治水故事，传播中国水利声音，提升中华水文化的影响力。加强与联合国涉水组织的联系，研究设立国际水文化交流中心。

四是水文化利用层面，重点为水利工程与文化融合。该项任务主要包括：

(1)编研系列水文化建设相关标准，推进修订水利工程建设管理相关标准定额。梳理现有水利工程建设管理标准定额中与新时代水利现代化建设、水生态文明建设和水文化建设不相适应的条款及内容，积极推动把水文化的元素及相关要求列入有关规范、标准、定额及评价指标体系。研究编制水利工程与文化融合建设标准与规范。

(2)着力推进水利工程与文化融合，在水利工程建设各环节融入文化元素。在水利工程建设的决策、规划、设计、施工、管理等具体环节中，引入哲学、历史、建筑美学、生态环境学等方面的文化元素，突出文化底蕴、体现人文精神。对已建工程，充分挖掘历史、科技、管理、艺术等文化价值，重点收集整理工程建设历史资料、实物以及人物故事素材，配建、扩建或提升相应展示场所。对在建与新建水利工程，要在规划设计环节统筹考虑水文化元素，提升水利工程文化品位，依据工程特点配建水文化、水利科普、水法治宣传教育展示场所，面向社会公众开放，开展国情水情教育。

(3)提升水利风景区文化内涵。在水利风景区规划设计、建设和运营管理等各个环节充分挖掘水利工程的文化元素，发挥其文化功能，将水利工程与其蕴含的文化元素有机融合，突出水利工程文化内涵和时代价值，形成各具特色的水利风景区发展优势。在水利风景区重要节点设立水文化展示设备设施、场所场景，提升水利风景区水文化教育功能。加快推动一批重大水利工程水利风景区设立、认定，推动各地建设一批生态文化特色鲜明的精品水利风景区。围绕长江国际黄金旅游带、黄河文化旅游带等，推出一批高品质的文化旅游目的地。结合河流水系和绿环绿廊绿楔绿道，串联库、渠、塘、河、湖等水利风景资源，推动水利风景区集群发展。以长江经济带、黄河文化带、大运河文化带及南水北调工程等为重点区域，打造一批水利风景区水生态文化廊道。

(4)大力推进水文化与产业相结合。坚持把社会效益放在首位，实现社会效益和经济效益相统一。以市场为导向，深度开发水文化资源，积极探索"水文化+"产业体系的有效发展路径，推进水文化与影视、演艺、教育、出版、网络、信息、旅游、服务等相关产业融合发展，培育塑造一批富含特色的水文化品牌。深入挖掘优质水资源、宜居水环境、健康水生态、先进水文化所在地的区位优势，开展最美水地标认定与宣传推介，助推所在区域农业产品、工业产品、旅游产品价格附加增值，拓展"绿水青山就是金山银山"的有效转换途径。以黄河、长江、大运河沿线为重点，深入推进文旅融合，推出一系列高品质的具有水利特色、富含文化内涵、符合时代审美、贴近现实需求的水文化旅游精品线路。

(5)以江河湖泊为纽带推进水文化普及提升。依托黄河、长江、大运河等重要江河，沿线建立绿道和碧道等亲水空间，打造绿色文化生态圈；依托沿线具有重大历史、科技、社会、景观价值且保存较好的水利遗产，打造高品质的滨河休闲带、江河风情走廊、水利科普园地、廉政教育基地。推动地方政府围绕本地区河流和水系开展水文化体系构建，鼓励北京"三山五园"地区历史水系恢复、成都百里蜀水文化风光带等城市河流水文化风貌构建。推动江河寻根溯源及发源地立碑标记工作。在系统总结黄河、长江等重要江河溯源工作做法经验基础上，开展江河溯源规范研究。利用现代化技术手段，科学、准确认定河流的发源地并立碑标记。

3. 其他相关规章制度

2019 年 2 月，中共中央办公厅、国务院办公厅印发《大运河文化保护传承利用规划纲要》，把大运河文化带建设提升为国家战略。大运河由京杭大运河、隋唐大运河、浙东运河三部分构成，全长近 3200 千米，开凿至今已有 2500 多年，是中国古代创造的一项伟大工程，是世界上距离最长、规模最大的运河，展现出我国劳动人民的伟大智慧和勇气，传承着中华民族的悠久历史和文明，是一部书写在华夏大地上的宏伟诗篇。

但长期以来,大运河也面临遗产保护压力巨大、传承利用质量不高、资源环境形势严峻、生态空间挤占严重、合作机制亟待加强等突出问题和困难。该规划纲要对推进大运河保护传承利用工作,对于打造宣传中国形象、展示中华文明、彰显文化自信的亮丽名片,统筹大运河沿线区域经济社会发展,探索高质量发展的新路径,都具有重要的意义。规划纲要明确,要按照"河为线,城为珠,线串珠,珠带面"的思路,构建一条主轴带动整体发展、五大片区重塑大运河实体、六大高地凸显文化引领、多点联动形成发展合力的空间格局框架,并根据大运河的文化影响力,以大运河现有和历史上最近使用的主河道为基础,统筹考虑遗产资源分布,合理划分大运河文化带的核心区、拓展区和辐射区,清晰构建大运河文化保护传承利用的空间布局和规划分区。以专门章节突出强调,深入挖掘和丰富大运河文化内涵,充分展现大运河遗存承载的文化,活化大运河流淌伴生的文化,弘扬大运河历史凝练的文化,从这三个层次深入理解大运河文化的内涵和外延,突出大运河的历史脉络和当代价值,以此统领大运河文化保护传承利用工作。

2020 年 8 月 31 日,中共中央政治局审议了《黄河流域生态保护和高质量规划纲要》,提出要大力保护和弘扬黄河文化,延续历史文脉,挖掘时代价值,坚定文化自信,专列保护传承弘扬黄河文化章节。

一是系统保护黄河文化遗产。开展黄河文化资源全面调查和认定,摸清文物古迹、非物质文化遗产、古籍文献等重要文化遗产底数。实施黄河文化遗产系统保护工程,建设黄河文化遗产廊道。对濒危遗产遗迹遗存实施抢救性保护。高水平保护陕西石峁、山西陶寺、河南二里头、河南双槐树、山东大汶口等重要遗址,加大对宫殿、帝王陵等大遗址的整体性保护和修复力度,加强古建筑、古镇古村等农耕文化遗产和古灌区、古渡口等水文化遗产保护,保护古栈道等交通遗迹遗存。严格古长城保护和修复措施,推动重点长城节点保护。支持西安、洛阳、开封、大同等城市保护和完善历史风貌特色。实施黄河流域"考古中国"重大研究项目,加强文物保护认定,从严打击盗掘、盗窃、非法交易文物等犯罪行为。提高黄河流域革命文物和遗迹保护水平,加强同主题跨区域革命文物系统保护。完善黄河流域非物质文化遗产保护名录体系,大力保护黄河流域戏曲、武术、民俗、传统技艺等非物质文化遗产。综合运用现代信息和传媒技术手段,加强黄河文化遗产数字化保护与传承弘扬。

二是深入传承黄河文化基因。深入实施中华文明探源工程,系统研究梳理黄河文化发展脉络,充分彰显黄河文化的多源性多样性。开展黄河文化传承创新工程,系统阐发黄河文化蕴含的精神内涵,建立沟通历史与现实、拉近传统与现代的黄河文化体系。打造中华文明重要地标,深入研究规划建设黄河国家文化公园。支持黄河文化遗产申报世界文化遗产。推动黄河流域优秀农耕文化遗产活化利用和传承创新,支持其申报全球重要农业文化遗产。综合展示黄河流域在农田水利、天文历法、治河技术、建筑营造、中医中药、藏医藏药、传统工艺等领域的文化成就,推动融入现实生活。大力弘扬延安精神、焦裕禄精神、沂蒙精神等,用以滋养初心、淬炼灵魂。整合黄河文化研究力量,夯实研究基础,建设跨学科、交叉型、多元化创新研究平台,形成一批高水平研究成果。适当改扩建和新建一批黄河文化博物馆,系统展示黄河流域历史文化。

三是讲好新时代黄河故事。启动“中国黄河”国家形象宣传推广行动,增强黄河文化亲和力,突出历史厚重感,向国际社会全面展示真实、立体、发展的黄河流域。加强黄河题材精品纪录片创作。在国家文化年、中国旅游年等活动中融入黄河文化元素,打造黄河文化对外传播符号。支持黄河流域与共建“一带一路”国家深入开展多种形式人文合作,促进民心相通和文化认同。加强同尼罗河、多瑙河、莱茵河、伏尔加河等流域的交流合作,推动文明交流互鉴。开展面向海内外的寻根祭祖和中华文明探源活动,打造黄河流域中华人文始祖发源地文化品牌。深化文学艺术、新闻出版、影视等领域对外交流合作,实施黄河文化海外推广工程,广泛翻译、传播优秀黄河文化作品,推动中华文化走出去。引导我国驻外使领馆及孔子学院、中国文化中心等宣介黄河文化。开展国外媒体走近黄河、报道黄河等系列交流活动。

四是打造具有国际影响力的黄河文化旅游带。推动文化和旅游融合发展,把文化旅游产业打造成为支柱产业。强化区域间资源整合和协作,推进全域旅游发展,建设一批展现黄河文化的标志性旅游目的地。发挥上游自然景观多样、生态风光原始、民族文化多彩、地域特色鲜明优势,加强配套基础设施建设,增加高品质旅游服务供给,支持青海、四川、甘肃毗邻地区共建国家生态旅游示范区。中游依托古都、古城、古迹等丰富人文资源,突出地域文化特点和农耕文化特色,打造世界级历史文化旅游目的地。下游发挥好泰山、孔庙等世界著名文化遗产作用,推动弘扬中华优秀传统文化。加大石窟文化保护力度,打造中国特色历史文化标识和“中国石窟”文化品牌。依托陕甘宁革命老区、红军长征路线、西路军西征路线、吕梁山革命根据地、南梁革命根据地、沂蒙革命老区等打造红色旅游走廊。实施黄河流域影视、艺术振兴行动,形成一批富有时代特色的精品力作。

(二)完善水文化建设规章制度的建议

现行有关水文化建设的规定层次不高,且规划不成体系,缺少保障规划有效实施的规定。通过水文化法律体系化的建设,形成以水文化建设法规为基础、水文化建设规划为骨干、水文化建设指导性文件为配套的法律体系;通过建立规划评估制度,加强规划的实施效力。

二、水文化保护制度

(一)水文化保护存在的问题

水文化保护的核心是水利遗产的保护与管理,目前水利遗产保护管理未形成法律保护体系,且存在以下几个突出的问题。

1.保护意识不到位

水利遗产的保护与利用,是推动社会主义文化繁荣兴盛的时代要求,有厚重的历史意义和深远的现实意义。水利遗产作为中国文明历史发展进程的重要见证,承载着中华民族灿烂的文化,凝聚着中国历代水利人的创造精神,蕴含着推动历史发展和科学进步的哲学思想、科学技术、艺术文化价值。然而,由于缺少传播载体、宣传力度有限等一系列原因,水利遗产的价值尚未得到普遍重视。一些干部群众保护意识不强,对水利遗产特有的历史、人文价值和不可再生、难复制的重要性认识不足,周边群众更关注自身生活状况能否得到改善,保护水利遗产的热情不高。

2.遗产破坏严重

水利遗产面临年久风化腐变、火灾、地震、洪水、海啸等自然因素带来的破坏,甚至有大量的遗产遭受严重损毁,生存保护现状十分严峻。如明清黄河故堤,河南、山东等省遗留下来的已是支离破碎。随着区域经济和城镇化的发展,人为建设破坏加快了水文化遗产消失的速度。水利遗产面临公路修建、城市发展、房地产开发、工程建设破坏等人为因素的直接威胁。在快速城市化进程中,水利遗产保护因未能像古建筑、历史文化街区等文化遗产那样纳入城市规划,致使其大量被改建或拆除,被挤占或填埋,遗产本体及其周边环境都遭到不同程度的破坏。

3.保护方式不当

随着水文化的价值逐渐得到认可,一些部门开始重视水利遗产的保护或修复工作,但由于缺乏专业手段、操作不当或调查研究不充分、不深入等原因,也会导致水利遗产不同程度的破坏,造成所谓的"保护性破坏"。如同文物修复必须遵循"最小干预原则",以尽可能保护文物遗址的真实性和完整性,"修旧如旧",才是文物修复的最高境界。但在具体的实践中,如何把"修旧如旧"落到实处仍然是个问题。

4.缺乏系统性普查

水利遗产分布范围广,延续时代久远,积淀内涵丰富,开展普查,摸清家底是进行保护开发利用的前提和基础,只有摸清家底,才有利于进一步保护和传承。北京、江苏、浙江和郑州等省市开展了水文化遗产普查,并形成了普查成果。尤其江苏在全国率先开展全域范围内的水文化遗产调查,开展了为期三年的水文化遗产调查工作,建立了全国首个水文化遗产信息管理系统。郑州市全域水文化遗产普查,进行细致筛选甄别,最终列入名录的遗产共计123处190项,形成了郑州市水文化遗产(初选)名录。但由于全国缺乏水文化遗产认定的标准规范,导致许多有价值的水文化遗产没有统计上来,使其处在保护管理的空白地带,对保护利用工作不利。

(二)水文化保护现行法律规章制度

水利遗产是指人类在长期的治水用水实践中创造并传承至今仍在使用的、独特的水利复合系统,具有鲜明治水特性的水利工程、独特的知识技术体系及管理制度、生态良好的水利景观和丰富的治水精神。水利遗产是"在用的""活着的"文化遗产这一特性,使得对它们的管理,既不应等同于普通的水利工程,也应有异于一般意义上的文化遗产。应综合考虑其历史与现在,将保护与利用结合起来,从而使其得以永续利用,持续为所在区域经济社会的发展和环境的改善发挥作用。

目前在用古代水利工程的管理主要涉及水利和文物两个部门。文物部门主要依据《文物保护法》来管理,该法强调对文物的修缮、保养和迁移等“必须遵守不改变文物原状的原则”,这种仅强调“保护”而限制“利用”的理念,可能导致许多在用古代水利工程因无法按要求修缮保养而由“活”遗产变成“死”遗产;而水利部门不同程度地存在重使用、轻管理与保护的现象,相关法规规范又相对滞后,从而使许多在用水利工程得不到科学有效的保护。另外,各部门在对水利遗产进行修复或对在用古代水利工程进行改扩建时,因缺乏相应的控制标准或规范,导致许多有价值的工程难以得到真正的保护。水利遗产的管理主要涉及水利、文物、旅游、住房和建设等部门,有的同时由多个部门兼管。各部门自成体系,条块分割,权责不明,不利于保护工作的落实。还有相当数量的小型水利工程由县级、乡级政府或村委会管理。随着农村土地所有制的改变,基层公共工程管理缺失,此类在用古代水利工程和水利遗产处于自生自灭的状态。如贵州安顺市拥有一批有 500 多年历史的乡村水利工程,目前只有少数仍存在较强宗族意识的村落中能够维持。

三、水工程与水文化融合提升制度

(一)水工程与水文化融合现状

当前,我国社会主要矛盾已经转变为人民日益增长的美好生活需要和不平衡不充分的发展之间的矛盾,我国治水主要矛盾也随之发生深刻变化。水利面临着为人民群众提供优质水资源、健康水生态、宜居水环境和先进水文化的历史使命。水利工程建设已不再单纯地防洪减灾和兴利除弊,还要符合融入先进水文化等更高层次的要求。水利工程应在满足基本功能的前提下,进一步加强水利工程的文化建设,把文化元素融合到水利规划和工程设计之中,彰显水利工程的文化功能,满足人民美好生活需要。

近年来,随着我国水利事业蓬勃发展,涌现出一批富含水文化元素的精品水利工程,展现了治水兴水的人文关怀和文化魅力。为充分发挥典型水工程在水文化建设中的示范作用,水利部自 2016 年以来在全国水利系统开展了两届水工程与水文化有机融合案例征集展示活动,共评选出 22 个典型工程案例,涉及治黄工程的有 6 例(见表 8 - 1)。这些融入文化元素的水工程,充分挖掘了水工程的文化内涵,彰显了水工程的文化功能,丰富了水工程的文化环境,对推进水文化建设,讲好水工程的文化故事,推动各地各单位加强水工程的文化建设,提升水工程的文化内涵与文化品位,具有重要的借鉴意义。

其中,较为典型的如陕西省西安市汉城湖综合治理工程。汉城湖前身为古漕运河道和城市污水李下壕沉淀池,运行以来,在净化城市污水、调蓄城市雨洪、利用污水灌溉等方面都发挥了巨大作用。但由于长期接纳城市污水和城市雨洪，致使库底污泥淤积，库水污黑发臭，库周垃圾漫布，严重影响着汉长安城遗址的开发和保护。2006年至2010年，西安市实施汉城湖水环境综合治理，先后完成水库大坝除险加固、库区截污、淤泥清运、岸坡砌护、库周绿化、桥梁码头及引清水管道等关键节点工程，并在水环境综合治理的基础上，融入水文化及汉文化元素，形成汉文化展示、主题建筑宏伟、区域功能齐全、文化品位高雅的西安旅游新亮点。汉城湖荣获国家4A级旅游景区、国家级水利风景区、国家水情教育基地和国家级水保科技示范园称号，是西安市生态文明建设，展示汉文化、水文化的重要窗口。

表8-1　水工程与水文化有机融合案例

序号	水工程名称	管理单位
1	河南省郑州市黄河花园口险工工程	河南省郑州黄河河务局惠金黄河河务局
2	陕西省西安市汉城湖综合治理工程	陕西省西安市西北郊城市排洪渠道管理中心
3	宁夏回族自治区艾依河水利工程	宁夏回族自治区艾依河管理局
4	小浪底水利枢纽工程	小浪底水利枢纽管理中心
5	黄河三盛公水利枢纽工程	内蒙古自治区黄河工程管理局
6	人民胜利渠	河南省人民胜利渠管理局

(二)水工程与水文化融合存在的问题

现有的水利工程建设标准政策体系中，没有将水文化元素列入有关规程、规范、定额、技术标准及评价指标体系。由于工程建设中缺乏水文化建设的相关标准和要求，多数地区建设水利工程只注重工程的实用性，很少考虑将当地的风土人情、传统文化、历史沿革、人文轶事等内容融入工程中，无法提升工程的文化品位和综合功能，制约了水利工程的文化建设，应将水文化建设纳入治黄工程建设、运行和维护预算中。

四、水文化传播与弘扬制度

水文化传播与弘扬载体建设是一个庞大的系统工程，需要多学科、多部门的协同合作，尤其是基于水利工程遗产建立起的博物馆、宣教基地等管理协调问题尤为突出。国家文物局先后将具有重大价值的工程列入全国重点文物保护单位，这使许多在用古代水利工程面临水利与文保部门共同管理的问题。对仍然在用的“活着的”的水文化遗产的保护，无疑需要水利、城建、航运和文保等诸多行业在统一的保护管理体制下共同努力。目前对于水文化载体建设而言，部委之间、区域之间、部门之间缺乏有效的交流与合作机制，没有形成管理合力。以郑国渠为例，早在2016年，其便成为陕西省首个“世界灌溉工程遗产”，在申报之初成立了以陕西省水利厅、咸阳市人民政府、陕西省泾惠渠管理局、泾阳县人民政府为成员单位的“郑国渠”申报世界灌溉工程遗产工作联席会议制度。然而,经过这几年的运作发现,其中依然存在协调管理问题。泾惠渠渠首归水利部门管辖,属于在用的“活遗产”,郑国渠遗址属于泾阳县人民政府管辖,其专门成立郑国渠管理中心,在日常管理中,两家单位沟通协调较少,导致郑国渠旅游、文教作用发挥不充分,都有各自的宣传、旅游团队或思路,没有形成统一、协调的文旅、宣教线路和规划。此外,在地方政府内部,也存在文旅与水利协调的问题,导致郑国渠遗址在河道治理和文物保护方面的协调问题一直没有得到很好的解决。

第四节 水文化保护规范体系构建

一、水文化保护制度的构建

在已有相关法律法规的基础上,组织制定“水利遗产管理条例”等法规,加大管理力度。编制“水利遗产保护规划编制要求”,在此基础上,针对濒临破坏的典型水利遗产,结合所在区域其他水利建设规划,编制相应的保护与利用规划和方案并加以实施,使其尽快得到有效的保护。编制“水利遗产保护技术标准”“在用古代水利工程改扩建控制标准”等,对水利遗产的保护技术和改扩建控制标准进行界定,从而使水利遗产切实得到有效保护与合理利用。实施水利遗产国家名录制度,以便分期分批将符合条件的水利遗产纳入名录,开展有针对性的保护与利用。

二、水工程与水文化融合制度的构建

为解决水利工程建设中缺乏水文化建设相关标准问题,建议国务院发展改革部门会同水行政部门修改完善相关规程、规范、定额、技术标准及评价指标体系,将水文化内容纳入有关水利工程建设、运行和维护预算。鼓励制定团体标准和加快推进行业标准的修订工作。突破制度“瓶颈”,在满足工程实用性的同时彰显水利工程的文化功能,提升水利工程的文化内涵,展现治水兴水的人文关怀和文化魅力;增加文化配套设施建设的投入,丰富水利工程的文化环境,努力把水利工程建设成为生态文明工程、科普教育工程、文化传播工程,更好地满足人民群众日益增长的精神文化需求。

水利工程建设程序一般分为:项目建议书、可行性研究报告、施工准备、初步设计、建设实施、生产准备、竣工验收、后评价等阶段。编制项目建议书以批准的江河流域、区域综合规划或专业、专项规划为依据。因此,可首先将水文化列入相关规划,项目建议书、可行性研究报告及初步设计报告应按照相应编制规程(行标)编制,而具体内容应以“××工程设计规范”(大部分为国标,如城市防洪工程设计规范、堤防工程设计规范等)、《水利工程设计概(估)算编制规定》及定额为依据。若从项目建议书阶段修改编制规程,加入水文化内容,作用可能不大,因为项目建议书中已经要按照《水利工程设计概(估)算编制规定》和定额来编制投资估算,而目前的水

利工程概算项目中无水文化工程项目。因此,应从一些重要的设计规范、概算及定额入手,加入水文化内容。

对于地方投资的水利工程、小型水利工程,可从报告编制、设计阶段、概估算等环节鼓励出台团体标准;鼓励地方出台地方性文件、标准,如郑州市委文件中明确"新建水利工程要同步开展水文化专项设计"、浙江省《河道建设规范》中明确水文化建设要求。

三、水文化传播与弘扬制度的构建

现阶段水文化传播与弘扬相关政策不够完善,极大地制约了水文化工作的开展和水文化的传播,要从法律、制度、体制等方面入手,加强对水文化传播工作的扶持力度。一是在国家层面,建议制订、修改、完善有关文化传播的法律法规和政策制度,充分体现水文化传播内容,从法制层面提高社会对水文化传播的支持度和保障度。二是在部门层面,建立部门之间横向协作机制,会同文化、文物、旅游等部门共同制订有关水文化推广和水文化传播的政策制度,制订相关的标准和举措,增强政策的适应性和覆盖面。三是在水利行业层面,水利部门需加强水文化有关政策制度的制订完善。建议水利部有关司局增加水文化宣传与传播监督的职能。流域、省、地区各级水行政主管部门将水文化传播与弘扬工作相应纳入其工作职能。四是在具体工作层面,各级水利部门应从行业管理的需求出发,建立起满足水文化事业健康发展需要的工作体制和机制,积极培育和探索建立健康、稳定、繁荣的水文化市场机制,可以重点在水利文化旅游、水利博物馆建设等方面进行尝试。

典型案例

千年运河重焕生机

一部运河史,半部中华文明史。大运河由京杭大运河、隋唐大运河、浙东运河三部分构成,全长近3200千米,开凿至今已有2500多年,是中国古代创造的一项伟大工程,是世界上距离最长、规模最大,且仍在使用的古代运河,连通海河、黄河、淮河、长江、钱塘江五大水系,不仅具有内河航运、防洪排涝、供水、生态景观等多重功能,也是传承中华文明的历史文化标识。2014年6月22日,大运河在第38届世界遗产大会上获准列入世界遗产名录,成为中国第46个世界遗产项目。

然而,受历史演变、人类活动和气候变化影响,大运河面临遗产保护压力巨大、传承利用质量不高、资源环境形势严峻、生态空间挤占严重等突出问题和困难,特别是黄河以北段水资源严重短缺,一些河道断流,水生态损害、水环境污染等问题十分突出。为保护好、传承好、利用好大运河这一祖先留给我们的宝贵遗产,国家及相关部委出台了一系列政策措施加强对大运河遗产的保护。2012年8月,原文化部(现为文化和旅游部)公布《大运河遗产保护管理办法》,对隋唐运河、京杭大运河、浙东运河的水工遗存,各类伴生历史遗存、历史街区村镇,以及相关联的环境景观等实行统一规划、分级负责、分段管理,规范大运河遗产的利用行为。2019年2月,中共中央办公厅、国务院办公厅印发《大运河文化保护传承利用规划纲要》,从文化遗产保护传承、河道水系治理管护、生态环境保护修复、文化和旅游融合发展、城乡区域统筹协调、保护传承利用机制创新6个方面提出重点任务。2020年,国家发改委联合国家文物局、水利部、生态环境部、文化和旅游部分别编制了文化遗产保护传承、河道水系治理管护、生态环境保护修复、文化和旅游融合发展4个专项规划,沿线省(市)编制了8个地方实施规划,大运河文化保护传承利用“四梁八柱”规划体系正式形成。2021年7月,国家发展改革委牵头会同相关部门编制的《大运河文化保护传承利用“十四五”实施方案》正式对外发布,提出“到2025年,大运河沿线各类文化自然遗产保护实现全覆盖,分级分类展示体系基本形成,力争京杭大运河主要河段基本实现正常来水年份有水,绿色生态廊道基本建成,大运河文化和旅游实现深度融合,‘千年运河’统一品牌基本形成,大运河国家文化公园成为向世界传播中华文化的重要标志”。2022年5月,水利部启动京杭大运河2022年全线贯通补水行动,通过优化调度各类水源,使断流百年的京杭大运河再次全线通水,京杭大运河北京段所呈现的勃勃生机只是一个缩影,随着后续补水行动的开展,大运河沿岸的生态治理也将逐步推进,古老的运河将焕发更多的绿色生机,也让与运河流淌伴生的文化重焕活力。

CHAPTER 09

第九章 域外水安全法律制度

导读

水是人类赖以生存的基本条件，是维持生命和健康所必需的资源，获得用水是人的基本权利。水资源的安全问题是世界各国普遍关注的问题，影响着国家的工农业生产、城乡居民生活和生态环境，与国计民生息息相关，是国家战略安全的重要内容。为了确保水安全，预防和治理水风险、水破坏和水灾害，多国通过法律手段确立了水安全法律体系。自20世纪，特别是20世纪下半叶以来，进入国际水安全法律体系发展的重要时期。这一时期世界各国的水资源被广泛开发利用，用水量迅速增加。水资源开发利用带来的综合利用、用水管理、投资分摊、环境保护、组织体制等一系列问题都反映到水法中来，许多国家，尤其是发达国家都在修订水法，或制定新的水法。综观世界各国涉及水安全方面的立法，大致归纳为两种类型：一类以英、法等欧洲一些国家为代表，即制定一个基本水法，内容包括水资源开发、管理、保护等方面的基本政策，这些国家除基本水法之外，通常还制定有专项法规，如法国1964年水法重视水的分配和水污染防治，英国2014年水法规定了水务局的设置、职能及水管理任务；另一类以美国、日本等国为代表，根据水资源利用和管理的需要制定针对各种目的的法规，但并没有形成一个成体系的基本水法，如美国水工程的规划、拨款、建议和管理几乎都通过立法确定。除了加强水安全方面的立法外，各国还通过司法保护水资源、水环境和饮用水等方面的安全。

第一节 域外水安全法律制度概述

在水安全法律发展历史上，习惯法、穆斯林水法、罗马水法以及欧洲民法系统中的水法原理曾产生过很大影响。随着全球性资源危机的加剧，国家安全观念发生了重大变化，水安全已成为国家安全的一项重要内容，与国防安全、经济安全、金融安全等列于同等重要的战略地位。确保水安全就是要预防和治理水风险、水破坏和水灾害。水安全状况与人类经济社会和生态平衡体系的可持续发展紧密相关,世界各国都通过法律手段确立了水安全法律体系。

一、域外水安全的立法保护

(一)域外关于流域管理的立法

水资源是水安全的基本保障,大部分国家的淡水资源来源于大江大河,因此,江河流域管理是水资源保护的基本保证,地表水和地下水具有一定的不可分割性,不应该被分开看待。流域管理的立法是水资源保护的重要举措。20 世纪初,"流域"这个法律概念的出现,使水资源法律的保护作用在现实中得以实现。世界各国一般根据本国江河流域的具体情况设计管理模式,形成了丰富的流域管理经验。

1. 关于设置管理机构的立法

设置管理机构有利于明确水资源分配、划分水污染防治分工、确定安全责任,是保障水安全常见的方法。世界各国基本上都有关于河流管理机构的立法,设置管理机构的立法主要有两种模式:

第一种是专门流域管理机构,在性质上属于中央政府下属的权力机构。以美国为例,美国涉及水利事务的主要联邦机构有内务部、陆军部、田纳西流域管理局、农业部、联邦紧急事务管理署、环境保护局等。其中,田纳西流域管理局(Tennessee Valley Authority,TVA)是美国联邦一级流域管理机构,1933 年经美国国会立法成立。被授权统一规划、开发和保护田纳西河流域内的自然资源。田纳西河为俄亥俄河的支流,长 1050 千米,流域面积约 10.6 万平方千米,包括田纳西州大部分和相邻 6 个州的一部分。管理局的领导机构是由 3 人组成的董事会,董事会成员由总统提名并经国会通过任命,总统指定董事长,董事会对总统和国会负责。管理局的组织机构由董事会自主设置,并根据业务需要进行调整,总部设在诺克斯维尔市。管理局经过 90 年经营,使田纳西河流域得到综合开发和管理,其业务范围扩大到电力、化肥、农业、渔业、煤炭、旅游等方面,全面促进地区经济的发展。

第二种是综合性管理机构,即以自然流域管理为基础,按照水系的不同建立流域机构,其职权主要体现在调配水资源和控制水污染上。2000 年颁布实施的欧盟《水框架指令》将水体作为一个完整的目标对象,以防止水质恶化并达到良好的水质状态,从而引入了流域管理规划。要求欧盟成员国政府相关部门根据时间表实施流域管理计划及有关条款,并每 6 年将这一计划更新,明确提出政府为遵守指令所采取的实际措施。欧洲国家流域机构一般实行委员制。通常设立流域管理董事会作为决策机构,由流域内各有关省级行政部门或其他相关行政部门负责人任委员,各委员以民主协商的方式协调管理流域内各种活动。法国 1964 年颁布第一部水法,1992 年和 2006 年两次修订。法国《水法》采用政府与用户共同负责的原则并成立了流域管理机构,这是法国制定水资源开发和管理计划的根本依据。法国本土设立了6个水资源机构，管辖7个本土流域。国家一级的水资源管理机构只是起建议、咨询作用，流域机构才是真正的决策机构。法国《水法》规定，水开发和管理的总体规划应当由一个有能力的流域委员会，根据地方行政首长协调本流域事务的建议进行起草。流域委员会应寻求参加以上提到的起草工作的各方包括国家议会、有关地方议会和一般性理事会的代表，他们将根据各自的职权范围提供有用的信息。流域委员会应当听取地方议会和一般性理事会对于已经决定提议规划的意见和建议。

日本水系统行政管理架构可以分为中央政府和地方自治体两级。中央行政管理机构由国土交通省、环境省、厚生劳动省、经济产业省和农林水产省5个部门协调合作，共同处理水系统相关问题。虽然采取“多龙治水”的结构设置和职能安排，但是中央涉水管理部门责任、职权之间较为清晰，在出现工作衔接时有章可循、有法可依。日本国土交通省是对日本涉水工作进行管理的最高行政部门，在国土交通省中供职的大部分是水务管理领域的专家，具有良好的专业水平和较强的沟通与协调能力。地方自治体的城市水系统分别由都道府县、市町村下设的水道局、下水道局等公共事业部门负责建设、管理和运行维护。

2. 对流域水资源开发利用的立法

在进行流域统一管理的同时，流域水资源管理机构一般直接参与水利工程的建设和管理。美国实行以流域为基本规划单元的水资源规划模式。水资源理事会主要任务是制定流域和州的系统规划及促进跨行政和水文边界水和土地资源的统一管理，水资源理事会利用联邦基金的杠杆作用对用水效率、水质和水土保持等一系列措施施加影响，从而达到州和流域的预定目标。在法国，流域管理机构不经营、建设和管理水工程，其只有监督协调职能，法国的流域管理强调“以水养水”政策。根据2005年5月16日的法令，法国在每个流域都设立了一个流域委员会。该委员会相当于流域区域的“水议会”，负责流域水政策的建议和规划。委员会的成员由3部分组成，其中20%是国家政府代表，40%是地方政府代表，40%是用水户协会代表。流域委员会负责制定和修改流域水资源开发和管理总规划，同时对子流域水资源开发和管理总规划的制定提供指导性建议。流域委员会会对水资源进行一种民主参与式来执行水部门的原则。流域委员会主席为流域的长期规划和开发保护方针以及其他与流域水环境相关的问题提供咨询意见。

日本《河川法》专设一章来规定利用河川的费用，在水资源的管理中体现“谁开发，谁保护”“谁利用，谁补偿”的公平原则。目前，各国的流域管理已从单纯的水资源管理转向水土保持、水工程、地表水和地下水等综合管理。流域的开发与管理不仅要为所有人提供防洪安全保障，同时要统筹城乡供水、水质保护等多方面利用和功能开发。

(二)域外关于洪灾治理的立法

依法抗洪是最根本的手段，通过法律的强制力可以有效应对突发事件，控制混乱局面。通过有序落实各项防洪措施,保障群众人身安全,使社会回归正常状态。各国根据本国实际,制定了治理洪水灾害的法律政策和长远规划,一般遵循以下原则。

1. 洪灾预防立法

美国早已有强制性防止城市内涝的法律,其多个州均立法规定,城市新开发区域必须实行强制就地滞洪蓄水,并采取了详尽的城市内涝防范、治理措施以及问责手段。如科罗拉多州、佛罗里达州和宾夕法尼亚州分别制定了《雨水利用条例》,规定新开发区的暴雨洪水洪峰流量不能超过开发前的水平,所有新开发区必须实行强制的就地滞洪蓄水。

日本在 2000 年名古屋大水灾后,吸取经验教训,全面修订了《水防法》,加强城市水灾的应急管理,制定并向社会公布洪泛预想区和包含有避难场所等信息的“洪水灾害地图”。2003 年,日本又颁布了《特定都市河川浸水被害对策法》,对水灾高发城市的防水灾规划、措施、方式及法律责任等作了全面规定,特别要求各部门、机构、公共设施、公司商家以及普通居民都要努力推动雨水的蓄留和渗透,新建设施雨水渗透阻碍面积 100 平方米以上的必须取得许可,并必须根据地面硬化增加的径流量按防洪标准配建相应雨水蓄滞渗透设施。

2. 城市排水系统立法

日本是个台风多发国家,城市排水系统对于城市防范水灾害有着举足轻重的作用。日本非常重视以法律制度推动城市水灾防控,相关法律法规全面细致。早在 1900 年,日本就颁布了《下水道法》,1958 年废除旧法、颁布新法,对日本城市地下排水系统的设计规格、管理标准、日常维护都作了明确细致的规定。除此之外,日本还制定颁布了一系列相关法律法规,如《都市公园整备紧急措施法》(1962)、《住宅建设计划法》(1966)、《都市计划法》(1968)、《都市绿地保全法》(2004),等等。1961 年颁布了专门针对城市水灾的《下水道整备紧急措施法》,1969 年颁布了《东京都下水道条例》,规定在东京城市水灾高发地域的地下排水管道直径必须在 230 毫米以上,坡度大于 1%,排水面积达到 1500 平方米,能够承受 1 小时 50 毫米的特大暴雨。在法律的监督下,日本的城市下水道都相当发达,尤其是东京,堪称城市地下排水系统建设的楷模。

3. 洪水保险立法

洪水保险是洪泛区洪水风险管理的重要手段,它投资省、效益也明显,风险小。保险的功能是把不确定不稳定的和巨额的灾害损失风险转化为确定性的、稳定的和小量的开支。洪水保险可分为:法定保险,又称强制保险,国家以法律、法令的行政手段来实施的;自愿保险,由保险双方当事人在自愿的基础上协商、订立保险合同而成立的。美国是实行洪水保险较早的国家。1936 年的《洪水控制法案》建立了政府洪水基金制度,用于灾前修建防洪设施和灾后提供赈灾救济,但这一制度成本高昂,联邦政府不得不寻求其他分散风险的途径。1956 年美国国会通过了《联邦洪水保险法》,创立了联邦洪水保险制度。该法案旨在通过对洪泛区征收洪水保险费,增加土地开发成本,以此抑制对洪泛区土地的过度开发和利用,从源头上进行减灾管理,同时利用保费收入减轻政府公共财政的压力。然而,由于立法准备不充分,该法未能真正实施。1968 年,国会通过了《国家洪水保险法》,并于 1969 年通过了配套的《国家洪水保险计划》,洪水保险在美国真正开始实施。该法规定,仅向愿意参加国家洪水保险计划的社区提供由联邦给予补贴的洪水保险,参加该计划的社区必须按照法律要求加强区域内的土地利用与防洪管理,如限制洪泛区的土地开发、洪水风险区的建筑迁移与改建等。除此之外,该法案确定的社区统一购买模式、保费补贴的限制原则等规定都为美国洪水风险分散法律制度打下基础。1973 年,美国国会通过了《洪水灾害防御法》,这一法案的最重要内容是将国家洪水保险计划由自愿模式改为局部强制模式。该法规定不再向有洪水风险的不动产提供联邦资助,除非该不动产的所在社区参加了洪水保险计划。该法一出台即遭遇激烈反对,为缓解矛盾,国会对部分内容进行了修改,并于 1977 年出台了《洪水保险计划修正法案》,放松了相关的强制性规定。英国、澳大利亚、新西兰、印度等国家也已开始实施洪水保险。

(三)域外相关水安全的刑法规制

有效治理洪水,仅用行政法手段是不够的,必须多种法律手段并用。要以宪法为依据,列入刑法规范,加大刑罚惩治力度。

1. 以宪法为依据制定刑事政策

日本形成以宪法为母法,以行政法为主体,以刑法典为补充的水安全法治格局。日本《和平宪法》规定,关于人民追求生命、自由与幸福的权利,只要不违反公共福利,在立法与其他国家政策上,必须最大限度获得尊重。《日本刑法典》将水利设施纳入保护范围,规定了决水及妨害水利罪一章,对应的刑罚从拘役 6 个月至死刑不等。

2. 惩治公职人员渎职犯罪

《西班牙刑法典》规定,凡是直接或间接地影响自然水源流向,影响自然水源过境或者汇集的,处 6 个月以上 4 年以下徒刑,并处 8 个月或 24 个月罚金。公务人员明知存在上述违法行为,仍给其提供有利信息或者违反现行条例发放许可证,或者在检查中漠视存在问题的,处 6 个月以上 3 年以下徒刑或者处 8 个月至 24 个月罚金。《西班牙刑法典》中所规定的公务人员范围很宽泛,包括所有执法单位人员和相关社团成员,只要他们在治理洪水灾害中有渎职行为的,都要受到追究。

3. 在刑法中规定相关罪名

《德国刑法典》的决水罪为刑事重罪,以严厉惩治那些破坏拦水大坝的犯罪行为。《意大利刑法典》与《法国刑法典》都在危害公共安全的章节中规定了与决水罪、投毒罪内容相似的法条。《美国模范刑法典》将决水、爆炸、投毒、放火等罪行统一规定在"灾害或其危险之惹起"一条之中。

4. 关于涉水刑事处罚的规定

法国《水法》规定，任何人，无论直接或间接，在水域内因进行某项行动或作出某种反应时将一种或几种物质排入、灌注或溢入地表水、地下水或海洋水，即使时间短暂但导致人身健康受到损害、植被遭到破坏、动物种群濒危的结果，或者正常供水的重大变化以及游泳区域使用的相应限制所造成的，将被处以 2000～5000 法郎的罚款以及两个月到两年的监禁，或仅受其中一种惩罚。若上述排放是由行政命令授权所导致，本段规定仅在该命令未正常遵循时适用。法院也可以要求被指控方在第 24 条所规定的程序框架内恢复水生环境。

任何人，如果在水域内将废料大量排放、丢弃至地表水、地下水、海洋水、海滨或海滩，也将受到同样的法律制裁。本规定不适用于船舶的远海排放。任何人，对于一项行动、项目、设备、基础设施，无论在实施上述行动、引导或实施上述工程或经营上述设备或基础设施时，还是在实施或参与实施上述设备或基础设施时，如果不能遵循必要授权命令，将被处以 2000～120,000 法郎的罚款和两个月到两年的监禁，或仅受其中一种处罚。一旦行为人已经实施了上述违法行为，将被处以 10,000～100,000 法郎的罚款。行为人如果已被起诉，法院可命令终止项目实施，停止基础设施或设备的使用。该决定可以是强制执行命令。

法院应为强制性指令的履行设定期限。法院也可在禁令之外附加强制性罚金，此时则应确定罚金的数额及交纳期限。该数额须按强制性措施履行期到期后每天 100～20,000 法郎计算。

二、域外水安全的司法保护

20 世纪中叶，世界少数国家创立了专门审理环境资源类案件的法庭。美国佛蒙特州、澳大利亚新南威尔士州在这方面走到了前面。瑞典、新西兰等许多国家也都在这方面做出了大量的探索，积累了较好的经验。

（一）设立专门法院

设立水安全专门法院，实行涉水安全案件集中管辖，可以准确把握涉水安全案件的特殊性，以专业化的司法理念指引专门化的审判，能够解决司法保护碎片化问题，促进水生态环境系统保护与整体保护；实行刑事、民事、行政"三合一"归口审理，解决责任追究片面化问题，提升了审判专业化水平。水安全专门法院没有固定的模式。不同国家根据国情有不同的设立形式。比如欧洲的瑞典设置了环境上诉法院和区域的环境法院，亚洲的泰国在最高法院内设环境法部门并在中央行政法院内设绿色席位，澳洲的新西兰则设立了环境法院。

1980 年 9 月，澳大利亚新南威尔士州对环境和规划处理机制进行改革，根据《土地和环境法院法案》《环境规划与评估法案》，建立了新南威尔士州土地环境法庭。1989 年，美国佛蒙特州制定了《统一环境执行法》，创立了佛蒙特州环境法庭，随后出台了《佛蒙特环境法庭程序规则》。1981 年,新西兰制定了《资源管理法》,将原规划上诉委员会改革成为规划裁判所。1996 年更名为环境法庭。1999 年瑞典颁布环境法典,将原有的水权法庭改革为环境法庭。

(二)审级制度灵活

各国主要通过立法确定环保法庭的审级,同时注意对环保法庭确定较高的审级,以便审理跨行政区域的环境案件。1990 年,美国佛蒙特州议会设立佛蒙特州环境法院。环境法院属于专门法院,与州初审法院平级。由于佛蒙特州没有上诉法院,上诉案件由州最高法院受理。环境法院可以受理的涉水环境案件有三类:一是水环境行政机构提起的行政执行案件和其他案件;二是要求对水环境执行命令进行审查的诉讼;三是对水环境行政行为和决定进行"上诉"的诉讼。

瑞典有着较为健全的环境司法审判体系。全国范围内设 5 个区环境法院,1 个环境上诉法院和 1 个国家环境最高法院,来专门审理环境案件。瑞典环境法院包含三个审级,从低到高依次为:区环境法院、环境上诉法院、国家环境最高法院。区环境法院负责审理对环境有影响的活动颁发许可证、开采水源,或有关损害赔偿的案件。环境上诉法院审理郡行政委员会或其他政府机关依《瑞典环境法典》作出的决定,但已向政府部门提起复议申请的案件除外。国家环境最高法院则专门审理环境案件。

澳大利亚有联邦和州两个法院系统,澳大利亚的法院级别最高的是澳大利亚高级法院,国内六个州的州最高上诉法院位于第二等级。新南威尔士州的环境法院是澳大利亚唯一专审环境保护争议案件的法院,新南威尔士州的最高法院是州最高上诉法院;其下一级的同级法院为州最高法院、环境法院、州补偿法院/州行业关系委员会;在州最高法院下,又设地区和地方法院两级。新南威尔士州最高上诉法院是本州级别最高的法院,其下有州补偿法院、土地和环境法院、州最高法院。环境法院在澳大利亚四级法院系统中处于偏上的三级法院系统之中。[1] 可见,环境法院在法院系统中具有很高的地位。

(三)受案范围明确

各国的环保法庭具有明确的受案范围且具有很强的针对性,一般包括:环境污染、自然资源利用、土地利用和规划、环境许可证等方面的纠纷,但也有国家只受理环境案件中的一种或几种。主要有以下两种类型:一种是重点受理水环境行政案件。如美国佛蒙特州环境法庭受理的案件,有环境行政机构提起的执行类案件、民众对环境行政行为的上诉案件、政府对市政土地利用的争议案件、市政府选址规划争议案件、农林部门砍伐活动争议案件、有关部门针对水排放等领域作出的许可争议案件等。另一种是重点受理水环境损害赔偿及处罚争议案件。澳大利亚土地和

---

〔1〕 参见胡德胜、陈冬等编译:《澳大利亚水资源法律与政策》,郑州大学出版社 2008 年版,第 25 页。

环境法庭主要受理涉及强制征用土地的评估及补偿案件、涉及环境规划和保护执行案件、对轻微环境刑事案件的建议管辖、地方法院已经定罪的刑事上诉案件。瑞典地区环境法庭只受理与环境、水资源有关的案件。

尽管受案范围较为明确，首先，水安全案件的管辖具有自身的特点，许多环保法庭管辖的地域往往与自然功能区域有关，比如瑞典先是以流域为基础设立了水法院，而后在水法院的基础上设置了区域的环境法院。其次，管辖并非一成不变，不论是根据土地利用等原因而调整地域管辖，还是扩充受案范围，无不要遵循和契合环境的生态性和整体性等特质。环保法庭的管辖范围随着人口发展、土地利用等因素的变化而会进行一定的调整。

（四）审判方式独特

1. 审判员专业性

各国环保法庭多由环境法律专业知识丰富、精通环境专业科学知识的法官和技术专家组成。主要有三种情况：第一种，专家直接参审，具有相对决定权。瑞典环境法庭由 4 名工作人员组成，包括 1 名法官、1 名环境顾问和 2 名技术专家委员。专家占 3/4。审理案件是由法官给出意见，然后环境顾问给出意见，最后才是技术专家委员给出意见。法官对审理结果拥有最终决定权。第二种，专家间接参审，只有建议权。美国佛蒙特州环境法庭共有 6 名工作人员，即 2 名法官、2 名法庭职员、2 名文件管理职员。虽然可以聘请技术专家，但技术专家对于审判结果没有决定权，只有建议权。第三种，专家完全自行审理，具有最终决定权。澳大利亚土地和环境法庭由 16 名工作人员组成，包括 9 名技术专家委员和 1 名法官。技术专家委员必须具有相应的知识、经验和资格，任期 7 年。涉及行政诉讼的案件，由技术专家委员进行审理裁判，只有案情复杂时，法官才介入审理裁判，传统举证责任原则不再适用。

2. 特定起诉主体

一是起诉主体具有专业性。一些国家将起诉权赋予专业性团体。德国的环境诉讼赋予非政府环保组织以环境行政参与权，强调原告资格的专业性。二是起诉主体公益性。水安全案件大都涉及公共利益，很多涉水安全案件的起诉主体符合公益诉讼的要求。在一些公众环境公益诉权较为发达的国家，对公众环境公益诉权主体资格的认定，不只限于直接利害关系人，还包括间接利害关系人。美国法律规定任何人在一定条件下均可以行使环境公益诉权。澳大利亚法律规定，任何人因他人造成或可能造成环境损害的行为，都可以向法院提起诉讼。

3. 诉讼程序简便

各国环保法庭注重提高司法效率，提升司法形象，增强其存在的生命力。其主要措施是：积极运用调解手段。美国环保法官通常对案件下达调解令，除非有充分的理由认为案件不宜经过调解程序。被下令调解的案件如果没有经过调解程序，裁判结果将不被认可。美国佛蒙特环境法庭的调解人员是由律师协会和调解协会的代表组成的,这些调解员都经过法庭的专门培训。调解一般4周时间即可完成,并且整个过程是保密的。开庭尽量方便当事人。美国环保法庭除当事人另有约定外,案件一律在争议所在地审理。法官会提前一天到达该地进行实地访问,在第一现场充分了解各方提供的证据。

澳大利亚新南威尔士州土地和环境法庭建立了电子法院系统,某些案件中当事人或其代理人可以通过该系统提交诉状,启动诉讼。当事人或者其代理人可以通过法庭建立的电子法院系统,借助互联网提交诉状、提交诉讼材料、查阅对方的诉讼材料、查阅开庭日期等。减免当事人费用。《瑞典环境法典》规定要免除环保组织的诉讼费用。

第二节 域外水资源法律制度

水资源属于公共自然资源,随着经济的发展和人口的增长,世界上水资源严重短缺,水污染日益严重,已成为制约社会经济发展的重要因素。在治理途径上,水资源系统的复杂特性决定了水问题属于多层问题,跨越地方、区域甚至国界。[1] 要解决日益严峻的人水之争,实现经济、社会、环境效益的和谐统一,除了要借助先进的科学技术手段外,法律的协调、平衡与保障更是不可缺少,很多国家根据国家自身特点,建立了水资源保护法律制度。

一、美国水资源法律制度

(一)美国水资源概况

美国地处北美洲中部,总面积约937万平方千米。辽阔的地域上平原、山脉、丘陵、沙漠、湖泊、沼泽等各种地貌类型均有分布,境内地势东、西两侧高,中间低,东部与西部大致以南北向的落基山东麓为界,也是美国太平洋水系和大西洋水系的分水岭,两边的气候和自然条件差异较大。

水资源分布不均衡是世界性的问题,美国也不例外,根据降水量的自然分布,美国水资源特点可以概括为,东多西少,东部多雨,西部干旱少雨,人均丰富。全美多年平均降水量为760毫米。以西经95度为界,可将美国本土化分成两个不同区域:西部17个州为干旱和半干旱区,年降水量在500毫米以下,西部内陆地区只有250毫米左右,科罗拉多河下游地区不足90毫米,是全美水资源较为紧缺的地区;东部年降水量为800~1000毫米,是湿润与半湿润地区。美国水资源总量为29,702亿立方米,人均水资源量接近12,000立方米,是水资源较为丰富的国家之一。

美国河流大都为南北走向,主要水系为:墨西哥湾水系,由密西西比河及格兰德河等河流构成,流域面积占美国本土面积的2/3;太平洋水系,包括科罗拉多河、哥伦

---

〔1〕 参见宋蕾:《水资源管理法律问题研究》,中国政法大学出版社2015年版,第7页。

比亚河、萨克拉门托河等；大西洋水系，包括波托马克河以及哈得逊河等；白令海水系，由阿拉斯加州的多条河构成；北冰洋水系，包括阿拉斯加州注入北冰洋的河流。全国河川径流总量为29,702亿平方米，径流总量居世界第四位，总体水资源比较丰富。一般年份，30%的河川径流量由地下水以泉水和河岸侧渗方式补给。地下水主要补给来源首先是降水下渗，其次是河道、水库和灌溉渠系的侧漏补给。

（二）美国的水资源管理法律制度

美国水资源管理经历了"私有—私有与公有并行—公有为主导"的发展历程，现今美国水资源管理的权力集中在各州政府，实行流域与区域相结合的综合管理体制，整个管理体系分三级，分别是联邦政府机构、州政府机构、地方（县、市）政府机构。美国在联邦一级没有专门的水资源行政管理部门，有关水资源管理工作分散在各个部门，这些部门既是联邦政府的水资源管理机构又是独立的经济实体，直接从事水资源的开发、管理、防洪和综合利用工程的运行调度管理。

美国是世界上较早开展依法治水、依法管水的国家之一。早在1965年，联邦政府就颁布了《水资源规划法》，为美国水资源的统一协调管理提供了必要的法律基础。1972年美国联邦政府又颁布施行了《清洁用水法案》，该法案共有六个系列，分别从水处理构筑物、水质标准与污水排放、污染物排放许可证颁发等方面，对污水处理、水污染防治、保护水资源和湿地、有毒污染物的管制等作了详细规定。这一法令在水资源的开发、使用以及最主要的水质量方面都提出了严格要求，从此，美国走上了依法管水、依法治水的道路。美国城市水务管理和节水立法方面以纽约州为典范，其中该州的《安全饮水法》《地表水处理规定》《纽约州卫生法》《水资源保护法》，加上联邦政府制定的《国家饮水条例》形成了一整套的水资源保护和节水制度。

美国水资源管理机构，分为联邦政府机构、州政府机构和地方（县、市）三级机构，在州政府一级强调流域与区域相结合，突出流域机构对水土资源开发利用与保护的管理和协调职能。美国水资源理事会的成员由内务部、农业部、陆军部、商业部、住房与城市发展部和交通部的部长，以及环境保护局局长，联邦动力委员会主席组成。美国总统指定内务部部长为水资源理事会主席。

（三）美国的水权法律制度

美国的水资源所有权归属各个州，美国的水权制度以州法律为主，各州对水权的规定因其自然和人文环境的不同而有所差异。美国水权制度可以大致分为东部和西部两种类型。美国东部地区的阿肯色、佛罗里达、佐治亚等州，由于水资源较为丰富，水权基本实行河岸权。河岸权授予土地所有者使用流过其土地的一定份额的用水权利。河岸权不需要许可证、执照或者政府批准，但它只适用于自然留过其土地的河流。河岸权没有给用水者用水库存水以备干旱时使用或者在分水岭以外的土地使用水的权利。河岸权归属财产权，当土地转手时，邻近水源的部分土地通常也失去了用水的权利。该原则规定，凡在河流及湖泊两岸拥有土地者有权合理使用水,其地表水水权采取“沿岸使用权”的管理形式,由于美国东部地区水资源较为丰富,用水矛盾相对不大,东部大都市如纽约、华盛顿及费城兴建水库并买下水库周围的所有土地以取得河岸使用权,大湖附近的城市则从湖内取水,沿着大江大河的城市,从河流中引水,或取地下水以补地表水的不足。不靠近大河及大湖的较小城市,依靠打深井解决供水。美国西部地区的犹他州、俄勒冈州等,由于干旱缺水,用水较为紧张,主要实行优先专用权(appropriation law)。水权的优先专用权是美国密西西比河以西大部分州水法的基础。这类水法基于两项原则:一是谁先引,谁优先;二是连续使用,不使用即丧失水权。该制度规定,在有效用水的前提下,占用水的时间越久,其水权等级就越高。如不能有效用水,就丧失水权。当水源不足的时候,先削减用水权低的用户。

二、法国水资源法律制度

(一)法国水资源立法概述

1.法国水资源概述

法国地势东南高西北低,平原占总面积的2/3。主要山脉有阿尔卑斯山脉、比利牛斯山脉、汝拉山脉等。法意边境的勃朗峰海拔4810米,为欧洲第二高峰;主要河流有卢瓦尔河(1010千米)、罗讷河(812千米)、塞纳河(776千米)。平均降水量从西北往东南由600毫米递增至1000毫米以上。法国降水分布不均匀,地中海沿岸、部分大西洋沿岸和内陆区年降水量不足600毫米,东部洛林地区及西南部阿坤廷盆地年降水量900毫米,山区年降水量可达2000毫米。多年平均年径流量约为2000亿立方米,人均水资源量3611立方米/人,亩均水资源量775立方米/亩。

2.法国水资源管理立法

法国于1935年颁布了《地下水保护法》、1962年颁布了《关于管理用水的法令》、1964年颁布了第64-1245号《关于水的制度和分配以及防止水污染的法令》和第65-749号《关于建立全国水域管理委员会的法令》、1968年颁布了第67-335号《关于在水的领域进行跨部门协作的法令》。法国通过法律规定防止水污染,加强中央的监控权和争议解决能力,创建流域委员会和水务委员会等组织。这些有关水资源管理的法律,基本建立起法国水务一体化的管理体制,特别是1964年颁布的第54-1245号法令,为法国水资源管理打下了坚实的基础。早在1964年,法国国民议会决议通过了法国《水法》与《水域分类、管理和污染控制法》。随着法国国民经济发展的变化与需要,法国《水法》在1992年和2006年经过两次较大修改并沿用至今,进一步有效地协助了法国政府对本国水资源的治理。在法律实施原则上,法国《水法》体现了四大原则:首先是综合治理原则,该原则将水资源与其他资源一并纳入生态系统保护环节,使法国的环境保护体系保持完整性与系统性。其次是流域治理原则,法国《水法》规定,法国国内水资源以流域为单位进行综合治理,当经济活动涉及排污、资源开发等水资源管理事项时,经营者必须遵循流域管理委员会的意见,谁的流域谁负责。

（二）水资源管理体制

法国现代水资源管理体制源于1964年颁布的《水文状况及水量分配法与水污染防治法》。全国根据水系分布划分为6个水文大区，并分别由6个地方公共水文管理局相对独立地进行管理，并提出水资源管理三原则，即以大河流域为单元实施分权管理、协商管理及建立投融资机制；同时，在每个大流域，设立流域委员会和流域水管理局。为适应保护水源工作的需要，1992年1月，法国政府又在1964年颁布法律的基础上，进一步修改了水管理法，并再次重申把水作为国家集体财富的基本原则。法国水管理部门表示，法国水管理政策的目标主要有两个，一是满足集体用水需要；二是节约用水，尊重水文生态环境。为达到这两个目标，法国每个水文大区都成立了自己的水文议会，这个议会分别由地区议员、工农业用水大户，以及政府和各环保协会代表组成，其任务是讨论地方水源整治计划，共同保护和管理地方水源。此外，法国6个地方公共水文管理局每5年还要联合制定一整套全国水源保护计划，交由各地方水文议会讨论通过，并由政府总理最后批准执行。

法国水资源管理属于国家职责，目前划归为环境部的职责范围，并与公共工程部、农业部、卫生部、工业部和渔业高级理事会等职能部门协作管理涉水事务。水资源管理的公共政策由国家、地方政府和用水户三方共同协商。法国水资源管理法律制度体现了四项原则。首先，统筹管理水资源，既要管理地表水，又要管理地下水；既管水量又管水质；综合考虑生态系统的物理、化学及生物平衡，着眼于开发利用水资源的长远利益。其次，水资源管理最合适的模式是流域管理。再次，实行水资源管理制度，需要各层次用户的共同协商和积极参与。最后，采用经济手段，谁污染，谁付费；谁用水，谁付费。法国水资源强调全民治理，除了法国政府及其下属的各级流域管理委员会外，民众也应广泛参与水资源治理环节，民众有监督相关管理机构的义务，同时民众代表也应对水资源治理问题提出建议对策，使水资源保护与治理大众化。再是经济治理原则，这里的经济治理主要是指利用金钱罚金来规范并约束社会用水行为，旨在利用经济杠杆来保护法律的可实施性以及环境的可持续发展。在法国，向自然水域排放污水需得到严格审核，同时还需向流域管理部排污部门缴纳高昂的排污费，一旦超标便将收到重磅经济罚单乃至法庭传票。另外，污水处理与水资源再利用产业则是被政府鼓励的行为，具体的鼓励措施便是向这些产业发放补贴与资助。

法国“以水养水”的措施取得了较大的成效，它不但为国家及地方治理水源计划提供了资金，而且增强了企业及个人节约用水和保护水源的意识。此外，为进一步治理水源污染，法国政府要求所有市镇建立起符合欧盟标准的污水处理系统，对污水处理不能达标的地区，政府将不断增加征收水源管理费，以促进这些地区尽快达标，使全国的水源污染问题最终得到彻底解决。

（三）法国水权法律制度

《法国民法典》明确规定，水是一种公有财产，且其使用权也是公有的。在1992年1月3日制定的法国《水法》中，水资源被归为国家的公共财产。但是，在《国有财产法典》中，根据管辖权对公河和私河进行了区分。最终，这种复杂性削弱了整体水保护的法律效力。法国的水权在三项主要水法的作用下逐步确立，为后来建立真正的水行政机构打下基础。

1964年法国颁布了第一部水法。这部法律迈出了法国治理水污染、保障民众用水历史性的一步。立法机关设立了水行政区域，承认流域的地方性，并且明确了许多违反水资源保护行为的法律责任来遏制污染。1992年1月3日，法国对水法进行了修改、补充和完善，颁布的新水法，首次统一了水法制度。该法案第1条规定："水是全民共同财产的组成部分，尊重自然平衡的原则，保护水资源、提高水的使用价值、开发可利用的水资源，符合全体公民的利益。在遵守法律、规章以及以前所立法规的情况下，使用水是全体公民的权利。"这就从法律上明确了水资源所有权与使用权的归属关系。至此，水权的概念通过以下四个基本原则进行了整合：水资源的统一性；水是国家的公共财产；水资源开发和保护需服务于公共利益；可持续性原则。该法规定，根据工程的重要性和所涉及对公共卫生带来危险以及妨碍水体自由流动的风险因素，对所有水开采工程、设施和活动的非民用目的用水统一实行单一的授权和申报制度。此外，立法机关围绕水资源整治与管理总体规划纲要和水资源管理规划两个文件进行水资源管理。2006年新修订的水法保留了1992年第二部水法的原则，新法还承认使用水是所有人的权利，并且为各个收入层次的公民提供饮用水保障。

法国供水模式最大的特点是市场与政府并举、公共部门与私营机构合作的方式。目前，法国75%以上的供水采用公私合作模式，即政府掌握公共供水资产的所有权，将经营管理的职能外包给私营机构。公共部门和私营机构双方的权利和义务以及风险分摊机制由双方签订的合同约定。在不同的合约中，私营机构对公共供水事业的参与程度和承担的风险各不相同，从而派生出3种管理模式：租赁、特许权和委托管理，取用水资源和排水需获得取水许可证，发放取水许可证的权力由省长代表国家行使。法国的水价制定是一个多方面协商和民主对话的过程，一般先由水工程投资者同供水公司和用户代表等协商后提出拟定价格，然后由市镇政府召集投资公司代表、供水单位代表和用户代表召开水价听证会，在综合考虑各方面因素的基础上，讨论协商后定价，三方签署合同，最后由市长确认。

三、澳大利亚水资源法律制度

（一）澳大利亚水资源概况

澳大利亚国土面积768.23万平方千米，年平均降雨量约460毫米，雨量分布在季节上和年份上都差别很大，中部和西部沙漠地区占国土面积1/3，年降雨不足250

毫米,降水主要集中在东部山脉、台地和谷地相接的地带,北部热带地区年降雨量超过 2000 毫米。澳大利亚水资源总量为 3430 亿立方米,目前已开发利用量 175 亿立方米,人均水资源量 18,743 立方米/人,按国土内可利用农牧地 510 万平方千米计算,亩均水资源量约 45 立方米/亩。澳大利亚水资源总量相对丰富,但水资源在国土内的分布极不均衡。

澳大利亚是全球最干燥的大陆,饮用水主要是自然降水,并依赖大坝蓄水供水。政府严禁使用地下水,因为地下水资源一旦开采,很难恢复。2006 ~ 2009 年,厄尔尼诺影响扩大,导致降雨大幅减少,澳大利亚各大城市普遍缺水,纷纷颁布多项限制用水法令,以节水度过干旱。墨累河和达令河是澳大利亚最长的两条河流。这两个河流系统形成墨累—达令盆地,面积 100 多万平方千米,相当于大陆总面积的 14%。最长河流墨累河长 2589 千米。艾尔湖是靠近大陆中心一个极大的盐湖,面积超过 9000 平方千米,但长期呈干涸状态。

(二)澳大利亚水资源管理法律制度

澳大利亚对水资源采用联邦政府、州政府和水管局三个层次管理制度,实行严格的水量定额分配制度和水务管理市场化运作。

1. 联邦政府层面

早期,澳大利亚实行水权与土地所有权紧密联系的河岸权制度,水的许可证随着土地出售自然地转移到新的土地所有者,并可以继承。但是在实践中发现,将水权与土地所有权捆绑会限制水的交易和转让,河岸权制度并不适合相对缺水的澳大利亚,所以联邦政府通过立法,将水权与土地所有权分离。现行法律明确水资源是公共资源,归政府所有,由政府调整和分配。20 世纪 90 年代以来,澳大利亚政府对水资源管理政策进行改革,由先前的“加强灌溉设施投资和发展区域水利经济为主”,转变至“水资源优化配置、提高用水效率,实现水资源的可持续利用”。1994 年由联邦政府与各州州长联合签署的水资源改革政策框架,主要包括以下内容:(1)国家不同所有制形式的水利企业全面推行商业性经营;(2)在全国范围内划出水的批发与零售机构;(3)区分并明确水资源法规权限及其供水责任;(4)以水资源的实际消耗为基础制定水价,并要涵盖供水的全部成本费用;(5)建立独立于当地土地财产权的水权;(6)各级政府要尽量减少交叉性补贴;(7)全国实行水资源相对集中的统一管理;(8)积极鼓励并支持公众参与水利建设和水资源管理等。

澳大利亚政府在水资源管理体制、水权、水等方面进行了改革。2007 年,为了解决联邦政府与地方政府在水资源管理上的权力归属问题,澳大利亚制定了《水法》,2008 年进行了修订。《水法》按照流域综合管理的理念制定,是第一次以全国立法的形式颁布水资源方面的立法。通过立法,各个州都将部分水资源管理的权力赋予了联邦政府。

2. 州政府层面

在澳大利亚,各州政府是当地水资源的拥有者,负责水资源的管理。如1989年维多利亚州制定的《维多利亚水法》中,明确了水权管理,州政府是所有水资源的拥有者,包括地表水和地下水;州政府内水管理机构,负责水资源的评价、规划、监督和开发利用,并负责州内的供水、灌溉、防洪、河道整治等水利工程建设。水资源市场由各州机构分别管理,保证市场运营顺畅。

3. 地区水务局层面

澳大利亚各地设水管局,水管局是水资源配额的授权管理者,包括城市和乡村水资源的管理。乡村水资源管理局管理指定地区的水资源总量,包括配置过程中水的损失量。

(三)澳大利亚水权法律制度

1. 水权类型

澳大利亚立法明确了州是水资源的所有者,负责水权的调整和分配。各州的水法对水权有明确的规定,如《维多利亚水法》中将水权的表现形式分为三种类型,第一种是"批发水权",是授予具有灌溉和供水职能的管理机构、电力公司的水权;第二种是授予个人的用水许可证,取得该许可证的个人可以从河道、地下或从管理机构的供水工程中直接取水,许可证有效期一般为15年,到期前需申请更换;第三种是灌区内农户的用水权,法律中规定灌溉管理机构必须确保向农户提供生活、灌溉和畜牧用水。

2. 水权的申请与责任

水权取得分为申请程序和用户义务。根据《维多利亚水法》,批发水权和许可证的取得,一般要经过申请人提出申请、交纳费用,由具有批发水权的管理机构按规定的方式征求意见、调查研究、决定批准或不予批准申请、发布授权命令等程序。对于获得批准拥有水权的用户,附加必须遵守的义务条件,包括取水比例、用途、最大取水量,按时支付水费、承担河道保护和环境保护的责任、采取有效利用水资源的措施、补偿对他人的不利影响、计量设施的安装和使用等。

四、日本水资源法律制度

(一)日本水资源概况

日本国土面积约37.8万平方千米,大部分地区处于降水丰富的亚洲季风带,年降水量约1700毫米/年,约为世界平均数970毫米/年的2倍,约为中国年降水量660毫米/年的2.6倍。尽管如此,由于日本国土面积狭小,人口众多(1.26亿),人均年降水总量约为5241立方米/(年·人),只相当于世界平均数27,000立方米/(年·人)的1/5,与中国5907立方米/(年·人)相当。

日本全国多年平均年径流量为5470亿立方米,按1998年人口计算,人均水资源量4344立方米。由于日本河流源短流急,年际变化大,干旱年份年径流量约3300亿立方米，扣除直接入海水量，实际可供开发利用的水量只有2000亿立方米，相当于干旱年水资源量的60%～70%，人均可利用水资源在地区上差别很大，在城市人口集中，用水量大的地区，如关东、近畿等地区，人均可利用资源量只有全国平均数的1/3～1/2。这些地区水资源的短缺，除了自然条件外，主要受人口和产业布局等社会经济条件的制约。并且人均可利用水资源差别较大，在城市人口集中、用水量大的地区，如关东地区，人均可利用资源量最多只有全国平均数的1/2。由于用水量逐年增长，可用水资源量越来越少，适宜修建水库和开发新水源的地点也逐年减少，越来越缺乏水资源，并且已经影响了日本经济的发展。因此，日本通过立法加强水资源管理，提高水资源利用效率。

（二）日本水资源管理法律制度

为综合开发水资源、推进水源地建设，以及保护水质和环境等，日本政府在"二战"后制定了20多部主要的相关法律。围绕"水资源综合开发"制定了《国土综合开发法》（1950）和《水资源开发促进法》（1961）、《河川法》（1964）。围绕"水资源利用及预防地面沉降"制定了《土地改良法》（1949）、《电源开发促进法》（1952）、《工业用水法》（1956）和《水道法》（1957）。围绕"水源地建设"制定了《琵琶湖综合开发特别措施法》（1972）和《水源地域对策特别措施法》（1973），围绕"水质和环境保护"修订了《水道法》（1970），制定了《水质污浊防止法》（1970）、《环境基本法》（1993）和《水道水源法》（1994）等。

日本《河川法》明确日本的流域水资源管理以流域为基础，流域管理集中体现在跨行政区河流或河段上。中央政府对一级河川按流域范围指定管理者，负责有关的保护和整治活动。日本政府中涉及水资源开发利用的机构有建设省、农林水产省、通商产业省、厚生省及国土厅等。这些部门都设有专门机构行使所分管的职能。建设省的河川局，负责全国一级河流和综合利用工程的建设及管理。河川局下设水政、计划、治水、开发、海岸、除害、水土保持等课。农林水产省的构造改善局，负责灌溉排水工程的规划、施工。对水利开发活动，在《河川法》之下又制定了《水资源开发促进法》。规定由内阁总理大臣指定"水资源开发水系"，以流域为基础制定水资源基本规划，并以此为指导协调各方面的利益。一级河川中，从1962年开始已经指定了7个由国土厅直接监督管理的水系。其他暂未指定水系由当地都、道、府、县知事指定管理者。在中央政府以下，日本有东京都、北海道、京都府、大阪府以及43县等47个二级地方政府，相当于我国的省级行政区。中央部门除国土厅外，其他专业部门均有对口下属单位，接受中央部门的业务指导。对指定水系的开发，日本实行政企分离的制度。《河川法》以下还制定了《水资源开发公团法》，成立了专门从事指定水系的水资源开发活动，以独立法人资格进行工程建设与运行管理。

日本政府对水资源问题高度重视，重大事项由内阁会议和总理大臣亲自审定。

经机构改革后的新政府(自2001年开始运行)实行以国土交通省为主,其他相关部门协同管理的水资源管理体系。具体情况如下:土地水资源局负责长期需水方面的根本性、综合性政策、(水资源部)法规的策划、立项及推行等相关工作;河川局负责河流管理、治水工程及河流综合开发工程的实施等;都市地域整备局负责下水道相关政策、企划、实施、指导、(下水道部)监督以及与流域的协调管理;环境省负责流域水质保护相关政策;农林水产省负责农业用水等农业基础设施建设与管理、土地改造、森林保护工程;厚生劳动省负责上水道相关工程;经济产业省负责工业用水相关政策、水力发电相关政策。

(三)日本水权法律制度

1. 水权管理制度

日本《河川法》于1964年颁布,2002年修订使用至今,是日本管理国际河流的基本法律。该法第23条明确规定了水权的管理:"任何有意使用河川水资源的人都要取得河川管理者的允许。"并且规定:(1)河流属公共财产。(2)河流实施分级管理,一级河流由建设大臣管理,二级河流由河流所在都、道、府、县知事管理。(3)建设省设河流审议会,委员由建设大臣任命,承担咨询、调查、审议有关河流的重要事项,各级地方政府也设相应的河流审议会,建设大臣在确定工程实施基本计划前,应先征询河流审议会的意见。(4)都、道、府、县知事,可向境内引用河水者、占用河流水域者征收占用费、土石采挖费,作为其收入。(5)河流管理者应建立河流资料档案供查阅。(6)遇洪潮紧急情况,河流管理者可使用附近土地,使用或征用土石竹木等材料,调用运输工具,处置障碍物等。(7)引用河水或占用河流水域内土地,采挖土石,兴建或拆除建筑物,都应取得批准等。

《河川法》第12条规定河川管理者必须编制河川登记册(分为河川现状登记册和水利登记册)。河川现状登记册记载水系、河川名、指定区间、河川长度、河川区域概要、主要管理设施、河川使用许可及河川保护区等的指定日期及概况,并附有表示附近地形及方位的平面图。水利登记册主要记载水利工程使用的水系及河川名、水利使用许可者的姓名、水利使用的目的、许可水量、许可期间及排水口位置等事项。对于向河川排污,《河川法实施令》(1966)中规定,生活或工业污水或废水(农业或渔业除外)日排放量在50立方米以上的排污者必须向河川管理者申报,申报书应指明排污者姓名、住址、排污的河川种类及名称、排污占地、排污期间排污量、污水水质、污水处理方法等方面。为保护枯水季节河川的清洁,河川管理者可以要求排污者减少排污量或暂停污染。在河川区域内地面清洗含泥土、污物、染料等的物件和在该区域内土地上堆积土石、竹木及其他物件必须取得河川管理者的许可。

2. 水资源使用规范

根据日本《河川法》的规定,任何人要想从河川取水,必须提交申请并得到所涉河流管理者的许可。提交的申请要有如下证明和文件：(1)需新增引水项目的描述；(2)申请引水量的计算书；(3)有关河川流量、申请引水量和现有已分配水量等计算结果；(4)表明预定引水设施不会给防洪带来负面影响的论据；(5)已分配水权的调查结果；(6)木材水运的调查结果；(7)渔场活动的调查结果；(8)历史和自然景观的调查结果；(9)当前的土地使用和预计蓄水库区占地所产生负面效应的补偿措施；(10)建筑物的设计及施工进度安排；(11)现有水权持有者表示同意的文件和解释不同意原因的文件；(12)表明其他用户对所申请使用的分配水量拥有使用权的证明；(13)有关政府机构必要的授权文件；(14)必要时，要提供对(11)(12)等各条所要求的有关水权申请材料准备不足的原因。

申请提交后，河川管理者需要通知并与有关政府机构协调。一级河流的管理权限在中央政府，由建设大臣负责。在建设大臣指定区段内，可按照政令规定，交给所在的都、道、府、县知事办理。在建设大臣要‘指定区段’时，必须预先听取相关都、道、府、县知事的意见。一级河流的支流为二级河流，其管理者为管辖该河流区段的都道府县知事。日本《河川法》在第53条中规定了协商用水：当异常干旱造成河川水资源难以充分满足已授予的水权分配需求时，已获得水资源使用权许可的用户应相互协商。在这样的协商中，每个用户要考虑他人的用水。如果通过协商未能取得一致意见，经相关团体要求或河川管理者认为如不采取紧急用水协调会严重损害公众利益时，河川管理者可以对水资源利用的协调采取必要的干涉和仲裁。

3. 水权使用限制

在日本，水权是一种长期独占水资源使用的权利。因为河川及其水流是公共财产，日本《河川法》不允许将河川水资源作为私有对象。所以，水权是一项用益权，同时也是一项财产权，要受一定约束条件的限制。这些约束条件包括：(1)水权持有者可根据自己的用水目的采用限定的水量；(2)水权持有者不能变更其取水用途，但如确需变更，他可在放弃原有权利后针对新的用途申请新的水权；(3)水权转让获得许可的唯一可能情况是：与水权相关事务随同其财产转让给另一团体，且水权是团体财产的一部分。[1]

日本没有全面涉及地下水的使用及其水权的法律。根据民法第207款的规定，私有土地下的地下水所有权属地主所有，即土地所有权包含了相应地下水的所有权，这两种所有权不分离。

---

〔1〕 参见林洪孝主编：《水资源管理与实践》(第2版)，中国水利水电出版社2012年版，第105页。

第三节　域外饮用水安全法律制度

一、德国饮用水安全法律制度

德国对饮用水的管控十分严格，使用标准极高，并将其作为食品进行控制和检测。以柏林为例，柏林的饮用水主要来自地下水，所以地下水资源一直以来受到柏林政府密切的保护。政府对污水处理厂的监管十分严格，1996 年德国《水管理法》也根据污水处理厂的规模及其排放流域的不同对其排放的化学氧化指数、生物氧化指数和氮含量等有明确的规定标准，对不符合要求的污水处理厂，政府会予以警告并勒令整改。在严格的管控之下，自来水生产中的水质处理基本只需采取自然手段就可以达到标准。

1976 年德国《生活饮用水和食品企业生产用水条例》（以下简称《饮用水条例》）中对饮用水的质量标准作出详细且严格的规定，并在不断地加强与完善。比如，要求德国所有自来水管中流出的水都必须符合饮用水标准，由此可以看出，在该条例的规定之下，德国饮用水标准的规定比对矿泉水还要全面。除了水的质量标准，《饮用水条例》还对水质检测有严格的规定。其中，地表水、地下水、水厂水质处理环节、自来水管网以及用户的水龙头都被这一高密度采样网络所涵盖。水质检测由自来水公司负责执行，地区的健康部门负责监督。柏林自来水公司的实验室每周会做多于 15, 000 次的实验，以确保饮用水符合相关规定的要求。

另外，根据《饮用水条例》的规定，德国拥有不同层次的饮用水质量控制和安全监测系统，一方面，德国会使用水质分析实验室进行实验，通过实验监测饮用水的水质；另一方面，德国也会运用高科技手段持续地在线监测饮用水水质每秒钟的参数，这种手段会实时监测饮用水水质参数的变化，这样就能知道饮用水水质是否合格，一旦水质不达标，就可以及时发现，并且马上采取措施。

二、美国饮用水安全法律制度

（一）饮用水安全立法

1974 年由美国国会通过的《安全饮用水法》，其目的是通过对美国公共饮用水供水系统的规范管理，确保公众的健康。《安全饮用水法》严格规定了自来水的水质标准，要求从水龙头流出来的自来水能够直接饮用，并规定了保护饮用水及其水源（包括河流、湖泊、水库、泉水和地下水水源等）要采取的多种行为与措施，规定了具体的执行机构为美国环保署及各州环保署。美国环保署采用三步法来建立饮用水的主要标准。第一步，首先，环保署要确定饮用水中对人体健康不利的各种污染物、它们在饮用水中出现的频率以及对公众健康构成威胁的含量。其次进一步确定需要研究的污染物，并确定需要控制的污染物。第二步，环保署对于已决定需要控制的各种污染物要进一步确定其在饮用水中的最大允许含量目标。污染物低于该最大含量目标以下的饮用水被认为不会对健康构成威胁。这一目标将给饮用水保留一个安全的余度。第三步,环保署对于公共供水系统输送到任何用户水龙头饮用水中每种决定要控制的污染物规定其最大允许限量。这一允许限量是执法的依据,并按现实可行的条件尽可能地接近在第二步中所定的目标。

《安全饮用水法》于 1986 年和 1996 年进行修改,要求采取很多行动来保护饮用水及其水源——河流、湖泊、水库、泉水和地下水水源(《安全饮用水法》的规定不包括用水人数少于 25 人的井)。该法授权美国环保署建立基于保证人体健康的国家饮用水标准以防止饮用水中自然的和人为的污染。美国环保署、各州和供水系统共同努力以确保饮用水符合标准。根据该法及其修正案的规定,凡是向公众提供自来水的公司,必须接受环境保护署监管,并向环保署报告有关水质的情况,尤其是关于水质下降或水质遭到破坏的情况。法律中同时规定,这些公司还必须在每年的 7 月 1 日之前,向用户发布年度水质报告,详细说明本公司提供的水质、水源的安全饮用情况,让用户了解自己使用自来水的质量,做到公开透明。水质报告采用在网上发布公告的形式进行公开,而不是向每个具体的用户寄送报告文本,除非有用户需要公司提供纸质的水质报告,在向公司提出要求之后,公司会将报告文本寄送至个别用户手中。

(二)饮水安全监督

为了保证饮用水的安全,针对水中污染,《安全饮用水法》建立了多道屏障。这些屏障包括水源保护、水处理、配水系统的一体化和公共信息。公共供水系统负责保证从水龙头中流出的水中污染物不超过标准。水系统负责对水进行处理,且必须经常对于水中特定的污染物做测试,并将结果向州政府作报告。如果水系统不符合标准,它有责任通知用户。现在要求供水者为用户作年度报告。公众有责任帮助当地的供水者确定需要优先解决问题的顺序,为筹资和水系统的改善作决策,并帮助制订保护水源的计划。遍布全国的供水系统依靠公民咨询委员会、价格委员会、志愿者和市政领导积极地保护全美国每个社区的饮用水。

美国环保署以保护健康为基础,考虑可获得的技术和费用,科学地制定了国家饮用水标准。这些国家饮用水标准规定了饮用水中针对每种特定污染物最大允许的限量,否则就需要采取措施消除这些污染物。每一条标准也包括对供水系统所需进行试验的要求,通过这些试验确定水中的污染物以保证达到标准。除了建立这些标准以外,美国环保署还提供有关饮用水的指导、帮助和公共信息,收集饮用水的信息和检查各州的饮用水计划。

对于水系统最直接的监督由各州饮用水计划进行。各州如果能够显示出他们最低将采纳环保署的标准并严格地保证供水系统满足这些标准,就能够向环保署申请在他们的管辖区域内作为实施《安全饮用水法》的首席机构。除了怀俄明州和哥伦比亚特区外,所有的州和管区都已被批准为首席机构。还没有一个印第安部落申请和接受首席权威，有四个部落已经作为“州”对待并可合法申请“首席”。各州和环保署作为《安全饮用水法》首席执行机构，保证水系统进行污染物的检测试验，进行现场检查和卫生鉴定，提供培训和技术帮助，对不符合标准的水系统采取行动。

（三）饮水安全标准

目前美国有170,000个以上的公共供水系统，他们几乎为所有的美国人供水。保证这些供水系统供水安全的责任是由美国环保署、各州、部落、水系统和公众一起来分担的。美国的饮用水水质标准分为两个等级，一级标准是应用于公众给水系统的强制性法律标准，通过限制损害公众健康的污染物浓度水平，以达到保护饮用水水质的目的；二级标准为非强制性标准（见表9－1）。

表9－1　一级饮用水法规中规定的饮用水标准（节选）

项目	污染物	MCLG1（MG/L）	MCL2 或 TT3（MG/L）
无机物	锑	0.006	0.006
	砷	无	0.05
	石棉（纤维>10 微米）	7×106 纤维/L	7×106 纤维/L
	钡	2	2
	铍	0.004	0.004
	镉	0.005	0.005
有机物	丙烯酰胺	0	TT
	草不绿	0	0.002
	苯	0	0.005
放射性物质	β 粒子和光子活性	无 5	4mrem/年
	α 粒子活性	无 5	15pCi/L
微生物学指标	细菌总数	N/A	TT8
	浊度	N/A	TT8

三、日本饮用水安全法律制度

（一）关于饮用水水质的法律规定

为保证自来水的水质安全，1955年日本制定了专门的《自来水法》。2003年，厚生劳动省制定了《关于水质标准的省令》，针对水厂取水地点和检查次数等都作了具体规定。1994年，日本制定了《促进自来水水源水质保护法》，其目的在于通过保护水源以确保自来水的安全。该法致力于提供安全和稳定的自来水，着眼于保护自来水的水源地，提高公共卫生和生活环境，并且对自来水企业和地方政府需要采取的保护水源措施都进行了严格规定，包括生活污水的处理、养殖场家畜粪尿的处理等，未经处理严格限制排入河流。

日本于2003年制定水质标准，并一直沿用至今。该标准包含50个项目，对水银、锑、硼、亚硝酸氮、氟等元素在水质中的含量都进行了限制。目前，日本还设有水质管理项目，通过实时检测避免自来水在流经水道过程中发生质量变化，即从水的源头到自来水水龙头，都要随时注意水体质量，以便迅速发现出现水质恶化的情况。由于水质安全在日本一直是最受市民关注的话题，法律还规定自来水企业在每年度开始前要向用户提供有关水体质量的报告。另外，厚生劳动省还经常对自来水企业进行现场检查，厚生劳动大臣的咨询机构——厚生科学审议会，还会经常就水质标准进行研究，根据最新的科学知识进行修改。同时，日本还有很多获得了厚生劳动省官方认定的、专门进行水质检查等相关服务的企业，随时进行的水质检查能够迅速发现存在的危险。

（二）关于饮用水安全的刑法规定

在日本，不仅工业污水不能直接排放，而且生活污水和其他未经处理的水也严禁直接排入河流，实施污染水源的行为是刑法规定的犯罪类型之一。

《日本刑法》中有关于规制侵害饮用水安全行为的法律规定：实施污染于自来水和水源的行为，即污染水道罪，可以被判处6个月以上7年以下徒刑；实施污染可供饮用的水资源并致使其无法被利用的行为，即污染净水罪，可以被判处6个月以下徒刑和10万日元以下罚款；实施破坏自来水水管或者堵塞自来水水管的行为，可以被判处1年以上10年以下徒刑；向供人饮用的净水投入毒物或会导致健康受损的物质，无论是否对人体健康产生了影响，一律判处3年以下徒刑；向自来水混入毒物和其他有害健康的物质，可以被判处2年以上有期徒刑，如致人死亡，可以被判处死刑、无期或者5年以上徒刑。另外，在《日本刑法》中，相较实施一般的伤害行为致人死亡，因实施污染净水的行为致人死亡所被判处的刑罚会更重。

四、英国饮用水安全法律制度

（一）英国饮用水概况

英国政府非常重视饮用水的卫生安全，在英国，自来水都可以直接饮用。英国的饮用水除了来自地下以外，河流取水也是饮用水的重要组成部分。泰晤士河是英国最主要的河流，全长346千米，横贯首都伦敦与沿河的10多座城市，每年要向沿途1300万人以及众多工业企业提供稳定可靠的水源。为了保证供水安全，泰晤士河流域内建立了476座污水处理厂，该河流域中的一切污水均须经过处理后才允许排入河中或注入地下。泰晤士河的污染防治工作取得了明显的成效，除受潮水影响的河段外，其他河段的水质均已达到饮用水的水质标准。英国饮用水监管局的报告显示,经过严格检测,流经泰晤士地区的水质合格率为99.98%。

(二)关于饮用水安全的法律制度

从20世纪中期开始,英国开始制定关于饮用水安全方面的法律,先后出台了包括《水法》(2014年修订)、《水资源法》(1991)、《环境法》(1995)《饮用水质量规程》(2000)等十余部法律法规。除了自身制定的法律法规外,英国也在执行世界卫生组织的《饮用水水质准则》(2017),在脱欧之前,还执行欧盟关于饮用水安全的相关法规,主要是《欧盟水框架指令》(2008/56/EC)。为确保符合世界卫生组织和欧盟的最新指导方针,并与科技进步相协调,英国的饮用水安全标准在不断根据实际情况进行修改,每5年至少修订一次。英国在法律上退出欧盟后,根据《欧洲联盟条约》第50条规定,欧盟基础条约及一系列协议附件将不再适用于英国。

除了饮用水的相关法律制度较为完善之外,英国另一个能够实现饮用水安全和高质量水务服务的因素,是具有合理的管理架构。在英国,环境、食品和农村事务部是中央政府中负责水资源及相关产业方面的主管部门机构,由这些部门对水务监管机构进行宏观管理。此外,英国在1990年成立了饮用水监督局,其职能是:制定饮用水的水质标准;监督、检测水务公司供应饮用水的数量和质量;处理消费者投诉,调查与水质相关的事故,对相关责任公司或责任人进行处罚等。饮用水监督局还通过独立的实验室对水质进行检测;对饮用水安全进行独立的监督。在20世纪90年代,英国开始实施水务私有化的改革,这一举措进一步提高了水务行业的效率和竞争力,确保了良好的自来水水体质量和配套的相关服务。

五、以色列饮用水安全法律制度

(一)以色列饮用水概况

以色列是个严重缺水的国家,因为水资源的稀缺,饮用水价格昂贵。但是,以色列却没有因为水资源的短缺而降低对饮用水标准的控制。相反的是,在以色列,关于饮用水安全的控制管理问题是政府与民众关注的焦点。

1937年,也即以色列国成立前11年,麦克罗(Mekorot)水资源公司成立。在以色列建国初期,麦克罗公司既充当以色列国内水资源供应商的角色,同时也是国内水资源管理、安全监督和水利设施修建的实施者。时至今日,麦克罗公司每年在以色列境内供应15亿立方米的水,占整个以色列水资源消费量的70%、饮用水消费量的80%。

(二)关于饮用水安全的法律规定

1959年,以色列通过了《水资源法》,该法规定以色列境内水资源管理的各项具体工作分别由农业部、环境保护部、卫生部、财政部和内政部来实施,而麦克罗公司则成为由国家全资所有并经营的水资源供应商。2006年,以色列通过《水资源法》的修正案,该修正案中将上述几个部门在水资源管理方面的职能集中到了一个新成立的跨部门机构——政府水资源和污水委员会。

在饮用水安全标准方面,以色列在 1974 年通过了《公共卫生条例(饮用水卫生质量标准)》,并于 1979 年、1989 年、1990 年和 2000 年进行了四次修订。该条例共有 24 页,对相关指标规定得非常细致,除了对饮用水中无机物、有机挥发物、农药残留、化学元素、放射性物质和氟化物等含量的最大值都分别作出了量化规定外,还对不同类别检测的检测周期、采样数量、采样地点等内容都作出了详尽的规定。

在饮用水安全管控水平提高的同时,以色列饮用水安全的标准也在不断提高。2012 年 7 月,以色列议会通过了更加严格的饮用水卫生质量标准条例,该条例取代了 1974 年的条例。新的饮用水安全标准将以色列的饮用水安全标准提高到了和美国、欧盟同等的高度。

在污水处理方面,以色列《地方政府污水管理法》(1962)规定地方政府在规划、建造和维护污水系统良好运作方面的义务;《水资源法》(1971 年修订)禁止任何人直接或间接污染水资源;《水井控制法》(1995)对允许钻井的范围、水设备、罚款等设置明确规定。

第四节　域外水环境法律制度

一、美国水环境法律制度

(一)美国水环境的历史及早期立法

中世纪欧洲先后爆发过霍乱、鼠疫、黑死病等大范围的传染性疾病。19 世纪后,人们开始认识到疾病流行源于卫生环境差和水污染问题,此后各大中城市采取措施,以控制废物和垃圾。[1] 在 19 世纪 50 年代中期,芝加哥建立了美国第一个主要的废水处理系统。之后,美国其他许多城市纷纷效仿。城市卫生条件和水环境改善之后,大批居民移居到城市,伴随人口增长,越来越多的生活废弃物排入水体,到 19 世纪末,工业和工厂废物的污染(工业化学品和废弃物,包括盐酸、硫酸、纯碱、石灰、染料、木材纸浆等)侵袭欧洲和美国的工业城市。到 20 世纪,美国城市地区的水和空气污染持续加重。

1898 年,美国通过《河流和港口法》,该法致力于解决水体污染,主要关注保持水域通航和清除有可能造成危险的垃圾。该法禁止从街道和下水道以液体状态流入以外的任何其他东西排入水体。在后来的几十年,水体污染被认为是个局部问题,最好由各自城市和城镇解决。1912 年通过了《公共健康服务法》,规定卫生、污水处理和污染的问题由美国公共健康服务部门主管。1924 年通过了《石油污染法》,其中规定禁止故意排放燃油到潮水中,并授权由美国陆军工程兵对违法者实施

〔1〕 参见孙金华、陈静、朱乾德:《国内外水法规比较研究》,载《中国水利》2015 年第 2 期。

抓捕。1926年,生活污水和工业废水污染了美国大多数的河流,但并没有严重干扰航行。第二次世界大战极大地改变了水体污染的范围。工业剧增努力支持战争,沿水道建立起一大批工厂和设备,许多新的化学品和工业副产品排入废物溪流,水体污染加剧。一直到1948年的冬天,底特律和胭脂河因工业油的污染造成约11,000只鸭的死亡,这一事件引起了广泛的关注,人们开始意识到水污染的严重性。自此,密歇根州开始实施工业污染控制方案。

(二)美国《清洁水法案》

水污染一直被列为美国人关注的环境问题之一,为了改善全美流域内的整体水质,美国1948年就已经颁布和实施了《联邦水污染控制法案》(Federal Water Pollution Control Act),即《清洁水法案》(Clean Water Act),这是第一部由美国联邦管理地表水污染的法律,也是美国联邦政府主要的水污染控制法律,授权各州政府建立基金予以解决水污染问题。该法规定了美国水域污染物排放规范的基本结构和地表水的质量标准,法律规定水环境由州和地方负责,联邦政府没有规定具体的目标和限制条件。20世纪50年代后半期到20世纪60年代,《清洁水法案》先后经历四次修订,增加了联邦政府援助市政进行污水排放,并增加了关于所有污水排放具体执法程序的规定。在此期间,联邦政府的管辖权逐步扩展到州际通航,以及州际公路和水域。

但是由于当时美国工业正处于持续发展阶段,加之水污染的监管成本较高,人们仍肆无忌惮地往河里倾倒垃圾,导致该环境问题依旧很严峻。1965年美国制定水质标准,并将其纳入《清洁水法案》规制的范畴,要求各州制定州际水域标准,根据该标准来确定实际的污染水平。为了确定鱼类死亡与人类生病的原因,进行了一系列关于国家水道和水样的研究,结果表明是持续增加的污染问题和高于安全水平数倍的物理和化学水质参数导致的。比如1968年在切萨皮克湾进行的一项调查显示,海湾的污染致使捕鱼业每年损失300万美元。1969年研究显示,哈德逊河的细菌含量比建立的水体安全极限高170倍以上。根据记载,1969年一年内鱼类死亡的数量超过4100万,有史以来鱼类最大死亡率发生在佛罗里达州的索诺托萨萨湖(Thonotosassa),在这一年中共有2600万鱼死亡。1969年,美国俄亥俄州克利夫兰附近的凯霍加河(Cuyohoga)污染非常严重,河面上出现神秘的漂浮油花,之后引发了河面起火。同年,凯霍加河引起了第二次失火。凯霍加河起火事件唤起了美国公众的环境保护意识,国家迅速采取针对水污染治理的行动。1972年,美国政府开始对《清洁水法案》进行颠覆性修正,要求所有市政和工业污水必须进行污水处理才可排放,并且制定了两大严格目标:(1)1985年实现污染物"零排放";(2)1983年水质实现"可钓鱼"(fishable)和"可游泳"(swimmable)标准。为治理污水处理厂提供专项资金,并设置行业和污水处理厂排放污水的标准。

修订后的《清洁水法案》共5章73条,全文共12万字左右,相关规定较为复杂,但其中有两个基本内容：一是规定了国家控制水污染的目的和目标，即恢复和维护国家水体化学、物理和生物完整性，到 1985 年消除向国家通航水体的污染物排放，到 1983 年水质要达到保持鱼类、贝类和其他水生生物的繁殖和可供人类水上或水中娱乐的标准。二是规定了实现这些目标的法律措施。这些措施包括：许可证制度（亦称国家消除污染物排放制度，缩写为 NPDES）；以处理技术为基础的排放标准；联邦拨款修建城市公共污水处理厂；对某些有特殊影响的污染物（如油类或有害污染物）实行特殊限制；包括诉权等的司法审查程序。然而，该法规定的目标至今尚未实现，只起到了一定的强制性限制作用，促进了美国的水污染控制。

（三）污水排放管理制度

在美国，主要通过在全国范围内实施许可证制度限制污染物排放。任何人负责在任何点源排放污染物或放污染物进入美国水域，都必须申请并获得许可证。超过 65，000 家的工业和城市污水排放必须从环境保护署获得许可证。许可证中指定适用于各污染物的控制技术，符合规定的污水排放限制，并有排放期限的限制。必须保持记录，并开展对排放活动的监测。许可证发行 5 年期间之后，必须更新。但也有例外，比如某些类型的活动可免除这些许可证的要求，包括一些不改变土地使用的农业、牧业和林业；一些建设和维修的活动或是州里已经监管的活动。

《清洁水法案》要求美国环境保护署建立城市污水处理厂和工业设施污水排放特定污染物数量的限制。首先设定标准，包括：第一，对特定的行业通过评估技术和经济可达到的，建立一个全国性的基本水平的水处理；第二，如有必要对某些工厂要求更严格的水处理，以实现工厂排放的水质量目标。例如，环境保护署将根据控制水质来限制州里指定的饮用、游泳或钓鱼水域的污染。其次，污水处理要求具备的五个主要元素：第一，各行业国家最低污水排放标准系统；第二，水质标准；第三，排放许可证项目，可以把标准转换成可执行的范围；第四，对特殊问题的规定，如有毒化学品和漏油；第五，为公共污水处理厂的建筑贷款计划。

（四）污水治理监管

根据《清洁水法案》的规定，联邦的管辖范围十分广泛，特别是关于建立国家标准或排放限制。其中，美国环境保护署通过 404 条款，授权制定一项有效的计划，以控制美国 7600 万英亩湿地的污染。该机构还需要与其他联邦机构和各州协调，通过许可证计划监督这些水域的保护情况。联邦政府保留了对湿地的管辖权。美国环境保护署的规定包含了目前最切实可行的技术（BPT）和经济实惠的最先进的技术（BAT），这些技术适用于工业污染源的各类别污水排放标准（如钢铁制造，有机化工制造业，石油炼制等）。同时，州政府也需要承担一些责任，也就是说清洁水法像其他环境法律一样，体现了联邦与州政府之间的合作，其中联邦政府设定议程和污染减排标准，而各州进行每天日常活动的实施和执行。该法的授权包括州机关可发放许可证到行业和直辖市，并执行该许可证。

各州在《清洁水法案》的基础上可以制定本州的水污染控制立法和标准。但各州的立法和标准至少要达到联邦立法的水平。例如,《清洁水法案》第510条规定:"各州、政府分支机构或州际机构不能采用或实施比依照本法确立的任何排放限制、排放标准、禁止性规定、污水预处理标准或执行标准更宽松的标准。"鼓励各州实行高于联邦立法的标准,但是不得与联邦立法精神和具体内容相抵触。各联邦机构必须同其他非联邦机构一样遵守各州的规定。在各州之上建立联邦环保局,统领全国的水污染控制工作和水污染控制法律的实施,监督各州和地方政府对联邦立法的执行。《清洁水法案》第309条(a)(1)规定:"当联邦环保局长发现违反该法的行为时可直接对违法者采取执行行为(如发布通知令其矫正或对其起诉等),亦可通知有关州政府,提请州政府采取行动。如果州政府在联邦环保局发出通知后30天内未采取适当的执行行为,联邦环保局可对违法者采取执行行为。"各州如果需要依据具体情况改变联邦立法在各州的执行,必须得到联邦环保局的同意。在各州无法达到联邦立法的规定时,由联邦环保局直接替代各州的水污染控制机构执行联邦标准。

二、澳大利亚水环境法律制度

(一)水环境背景概述

1884年,新南威尔士州、维多利亚州与南澳大利亚州签署了《墨累河河水管理协议》,这是澳大利亚历史上第一个分水协议,该协议的签署打破了墨累河完全由南澳大利亚州管理的格局。1915年,新南威尔士州、维多利亚州、南澳大利亚州与澳大利亚联邦政府四方经过谈判,达成了新的《墨累河河水管理协议》,新协议中规定将河水和取水权层层分配,即由州到城镇再到灌区到农户。1917年,墨累河流域委员会成立,该委员会的成立标志着分水协议获得了实际执行。在1924年和1934年,《墨累河河水管理协议》经历了两次修订,但都没有将达令河纳入该协议的管理框架。

此后很长一段时间,州与州之间争论的焦点是灌溉用水问题。直到20世纪60年代,水质问题日益严重,其中以水质的盐渍化倾向最为突出,州与州之间冲突的焦点由灌溉用水问题转移至水质恶化问题。1982年签署了《墨累—达令河水管理协议》,该协议特别重视水质的管理,并且是澳大利亚历史上第一次将生态问题纳入协议内容。

(二)水环境管理机构

澳大利亚在水环境保护上实行一条龙管理,一切涉水事务都在水管理机构,体制合理,职责分明,便于落实。澳大利亚联邦层面上的水管理部门,主要包括联邦环境部、墨累—达令流域管理局(MDBA)、水资源委员会(NWC)、气象局(BOM)。这些部门都属于同一级别,但都向环境部部长汇报。州层面上的水管理部门包括各州的水利局和环保局。

(三)水环境法律制度

澳大利亚联邦先后出台了《环境保护法》等50多部环境法律法规,还有《清洁空气法规》等20多部行政法规,在州层次上,涉及环境保护的法律法规多达百余部,包括维多利亚州出台的《环境保护法》等几十部地方环境保护法规,这些法律法规对环境污染的控制起到了重要的作用。

澳大利亚涉水环境法律主要有以下特点:一是注重预防。有关排污许可证、环境影响评价、污染企业自我监控等预防措施的内容占据了法律条款的绝大多数。二是法律条款详细。澳大利亚法律条款的规定很细致,而且可操作性较强,比如排污收费法规条款多达百余条,从收费的种类、标准、单位、计算公式到最大排污允许量、既避免了执法的随意性,减少了执法过程中的摩擦,又提高了执法的公正性和秉公执法的权威性。三是处罚严厉。在澳大利亚,只要违反了环保法律法规,就都要受到严厉惩罚,如对法人可以判处100万澳元的罚金,对自然人可判处25万澳元罚金,对直接犯罪人可判处高达7年的有期徒刑。四是鼓励公众参与。所有单位和个人都有权对排污者的违法行为提起诉讼,不管其利益是否受到直接损害。正因为立法鼓励公众对于环境保护的广泛参与,澳大利亚的企业和公民都会自觉遵法守法,污染水环境的违法行为逐渐减少。五是运用经济手段。在澳大利亚,水环境法主要通过行政执法、法院司法予以实施。目前,联邦和各州都有负责实施环境法的行政机构,如规划、环保、林业、土地等部门和各种专门委员会,其中环保部门的作用较大。健全的环保机构、充足的人员编制和环保资金投入是澳大利亚环境保护法律法规得以顺利实施的重要保证。澳大利亚在联邦政府、州政府和地方政府三个层次都设有专门的环保机构。澳大利亚联邦环境部有500名工作人员,各州环境部门的工作人员都在1000人以上。

三、日本水环境法律制度

(一)日本水环境法律制度综述

1. 水质污染防治法律规范

伴随日本经济的高速发展,其水环境污染问题十分严峻,防治水污染成为日本政府在20~21世纪的重要工作之一。[1] 19世纪50年代,日本开始关于水质污染防治的立法活动。1958年,日本第三十一届国会制定了《关于保全公共水域水质的法律》和《关于控制工厂排水等的法律》;1970年12月25日,第六十四届国会又将这两部法律改制定为《水质污染防治法》。该法于1971年6月24日生效,2006年6月14日修订。以《水质污染防治法》为核心,日本颁布了《水质保护法》(1958),《湖沼水质保护特别措施法》(1984),《排污费征收标准管理办法》(2003),《下水道法》(2005),逐步形成了水质污染防治法律体系。

---

〔1〕 参见陈平、陈鑫、李文攀等:《日本水环境质量监测管理概述》,载《中国环境监测》2019年第2期。

日本《水质污染防治法》是一部针对明确的排水控制对象而制定的法律，控制对象明确，是该法的第一个特点。该法对排水对象作出了明确解释，是指从设置特定设施的企业往公共水域排出的水。其中的“特定设施”即在众多的排放设施中排放的污水或废液含有政令规定的有害物质，或可能造成有关生活环境项目发生损害的设施。该法的另一个特点是规定了严厉的排放标准。法律中规定的排放标准有二类，一类是统一标准，是由总理府根据国家环境标准的规定设立的全国统一适用标准，包括有害物质和生活环境项目两部分限度标准。第二类是比统一标准更严格的标准，当在一定水域的流量比从企业排出的废水量少的自然与社会条件下，该水域在适用国家统一标准难以改善污染状况时，由都道府县条例制定出比统一标准更为严格的标准。

此外，日本《水质污染防治法》的管理措施层次分明，规定了设置特定设施的申报制，该制度要求企业在新建、变更特定设施前，必须向都道府县知事申报，经批准后才能设置和使用。如果都道府县知事认为申报的企业排放的废水违反了法律规定的标准，有权命令申报人改变或废止特定设施的设置和变更计划。

2. 水质量监管法律规范

日本的环境行政管理工作主要有污染防治和保护自然环境两大方面，而环境调查和环境质量监测贯穿于环境行政管理工作的始终。在日本的水环境质量监测体系构建和形成过程中，最重要的法律是《环境基本法》《生物多样性基本法》《自然环境保护法》《水质污染防治法》等。《环境基本法》第 16 条规定了环境质量标准的制定原则等；《自然环境保护法》第 4 条规定了自然环境基础调查的必要性；《水质污染防治法》第 15 条规定了公共用水水质常规监测的必要性、目的和开展水质监测的主体、各自职责等，明确了水环境质量的监测目的、标准项目、标准限值、监测方法及分析方法等内容。

在《环境基本法》和《水质污染防治法》等环保法律法规中明确规定了国家和地方政府及企业必须履行水环境监测的职责和义务；不同机构、团体和企业开展环境监测的内容有所不同。日本政府开展的行政职能性监测，目的在于了解和掌握水环境的质量状况和发展变化趋势。水环境质量监测管理的国家行政机关以环境省为主，国土交通省也承担一些重要监督性监测和调查工作。各个部门分工明确，互不干涉；完成各项专业调查和监测工作后，监测数据和专业监测报告均在相关网站上发布。环境省水环境监测管理主要职责如下：第一，依据《环境基本法》制定环境标准、监测方法、调查方法、分析方法、监测点位布设原则等技术性指导文件；第二，组织地方政府开展水环境质量监测；第三，将全国水质监测数据进行集成分析，数据电子化并公开发布；第四，保护生物多样性，开展生物多样性监测与评价；第五，开展闭锁性海域的环境保护工作（包括总量控制、濑户内海环境保护等）；第六，开展海洋环境保护工作等。国土保护局承担了日本公共用水域一级河流的水环境质量监测和

“河流岸边国势调查”工作，海上保安厅开展了“海洋污染调查”工作。日本的地方政府（都道府县）制定的水环境监测原则、方法及技术规范，制定所辖地域的公共用水域水质监测计划，确定监测项目、点位、频率、采样时间、地点和方法，以及监测方法和监测单位；具体开展当地的公共用水域的水质监测和地下水监测；制定应急监测预案；公布监测结果；建立负荷数据库，管理企业排放（总量控制等：自动监测流量和控制项目，数据直接进入当地综合数据库）。对于特殊行业，与企业签订合同，确定监测项目和标准，防止与控制污染。

（二）日本水俣病事件与汞污染防治立法

1. 日本水俣病事件概况

1956 年，日本水俣湾附近出现了一种奇怪的病，这种病就是日后轰动世界的“水俣病”，也是世界上最早出现的一种因工业废水排放污染而引发的公害病。附近居民出现步态不稳，抽搐、麻痹，甚至跳海死亡的现象，先后有 1 万人不同程度地患有此种病状，灾情进一步扩大。1959 年，熊本大学医学部水俣病研究班发表研究报告，报告称该疾病的产生与当地化工肥料厂将污水直接排入水俣的海湾有关。化学工业中因含汞（Hg）的催化剂产生的甲基汞（CH_3Hg）是剧毒物质，是致病的罪魁祸首。水俣湾由于常年工业废水排放而受到严重污染，水俣湾里的鱼虾类也由此被污染。这些被污染的鱼虾通过食物链进入动物和人类的体内。1960 年日本政府正式将甲基汞中毒所引起的工业公害病，定名为水俣病。关于水俣病受害者针对政府和污染企业提出的公益诉讼，直到 2010 年 3 月 29 日，日本政府、熊本县政府和 2100 名水俣病受害者的原告团才达成和解协议，国家和地方政府一次性支付每名受害者 210 万日元（约 23,000 美元）和每月支付每人最多 17,700 日元（约 190 美元）的医疗费。1971 年，日本成立环保省，更加重视环境保护的问题，并从之前发生的工业污染中吸取教训，通过制度法律进一步规范政府、企业、学界和公民等各方主体在环境保护中的权利和义务。

2. 日本治理汞污染的法律制度

针对严重的汞污染，日本环境省在《日本水俣病的教训》文件中总结了经验、提出了对策。一方面，政府要求减少汞的排放量，对各类产品中的汞含量进行限制，对于因使用汞而造成健康危害的高风险化妆品和农药等产品，规定了禁止使用或者含有量的限度。另一方面，政府对水银的排放进行限制。根据《绿色购买法》的规定，推进国家公共部门提供有助于降低环境负荷的物品和劳务措施，并根据《关于推进环境物品等采购的基本方针》中规定的特定采购品种的判断基准中涉及汞含量的内容，促进了无汞制品的开发、普及以及产品中汞使用量的削减。

日本为了防治水银造成的环境污染，保护人的健康以及保护生活环境，基于环境关联法制度推进了各种各样的对策。首先，针对水质问题，作为在公共用水区域和地下水中维持和达成的基准，设定了全国统一的环境基准，为了确保水质，对工厂和工厂进行排水限制、地下渗透限制等。其次，针对排水基准问题，除了全国统一的标准外，必要时，地方自治体可以制定更严格的标准。最后，针对土壤问题，在制定环境基准的同时，根据土壤污染对策法制定土壤含有量基准和土壤溶出量基准，进行调查制定对策，并根据大气排放标准的规定采取有关措施，将有助于降低排放风险。

具体标准如表9－2所示。

表9－2　日本法律对环境中各要素规定的具体标准

对象	标准值	所依据的法令
大气	40ngHg/m^2 以下(年平均值)	《大气污染防治法》
公共水域	环境基准:0.0005mg/L(年平均值)	《环境基本法》
地下水	环境基准:0.0005mg/L(年平均值)	《环境基本法》
	地下渗透控制要求:不能被监测到	《水质污染防治法》
土壤	环境基准:0.0005mg/L(年平均值)	《环境基本法》
	溶出量基准:0.0005mg/L以下	《土壤污染对策法》

第五节　域外水安全法律制度对我国的借鉴及启示

域外各国之间虽然在人口、历史、地理和经济结构等方面存在明显差异，但对水资源的开发、利用和保护都面临着相同或近似的问题。但相比之下，各个国家的水安全法律制度都有一定的特点和优势，从制度设计、管理到实施都有值得我国借鉴的地方。针对我国国情，可以汲取不同国家和地区的先进经验加以借鉴。

一、美国水安全法律制度的经验借鉴

(一)完善水环境保护法律体系

在美国，关于水环境保护方面的立法有1899年美国颁布的《垃圾法》，该法旨在清理航道。基于对水污染势态日趋严重和控制地表水污染的考量，美国国会于1948年着手制定并颁布实施了《联邦水污染控制法》，后经不断完善与修订，最终形成了至今依然发挥着重要作用的《清洁水法》。该法严格控制地表水的污染，努力以污染控制技术为基础对不同类型的点污染源排放进行限制，对面源污染、填埋物、油类物质与危险物质泄漏事故等方面的控制也作出了明确规定。此后，为了禁止在海上倾倒放射性等有害物质和保护沿海地区的生态系统，美国又陆续制定并颁布实施了《海洋倾倒法》(1972)和《海岸带管理法》(1972)等一系列专门性与综合性的法律规章制度。

（二）规范水污染源管理体系

总体上看，美国的水污染源治理标准包含排放标准、总量控制、排放许可制度三大关键技术要素。由联邦政府针对一些特殊的工业企业、污水处理、污染物排放、污染物浓度等统一制定工业污染源排放标准，是美国工业污染管理的突出特色和技术基础。联邦环保局以“最佳可行技术”为统一的污水排放标准，对工业行业实行分类管理。其中，工业污染源控制分浓度和总量两种。工业废水的处理，规定必须使用该行业最好的、可行的处理技术处理，并且要求所有监测数据（属于商业秘密的除外）应及时向社会公开。

（三）加强水环境监测立法

20 世纪 70 年代，美国开始着重对水体污染状况、藻类、大型底栖生物、鱼类的生活环境、物理调参数、急性毒性、慢性毒性、多种细菌、原生生物等进行评估监测与调查分析。在历经长时间的发展后，美国形成了一套以生物种群、毒性试验、微生物测试和鱼组织污染物为核心技术指标且行之有效的水环境生物监测技术体系，以更好地了解与跟踪水环境受污染的程度和明确水环境质量控制的目标与质量保证要求。

二、法国水安全法律制度的经验借鉴

（一）综合治理原则

法国政府通过建立机制加强水资源管理和水污染防治。法国将全国分成六大流域。每个流域都设有流域委员会和流域水务局，具体负责流域内的水资源规划和水管理工作。这种综合管理是建立在一套完整的法律体系之上，以法律的、行政的管理手段为主，以经济手段为辅，借助国家与有关的合作对象达成的协议，同时采取各种手段加以贯彻实施。河流水量与水质、生态环境、湿地保护、防洪等事务均由流域管理机构统一管理，这种模式避免了多部门管水事的交叉与重复，特别是地方政府与流域管理也不存在交叉。这种注重以流域为单元的水量水质综合管理机制为法国水资源的合理利用提供了可靠保障。

（二）民主治理原则

《法国水法》确立了水资源的民主治理原则。水资源开发管理各项政策的实施要求各层次的管理机构和用户共同协商和积极参与，实现民主治理。法国民众通过两种途径参与水资源管理：一方面用水户代表作为流域委员会成员，直接对流域管理政策和措施产生影响；另一方面，民众可通过公众咨询环节，就流域规划、水价调节和大型涉水项目提出意见。这保障了水利规划和相关政策与其他行业的有效衔接和顺利实施。

（三）以水养水原则

法国水资源强调全民治理，民众广泛参与到水资源治理的环节当中，民众有监督相关管理机构的义务，同时民众代表也应对水资源治理问题提出建议对策，使水资源保护与治理大众化。按照《法国水法》和《欧盟水框架指令》，法国各大流域和各子流域也根据流域规划并结合当地情况制定相应的规划与措施。流域和子流域的规划均具有法规性质，各级政府必须严格遵守执行。流域规划确定的项目资助经费额度与取水费及排污费计收额度之间有机结合，并严格实行预算管理，实现了项目规划与资金保障的有机结合。这种水管理有效支撑了经济社会的发展。

三、日本水安全法律制度的经验借鉴

（一）重视水环境的综合整治

第二次世界大战后，日本经济在短期调整后即进入经济快速增长阶段，同时，随着大量工业废水和生活污水任意排放入河，导致日本城镇水环境持续恶化，城镇生态受到了严重破坏。为了改善城镇水环境的水质状况，日本政府采取了许多水质保护措施，通过绿化、截污、底泥疏浚、控制农业面源污染、促进生态修复、鼓励环保科研、进行广泛的环保科普教育以提高全民环保意识对水环境进行保护。其中，渡良濑蓄水池、千叶县手贺沼公园、琵琶湖是比较典型的水环境保护事例。

（二）水环境综合立法与统筹管理相结合

日本城镇水环境综合整治与管理主要以城镇河道管理为核心，权责明确，各司其职，合理分工，协同合作。其河川管理的职责职权是依据河川对于国土保全和国民经济的重要性来划分的。

根据河川对于国土保全和国民经济的重要性不同，日本的河川被划分为一级水系，二级水系和单独水系。其中属于一级水系并由建设大臣指定的河川称为一级河川；属于二级水系并由都道府县知事指定的河川称为二级河川；可适用于河川法部分规定的河川称为准用河川；除此之外的河川称为普通河川。一级水系由国土交通省大臣直接管理。二级水系由都道府县知事进行管理；准用河川由市町村长进行管理；普通河川由市町村的地方共团体进行管理。

（三）注重水环境管控考核

日本河川管理的考核内容和标准包括：第一，与地域联通的河川整备推进（主要水系区间是否制定整备基本方针及整备计划）；第二，都市河川亲水空间利用的促进（河川的自然环境及与人相关生活环境的整备情况）；第三，河川的合理管理制度；第四，与海岸防御一体化的河川海啸对策的推进（对策的推进情况，是否有相关整备计划等）。

此外，注重信息化建设也是日本河道管理的重要工作与成功经验。城镇水环境及相关河道信息，完全公开、及时发布、有效分享、协助监督，进行广泛的环保科普教育以提高全民环保意识，促进政府与公民的有效沟通，充分发挥公众参与，促进水环境质量的持续改善与提高。在各建设事务所等相关政府机构网站，可以查询到详尽的河川管理工作信息，如工作内容介绍，宏观管理计划，具体工作计划，实时的工作进展等。

四、澳大利亚水安全法律制度的经验借鉴

(一)流域综合管理统一立法

2007年澳大利亚颁布了《水法》,按照流域综合管理的理念制定,第一次以全国立法的形式颁布水资源方面的立法,在流域综合管理中发挥了重要作用,实现了有效的流域综合管理。《澳大利亚水法》强调将流域内的水资源和依水生态系统作为一个完整的系统,将管理范畴从流域内的水、土、资源要素扩展到从流域生态系统出发综合管理的社会、经济、环境价值,要求以一种优化经济、社会和环境结果的方式使用和利用流域水资源。遵循生态系统整体性及其内在规律,将流域作为管理单元,推动流域综合管理,考虑上下游左右岸的关联与相互影响,由流域内单要素管理向经济、社会与环境统筹管理转变。

(二)各方利益协调平衡

编制流域规划是流域综合管理的重要手段。《澳大利亚水法》要求流域规划制定长期平均可持续引水限制,科学地限制了水资源使用量;要求对流域规划效果进行年度评估、对流域规划进行动态修订,体现了适应性管理的特点,比如墨累—达令流域管理局编制流域规划,提交联邦水资源部部长批准,明确了流域规划编制的主体;要求流域规划的编制或修订,要与流域内各州、流域官员委员会、流域社区委员会进行协商,征求各方意见,通过多元利益相关方的参与平衡流域管理中的各方利益。流域规划要能够反映该流域内的水资源需求,解决流域内的水环境问题。强调水的基础性战略地位,赋予流域规划法律地位,推动流域内多规合一,理顺流域管理权责,平衡和协调流域内各利益主体,提高利益相关方可持续利用水资源的能力,实现流域开发外部性的内部化。动态评估流域规划的实施效果,并对流域规划进行适应性调整。

(三)消除水权市场障碍

《澳大利亚水法》规定了水市场规则,力图进一步扩大水权市场的规模,减少水权交易的障碍。例如,将流域内各州政府的水资源管理权集中到联邦层面,为扩张和统一流域内水权市场奠定基础;强化澳大利亚竞争和消费者委员会在水市场规则制定中的作用,促进各地区水市场规则的一致性;建立国家水市场系统,提供必要的市场信息,减少信息搜集成本,扩大交易量;以制度、法律和行政安排来改善水权交易的效率和范围,消除可能影响潜在交易的壁垒。完善水权交易制度,通过全国统一水权交易平台,建立统一的水权交易规则,促进各地区水权交易的一致性;统一发布水权交易的必要信息,充分发挥市场在水资源配置中的作用;确保水权交易不会超过当地的最大取水量,不会影响环境用水和生态系统的健康。

典型案例

莱茵河污染事件

【基本案情】

莱茵河是一条著名的国际河流，它发源于瑞士阿尔卑斯山圣哥达峰下，自南向北流经瑞士、列支敦士登、奥地利、德国、法国和荷兰等国，于鹿特丹港附近注入北海。全长1232千米，流域面积22.4万平方千米。自古以来莱茵河就是欧洲最繁忙的水上通道，也是沿途八个国家的饮用水源。

巴塞尔位于莱茵河湾和德法两国交界处，是瑞士第二大城市，也是瑞士的化学工业中心，3大化工集团都集中在巴塞尔。1986年11月1日深夜，位于瑞士巴塞尔市的桑名兹(Sandoz)化学公司的一个化学品仓库发生火灾，装有约1250吨剧毒农药的钢罐爆炸，硫、磷、汞等有毒物质随着大量的灭火用水流入下水道，排入莱茵河。桑多兹公司事后承认，共有1246吨各种化学品被扑火用水冲入莱茵河，其中包括824吨杀虫剂、71吨除草剂、39吨除菌剂、4吨溶剂和12吨有机汞等。有毒物质形成70千米长的微红色飘带向下游流去。翌日，化工厂用塑料堵塞下水道。8天后，塞子在水的压力下脱落，几十吨有毒物质流入莱茵河后，再一次造成污染。11月21日，德国巴登市的苯胺和苏打化学公司冷却系统故障，又使2吨农药流入莱茵河，使河水含毒量超标准200倍。这次污染使莱茵河的生态受到了严重破坏。

事故造成约160千米范围内的多数鱼类死亡，约480千米范围内的井水受到污染影响不能饮用。污染事故警报传向下游瑞士、德国、法国、荷兰四国沿岸城市，沿河自来水厂全部关闭，改用汽车向居民定量供水。由于莱茵河在德国境内长达865千米，是德国最重要的河流，因而其遭受损失最大。事故使德国几十年为治理莱茵河投资的210亿美元付诸东流。接近海口的荷兰，将与莱茵河相通的河闸全部关闭。莱茵河水污染事故被列为20世纪“六大污染事故”之一。

【案件处理及启示】

该事件发生后，法国环境部部长于12月19日要求瑞士政府赔偿3800万美元，以补偿渔业和航运业所遭受的短期损失、用于恢复遭受生态破坏的生态系统的中期损失以及在莱茵河上修建水坝的开支等潜在损失。瑞士政府和桑多兹公司表示愿意解决损害赔偿问题，最后由桑多兹公司向法国渔民和法国政府支付了赔偿金。该公司还采取了一系列相关的改进措施，成立了桑多兹－莱茵河基金会以帮助恢复因这次事件而受到破坏的生态系统，向世界野生生物基金会捐款730万美元用于资助一项历时三年的恢复莱茵河动植物计划。

通过这次事件，有关国家加强了多边合作。法国、瑞士、德国共同成立了一个工作组以改进和完善信息交换系统和紧急联系机制，并就防止莱茵河污染事故和减轻污染损害需要采取的必要措施达成了一项协议。从莱茵河污染事故包括后来国际上发生的一些重大水污染事故诸如多瑙河污染等中,可以看出国际上对此类事件惯常的处理方法:一是尽快提出应急处理措施,为降低损害、损失赢得主动;二是对赔偿持谨慎态度,同时又积极地致力于防治污染长期机制的建立。

附表

表1　美国水安全法律制度汇总

颁布日期(年)	名称	备注
1824	《河流和港口法案》	对密西西比河及其支流有计划地进行疏浚整治
1902	《垦殖法》	成立内务部垦务局
1917	《防洪法》	1928年修改为《新防洪法》,标志美国水资源多目标开发的开始
1920	《联邦水能法》	大力发展水电站建设
1927	《河道与河口法案》	批准陆军工程师团关于防洪等的综合性报告
1928	《博尔德河谷计划法案》	胡佛坝工程建设
1933	《田纳西河管理局法》	成立田纳西流域管理局
1935	《水土保持法案》	加强水土资源保护工作
1936	《防洪法案》	全国综合性防洪工作作为联邦政府的一项重要职责,1965年修订
1948	《联邦水污染防控制法》	1956年、1961年修正
1965	《水质法》	《联邦水污染防治法》修正案,提出联邦水质标准
1965	《水资源规划法》	改善联邦部门协调和实施项目的效率
1968	《国家水委员会法案》	成立全国水委员会
1968	《全国洪水保险法》	规定各州对易发生洪水区采取可行措施调整土地利用情况
1969	《国家环境政策法》	建立科学系统的环境法体系
1970	《环境保护法》	把水质与水资源保护列为首位
1972	《清洁水法》	《联邦水污染防治法》修正案
1973	《水土资源规划的原则与标准法案》	水资源政策比较全面的法案
1974	《安全饮用水法》	保护国家饮用水供应,1986年、1996年修订
1986	《水资源开发法案》	规定受益地方分摊投资的比例
2002	《关于水资源可用性与用途全国性评估的意见》	全国性评估工作
2004	《水资源保护法》	规定取水权制度

表2 英国水安全法律制度汇总

颁布日期(年)	名称	备注
1848	《公共健康法》	城市供水系统迅速发展
1951	《河流防止污染法》、《苏格兰河流防止污染法》	确保河流的其他内陆或沿岸水的清洁
1963	《水资源法》	标志水权行政管理制度的建立
1970	《农业法》	—
1972	《保护野生生物迁徙物种公约》	参与缔结的国际条约
1973	《水法》	确立流域统一管理与地方配合的水资源管理新体制
1974	《污染控制法》	水质法律最重要的部分
1980	《苏格兰水法》	—
1990	《环境保护法》	英国议会立法
1991	《水资源法》	后与1989年《水法》合并
1991	《地面排水法》	—
1991	《水工业法》	1999年重新修订
1992	《联合国气候变化框架公约》	参与缔结的国际条约
1992	《生物多样性公约》	参与缔结的国际条约
1995	《环境法》	规定由环境机构代表政府制定和执行环境标准，批准取水许可与防洪
1999	《污染预防和控制法》	—
2000	《水框架指令》	适用于英国的欧盟法律
2003	《水资源(环境影响评价)附属法规》	重要的附属法规
2005	《苏格兰水务诸法》	—
2006	《水资源(抽取和存储)附属法规》	重要的附属法规
2007	《水资源管理规划附属法规》	重要的附属法规
2008	《未来之水——政府的英格兰水事战略》	阐明政府的未来水资源管理策略

表 3 澳大利亚水安全法律制度汇总

颁布日期(年)	名称	备注
1881	《水资源保育和分配法》	规定了有关融资、建设和管理地方灌区信托机构的设立
1886	《维多利亚灌溉法》	制定了有关地表水管理的新法律框架
1909	《政府席位接纳法》	赋予联邦政府对昆比延河和莫朗格洛河的水权
1910	《水资源保育和利用权力法》	昆士兰州开始对水资源行使权力、许可取水和用水
1919	《水控制法》	普通法上水资源权利的限制
1929	《污水处理法》	南澳大利亚州制定
1932	《水工程法》	南澳大利亚州制定
1970	《地下水保持法》	南澳大利亚州制定
1976	《水资源法》	南澳大利亚州制定,澳大利亚第一部综合性水资源管理的立法
1976	《水道保持法》	对宣告为水道管理区的排放和土地利用行为进行控制
1988	《首都地区(规划和土地管理)法》	除联邦土地以外的所有水资源管理权授予首都地区
1989	《维多利亚水法》	建立了维多利亚州水资源管理框架,2005 年修订
1992	《墨累—达令协议》	有效规范墨累河的水资源利用
1993	《开发法》	南澳大利亚州制定
1994	《水事改革框架》	抑制由于水的使用引起的自然资源退化
1994	《国家水质管理策略》	指出了关于水质保护的政策目标
1997	《环境保护法》	规定包括水质在内的环境保护
2000	《昆士兰州水法》	昆士兰州管理水资源的基本措施,后经多次修改
2002	《昆士兰州水法规》	制定和修改了 17 个不同流域或者区域的水资源规划
2004	《自然资源管理法》	逐步取代 1997 年《水资源法》,为南澳大利亚州最主要的水资源管理法
2004	《关于国家水资源行动计划的政府间协议》	提出了可交易水权与水资源可持续综合管理的基本框架与要求
2004	《国家水事委员会法》	贯彻可持续发展理念
2007	《水资源安全国家规划》	对灌溉等进行规划
2007	《水法》	实施《水资源安全国家规划》关键制度

CHAPTER 10
第十章

水安全法律实施

导　读

本章探讨水安全法律实施问题。本章所指的水安全法律实施是以行政机关、司法机关为视角,讨论有关水安全的法律在其工作中的实际施行,具体包括水行政执法和水安全司法保护等内容。本章第一节介绍水安全法律实施的基本概念,包括水安全行政执法的概念、常见类型及内容和方式,以及水安全司法保护的概念、常见类型等。第二节将现阶段我国水安全行政执法的新举措进行梳理和归纳,并总结水安全行政执法的改革措施。第三节以水安全相关的规范文件为指导思想,以水安全司法保护体制的创新为基础,以为水安全类案审理为具体应用,构建水安全司法审判体系。

第一节　水安全法律实施概述

一、水安全行政执法概述

(一)水安全行政执法的概念

水安全是涉及国家长治久安的大事,水安全行政执法是落实国家水安全的重要保障。水安全行政执法是水行政主体对行政相对人采取的具体行政行为,具体而言,是指各级政府水行政主管部门或法律、法规授权的其他组织,依照水安全法律法规对公民、法人及其他组织违反水法规的行为依法实施行政处罚;依其申请准予其从事与水安全相关的特定活动;对其遵守、执行法律法规的情况进行监督检查等行政执法活动。

(二)水安全行政执法的常见类型

1. 涉水行政许可

(1)取水许可证。取水是指利用取水工程或者设施直接从江河、湖泊或者地下取用水资源。为加强水资源管理和保护,促进水资源的节约与合理开发利用,国务院制定了《取水许可和水资源费征收管理条例》,〔1〕取水许可证在我国水资源管理中是一项非常重要的许可证,取水许可证是可以帮助企业与个人取得水权的一种主要方式。该条例第2条规定了取用水资源的单位和个人,原则上都应当申请领取取水许可证,并缴纳水资源费。此外,该条例第4条规定了不需要申请领取取水许可证的五种例外情形,一是农村集体经济组织及其成员使用本集体经济组织的水塘、水库中的水;二是家庭生活和零星散养、圈养畜禽饮用等少量取水;三是为保障矿井等地下工程施工安全和生产安全必须进行临时应急取(排)水;四是为消除对公共安全或者公共利益的危害临时应急取水;五是为农业抗旱和维护生态与环境必须临时应急取水。除以上五种情形外,无论是单位还是个人,从江河、湖泊或者地下进行取水都要按照国家的规定,拥有取水许可证,有偿进行取水,在申请领取许可证后缴纳一定的水资源费,才能获得取水权。

(2)城镇污水排入排水管网许可(以下简称排水许可)。为了加强对污水排入城镇排水管网的管理,保障城镇排水与污水处理设施安全运行,防治城镇水污染,住房和城乡建设部制定了《城镇污水排入排水管网许可管理办法》。〔2〕其中,该办法第3条规定了承担排水许可工作的主体,具体包括由国务院住房和城乡建设主管部门负责全国排水许可工作的指导监督;省、自治区人民政府住房和城乡建设主管部门负责本行政区域内排水许可工作的指导监督;直辖市、市、县人民政府城镇排水与污水处理主管部门负责本行政区域内排水许可证书的颁发和监督管理。城镇排水主管部门可以委托专门机构承担排水许可审核管理的具体工作。该办法第9条规定了核发排水许可证需要具备的条件,具体包括五方面,一是污水排放口的设置符合城镇排水与污水处理规划的要求;二是排放污水的水质符合国家或者地方的污水排入城镇下水道水质标准等有关标准;三是按照国家有关规定建设相应的预处理设施;四是按照国家有关规定在排放口设置便于采样和水量计量的专用检测井和计量设备,列入重点排污单位名录的排水户已安装主要水污染物排放自动监测设备;五是法律、法规规定的其他条件。此外,施工作业需排水的,建设单位应当已修建预处理设施,且排放污水的水质符合国家或者地方的污水排入城镇下水道水质标准等有关标准。

(3)生产建设项目水土保持方案编报和审批、方案实施、设施验收和监督检查。为了规范和加强生产建设项目水土保持方案管理,预防和治理生产建设项目可能造

---

〔1〕《取水许可和水资源费征收管理条例》(2006年2月21日国务院令第460号公布,根据2017年3月1日国务院《关于修改和废止部分行政法规的决定》修订。本条例自2006年4月15日起施行,1993年8月1日国务院发布的《取水许可制度实施办法》同时废止)。

〔2〕《城镇污水排入排水管网许可管理办法》(2015年1月22日住房和城乡建设部令第21号发布,根据2022年12月1日住房和城乡建设部令第56号修正。本办法自2015年3月1日起施行,2022年修正,自2007年3月1日起施行的《城市排水许可管理办法》同时废止)。

成的水土流失,水利部制定了《生产建设项目水土保持方案管理办法》。[1] 该办法第5条规定了应当编报水土保持方案的生产建设项目类别,具体是指在山区、丘陵区、风沙区以及县级以上人民政府或者其授权的部门批准的水土保持规划确定的容易发生水土流失的其他区域开办可能造成水土流失的生产建设项目,生产建设单位应当编报水土保持方案。其中,可能造成水土流失的生产建设项目,是指在生产建设过程中进行地表扰动、土石方挖填,并依法需要办理审批、核准、备案手续的项目。此外,该办法第10条规定了水土保持方案的审批程序为分级审批,其中,国务院或者国务院有关部门审批、核准、备案的生产建设项目,其水土保持方案由水利部审批;县级以上地方人民政府及其有关部门审批、核准、备案的生产建设项目,其水土保持方案由同级人民政府水行政主管部门审批;跨行政区域的生产建设项目,其水土保持方案由共同的上一级人民政府水行政主管部门审批。

2. 涉水行政处罚

(1)排水许可证类处罚,如未取得城市排水许可证向城镇排水设施排放污水(无证排水)。

(2)对于排水不符合标准的处罚,则需要按照城市水土保持方案所对应的处罚标准进行处罚。

(3)对于安全生产类的处罚,安全施工人员如若没有实施记录相关的安全培训与安全教育情况以及没有按时上交工程图纸进行施工等则需要按规定进行安全生产处罚。

(4)关于涉河类处罚,如若没有经过相关水务部门的审查和同意,则并不能随意设置时间进行开工建设相关项目。

3. 涉水行政收费

水务领域典型的行政收费项目有水资源费、超定额超计划累进加价水费。实务中容易产生纠纷的是单位用户的超计划累进加价水费征收。比如,深圳市颁布实施《深圳市节约用水条例》,[2] 深圳市对单位用户用水实行超计划加价收费。超出基本水价后,则可以由区内负责供水企业进行代收水费,并需要全额上缴给财政专户,这样可以提高工作效率,帮助用户更方便、快捷地交水费。重庆市颁布《重庆市行政

[1] 《生产建设项目水土保持方案管理办法》(2023年1月17日水利部令第53号发布,自2023年3月1日起施行。1995年5月30日水利部发布的《开发建设项目水土保持方案编报审批管理规定》同时废止)。

[2] 《深圳市节约用水条例》(深圳市第六届人民代表大会常务委员会第十六次会议于2017年4月27日通过修改,广东省第十二届人民代表大会常务委员会第三十七次会议于2017年11月30日批准,自2017年12月12日起施行,2019年、2020年、2021年分别修正)。

事业性收费管理条例》[1]确定了水安全收费项目:市级水利行政事业性收费项目及收费单位,一是水土保持设施补偿和水土流失防治费,由重庆市水土保持生态环境监测总站收取;二是水资源费,由重庆市水资源管理站收取;三是河道砂石资源费,由重庆市河道管理站收取。

(三)水安全执法的主要内容与方式

1. 水资源保护执法

水安全执法首要任务是落实最严格水资源管理制度,严守水资源开发利用控制、用水效率控制、水功能区限制纳污三条红线,强化地方各级政府责任,严格考核评估和监督。实行水资源消耗总量和强度双控行动,防止不合理新增取水,切实做到以水定需、量水而行、因水制宜。坚持节水优先,全面提高用水效率,水资源短缺地区、生态脆弱地区要严格限制发展高耗水项目,加快实施农业、工业和城乡节水技术改造,坚决遏制用水浪费。严格水功能区管理监督,根据水功能区划确定的河流水域纳污容量和限制排污总量,落实污染物达标排放要求,切实监管入河湖排污口,严格控制入河湖排污总量。

2. 河湖水域岸线管理执法

水安全执法要加强河湖水域岸线管理保护。严格水域岸线等水生态空间管控,依法划定河湖管理范围。落实规划岸线分区管理要求,强化岸线保护和节约集约利用。严禁以各种名义侵占河道、围垦湖泊、非法采砂,对岸线乱占滥用、多占少用、占而不用等突出问题开展清理整治,恢复河湖水域岸线生态功能。

水利部开展非法采砂专项行动,各地积极贯彻,例如:陕西北干流管理局,与榆林、延安、韩城三市河长办建立联防联控工作机制,细化采砂监管中的职责、职能和工作重点,科学规范采砂监督管理,开展河道巡查,核查处理涉及非法采砂问题。持续构建“大水政”格局,进一步强化流域与区域协作,建立健全采砂管理长效机制,在问题多发区域和重要时间节点加密巡查频次,确保黄河大北干流陕西河段河道采砂秩序持续向好,河湖面貌不断改善。

3. 水污染防治执法

当前,我国一些地区水环境质量差、水生态受损重、环境隐患多等问题十分突出,影响和损害群众健康,不利于经济社会持续发展。为切实加大水污染防治力度,保障国家水安全,国务院制定了《水污染防治行动计划》,[2]明确河湖水污染防治目标和任务,统筹水上、岸上污染治理,完善入河湖排污管控机制和考核体系。排查入河湖污染源,加强综合防治,严格治理工矿企业污染、城镇生活污染、畜禽养殖污染、

---

〔1〕《重庆市行政事业性收费管理条例》(2010年7月23日重庆市第三届人民代表大会常务委员会第十八次会议修正)。

〔2〕《水污染防治行动计划》(国发〔2015〕17号,2015年4月2日国务院发布)。

水产养殖污染、农业面源污染、船舶港口污染,改善水环境质量。优化入河湖排污口布局,实施入河湖排污口整治。

水污染防治执法首先要严控高耗水行业新增产能,加大重污染企业淘汰力度。国家对严重污染水环境的落后工艺和设备实行淘汰制度。各地各部门严控高耗水、重污染行业产能,提前完成计划的钢铁化解过剩产能目标任务,提前完成钢铁去产能的上限目标任务。例如,湖南省加大重点工矿区产业结构和布局调整力度,近三年淘汰重污染化工、造纸等工业企业5000多家。其次,要强化流域综合治理。国务院有关部门依法编制实施重点流域水污染防治规划,组建流域生态环境监督管理机构,实施流域分区管理、分级分类防治。建立健全区域协调机制,推动京津冀、长三角、珠三角等区域水污染防治联动协作。推动建立跨省区水环境生态保护补偿机制,其中,河南、安徽、陕西、甘肃、西藏等近20个省(区、市)建立了行政辖区内或跨行政区的生态保护补偿机制。

4. 水环境治理执法

水安全执法要强化水环境质量目标管理,按照水功能区确定各类水体的水质保护目标,保障饮用水水源安全,促进饮用水水源规范化,依法清理饮用水水源保护区内违法建筑和排污口。一方面,要加强河湖水环境综合整治,推进水环境治理网格化和信息化建设,建立健全水环境风险评估排查、预警预报与响应机制;另一方面,需要结合城市总体规划,因地制宜建设亲水生态岸线,加大黑臭水体治理力度,实现河湖环境整洁优美、水清岸绿。以生活污水处理、生活垃圾处理为重点,综合整治农村水环境,推进美丽乡村建设。强化重点领域水污染防治措施,优先保护饮用水源,严格控制工业污染、城镇生活污染,防治农业面源污染。

(1)保护饮用水源。各地各部门依法强化饮用水安全保障,开展全国饮用水水源地环境保护专项行动和重要饮用水水源地安全保障达标建设,2018年县级及以上水源保护区划定率达到95.5%。2016~2018年,中央安排补助资金143.3亿元、地方投入资金1061.7亿元实施农村饮水安全巩固提升工程,广大农村地区共1.73亿人受益,重点解决1605万建档立卡贫困人口饮水安全问题。[1]

(2)控制工业污染、城镇生活污染。截至2021年,全国城市建成污水处理厂2827座,处理能力20,767.22万立方米/日,排水管道长度872,282.94千米,污水年排放量6,250,762.73万立方米。[2] 依法加强工业水污染防治,涉及废水排放的2411家省级及以上工业园区97.8%建成污水集中处理设施,97.4%安装自动在线

---

〔1〕 参见《保障饮用水安全:水污染防治"重中之重"》,载中国人大网,http://www.npc.gov.cn/npc/c30834/201908/8103d9ac09c54b6589d278d4eb4774ca.shtml。

〔2〕 参见《2021年城乡建设统计年鉴》,载中华人民共和国住房和城乡建设部网,https://www.mohurd.gov.cn/gongkai/fdzdgknr/sjfb/tjxx/jstjnj/index.html。

监控装置。依法加强船舶港口水污染防治，完成长江干线 1361 座非法码头整治。[1]

5. 水生态修复执法

水安全执法推进河湖生态修复和保护，禁止侵占自然河湖、湿地等水源涵养空间。在规划的基础上稳步实施退田还湖还湿、退渔还湖，恢复河湖水系的自然连通，加强水生生物资源养护，提高水生生物多样性。开展河湖健康评估，强化山水林田湖系统治理，加大江河源头区、水源涵养区、生态敏感区保护力度，对三江源区、南水北调水源区等重要生态保护区实行更严格的保护。积极推进建立生态保护补偿机制，加强水土流失预防监督和综合整治，建设生态清洁型小流域，维护河湖生态环境。

水生态修复执法必须提升水生态环境管理能力。国家建立水环境质量监测和水污染物排放监测制度。国务院机构改革科学划转有关部门涉水职责，实现地上和地下、岸上和水里、陆地和海洋、城市和农村统一监管"四个打通"。完善监测网络，建成地表水水质自动站 1881 个。建成重点污染源信息数据库和环境统计平台，全国重点污染源监测数据管理系统联网运行，对超过 2 万家企业实现统一平台管理。实施水体污染控制与治理、水资源高效开发利用等科技专项研究，加强水污染防治技术研发和推广应用。[2]

（四）水安全执法监督与监管

1. 水安全执法监督与监管职能

水安全执法监管是水利行政部门的一项重要职能，是水利部及流域管理机构为了保护水资源的合理安全利用，维护公民、法人和其他组织的合法权益，对地方水行政主管部门、负有行使水行政执法职责的机构履行法定执法职责情况开展的监督检查活动；水利部对流域管理机构及其所属管理单位履行法定执法职责情况开展的监督检查活动，规范水行政执法监督检查工作。水行政执法监管是保障水安全的重要检查工作，其目的是促进地方水行政主管部门和流域管理机构依法履行法定执法职责，全面落实严格规范公正文明执法要求，维护公民、法人和其他组织的合法权益。

水利部负责统筹协调、组织指导全国水行政执法监督检查工作，每年拟定水行政执法监督检查重点；流域管理机构依照职责和水利部授权，负责所管辖范围内的水行政执法监督检查工作；流域管理机构协助、配合做好本单位及所属管理单位的

---

〔1〕 参见《中国工业园区污水处理管理研究》，载绿色和平网，https://www.greenpeace.org.cn/2019/05/21/research-on-wastewater-treatment-managerial-practices-in-chinas-industrial-parks-report/。

〔2〕 参见栗战书：《全国人民代表大会常务委员会执法检查组关于检查〈中华人民共和国水污染防治法〉实施情况的报告》，载中国人大网，http://www.npc.gov.cn/npc/c30834/201908/1c7f0439686f48799c31588d5fb59c3e.shtml。

水行政执法监督检查工作;地方水行政主管部门协助、配合做好本行政区域内的水行政执法监督检查工作。

2. 水安全执法监督与监管范围

水安全执法监管范围围绕江河湖泊、水资源、水利工程、水土保持等重点领域展开,针对监管薄弱环节,强化全过程、全要素,主要包括以下几个方面。

(1)强化江河湖泊监管。完成水利普查名录内(除无人区外)河湖管理范围划定,推进水利普查名录外的河湖管理范围划定,明确河湖管控范围,推进重要江河湖泊岸线保护利用规划编制,强化分区管控和用途管制。严格落实河湖采砂属地管理责任,推进重要江河湖泊采砂管理规划编制,强化采砂管理、科学利用砂石资源。严格执行涉河建设项目许可,加强事中事后监管。持续推进河湖“清四乱”常态化规范化,压实属地责任,完善分级监管体系,强化日常监管。加强河湖生态流量监测和监管,明确控制指标和管控措施。强化水资源监管。加强取用水监管,深入推进全国取用水管理。

(2)强化水土保持监管。严格水土保持方案审批,从源头上预防和控制人为水土流失。完善水土保持监管权责清单,分类细化监管规则标准。持续创新监管手段,完善部省两级人为水土流失遥感监管常态化机制,推进“互联网 + 监管”,及时发现、严格查处违法违规行为。探索开展水土保持空间管控。加强水土保持监管能力建设,提高监管专业化水平和现代科技手段应用能力,保障水土保持监管工作经费和装备投入。开展国家水土保持重点工程、淤地坝安全度汛等的监督检查。

(3)强化水利工程监管。加强水利工程全过程监管,压实项目法人、参建各方和项目主管部门责任,强化前期工作、设计变更、“四制”执行、质量管理、移民安置、工程验收等环节监管,全面提升工程建设质量。持续推动水利工程专业化、市场化、社会化建设管理,积极有序推广应用工程总承包等建设模式。推动南水北调等重大工程管理提档升级,确保工程安全运行和综合效益发挥。完善中小水库、农村供水、灌区末端等工程运行监管机构和办法,全面加强对工程管护主体、风险管控责任、管护人员和管护经费落实情况的监管。推进水利工程标准化和规范化管理。完善和提高水利工程标准体系,完善水利基础设施运行管理体制机制,提高水利基础设施抗风险能力。

二、水安全司法保护概述

(一)水安全司法保护的概念

水安全司法是司法机关对水安全法律的实际施行,也是保障水安全的重要方式。人民法院和人民检察院通过诉讼程序,追究破坏水安全的行为,打击破坏水生态水环境的违法犯罪行为、探索适用惩罚性赔偿、及时运用环保禁止令,充分发挥刑事审判的惩治教育、行政审判的监督预防、民事审判的救济修复等功能,为我国水资源保护，水生态文明建设与绿色发展提供了良好的司法服务和保障。[1]

(二)水安全司法保护的常见类型

1. 涉水行政合法性司法审查

涉水行政是指与水安全直接或者间接相关的环境行政，主要包括与水环境质量有关的各种污染防治、水资源开发利用与保护、河道与岸线利用与保护、河床湖床保护、河湖矿产资源开发利用与保护、河湖湿地生态保护修复、枯水季节河湖生态环境综合治理与保护以及可能危害生态环境质量的防洪防汛抗旱等方面的行政监督管理。[2] 环境行政诉讼的主要被告为地方行政机关，首先是县级行政机关居多，尤其是县级和乡镇级人民政府，其次是县级生态环境主管部门，此外也有少数案件[3]的被告是地方行政事业单位。涉水行政合法性司法审查案件的案由主要为生态环境行政领域广泛适用的行政处罚、行政强制、行政许可、行政命令等具体行政行为的合法性审查。在案件审理中，对涉水环境行政行为的合法性判断，都是围绕行政行为主体及其职权、事实依据、法律依据以及程序四个方面展开合法性审查并据以做出裁判的。在具体司法实践中，涉水环境行政行为被认定不合法的理由大致有 9 种，即超越职权或无权而作出行政行为；未履行法定职责；处罚不当；主要证据不足或缺乏事实依据；法律适用错误或缺乏法律依据；证据不足且适用法律错误；程序违法或瑕疵；程序违法且适用法律错误；事实不清、证据不足且程序违法。[4]

2. 涉水环境公益诉讼

涉水环境公益诉讼包括环境民事公益诉讼和环境行政公益诉讼。公益诉讼以公共利益为保护对象，指社会的某一主体为了保护社会公共利益不受侵害，以自己的名义向国家司法机关提出诉讼，请求维护公共利益的行为。环境公益诉讼是指在生态环境保护方面的公益诉讼，作为公益诉讼重要的组成部分，环境公益诉讼在立法上的保护是对生态环境最有效和最根本的保护方式之一。水灾害、水资源、水生态、水环境等新老水问题与公共利益密切相关，其治理管理工作具有很强的公益性特征，因此，在涉水领域开展公益诉讼既有法理基础，又有实践需要。[5]

---

〔1〕 参见何卫东：《以环境司法新理念引领水资源保护》，载中国法院网 2021 年 7 月 13 日，https://www.chinacourt.org/article/detail/2021/07/ia/61465/0.s html。

〔2〕 参见肖爱、张家慧：《环境行政合法性司法审查实践及其规范价值——以“一湖四水”流域涉水行政案件为中心的考察》，载《湖南师范大学社会科学学报》2023 年第 1 期。

〔3〕 详见湖南省汉寿县人民法院行政判决书，(2016)湘 0722 行初 11 号；湖南省常德市中级人民法院行政判决书，(2020)湘 07 行终 170 号。

〔4〕 参见肖爱、张家慧：《环境行政合法性司法审查实践及其规范价值——以“一湖四水”流域涉水行政案件为中心的考察》，载《湖南师范大学社会科学学报》2023 年第 1 期。

〔5〕 参见闫晶晶：《推动水行政执法与检察公益诉讼良性互动》，载《检察日报》2022 年 6 月 10 日，第 1 版。

2005 年国务院《关于落实科学发展观加强环境保护的决定》[1]中首次明确提出推动环境公益诉讼，涉及环境公益诉讼的案件逐渐增加；2012 年修订的《民事诉讼法》（2023 年已修改）第 55 条对生态环境公益诉讼进行规定，我国法律规定的相关组织和机关可以针对环境污染、侵害消费者权益等损害社会公共利益的行为提出诉讼请求。目前，我国具有环境公益诉讼原告资格的有环境组织、检察机关、行政机关等。在举证责任方面，环境公益诉讼采用了明显的举证责任倒置原则，《民法典》第 1230 条是从侵权责任角度对污染环境、破坏生态侵权举证责任倒置所作的框架性规定。此外，最高法《关于适用〈中华人民共和国民事诉讼法〉的解释》第 282 条、《关于审理环境民事公益诉讼案件适用法律若干问题的解释》第 8 条还规定，提起环境民事公益诉讼时应提出初步证据证明被告的行为已经损害社会公共利益或者具有损害社会公共利益重大风险。从举证责任的角度来分析，检察机关在提起环境民事公益诉讼时除了承担普通环境侵权诉讼中原告的举证责任之外，还要举证证明被告污染环境、破坏生态的行为与生态环境损害之间具有关联性。在保护公共利益方面，我国生态环境公益诉讼不仅保护受到损害的经济方面的利益，还保护关系到社会精神层面的非经济利益，比如社会道德、公民在社会中的良好发展等。

3. 水行政执法与检察公益诉讼协作机制

为加强水利领域检察公益诉讼工作，2022 年 5 月最高人民检察院与水利部共同制定了《关于建立健全水行政执法与检察公益诉讼协作机制的意见》，[2]该意见明确了水行政执法与检察公益诉讼协作重点领域，主要包括水旱灾害防御、水资源管理、河湖管理、水利工程管理、水土保持及其他方面。建立健全水行政执法与检察公益诉讼协作机制，主要包括会商研判、专项行动、线索移送、调查取证和案情通报五个环节。

目前，妨碍行洪，非法取水，侵占河湖、堤防、水库库容，毁坏水库大坝，人为造成水土流失等违法行为在一些地方还比较突出，威胁国家利益和社会公共利益。建立健全水行政执法与检察公益诉讼协作机制，推动水利部门与检察机关良性互动，形成行政和检察保护合力，共同打击水事违法行为，是深入贯彻习近平生态文明思想、习近平法治思想和党中央决策部署的重要举措，对于强化水利法治管理，在法治轨道上推动水利治理能力和水平不断提升具有重要意义。

---

〔1〕《国务院关于落实科学发展观加强环境保护的决定》（国发〔2005〕39 号）。

〔2〕参见最高人民检察院、水利部《关于印发〈关于建立健全水行政执法与检察公益诉讼协作机制的意见〉的通知》，载《中华人民共和国最高人民检察院公报》2022 年第 6 期。

（三）水安全司法保护的理念

1. 坚持遵循自然规律的司法保护理念

水安全直接关系到经济、社会和生态环境的可持续发展。近现代以来，为了交通运输便利，大量工业企业沿河、沿湖、沿江建造，这种工业布局带来了巨大的水环境污染隐患，再加上沿岸城市生活污水长期向水体直排，使我国众多江河湖几乎都曾发生过水环境污染事件。如2005年松花江重大水污染事件[1]、2008年的云南阳宗海砷污染事件[2]，以及太湖、巢湖、滇池等重要湖泊水体的蓝藻暴发等。水环境污染与水资源破坏已经并将持续成为我国实现高质量发展的制约性因素之一。水安全问题一直是我国生态环境治理的重点和难点所在。因此，在建立健全环境立法和严格行政执法的基础上，发挥司法服务与保障作用是进一步加强水安全保护的必然选择。

水安全涉及国家安全和全民的利益和福祉，维护水安全应当充分发挥司法机关尤其是法院的服务功能，各级法院应当及时更新司法理念，精准对接各项国家关于水安全的战略，准确把握国家水安全的战略定位和基本内涵，找准履职尽责的切入点和着力点，切实增强司法保障功能，不断提升环境司法服务与保障国家水安全的能力和水平。

人民法院通过大力打击生态环境违法犯罪行为、探索适用惩罚性赔偿、及时运用环保禁止令，充分发挥刑事审判的惩治教育、行政审判的监督预防、民事审判的救济修复等功能，为我国水资源保护，生态文明建设与绿色发展提供了良好的司法服务和保障。

2. 坚持“绿水青山就是金山银山”的绿色发展理念

在审理水安全案件时，审判机关必须立足审判职能，正确处理保护环境与发展经济的关系，把水生态环境作为优先选项，保障水资源合理开发利用，推进水环境资源绿色发展。

对于环境已遭受破坏的地区，坚持修复性环境司法理念，立足不同流域不同环境要素的修复需求，积极探索适用增殖放流、劳务代偿、替代履行等生态修复方式，将水生态环境修复义务赋予水环境破坏者，触犯刑律的，将水生态环境履行情况作为量刑情节，对积极主动修复生态环境的被告人依法从轻处罚或者宣告缓刑，实现惩治涉水犯罪和修复水生态相统一。

---

〔1〕 参见《吉化“11·13”特大爆炸事故及松花江特别重大水污染事件基本情况及处理结果》，载中华人民共和国应急管理部网，https://www.mem.gov.cn/gk/sgcc/tbzdsgdcbg/2006/200612/t20061221_245275.shtml。

〔2〕 参见《最高人民法院公布四起环境污染犯罪典型案例》（2013年6月18日最高人民法院发布）。

3. 坚持区域协调发展与协同保护理念

水资源系统性、整体性，以及流域水体流动性、公共性等特点，大江大河大湖等水体往往跨涉多个行政区，这就要求审判机关必须打破地区地域界限，按照水生生态系统的自然规律进行统一司法保护，创新跨行政区的水资源司法保护体制机制，统筹审理跨地区水资源案件；同时，审判机关还要加强与相关行政管理部门、企事业单位和公众等的协同合作，实现水资源的综合治理。

在丰水流域，如长江珠江流域，依法惩治收购、加工、销售、运输、利用非法渔获物等违法犯罪行为，[1]尤其针对职业化、团伙化非法捕捞违法犯罪网络，加强与检察机关，以及公安机关、生态环境、农业农村和市场监管等行政执法机关的协调联动，依法严厉追究相关行为人的法律责任，彻底斩断非法捕捞、运输、销售、餐饮等地下产业链条。

各级人民法院立足发挥环境资源审判职能作用，贯彻落实最严格制度、最严密法治要求，正确把握流域以水为核心的生态特征，以流域为主要保护单元，遵循流域的自然统一性和要素复合性，落实源头严防、过程严管、损害严惩、责任严究的损害救济制度，水安全在整个流域生态系统里起着决定性作用。各级人民法院统筹适用刑事、行政、民事三种法律责任，扎实推进水污染治理、水生态修复和水资源保护。[2]

4. 坚持服务与保障理念

在国家水安全的保障方面，审判机关要充分发挥审判职能作用，支持、监督水污染防治、监管方面的行政执法活动，加大对水污染和水资源破坏的惩治力度，按照最严格的水污染损害赔偿和生态补偿、修复标准；将水资源合理开发利用作为裁判的重要因素予以综合考量，为水资源永续利用提供司法服务和保障。比如丰水流域聚焦重点水域和时段，以“零容忍”态度严厉打击非法捕捞犯罪活动，依法严惩使用电鱼、毒鱼、炸鱼等危险方法，或者使用绝户网等灭绝式工具非法捕捞水生生物资源的行为，对非法捕捞行为人严格适用缓刑和免予刑事处罚，注重发挥罚金刑的惩罚与补偿作用。缺水流域则将水资源的合理有效利用作为司法服务的重要内容。

环境问题后果严重性和环保预防为主基本法律原则，决定了水资源司法保护必须坚持预防与救济兼顾理念。仅依靠审判机关传统的事后救济功能不足以实现水资源司法保护，还必须兼顾事先预防理念，比如开展探索适用水资源保护禁止令等预防性诉讼制度，将生态环境司法保护阶段提升至事中甚至事前。

---

[1] 参见《最高人民法院发布长江流域水生态司法保护典型案例》，载最高人民法院 2020 年 9 月 25 日，https://www.court.gov.cn/zixun-xiangqing-259121.html。

[2] 参见《长江流域生态环境司法保护状况》(2020 年 9 月 25 日最高人民法院发布)。

第二节 水安全行政执法

水行政执法是水行政主管部门履行法定职责、管理水利行政事务的重要方式，水行政执法质量直接关系水法律法规的有效实施，关系法治政府建设成效，关系人民群众切身利益。为强化水利法治管理，水利部、生态环境部等多部门作出提升水行政执法效能的相关方案，本节将现阶段我国水安全行政执法的新举措进行梳理和总结，并提出对完善水安全行政执法的展望。

一、水利部发布《水行政执法效能提升行动方案(2022—2025年)》

为确保水事违法行为"及时发现、依法打击、精准防控"，有效解决损害国家利益和社会公共利益的涉水突出问题，2022年6月，水利部发布《水行政执法效能提升行动方案(2022—2025年)》，[1]方案明确了五项重点任务，分别是压实水行政执法责任、完善水行政执法机制、规范水行政执法行为、强化水行政执法保障、加强水行政执法监督考核，确保水事违法行为"及时发现、依法打击、精准防控"，有效解决损害国家利益和社会公共利益的涉水突出问题。在"压实水行政执法责任"任务中，首次提出编制印发全国水行政执法事项指导目录，流域管理机构、省级水行政主管部门要在2022年年底前完成水行政执法事项清单编制工作，落实岗位职责，压实执法责任。在"完善水行政执法机制"任务中，水利部以开展专项执法行动、强化检察公益诉讼协作、加强执法协调联动等7项措施，确保水事违法行为及时发现、依法打击。在"规范水行政执法行为"任务中，提出落实行政执法程序、推进公正文明执法、开展法治宣传教育并建立案例发布和案卷评查制度。在"强化水行政执法保障"任务中，以加强队伍建设、推进"智慧执法"等4项措施，确保各类水事违法行为"精准防控"。

(一)水行政执法事项指导目录

为厘清水行政执法责任，提升水行政执法质量和效能，水利部梳理编制水行政执法(行政处罚和行政强制)事项指导目录(2022年版)。[2] 目录中共列举了179项执法事项，其中，行政处罚155项、行政强制24项，每个事项均明确了事项名称、职权类型、实施依据三方面要素。例如，执法事项名称为"对黄河流域未经批准擅自取水，或者未依照批准的取水许可规定条件取水行为的行政处罚"，其职权类型属于"行政处罚"，实施依据是《黄河保护法》第113条，即违反本法规定，未经批准擅自

---

〔1〕 参见水利部《关于印发〈水行政执法效能提升行动方案(2022—2025年)〉的通知》(水政法〔2022〕256号，2022年6月17日水利部发布)。

〔2〕 参见水行政执法(行政处罚和行政强制)事项指导目录(2022年版)(水利部公告2023年第7号，2023年3月17日水利部发布)。

取水,或者未依照批准的取水许可规定条件取水的,由县级以上地方人民政府水行政主管部门或者黄河流域管理机构及其所属管理机构责令停止违法行为,限期采取补救措施,处五万元以上五十万元以下罚款;情节严重的,吊销取水许可证”。

(二)健全完善水行政执法体制

随着我国进入新发展阶段,经济社会发展、生态文明建设都对水安全提出了新的更高要求。流域管理机构和地方水行政主管部门要充分认识当前水安全管理面临的形势,从严从细管好水资源,落实监管责任,健全监管制度,创新监管方式,提高监管效能,建立健全权责明确、公平公正、公开透明、简约高效的取用水监管体系,规范全社会水资源开发利用秩序,提高水资源集约节约安全利用水平,支撑和保障生态保护和高质量发展。监督重点围绕落实水资源管理法律法规,履行法定职责的情况,主要包括水量分配、用水总量控制、取水许可(取水口监管)、生态流量管控、水资源费(税)征收有关工作、地下水管理、饮用水水源保护以及水利部水资源管理重大决策部署的贯彻落实。

继续做好水利突出问题专项执法的同时,明确水安全执法监督主体责任,加大常态化执法监督力度,线上清查和线下整治、暗访与日常巡查相结合,加强违法线索规范管理、综合研判和实地核查,开展重点领域、敏感水域常态化滚动排查整治。加强水行政执法能力建设,强化执法队伍和装备建设,加大执法保障力度,统筹配置执法资源和执法能力,做好执法人员岗前岗位培训和资格管理。推进流域与区域、水利与公安等联合执法,完善水行政执法与刑事司法衔接机制,严厉打击各类水事违法行为。

(三)强化检察公益诉讼协作

如上节内容所述,为加强水利领域检察公益诉讼工作,2022年5月最高人民检察院与水利部共同制定了《关于建立健全水行政执法与检察公益诉讼协作机制的意见》,[1]水利部发布的《水行政执法效能提升行动方案(2022—2025年)》中要求强化检察公益诉讼协作。为落实建立水行政执法与检察公益诉讼协作机制的要求,2023年3月,水利部淮河水利委员会与河南、湖北、安徽、江苏、山东五省人民检察院共同签署《关于加强淮河流域水行政执法与检察公益诉讼协作的实施意见》,[2]建立淮河流域水行政执法与检察公益诉讼协作机制。该意见明确,淮河流域相关省人民检察院在调查取证过程中,要加强与淮委的沟通协调。淮河流域相关省人民检察院依法查阅、调取、复制水行政执法卷宗材料,收集书证、物证、视听资料、电子数据

---

〔1〕 参见最高人民检察院、水利部《关于印发〈关于建立健全水行政执法与检察公益诉讼协作机制的意见〉的通知》,载《中华人民共和国最高人民检察院公报》2022年第6期。

〔2〕 参见《淮河流域建立水行政执法与检察公益诉讼协作机制》,载《人民日报》2023年3月22日,第16版。

等证据的，淮委应当予以配合协助。淮河流域相关省人民检察院需要水利专业技术支持的，淮委积极协助。涉及特别复杂或者跨省级行政区划案件专业技术问题的，淮委协助提供技术支持或者出具专业意见。淮委办理水行政执法案件需要淮河流域相关省人民检察院提供法律意见，协助调查取证等工作中遇到问题时，淮河流域相关省人民检察院积极协助配合。

二、水利部、公安部发布《关于加强河湖安全保护工作的意见》

为健全水行政执法与刑事司法衔接工作机制，提升河湖安全保护工作效能，有效防范和依法打击涉水违法犯罪，维护河湖管理秩序，2022 年 9 月，水利部、公安部印发《关于加强河湖安全保护工作的意见》，[1] 该意见主要包括职责定位、重点任务、协作机制、保障措施等内容。在职责定位方面，水利部门严格执行涉水法律法规，依法查处各类水事违法行为，配合和协助公安机关查处涉水治安和刑事案件；公安机关依法受理水利部门移送的涉嫌犯罪的水事案件，依法严厉打击、严肃查处暴力抗法和妨碍执法人员依法履职等行为。在重点任务方面，明确了水利部和公安部将在 5 个方面加强河湖安全保护协作，分别是加强防洪安全保障、加强水资源水生态水环境保护、加强河道采砂秩序维护、加强重点水利工程安全保卫和加强水行政执法安全保障。在水利部与公安部的协作机制方面，提出建立三项协作机制，一是建立健全联席会议机制，双方定期开展河湖安全保护会商，研究解决重点难点问题；二是建立健全水行政执法与刑事司法衔接机制，坚决禁止有案不移、以罚代刑，对案情疑难复杂、社会影响大的案件实施联合挂牌督办；三是建立健全流域安全保护协同机制，以流域为单元，强化上下游、左右岸、干支流、行政区域间水利部门与公安机关的执法协作，形成河湖安全保护的执法合力。[2]

（一）防洪安全保障

影响防洪安全的违法犯罪行为在实践中主要包括以下 5 种：一是在河道、湖泊管理范围内建设妨碍行洪的建筑物、构筑物，弃置或堆放阻碍行洪物体和种植阻碍行洪的林木及高秆作物等妨碍河道行洪安全的行为，或者从事影响河势稳定、危害河岸堤防安全等其他妨碍河道行洪的行为；二是非法围垦、填占河湖（水库）库容的行为；三是违法利用、占用河湖水域和河湖岸线的行为；四是未经水行政主管部门对其工程建设方案审查同意或者未按照有关水行政主管部门审查批准的位置、界限，在河道、湖泊管理范围内从事工程设施建设活动的行为；五是拒不服从防汛抗旱调

---

〔1〕 参见水利部、公安部《印发〈关于加强河湖安全保护工作的意见〉的通知》（水政法〔2022〕362 号，水利部、公安部 2022 年 9 月 28 日发布）。

〔2〕 参见于琪洋：《加强河湖安全保护协作　共同保障国家水安全——〈关于加强河湖安全保护工作的意见〉解读》，载《中国水利》2022 年第 21 期。

度的行为。[1]

(二)水资源水生态水环境保护

常见的影响水资源水生态水环境的违法犯罪行为有4种,分别是未经批准擅自取水、未依照批准的取水许可规定条件取水,以及未取得取水申请批准文件擅自建设取水工程或者设施的行为;破坏水文水资源监测设施的行为;因地下工程建设对地下水补给、径流、排泄等造成重大不利影响的行为;开办生产建设项目造成水土流失的违法行为。

(三)河道采砂秩序维护

在实践中,河道非法采砂的范围行为主要包括4种,分别是未经批准擅自采砂的行为;在禁采区、禁采期采砂,以及超范围、超深度、超期限、超许可量等未按许可要求非法采砂的行为;以疏浚为名行非法采砂之实的行为;以及在采砂管理中的黑恶势力犯罪。

三、水利部修订《水行政处罚实施办法》

为了规范水行政处罚行为,保障和监督行政机关有效实施水行政管理,水利部于2023年修订《水行政处罚实施办法》,[2]新修订的办法落实了2021年新颁布实施的《行政处罚法》对水行政处罚工作提出的新要求,并充分吸纳各地有益实践经验,依法细化水行政处罚措施,以巩固水行政执法实践成果,提升水行政执法效能。

(一)基本思路

《水行政处罚实施办法》的修订过程结合了以下几方面的内容:一是严格贯彻落实修订后的行政处罚法要求。在修订中增加综合行政执法制度规定,完善管辖和程序规定,补充水行政处罚种类,明确追责期限,严格行政执法责任,强化执法监督。二是立足解决水行政处罚中面临的问题。根据行政处罚法授权,细化水行政处罚实施主体,明晰水行政处罚立案标准和结案条件,强化跨区域联动机制、跨部门联合机制、与刑事司法衔接机制、与检察公益诉讼协作机制,严格非现场执法监管要求,完善自由裁量基准制度,明确财产保全措施等问题。三是兼顾程序性与实体性内容。既对水行政处罚实施机关和执法人员等实体性内容进行规定,又对水行政处罚的立案和管辖、简易程序、普通程序、执行和结案等程序性内容进行规定。

(二)主要内容

修订后的《水行政处罚实施办法》共七章64条,内容分别是总则、水行政处罚的实施机关和执法队伍、水行政处罚的管辖和适用、水行政处罚的决定、水行政处罚的

---

[1] 参见武建玲:《河南五部门联合开展河湖安全保护专项执法行动》,载《郑州日报》2023年7月12日,第6版。

[2] 参见《水行政处罚实施办法》(水利部令第55号,2023年3月10日发布。本办法自2023年5月1日起施行。1997年12月26日发布的《水行政处罚实施办法》同时废止)。

执行和结案、水行政处罚的保障和监督与附则。主要内容包括以下四方面。

1. 水行政处罚种类和实施主体

《水行政处罚实施办法》依据行政处罚法，结合实际情况规定水行政处罚种类，在第 4 条中规定：水行政处罚的种类有警告、通报批评；罚款、没收违法所得、没收非法财物；暂扣许可证件、降低资质等级、吊销许可证件；限制开展生产经营活动、责令停产停业、责令关闭、限制从业，以及法律、行政法规规定的其他水行政处罚。关于实施主体，该办法界定了水行政处罚实施机关和水行政执法队伍。其中，在第 5 条至第 7 条中区分了水行政处罚实施机关和受委托组织，严格规范受委托组织准入条件；在第 8 条中细化了委托处罚的具体要求，明确“委托实施水行政处罚，委托水行政主管部门应当同受委托组织签署委托书”，并明确委托书应载明事项，规范委托程序。

2. 水行政处罚管辖和适用

该办法规定了水行政处罚管辖制度。第 10 条规定管辖权限以违法行为发生地的地方水行政主管部门管辖为原则；细化管辖机制，明确管辖协商相关内容，特别规定省际边界管辖争议处理机制。在水行政处罚适用方面，该办法在总结实践经验的基础上，进一步完善处罚适用，在第 15 条中规定了从轻、减轻和不予行政处罚的法定情形；在第 16 条中规范了水行政处罚自由裁量权行使，明确制定行政处罚裁量基准的基本要求。同时，该办法加大重点领域执法力度，在第 17 条中规定，对涉及公民生命健康安全且有危害后果的，延长追责期限至 5 年。

3. 水行政处罚程序

该办法进一步完善了水行政处罚程序，推进严格规范公正文明执法。规定处罚前公示制度，要求水行政处罚机关公示执法主体、职责、立案依据等信息；细化告知要求，要求水行政处罚机关作出处罚决定前，告知相关事实、理由和依据；明确执法全过程记录，强调特殊情形下全过程记录要求；强化法制审核，明确适用情形、程序和要求，实现办理、审核、决定三分离；根据实际情况调整细化重大案件集体讨论适用情形；完善简易程序，依法调整罚款数额标准；完善听证程序，强化听证笔录效力；落实办案期限，明确办案期限计算规则和延长期限批准程序。

4. 水行政处罚执行与结案

该办法补充完善执行制度和结案制度。为适应行政执法实际需要，该办法调整了当场收缴罚款的数额标准；列出延期、分期缴纳罚款情形，明确逾期不履行措施和加处罚款数额的计算要求；新增财产保全措施，确保执行到位；明确结案条件和立卷归档要求，严格水行政执法全流程闭环管理。

四、水安全行政执法的改革举措

水利部立足水行政执法流域特性，从有法必依、执法为民出发，深化水利综合执法改革，坚持科技赋能，推进水行政执法数字化、网络化、智能化。针对水治理体制机制不健全、不完善等问题，按照“重创新、破障碍、激活力”的思路，发挥政府与市场的协同作用，推动水利重点领域和关键环节改革，破除水利改革发展“瓶颈”。

水利部将水安全法治管理作为推动新阶段水利高质量发展的重要实施路径，对加强水安全执法工作提出明确要求。近年来，水利部以解决损害群众权益的突出问题为重点，不断强化水安全领域执法，严厉打击侵占河湖、非法采砂、阻碍行洪、非法取水等水事违法行为，取得积极成效。但一些地区也存在水安全执法能力不足、魄力不够、动力不强等问题，“不会执”“不想执”“不敢执”问题依然突出，水安全执法能力亟待加强。实施水行政执法效能提升行动，聚焦关系群众涉水权益和河湖健康等重点领域，健全水行政执法与刑事司法衔接、与检察公益诉讼协作等机制，提高水行政执法质量和效能，对于强化水利法治管理、在法治轨道上推动水利治理能力和水平不断提升具有重要意义。

(一)加快重点领域水安全立法的制定与修订

编制强化水安全执法的重点工作，统筹推进水利高质量发展制度体系建设，增强制度建设的系统性、整体性、协同性、实效性，加强水安全执法体制机制的法治建设。推进《水法》修订，开展重大问题研究，积极推动水安全执法相关的立项、修订草案起草等工作，争取列入国家立法规划。推动《黄河保护法》《长江保护法》《地下水管理条例》配套制度建设，完成长江流域控制性水工程联合调度管理、水利工程质量管理、水行政处罚实施等方面规章的制定、修订。支持地方结合本地实际和管理需要，制定地方性水安全法规和政府规章。指导流域上下游左右岸在水资源节约保护、河湖管理、防洪调度等方面开展协同立法，推动形成协同衔接的地方性水法规体系。健全水行政执法制度体系。联合最高人民检察院出台关于建立健全“水行政执法＋检察公益诉讼”协作机制的指导意见，加强涉水领域检察公益诉讼工作，共同发布典型案例，办理典型案件，强化司法震慑作用。联合公安部出台关于加强河湖安全保护工作的指导意见，联合打击涉水违法犯罪行为。健全水行政专项执法与常态化执法、跨区域跨部门联合执法、行刑衔接、执法监督等机制，不断完善水行政执法制度体系。

(二)提升水行政执法质量和效能

加强常态化水行政执法，强化日常执法巡查，加大对妨碍行洪、侵占河湖岸线、违法取水、损害水生态水环境等水事违法行为的打击力度。持续深化水利领域常态化扫黑除恶斗争，加大非法采砂违法行为查处力度。开展珠江流域水行政执法监督。组织实施专项执法行动。开展防汛保安专项执法行动，重点查处妨碍河道行洪、影响水库防洪安全的违法行为。开展黄河流域、海河流域、松辽流域地下水超采治理专项执法行动，依法查处非法取用地下水、地下水超采、破坏地下水监测设施等违法行为。加强西江干流梧州段网箱养殖清理整治水行政执法监督。持续开展珠江流域片侵占河湖行为专项执法行动。加强执法能力建设。制定实施水行政执法效能提升行动方案，推动建立权责清晰、运转顺畅、保障有力的水行政执法机制。研究制定全国水行政执法基本装备配备指导标准。加强水行政执法监督管理平台建设，逐步实现流域执法信息共享，推进水行政执法数据化、网络化、智能化。搭建全国水行政执法业务培训平台，强化执法人员培训。

（三）提高水安全行政依法执法能力和服务水平

持续推进法治政府建设，落实《水利部贯彻实施〈法治政府建设实施纲要（2021—2025年）〉重要举措分工方案》，统筹推进水利立法、执法、普法、复议诉讼、“放管服”改革等工作，提升水安全依法行政能力和水平。在太湖流域管理局开展法治机关建设试点。全面实行行政许可事项清单管理。公布中央层面设定的水利行政许可事项清单，组织制定水利行政许可事项实施规范，更新水利部行政许可事项办事指南。深化“证照分离”改革水利工作举措，实现取水许可证等证照电子化。扎实落实营商环境创新试点工作，推进用地清单制涉及水利改革、优化水利工程招投标手续、共享取水许可电子证照等措施落地落实。不断强化事中事后监管。推进中央层面水利监管事项全面实施，修订监管事项目录清单和监管事项检查实施清单，制定完善事中事后监管实施方案，推进“监管人员”“监管对象”两个数据库建设，加强监管事项实施的计划管理，不断提升监管实效。完善水利部“互联网＋监管”系统，提升事中事后监管规范化、精准化。

（四）加强水安全执法监管

加强执法监管，必须建立健全法规制度，加大河湖管理保护监管力度，建立健全部门联合执法机制，完善行政执法与刑事司法衔接机制。建立河湖日常监管巡查制度，实行河湖动态监管。落实河湖管理保护执法监管责任主体、人员、设备和经费。严厉打击涉河湖违法行为，坚决清理整治非法排污、设障、捕捞、养殖、采砂、采矿、围垦、侵占水域岸线等活动。

专项整治行动，全面准确摸清取水口情况，对发现问题认真处置，强化用水过程动态监管，切实规范取用水行为。加强水资源调度监管，制定和实施江河及重大调水工程水量调度方案、年度调度计划，重点解决区域超量用水、挤占其他区域用水、挤占生态用水等问题。加强河湖水资源过度开发和地下水超采治理的监管，确保任务按期完成。

执法监督与专项执法行动聚焦影响群众切身利益的水资源领域违法行为，加强对水资源类案件的监督检查。重点核查未经批准擅自取水、未依照批准的取水许可规定条件取水、未按照规定安装计量设施等违反水资源管理法律法规的案件。加强重点地区水资源执法工作，切实维护水资源管理秩序，是深入推进水安全保障体系建设、全面开展地下水超采综合治理行动的重要举措。

第三节　水安全司法保护

一、水安全相关的规范性文件

（一）最高人民法院涉水安全规范性文件

长江流域和黄河流域作为最重要的水安全保护的重中之重，结合国家战略定位，最高人民法院先后于2016年2月、2017年12月发布《关于为长江经济带发展提供司法服务和保障的意见》〔1〕《关于全面加强长江流域生态文明建设与绿色发展司法保障的意见》，〔2〕对流域生态环境司法保护工作进行全面部署，提出以水生态为核心，立足上中下游水生态环境特点，明确各区段重点水环境资源案件的审理规则，树立系统保护理念，健全体制机制，积极推进全流域水安全协同治理。2020年7月，最高人民法院又出台《关于为长江三角洲区域一体化发展提供司法服务和保障的意见》，〔3〕加强环境司法保护，保障长三角生态绿色一体化发展，推动建设绿色美丽长三角，促进人与自然和谐共生。2020年最高人民法院发布《关于为黄河流域生态保护和高质量发展提供司法服务与保障的意见》，〔4〕同年9月发布《长江流域生态环境司法保护状况》白皮书，这是我国法院首部关于流域司法保护的白皮书。白皮书显示，2016年1月至2020年6月，长江流域各级人民法院共依法审理各类环境资源刑事案件80，356件，民事案件287，119件，行政案件122，215件，公益诉讼案件4944件以及生态环境损害赔偿案件91件。〔5〕 2021年最高人民法院关于印发《服务保障黄河流域生态保护和高质量发展工作推进会会议纪要》的通知，〔6〕强调充分发挥审判职能，科学分配黄河流域水资源，保护流域水生态，为黄河流域生态保护和高质量发展提供公正高效的司法服务与保障。2023年最高人民法院发布《关于贯彻实施〈中华人民共和国黄河保护法〉的意见》。〔7〕

---

〔1〕 参见最高人民法院《关于为长江经济带发展提供司法服务和保障的意见》（法发〔2016〕8号，2016年2月24日最高人民法院发布）。

〔2〕 参见最高人民法院《关于全面加强长江流域生态文明建设与绿色发展司法保障的意见》（法发〔2017〕30号，2017年12月1日最高人民法院发布）。

〔3〕 参见最高人民法院《关于为长江三角洲区域一体化发展提供司法服务和保障的意见》（法发〔2020〕22号，2020年7月10日最高人民法院发布）。

〔4〕 参见最高人民法院《关于为黄河流域生态保护和高质量发展提供司法服务与保障的意见》（法发〔2020〕19号，2020年6月1日最高人民法院发布，已修改）。

〔5〕 《长江流域生态环境司法保护状况》白皮书（2020年9月25日最高人民法院发布）。

〔6〕 参见最高人民法院《关于印发〈服务保障黄河流域生态保护和高质量发展工作推进会会议纪要〉的通知》（法〔2021〕305号，2021年11月24日最高人民法院发布）。

〔7〕 《最高人民法院关于贯彻实施〈中华人民共和国黄河保护法〉的意见》，（法发〔2023〕8号，2023年6月28日最高人民法院发布）。

(二)地方人民法院涉水安全规范性文件

各地人民法院结合不同生态环境的地域特点,制定出台针对性实施意见,落实审判工作措施。安徽省高级人民法院出台《关于加强环境资源审判工作保障长江经济带生态优先绿色发展的意见》,湖北省高级人民法院出台《关于全面加强环境资源审判工作为长江流域生态文明建设与绿色发展提供司法保障的实施办法》,江西省高级人民法院出台《关于为江西省深入推进国家生态文明试验区建设提供司法服务和保障的指导意见》,湖南省高级人民法院出台《关于进一步加强环境资源审判工作为我省深入实施长江经济带发展战略提供有力司法服务和保障的意见》,云南省高级人民法院出台《关于全面加强环境资源审判工作为长江流域生态文明建设与绿色发展提供司法服务和保障的实施意见》,重庆市高级人民法院出台《关于加强环境资源审判工作助力重庆在推进长江经济带绿色发展中发挥示范作用的意见》,有效服务和保障流域高质量发展。山东省高级人民法院、山东黄河河务局出台《关于建立黄河流域生态保护与高质量发展服务保障机制的意见》。[1]

二、水安全司法保护体制的创新

在最高人民法院指导下,长江流域各级人民法院坚持以环境司法专门化为抓手,加强改革创新,健全水安全司法保护体制机制,形成推进水安全生态环境治理的合力。

(一)环境资源审判庭的设立

高级人民法院普遍设立环境资源审判庭。以长江流域为例,在长江流域 19 家高级人民法院中,有 17 家建立了环境资源审判庭,未设立环境资源审判庭的 2 家高级人民法院也指定专门的合议庭负责业务指导。此外,江苏、福建、江西、重庆、贵州等省市已基本建立三级法院环境资源审判组织体系。

中、基层人民法院按需设立环境资源审判庭。最高人民法院指导长江流域各高级人民法院统筹辖区实际需要,按照内设机构改革要求,在案件数量较多、审判力量较强或是实行跨行政区划集中管辖环境资源案件的中基层人民法院设立环境资源审判庭、合议庭、巡回法庭等专门审判机构。同时,通过在基层人民法院设立专司环境资源审判的专业人民法庭,或者在相关人民法庭加挂环境资源审判法庭牌子并确定专门负责的审判团队等做法,积极探索人民法庭绿色化,最大限度地保障审判机构的专门化。

跨行政区划环境资源法庭的建立,最高人民法院先后于 2019 年 1 月、5 月作出批复,同意在江苏省南京市中级人民法院、甘肃矿区人民法院分别设立南京环境资源法庭、兰州环境资源法庭,并明确跨行政区划管辖生态环境案件和部分自然资源案件。最高人民法院在调研、总结现有两家环境资源法庭工作经验的基础上,明确

---

[1] 参见《长江流域生态环境司法保护状况》(2020 年 9 月 25 日最高人民法院发布)。

环境资源法庭的设置标准,指导各地结合生态环境、自然资源保护特点和审判需要,在重点区域设立规范化、标准化的环境资源法庭。截至2020年6月,长江流域各地人民法院因地制宜设立环境资源审判庭、合议庭、人民法庭等专门审判机构共计1203个,实现了对重点区域的全覆盖。

(二)水安全归口审理机制的建立

长江流域各级人民法院积极探索实行环境资源案件统一归口审理机制。浙江、河南、广西等高级人民法院实行环境资源民事、行政案件“二合一”归口审理模式,江苏、福建、江西、重庆等地人民法院实行环境资源民事、行政、刑事案件“三合一”归口审理模式,云南、江西、贵州等地人民法院探索实行包括执行职能在内的环境资源民事、行政、刑事、执行案件的“四合一”归口审理模式。[1] 在持续推进环境资源案件归口审理的同时,积极探索构建环境资源刑事、民事、行政审判和立案执行等业务部门既分工负责,又密切合作的协同审判工作机制,探索建立环境资源案件集中管辖法院和非集中管辖法院协同配合的审判执行协作机制,促进集中管辖法院与非集中管辖法院审判工作的有效衔接。

2019年,河南河务局提出了构建系统内部门联动、密切配合的“大水政”河道管理和水行政执法格局的工作部署,并在焦作河务局开展试点,武陟第二河务局作为示范点承接相关具体工作。经过3年的试点建设与运行,目前已形成了一套较为完整的成果方案,建立起河南黄河水事服务号“96322”接警平台及接警点、焦作黄河信息化综合管理平台、标准化执法基地、武陟县河道综合执法大队、郑州铁路运输中级人民法院黄河流域第五巡回审判法庭、杨庄改道纪念亭法治文化基地,落实“一堤一滩一河”网格化巡查机制。河南河务局要求局属各河务局按节点部署,建设“大水政”河道监管防控体系,推进体系建设向纵深发展,用求真务实的作风提升河南黄河水行政执法效能,以大水政彰显大保护,以大治理建设幸福河。

(三)水安全案件司法协作机制的建立

2018年9月,最高人民法院在重庆召开长江经济带11+1省市环境资源审判工作推进会,指导长江经济带11个省市和长江源头的青海省共12家高级人民法院签订《环境资源审判协作框架协议》。2019年9月,最高人民法院在青海省西宁市召开长江经济带生物多样性司法保护现状与发展专题研讨座谈会,指导长江经济带11+1省市高级人民法院继续落实2018年签订的框架协议,进一步巩固长江经济带环境司法协作成果,推进长江经济带司法协作常态化。长江流域各地人民法院主动作为、加强合作,长江全流域以及重点区域的司法协作模式已经基本形成。

1. 人民法院之间的司法协作机制

(1)上游司法协作机制的建立。重庆、四川、贵州、云南4省市高级人民法院签

---

[1] 参见《长江流域生态环境司法保护状况》(2020年9月25日最高人民法院发布)。

署《环境司法协作框架协议》，并发布构建长江上游环境资源跨区域审判协作机制的意见。重庆、四川高级人民法院签署《成渝地区双城经济圈环境资源审判协作框架协议》，重庆市江津区人民法院、渝北区人民法院与四川省泸县人民法院、泸州市龙马潭区人民法院4家法院签署《濑溪河流域环境资源审判协作框架协议》，形成两地生态共建、环境共保的环境司法合力。四川省广元市，陕西省宝鸡市、汉中市，甘肃省陇南市4家人民法院签署《川陕甘秦岭南麓嘉陵江上游区域环境资源审判协作框架协议》，打造"区域生态司法协作、全流域协同治理"新格局。云南省昭通市，贵州省遵义市、毕节市，四川省泸州市4地中级人民法院签署《关于建立赤水河全流域环境资源审判跨省域司法协作机制的意见》，筑牢西南生态安全屏障。四川省高级人民法院指导辖区内德阳、成都、资阳、眉山、内江、自贡、泸州7地中级人民法院签订《沱江流域七市中级人民法院环境资源审判协作框架协议》，雅安、阿坝、甘孜、凉山、成都、眉山、乐山、宜宾8地中级人民法院和2地科研机构签署《岷江流域生态环境资源保护"8+2"司法协作框架协议》，联手为沱江、岷江流域生态环境保护提供司法服务和保障。

（2）中下游司法协作机制的建立。湖南、湖北两家高级人民法院签订《环洞庭湖环境资源审判协作框架协议》，合力为洞庭湖生态环境提供司法保护。上海、江苏、浙江、安徽4家高级人民法院联合出台《长三角地区人民法院环境资源司法协作框架协议》，进一步提升长三角区域环境资源审判协同性，为长三角区域一体化发展国家战略提供优质高效的司法保障。河南省淅川县，湖北省丹江口市、十堰市郧阳区、郧西县，陕西省洛南县、商洛市商州区人民法院联合下发《关于建立司法联动机制协同为南水北调中线工程水源区生态环境资源保护提供司法保障的意见》，确保"一库清水永续北送"。上海市第二中级人民法院、浙江省湖州市中级人民法院、安徽省马鞍山市中级人民法院及相关基层人民法院共计12家法院共同签署《长三角环境资源司法保护协作备忘录》，为构筑长三角环境司法保护协作机制奠定基础。浙江省衢州市、金华市、杭州市、嘉兴市、绍兴市、宁波市6家中级人民法院联合签署《钱塘江流域环境资源司法协作框架协议》；浙江省丽水市龙泉区、温州市永嘉区等10家基层人民法院联合发布《关于构建瓯江流域生态司法保护协作机制的意见》，加强重点流域区域各人民法院之间在审判事务、裁判标准、审判资源和司法宣传等方面的跨区域协作。

2. 长江流域各省市有关部门与地方法院的工作联动

2016年12月，最高人民法院与长江经济带发展领导小组办公室共同签署《关于建立推动长江经济带发展司法合作协同机制的合作框架协议》，建立司法合作协同机制，明确各自工作职责，充分发挥领导小组办公室综合协调作用和最高人民法院审判职能，促进长江流域各省市有关部门与地方法院的工作联动，维护长江经济带的生态安全。2019年2月，最高人民法院、最高人民检察院、公安部、司法部、生态环境部联合发布《关于办理环境污染刑事案件有关问题座谈会纪要》,[1]指导长江流域各级人民法院做好与检察院、公安、生态环境、自然资源等部门的协作配合,形成各部门依法惩治环境污染犯罪的合力。

浙江、江西、河南、广西、贵州、甘肃等地高级人民法院会同有关部门签署会议纪要、实施细则、意见规定,加强环境资源行政执法与司法协调联动,积极推进建立环境资源行政执法与刑事司法相衔接的工作机制。湖北省高级人民法院和水利部长江水利委员会、交通运输部长江航务管理局、长江航运公安局联合出台《关于加强行政执法与司法审判协调联动共同推进长江生态环境保护的若干意见》,[2]协调推动长江生态环境保护。福建省高级人民法院出台《关于设立福建省高级人民法院驻省河长制办公室法官工作室的意见》,将司法工作与河长制相衔接,派驻河长制办公室法官工作室、巡回审判点、联络点达到94个,实现全省"全覆盖"。重庆市委办公厅、市政府办公厅联合下发《关于加强人民法院生态环境司法保护工作的意见》,细化生态环境司法保护和治理重点任务。重庆市高级人民法院会同市司法局、市生态环境局制定出台《重庆市生态环境损害赔偿鉴定评估管理办法》,推动完善生态环境司法鉴定机制,规范生态环境损害赔偿的鉴定评估工作。

3. 水利部门与检察机关联合,建立检察公益诉讼制度

为深入贯彻习近平生态文明思想、习近平法治思想和习近平总书记关于治水的重要论述精神,加强水利领域检察公益诉讼工作,落实中共中央《关于加强新时代检察机关法律监督工作的意见》、最高检、水利部《关于建立健全水行政执法与检察公益诉讼协作机制的意见》[3]等,推进检察公益诉讼工作,建立健全水利部门与检察公益诉讼的协作机制,充分发挥检察公益诉讼的监督、支持和法治保障作用,加强对水利领域国家利益和社会公共利益的保护,确保国家水安全,推动新阶段水利事业高质量发展。在充分认识公益诉讼制度的重大意义和正确把握公益诉讼制度深刻内涵的基础上,明确了协作配合重点领域包括水旱灾害防御、水资源管理、河湖管理、水利工程管理、水土保持及其他方面等。

强化检察公益诉讼协作。深入落实水行政执法与检察公益诉讼协作机制,聚焦涉水领域侵害国家利益或者社会公共利益的严重违法行为,加大协作力度,提升河湖保护治理水平。一是建立健全河务部门与检察机关沟通联络机制,结合联席会议、会商研判、河道巡查等形式,开展多层次沟通交流;二是强化协调联动,构建"依

[1] 参见《两高三部关于办理环境污染刑事案件有关问题座谈会纪要》,载最高人民检察院网,https://www.spp.gov.cn/spp/zdgz/201902/t20190220_408574.shtml。

[2] 参见《湖北高院出台共同推进长江生态环境保护意见加强行政执法与司法审判协调联动》,载湖北省高级人民法院网,http://hubeigy.hbfy.gov.cn/article/detail/2019/05/id/3969381.shtml。

[3] 参见最高检、水利部印发《关于建立健全水行政执法与检察公益诉讼协作机制的意见》,载最高人民检察院网,https://www.spp.gov.cn/spp/xwfbh/wsfbh/202206/t20220609_559433.shtml。

法行政＋检察监督”水利治理新模式；三是树立典型案例，有效发挥典型案例办理一件、影响一片、规范一类的法律效果和社会效果；四是建立信息共享与业务交流平台，推进水利依法行政，提升水行政执法效能，不断强化河务部门与检察机关工作合力，共同维护黄河良好水事秩序。

例如，水利部小浪底水利枢纽管理中心与河南省人民检察院济源分院、济源产城融合示范区安全生产委员会办公室、济源产城融合示范区水利局联合印发《关于在小浪底水利枢纽和西霞院反调节水库检察公益诉讼中加强协作配合的意见》，切实促进小浪底水利枢纽和西霞院反调节水库安全稳定运行，充分发挥综合效益。双方建立协作配合机制，明确在重大情况通报、联合开展专项行动、联合培训、联席会议、日常联络等方面建立协作配合机制，共同推动在检察公益诉讼中加强协作配合。

济南市检察机关与河务、水务及相关职能部门共同努力，探索建立黄河流域生态环境治理与司法保护协作协同机制，处理河务局、河长办移交和自行发现的线索共130余件，立案91件，就相关问题制发行政诉前检察建议89件，清理污染水域面积2.25亩，清理污染和非法占用河道18.81千米，整改拆除违法建筑123,621.6平方米，清理生活垃圾、建筑垃圾30,100吨，排查出以历城区盖家沟“母亲河公园”违法建筑为代表的129个问题，并全部整治完毕。[1]

青海高级人民法院与省人民检察院、公安厅、自然资源厅联合下发《关于在查处涉嫌自然资源领域违法犯罪案件中加强协作的通知》，陕西省高级人民法院与人民检察院联合印发《关于确定陕西省非法采矿、破坏性采矿“情节严重”“造成矿产资源严重破坏”标准的意见》，不断健全完善查处自然资源领域违法犯罪案件协作配合机制。江苏省高级人民法院出台《关于长江流域重点水域非法捕捞刑事案件审理指南》，并会同省人民检察院、公安厅、农业农村厅联合下发《关于依法严惩长江流域重点水域非法捕捞刑事犯罪若干问题的意见》，合力保护流域重点区域渔业资源。浙江省湖州市中级人民法院联合当地检察院、公安局、生态环境局等单位共同打造“生态环境司法保护一体化平台”，下一步将在全省推广。湖北省高级人民法院环资庭与省人民检察院第一检察部、省公安厅治安总队、省农业农村厅渔业渔政处、长航公安局法制处召开专题座谈会，形成《依法惩治长江流域重点水域非法捕捞座谈会纪要》，建立依法惩治长江流域重点水域非法捕捞协调联动机制，为打击长江流域非法捕捞专项整治行动提供司法保障。

（四）多元纠纷解决机制的构建

坚持和发扬新时代“枫桥经验”，构建多元化环境资源纠纷解决机制。

第一，推进多元共治。充分发挥行政调解、人民调解、仲裁等非诉讼纠纷解决机制

---

〔1〕《保护母亲河，济南检察整改拆除违法建筑》，载搜狐网2021年12月22日，https://www.souh.com/a/510698589-121218495。

的作用,加强诉讼和非诉讼纠纷解决机制的衔接配合,形成环境资源保护合力。例如,贵州省高级人民法院与省生态环境厅联合下发《关于建立全省各级人民法院与生态环境部门衔接配合工作五项机制的意见》,贵州省清镇市人民法院探索"1 +5"(政府主导,企业主体、公众参与、调解先行、强化服务、司法联动)的"生态环境社会治理清镇模式",建立起有效的环境司法与行政执法的衔接机制。浙江省湖州市南太湖新区人民法院设立全国首家生态环境司法协同治理中心,并出台《湖州市环境治理(安吉)司法协同中心工作规则》,强化生态环境系统治理、源头治理和依法治理。

第二,开展诉前化解。注重矛盾的基层化解、就地化解,协同政府部门、动员人民群众参与环境治理。例如,针对林权纠纷案件,福建法院发挥林业主管部门专业性优势,对接政府设立的林权调处机构,准确认定山林四至界限,对山林权属进行诉前化解。重庆市渝北区人民法院与市生态环境局探索建立"10 +1"环境纠纷诉前化解平台,将矛盾纠纷前移,取得较好的效果。

第三,实行司法确认。加强诉讼和非诉讼纠纷解决机制的衔接配合,对经磋商达成生态环境损害赔偿协议的,当事人可以向人民法院申请司法确认,一方当事人拒绝履行、未全部履行经司法确认的生态环境损害赔偿协议的,对方可以向人民法院申请强制执行。福建省高级人民法院与省生态环境厅、自然资源厅、司法厅联合制定《福建省生态环境损害赔偿磋商管理办法(试行)》,安徽省高级人民法院会同省生态环境厅等11 家部门共同出台《关于生态环境损害赔偿协议的司法确认规程》,贵州省高级人民法院、青海省高级人民法院发布关于办理生态环境损害赔偿协议司法确认案件的相关意见及诉讼规则,重庆市高级人民法院与市生态环境局出台《重庆市生态环境损害赔偿磋商办法》,有效规范生态环境损害赔偿协议司法确认案件的程序。

三、水安全类案审判制度

(一)水污染防治案件

1.强化陆源排污者责任

针对沿流域工业污染的防范与治理,流域各级人民法院依法加强对工业、采矿污染等点源污染案件,农业污染、城市径流污染等面源污染案件以及流域跨界水污染案件的审理力度,坚持最严格的水污染损害赔偿和生态补偿、修复标准,支持和监督行政机关依法履行水污染防治的监管职责。尤其是在刑事案件中,对于隐蔽排污、多次排污、伪造篡改监测数据排污等犯罪行为,依法从重处罚,并将生态环境损害及修复情况作为刑事处罚的重要情节。2020 年1 月,最高人民法院发布长江经济带生态环境司法保护典型案例,集中通报了违法向长江干支流偷排、直排污染物的案件,[1]显示人民法院严惩重罚排污者,有效维护人民群众环境权益和国家利益、

---

〔1〕 参见《最高法发布长江经济带生态环境司法保护典型案例》,载新华网,http://www.gov.cn/xinwen/2020-01/09/content_5467825.htm。

社会公共利益的决心。安徽省芜湖市中级人民法院审结的被告单位安徽亚兰德新能源材料股份有限公司、被告人吕某国等 7 人污染环境案，系通过暗管直接向长江违法排放有毒物质污染环境的刑事案件。[1] 人民法院在依法认定公司构成单位犯罪并处罚金的同时，对单位犯罪起决定、策划、指挥作用的公司法定代表人、副总经理等主要负责人、高级管理人员，安排工人偷排污水、应付检查的车间主任等分管负责人员，制造虚假监测数据的环保专员等责任人员，依法分别追究刑事责任，充分展示人民法院从严惩治环境污染犯罪的司法政策，有力威慑违法排污单位并对相关从业人员具有教育警示作用。

2. 强化饮用水水源地保护力度

饮用水安全直接关系人民群众的身体健康，长江流域各级人民法院严格落实饮用水水源保护区制度，及时受理和审理涉江河源头和扬州江都、丹江口水库南水北调饮用水水源地的水污染案件，支持行政机关依法取缔饮用水水源保护区的排污口，保障饮用水水源地人民群众的用水安全，确保“一江清水永续北送”。湖北省十堰市中级人民法院审结的被告单位十堰市驰迈工贸有限公司、被告人古某秀污染环境案，系电镀废水未经处理非法外排污染环境的刑事案件，人民法院立足“十堰作为南水北调中线工程核心水源区”的重要生态环境定位，以保护用水区人民群众身体健康为根本目标，落实最严格的生态环境保护制度，严厉打击在饮用水水源地非法排放废水的违法犯罪行为。

（二）水生态保护案件

1. 加大对各流域水生生物及其栖息繁衍场所的保护力度

充分发挥刑事审判的惩治和教育功能，依法审理非法捕捞水产品刑事案件。按照流域禁捕、退捕工作要求，严厉打击使用炸鱼、毒鱼、电鱼等破坏渔业资源的方法和使用绝户网等小于最小网目尺寸的网具进行非法捕捞的行为，加强行政执法与刑事司法的衔接，斩断非法捕捞、运输、销售、餐饮等地下产业链和利益链，保障人民群众涉水产合法权益，促进渔业资源的增殖和保护。江苏省高级人民法院审结的泰州市人民检察院诉王某朋等 59 人环境民事公益诉讼案，[2] 系 2016 年 1 月国家调整长江流域禁渔期以来，全国首例判令从捕捞、收购到贩卖长江鳗鱼苗“全链条”承担生态破坏赔偿责任的案件，也是江苏环境资源审判“9 + 1”机制正式运行后，南京环境资源法庭一审立案受理、公开开庭审理并做出裁判的第一起案件。人民法院认定非法捕捞者于禁渔期、在长江干流水域多次使用网目尺寸小于 3 毫米的禁用渔具非法捕捞长江鳗鱼苗，妨碍鳗鱼种群繁衍并导致其他水生生物减少，造成生物多样性损害，应当承担赔偿责任；非法收购与非法捕捞者之间形成完整的利益链条，共同造成

---

[1] 参见安徽省芜湖市中级人民法院刑事裁定书，（2019）皖 02 刑终 199 号。

[2] 参见江苏省南京市中级人民法院民事判决书，（2019）苏 01 民初 2005 号。

生态资源的损害,应当共同承担连带赔偿责任。该公益案件的审理和裁判充分体现了人民法院用最严格制度、最严密法治保护长江生态环境的决心和态度。

2. 注重保障江河生态流量的合理分配

生态流量是维系江河湖泊自然生态系统功能和生物多样性的重要保障,长江流域各级人民法院通过协调保护上游地区水电开发利用和下游地区供水、通航、灌溉、养殖等合法权益,努力实现各种水用途之间的最佳平衡。贵州省贵阳市中级人民法院审结的贵州泰蘋河生态养殖开发有限公司诉贵州华锦铝业有限公司财产损害赔偿案,系上游河段筑坝取水导致下游养殖的鲟鱼死亡而引发的水流量分配使用赔偿纠纷,人民法院认定江河生态流量可以保证水流所需的自净扩散能力,维持水生态系统平衡,保证下游养殖业所需的水质水量;上游公司蓄水与下游公司养殖的鲟鱼死亡之间存在因果关系,应赔偿下游公司的经济损失。该判决明确了河流生态流量的重要价值,上游地区用水户在水资源开发和利用过程中,不能损害下游地区生态流量受益方的合法权益,保障流域水生态系统基本功能的正常运转。

(三)水资源开发利用案件

1. 统筹处理好水资源开发利用和生态环境保护的关系

长江流域中上游地区水能资源丰富,很多地区属于生态脆弱区和环境敏感区。长江流域各级人民法院在审理涉水电站、水电输送通道建设案件时注重统筹兼顾,将具有损害社会公共利益重大风险的行为纳入环境民事公益诉讼受案范围,依法加强对建设项目环境影响评价合法性审查力度,避免对开发区域生态环境,尤其是对珍贵、濒危野生动植物及其栖息地的生态环境造成难以弥补的损害。云南省昆明市中级人民法院审结的北京市朝阳区自然之友环境研究所诉中国水电顾问集团新平开发有限公司、中国电建集团昆明勘测设计研究院有限公司环境污染责任纠纷案,[1]系社会组织以戛洒江一级水电站继续建设将对该区域珍贵、濒危动物绿孔雀及其栖息地造成重大破坏风险为由,请求责令被告立即停止基于现有环境影响评价下的建设项目,不得截流蓄水,不得对该水电站淹没区内植被进行砍伐的预防性环境民事公益诉讼案件。

2. 依法审理水资源使用权纠纷案件

在调水纠纷案件中注重协调好水源区、调水工程途径地以及受水区之间的利益,在区域水权、取水权和灌溉用水户水权交易纠纷案中注重引导各方通过交易平台进行水权交易,充分尊重交易各方的协商定价或竞价结果,保护水资源使用权的有序流转,促进水资源高效利用和节约保护。福建省龙岩市中级人民法院审结的福建省龙岩市武平县象洞乡新福水电站诉武平县象洞镇人民政府、钟某平取水权纠纷

[1] 参见云南省高级人民法院民事判决书,(2020)云民终824号。

案,[1]系镇政府在水电站已经取得取水许可证的情况下,批准在水电站上游建设饮用水源取水点引发的民事赔偿案件。人民法院经审理认为镇政府批准在水电站上游建设公共饮用水工程取水减少了下游水电站的发电量,造成水电站经济利益受损;考虑到取水点建设对发电量减少的影响,兼顾各方利益平衡,判决镇政府承担部分赔偿责任。该案判决充分体现了水资源开发利用的价值,妥善平衡当事人的物权和社会公共利益的保护,促进水资源的合理开发利用。

——— 典型案例 ———

浙江省缙云县人民检察院诉被告缙云县南河电镀厂、王某等 4 人水污染民事公益诉讼案

【基本案情】

被告人王某系浙江省缙云县南河电镀厂(以下简称南河电镀厂)负责人。2018 年 5 月 23 日下午,王某安排员工王某平,在晚上将该厂污水处理站内未经净化处理的工业废水通过暗管排放。当晚 21 时起至 24 日凌晨 3 时,王某平按照王某指示,将厂房内应急池中含氰化物、铜、铬、镍等成分的约 70 吨工业废水通过暗管直接排放到厂区外好溪水域。经监测,排放污染物中铬含量超标 3 倍以上,镍、铜含量超标 10 倍以上。此外,2017 年 8 月至 2018 年 1 月,王某为节约开支,以明显低于市场正常处置价格或在明知他人不具备危险废物处理资质的情况下,将生产中产生的电镀废弃污泥交由他人处置,倾倒、堆放至福建省浦城县。经环保监管部门认定,倾倒、堆放于空地的泥状废弃物为危险废物,共 1341.22 吨。

在刑事案件审理过程中,浙江省缙云县人民检察院向浙江省丽水市中级人民法院提起水污染民事公益诉讼。经法院审理查明,南河电镀厂为王某、王某亮、胡某嵘三人合伙经营。2018 年 5 月 23 日 21 时至 24 日凌晨 3 时,因前述污染事故造成好溪 4300 余亩水域受到污染,下游水域出现大量鱼类死亡,产生渔业资源恢复费用、生态损害鉴定评估费用等共 314 万余元。

【裁判结果】

浙江省缙云县人民法院一审认为,被告人王某、王某平通过暗管逃避监管的方式,排放含铬、镍、铜等重金属的污染物。王某违反国家规定,非法处置危险废物 1341.22 吨,后果特别严重。王某、王某平的行为均已构成污染环境罪。一审法院判决被告人王某犯污染环境罪,判处有期徒刑 5 年,并处罚金 13 万元;被告人王某平犯污染环境罪,判处有期徒刑 1 年 6 个月,并处罚金 1.5 万元。

就浙江省缙云县人民检察院提起的水污染民事公益诉讼一案,一审判决南河电

[1] 参见福建省龙岩市中级人民法院民事判决书,(2018)闽 08 民终 1791 号。

镀厂赔偿渔业资源恢复费用、生态损害鉴定评估费用等共314万余元;南河电镀厂财产不足以支付的,由王某、王某亮、胡某嵘以其个人其他财产予以清偿;王某平承担连带清偿责任;南河电镀厂、王某平在省级媒体上公开赔礼道歉。

【典型意义】

该案系暗管偷排有毒有害水污染物以及跨省倾倒危险废物污染环境案件。生态环境是人民群众健康生活的重要因素,也是需要刑事和民事法律共同保护的重要法益。被告人因同一污染环境、破坏生态行为被追究刑事责任的,不影响其依法应承担的民事责任。该案中,人民法院统筹适用刑事和民事责任,在依法从严惩治王某、王某平污染环境罪的同时,依法判处南河电镀厂承担生态环境修复、损害赔偿和赔礼道歉等民事责任,并判令王某平承担连带责任,王某和王某亮、胡某嵘承担补充清偿责任,体现了损害担责及全面赔偿原则,实现惩治犯罪和保护生态、维护公益相统一。

REFERENCE

参考文献

一、水安全有关法律、法规、规章及司法解释

(一)法律

1.《宪法》(全国人大会议通过,1982年颁布并施行,历经1988年、1993年、1999年、2004年和2018年5次修正)。

2.《民事诉讼法》(全国人大会议通过,1991年颁布并实施,历经2007年、2012年、2017年、2021年、2023年5次修正)。

3.《民法典》(全国人大会议通过,2020年颁布,自2021年1月1日起施行)。

4.《青藏高原生态保护法》(全国人大常委会会议通过,2023年颁布,自2023年9月1日起施行)。

5.《黄河保护法》(全国人大常委会会议通过,2022年颁布,自2023年4月1日起施行)。

6.《长江保护法》(全国人大常委会会议通过,2020年颁布,自2021年3月1日起施行)。

7.《安全生产法》(全国人大常委会会议通过,2002年颁布,历经2009年、2014年、2021年3次修正)。

8.《环境保护税法》(全国人大常委会会议通过,2016年颁布,2018年修正)。

9.《循环经济促进法》(全国人大常委会会议通过,2008年颁布,2018年修正)。

10.《防沙治沙法》(全国人大常委会会议通过,2001年颁布,2018年修正)。

11.《水污染防治法》(全国人大常委会会议通过,1984年颁布并实施,历经1996年修正、2008年修订、2017年修正)。

12.《水法》(全国人大常委会会议通过,1988年颁布,历经2002年修订,2009年、2016年2次修正)。

13.《防洪法》(全国人大常委会会议通过,1997年颁布,历经2009年、2015年、2016年3次修正)。

14.《气象法》(全国人大常委会会议通过,1999年颁布,历经2009年、2014年、2016年3次修正)。

15.《环境保护法》(全国人大常委会会议通过,1989年颁布,2014年修订)。

16.《水土保持法》(全国人大常委会会议通过,1991 年颁布,历经 2009 年修正、2010 年修订)。

17.《防震减灾法》(全国人大常委会会议通过,1997 年颁布,2008 年修订)。

18.《突发事件应对法》(全国人大常委会会议通过,2007 年颁布,自 2007 年 11 月 1 日起施行)。

(二)行政法规

1.《地下水管理条例》(国务院,2021 年公布,自 2021 年 12 月 1 日起施行)。

2.《排污许可管理条例》(国务院,2021 年公布,自 2021 年 3 月 1 日起施行)。

3.《城市供水条例》(国务院,1994 年发布,历经 2018 年、2020 年 2 次修订)。

4.《自然灾害救助条例》(国务院,2010 年发布,2019 年修订)。

5.《社会救助暂行办法》(国务院,2014 年公布,2019 年修订)。

6.《河道管理条例》(国务院,1988 年公布,历经 2011 年、2017 年、2017 年、2018 年 4 次修订)。

7.《气象灾害防御条例》(国务院,2010 年公布,2017 年修订)。

8.《水文条例》(国务院,2007 年公布,历经 2013 年、2016 年、2017 年 3 次修订)。

9.《取水许可和水资源费征收管理条例》(国务院,2006 年公布,2017 年修订)。

10.《南水北调工程供用水管理条例》(国务院,2014 年公布,自 2014 年 2 月 16 日起施行)。

11.《城镇排水与污水处理条例》(国务院,2013 年公布,自 2014 年 1 月 1 日起施行)。

12.《太湖流域管理条例》(国务院,2011 年公布,自 2011 年 11 月 1 日起施行)。

13.《防汛条例》(国务院,1991 年公布,历经 2005 年、2011 年 2 次修订)。

14.《工伤保险条例》(国务院,2003 年发布,2010 年修订)。

15.《抗旱条例》(国务院,2009 年公布,自 2009 年 2 月 26 日起施行)。

16.《黄河水量调度条例》(国务院,2006 年公布,自 2006 年 8 月 1 日起施行)。

17.《长江河道采砂管理条例》(国务院,2001 年公布,2023 年修订)。

(三)部门规章

1.《水行政处罚实施办法》(水利部,2023 年发布,自 2023 年 5 月 1 日起施行)。

2.《长江流域控制性水工程联合调度管理办法(试行)》(水利部,2023 年发布,自 2023 年 3 月 1 日起施行)。

3.《生产建设项目水土保持方案管理办法》(水利部,2023 年发布,自 2023 年 3 月 1 日起施行)。

4.《城镇污水排入排水管网许可管理办法》(住房和城乡建设部,2015 年发布,2022 年修正)。

5.《尾矿污染环境防治管理办法》(生态环境部,2022 年发布,自 2022 年 7 月 1

日起施行)。

6.《三峡水库调度和库区水资源与河道管理办法》(水利部,2008 年公布,2017 年修正)。

7.《取水许可管理办法》(水利部,2008 年发布,历经 2015 年、2017 年两次修正)。

8.《大运河遗产保护管理办法》(原文化部,2012 年公布,自 2012 年 10 月 1 日起施行)。

9.《黑河干流水量调度管理办法》(水利部,2009 年发布,自 2009 年 5 月 13 日起施行)。

10.《水量分配暂行办法》(水利部,2007 年公布,自 2008 年 2 月 1 日起施行)。

11.《城市节约用水管理规定》(原建设部,1988 年发布,自 1989 年 1 月 1 日起施行)。

12.《长江流域控制性水工程联合调度管理办法(试行)》(水利部,2023 年 1 月 19 日发布)。

(四)地方性法规

1.《深圳市节约用水条例》[深圳市人大(含常委会),2004 年通过,广东省人大常委会于 2005 年批准,历经 2017 年、2019 年、2020 年、2021 年 4 次修正]。

2.《重庆市行政事业性收费管理条例》[重庆市人大(含常委会),2002 年通过,2010 年修正]。

(五)司法解释

1.《关于为长江三角洲区域一体化发展提供司法服务和保障的意见》(最高人民法院,法发〔2020〕22 号,2020 年 7 月 10 日发布实施)。

2.《关于为黄河流域生态保护和高质量发展提供司法服务与保障的意见》(最高人民法院,法发〔2020〕19 号,2020 年 6 月 1 日发布实施)。

3.《关于全面加强长江流域生态文明建设与绿色发展司法保障的意见》(最高人民法院,法发〔2017〕30 号,2017 年 12 月 1 日发布实施)。

4.《关于办理环境污染刑事案件适用法律若干问题的解释》(最高人民法院、最高人民检察院,法释〔2023〕7 号,2023 年 8 月 8 日发布,2023 年 8 月 15 日施行)。

5.《关于为长江经济带发展提供司法服务和保障的意见》(最高人民法院,法发〔2016〕8 号,2016 年 2 月 24 日发布实施)。

6.《关于审理环境民事公益诉讼案件适用法律若干问题的解释》(最高人民法院,2015 年发布,2020 年修正)。

7.《关于全面加强环境资源审判工作　为推进生态文明建设提供有力司法保障的意见》(最高人民法院,法发〔2014〕11 号,2014 年 6 月 23 日发布实施)。

二、水安全有关政策文件及党内法规

1.《关于加强非常规水源配置利用的指导意见》(水利部、国家发展改革委,2023年6月22日发布)。

2.《关于全面加强水资源节约高效利用工作的意见》(水利部,2023年4月27日发布)。

3.《水行政执法(行政处罚和行政强制)事项指导目录》(2022年版)(水利部,2023年3月17日发布)。

4.《水利监督规定》(水利部,2022年12月5日发布)。

5.《关于加强河湖安全保护工作的意见》(水利部、公安部,水政法〔2022〕362号,2022年9月28日发布)。

6.《关于推进用水权改革的指导意见》(水利部、国家发展改革委、财政部,水资管〔2022〕333号,2022年8月26日发布)。

7.《国家防汛抗旱应急预案》(国务院办公厅,2022年5月30日发布)。

8.《水行政执法效能提升行动方案(2022—2025年)》(水利部,水政法〔2022〕256号,2022年6月17日发布)。

9.《中国环境资源审判(2021)》(最高人民法院,2022年6月5日发布)。

10.《2021年中国生态环境状况公报》(生态环境部,2022年5月26日发布)。

11.《乡村建设行动实施方案》(中共中央办公厅、国务院办公厅,2022年5月23日发布)。

12.《关于建立健全水行政执法与检察公益诉讼协作机制的意见》(最高人民检察院、水利部,高检发办字〔2022〕69号,2022年5月17日发布)。

13.《关于加强山洪灾害防御工作的指导意见》(水利部,2022年3月3日发布)。

14.《关于印发"十四五"国家应急体系规划的通知》(国务院,2021年12月30日发布)。

15.《"十四五"水文化建设规划》(水利部,2022年1月30日发布)。

16.《"十四五"水安全保障规划》(国家发展改革委、水利部,2022年1月11日发布)。

17.《水利部生产安全事故应急预案》(水利部,2021年12月21日发布)。

18.《服务保障黄河流域生态保护和高质量发展工作推进会会议纪要》(最高人民法院,法〔2021〕305号,2021年11月24日发布)。

19.《黄河流域生态保护和高质量发展规划纲要》(中共中央、国务院,2021年10月8日发布)。

20.《关于深入打好污染防治攻坚战的意见》(中共中央、国务院,2021年11月2日发布)。

21.《关于黄河流域水资源超载地区暂停新增取水许可的通知》(水利部,2020年12月17日发布)。

22.《长江流域生态环境司法保护状况》(最高人民法院,2020年9月25日发布)。

23.《关于改革完善社会救助制度的意见》(中共中央办公厅、国务院办公厅,2020年8月25日发布)。

24.《关于开展第一次全国自然灾害综合风险普查的通知》(国务院办公厅,2020年5月31日发布)。

25.《中国环境资源审判(2019年)》(最高人民法院,2020年5月发布)。

26.《关于构建现代环境治理体系的指导意见》(中共中央办公厅、国务院办公厅,2020年3月3日发布)。

27.《大运河文化保护传承利用规划纲要》(中共中央办公厅、国务院办公厅,2019年5月9日发布)。

28.《关于印发〈国家节水行动方案〉的通知》(国家发展改革委、水利部,发改环资规〔2019〕695号,2019年4月15日发布)。

29.《用水定额编制技术导则》(水利部,2017年3月1日实施)。

30.《关于推进安全生产领域改革发展的意见》(中共中央、国务院,2016年12月9日发布)。

31.《关于印发国家自然灾害救助应急预案的通知》(国务院办公厅,2016年3月10日发布)。

32.《检察机关提起公益诉讼改革试点方案》(最高人民检察院,2015年7月2日发布)。

33.《关于做好用水定额评估工作的通知》(水利部,2015年6月12日印发,办资源函〔2015〕820号)。

34.《水污染防治行动计划》(国务院,国发〔2015〕17号,2015年4月2日发布)。

35.《中国环境统计年报(2014年)》(环境保护部,2015年发布)。

36.《关于印发突发事件应急预案管理办法的通知》(国务院办公厅,2013年10月25日发布)。

37.《重点工业行业用水效率指南》(工业和信息化部、水利部、国家统计局、全国节约用水办公室,2013年9月编制)。

38.《关于严格用水定额管理的通知》(水利部,2013年6月20日发布)。

39.《全国地下水污染防治规划(2011—2020年)》(原环境保护部,2011年10月28日发布)。

40.《关于加快水利改革发展的决定》(中共中央、国务院,2010年12月31日发布)。

41.《关于全面加强应急管理工作的意见》(国务院,2006 年 6 月 15 日发布)。

42.《国家突发公共事件总体应急预案》(国务院,2006 年 1 月 8 日发布)。

43.《关于落实科学发展观加强环境保护的决定》(国务院,国发〔2005〕39 号,2005 年 12 月 3 日)。

三、水安全有关著作期刊论文报刊网络电子文献

(一)著作

1.[印度]特夏尔·沙阿:《提高水安全:落实可持续发展目标的关键》,全球水伙伴中国委员会(中国水资源战略研究会)译,中国水利水电出版社 2018 年版。

2.王慧敏等:《非常规突发水灾害应急合作管理与决策》,科学出版社 2016 年版。

3.向在胜:《跨国环境污染中的国际私法问题研究:以法律适用问题为中心》,中国政法大学出版社 2016 年版。

4.宋蕾:《水资源管理法律问题研究》,中国政法大学出版社 2015 年版。

5.伍新木主编:《中国水安全发展报告 2013》,人民出版社 2013 年版。

6.朱幼棣:《怅望山河》,世界图书出版公司北京公司 2013 年版。

7.林洪孝主编:《水资源管理与实践》(第 2 版),中国水利水电出版社 2012 年版。

8.李宗新、闫彦编著:《中华水文化文集》,中国水利水电出版社 2012 年版。

9.谈广鸣、孔令杰编:《跨界水资源国际法律与实践研讨会论文集》,社会科学文献出版社 2012 年版。

10.姜文来编著:《水资源探秘》,中国水利水电出版社 2009 年版。

11.黄仁宇:《中国大历史》(第 2 版),三联书店 2007 年版。

12.郭日生主编,中华人民共和国科学技术部社会发展科技司、中华人民共和国科学技术部中国 21 世纪议程管理中心编:《水资源安全保障技术发展战略研究》,海洋出版社 2007 年版。

13.胡德胜、陈冬等编译:《澳大利亚水资源法律与政策》,郑州大学出版社 2008 年版。

14.徐向阳主编:《水灾害》,中国水利水电出版社 2006 年版。

15.谢永刚:《水灾害经济学》,经济科学出版社 2003 年版。

16.[日]大须贺明:《生存权论》,林浩译,法律出版社 2001 年版。

17.[美]奥尔多·利奥波德:《沙乡年鉴》,侯文蕙译,吉林人民出版社 1997 年版。

(二)期刊论文

1.秦天宝:《以黄河保护法的有效实施保障黄河流域水安全》,载《中国水利》

2023 年第 5 期。

2. 肖爱、张家慧:《环境行政合法性司法审查实践及其规范价值——以“一湖四水”流域涉水行政案件为中心的考察》,载《湖南师范大学社会科学学报》2023 年第 1 期。

3. 孙佑海:《〈黄河保护法〉:黄河流域生态保护和高质量发展的根本保障》,载《环境保护》2022 年第 23 期。

4. 于琪洋:《加强河湖安全保护协作　共同保障国家水安全——〈关于加强河湖安全保护工作的意见〉解读》,载《中国水利》2022 年第 21 期。

5. 陈茂山、王建平、夏朋:《“十六字”治水思路是推动新阶段水利高质量发展的根本遵循》,载《水利发展研究》2021 年第 9 期。

6. 黄金、饶胜等:《墨累—达令河生态用水保障实践对黄河的启示》,载《人民黄河》2021 年第 6 期。

7. 郑永红:《水灾害规划和应急预案制度研究》,载《华北水利水电大学学报(社会科学版)》2021 年第 5 期。

8. 聂馨:《农村水环境保护与治理对策研究》,载《中国资源综合利用》2021 年第 1 期。

9. 谷丽雅、侯小虎、张林若:《澳大利亚墨累—达令流域水改革实践经验及启示》,载《中国水利》2020 年第 23 期。

10. 王冠军、刘啸等:《对全国省级节水立法情况的分析与思考》,载《水利发展研究》2020 年第 10 期。

11. 杨铭、王琴、林臻等:《欧洲工业园区水环境管理的经验与启示》,载《环境保护》2020 年第 9 期。

12. 翟翠霞:《影响水环境质量的因素分析与水生态环境保护》,载《资源节约与环保》2020 年第 9 期。

13. 何艳梅:《我国流域水管理法律体制的演变与发展》,载《水利经济》2020 年第 6 期。

14. 王春业:《我国节水立法的不足及其完善路径》,载《深圳大学学报(人文社会科学版)》2020 年第 5 期。

15. 姜文来等:《习近平治水理念研究》,载《中国农业资源与区划》2020 年第 4 期。

16. 沈璐璐:《〈节约用水〉(第一至第四章)英汉翻译实践报告》,河南农业大学 2020 年硕士学位论文。

17. 安树伟、李瑞鹏:《黄河流域高质量发展的内涵与推进方略》,载《改革》2020 年第 1 期。

18. 吕娟:《水文化理论研究综述及理论探讨》,载《中国防汛抗旱》2019 年第

9 期。

19. 中共中央党校厅局级干部进修班(74 期)“生态文明建设”研究专题课题组、熊中才:《促进节约用水的难点及对策研究》,载《中国水利》2019 年第 23 期。

20. 习近平:《在黄河流域生态保护和高质量发展座谈会上的讲话》,载《奋斗》2019 年第 20 期。

21. 崔丙健、高峰等:《非常规水资源农业利用现状及研究进展》,载《灌溉排水学报》2019 年第 7 期。

22. 李永健:《河长制:水治理体制的中国特色与经验》,载《重庆社会科学》2019 年第 5 期。

23. 陈平、陈鑫、李文攀等:《日本水环境质量监测管理概述》,载《中国环境监测》2019 年第 2 期。

24. 韩全林、游益华:《论习近平治水思想的哲学内涵与实践意义》,载《水利发展研究》2019 年第 1 期。

25. 马一鸣:《广州市越秀区河涌管理的问题和对策研究》,华南理工大学 2018 年硕士学位论文。

26. 刘宝珺、杨仁超等:《地球历史新阶段——人类世》,载《山东科技大学学报(自然科学版)》2018 年第 1 期。

27. 和夏冰、殷培红:《澳大利亚水管理法律规定及启示:基于〈水法〉》,载《国土资源情报》2017 年第 12 期。

28. 赵静波:《地方立法的特色缺失及其规制——以地方立法“抄袭”为视角》,载《地方立法研究》2017 年第 6 期。

29. 陈昂、王鹏远、吴淼、孟现勇:《国外生态流量政策法规及启示》,载《华北水利水电大学学报(自然科学版)》2017 年第 5 期。

30. 张文松、蔡守秋:《推行水污染合作治理模式的法治路径》,载《中州学刊》2017 年第 5 期。

31. 朱厚华、艾现伟等:《国外节约用水管理相关进展》,载《水利发展研究》2017 第 2 期。

32. 张学博、李玉云:《领域法学:法学研究的第三条道路》,载《长春市委党校学报》2017 年第 2 期。

33. 梁文永:《一场静悄悄的革命:从部门法学到领域法学》,载《政法论丛》2017 年第 1 期。

34. 侯卓:《“领域法学”范式:理论拓补与路径探明》,载《政法论丛》2017 年第 1 期。

35. 种潇:《三峡库区饮用水源地水环境安全评判体系的研究——以和尚山饮用水水源地为例》,华北电力大学(北京)2017 年硕士学位论文。

36. 靳怀堾:《漫谈水文化内涵》,载《中国水利》2016 年第 11 期。

37. 彭建、赵会娟、刘焱序、杜悦悦:《区域水安全格局构建:研究进展及概念框架》,载《生态学报》2016 年第 11 期。

38. 陈德敏、田亦尧:《重庆主城区小流域水环境安全与法治推进》,全国环境资源法学研讨会 2016 年会论文。

39. 刘剑文:《论领域法学:一种立足新兴交叉领域的法学研究范式》,载《政法论丛》2016 年第 5 期。

40. 江红、杨小柳:《基于熵权的亚太地区水安全评价》,载《地理科学进展》2015 年第 3 期。

41. 孙金华、陈静、朱乾德:《国内外水法规比较研究》,载《中国水利》2015 年第 2 期。

42. 刘海龙、杨冬冬:《美国〈野生与风景河流法〉及其保护体系研究》,载《中国园林》2014 年第 5 期。

43. 万钧、柳长顺:《英国取水许可制度及其启示》,载《水利发展研究》2014 年第 10 期。

44. 沈百鑫:《比较法视野下的水法立法目的——我国水法与欧盟〈水框架指令〉及德国〈水平衡管理法〉》,载《水利发展研究》2014 年第 3 期。

45. 章无恨:《城市化进程中南昌市水环境安全问题及对策研究》,南昌大学 2014 年硕士学位论文。

46. 张小斌、李新:《我国水环境安全研究进展》,载《安全与环境工程》2013 年第 1 期。

47. 郑晓云:《水文化的理论与前景》,载《思想战线》2013 年第 4 期。

48. 谭徐明:《水文化遗产的定义、特点、类型与价值阐释》,载《中国水利》2012 年第 21 期。

49. 张杰平:《跨流域调水补偿制度创新研究》,武汉大学 2012 年博士学位论文。

50. 郦建强、王建生、颜勇:《我国水资源安全现状与主要存在问题分析》,载《中国水利》2011 年第 23 期。

51. 刘长兴:《完善节约用水立法的基本思路》,载《求索》2011 年第 9 期。

52. 吴秋林:《水灾害的人类学意义》,载《六盘水师范高等专科学校学报》2011 年第 1 期。

53. 傅涛、杜鹏、钟丽锦:《法国流域水管理特点及其对中国现有体制的借鉴》,载《水资源保护》2010 年第 5 期。

54. 刘宏:《镇江市水环境安全评价及风险控制研究》,江苏大学 2010 博士学位论文。

55. 凌先有:《水灾害与水文化的发展和传承》,载《首届中国水文化论坛优秀论文集》2009 年 11 月 13 日。

56. 柯礼丹:《中国水法与水管理改革》,载《中国水利》2008 年第 22 期。

57. 颜素珍、唐德善:《以史为鉴,科学认识水灾害——兼读〈100 例水灾害〉》,载《环境变化与水安全——第五届中国水论坛论文集》2007 年 11 月 10 日。

58. 刘小冰:《论国家紧急权力的逻辑特征》,载《唯实》2007 年 Z1 期。

59. 余富基、周志勇、侯晓:《国外有关流域水管理委员会的立法概要》,载《水利水电快报》2005 年第 16 期。

60. 杨海芳:《我国现行〈水法〉的新发展》,载《江西社会科学》2005 年第 4 期。

61. 李泽红、汤尚颖、许志国:《水资源安全的内涵及其评价——以湖北省为例》,载《安全与环境工程》2005 年第 4 期。

62. 曾畅云:《水环境安全及其指标体系研究——以北京市为例》,首都师范大学 2004 年硕士学位论文。

63. 郑通汉:《论水资源安全与水资源安全预警》,载《中国水利》2003 年第 11 期。

64. 陈德敏、乔兴旺:《中国水资源安全法律保障初步研究》,载《现代法学》2003 年第 5 期。

65. 吕忠梅:《环境资源法视野下的新〈水法〉》,载《法商研究》2003 年第 4 期。

66. 罗吉:《水环境安全的法律保障问题探讨》,中国环境资源法学研讨会 2003 年会论文。

67. 焦士兴、李俊民:《中国水资源安全的现状分析与对策研究》,载《新乡师范高等专科学校学报》2003 年第 2 期。

68. 贾绍凤、张军岩、张士峰:《区域水资源压力指数与水资源安全评价指标体系》,载《地理科学进展》2002 年第 6 期。

69. 肖笃宁、陈文波、郭福良:《论生态安全的基本概念和研究内容》,载《应用生态学报》2002 年第 3 期。

70. 夏军、朱一中:《水资源安全的度量:水资源承载力的研究与挑战》,载《自然资源学报》2002 年第 3 期。

71. 姜文来:《关于水资源价值的三个问题》,载《水利发展研究》2001 年第 1 期。

72. 李宗新:《水文化的结构》,载《中国水利》1996 年第 9 期。

73. 赵建文:《论人权公约的克减条款》,载《法学家》1996 年第 5 期。

74. 黄万里:《丰富的中国水资源》,载《科技导报》1989 年第 2 期。

75. Rupert Quentin Grafton, *Policy Review of Water Reform in the Murray-Darling Basin, Australia: The "Do's" and "Do'nots"*, Australian Journal of Agricultural and Resource Economics, Vol. 63:1 p. 116 – 141(2019).

76. Maureen Papas, *Supporting Sustainable Water Management: Insights from*

Australia's Reform Journey and Future Directions for the Murray-Darling Basin, Water, Vol. 10:11, p. 1649 – 1649(2018).

(三)报刊

1. 武建玲:《河南五部门联合开展河湖安全保护专项执法行动》,载《郑州日报》2023 年 7 月 12 日,第 6 版。

2. 刘欣:《用法治力量守护黄河安澜——写在黄河保护法施行之际》,载《法治日报》2023 年 4 月 7 日,第 6 版。

3. 谢莲:《对话〈联合国世界水发展报告〉主编:需加强国际合作应对水危机》,载《新京报》2023 年 3 月 30 日。

4.《淮河流域建立水行政执法与检察公益诉讼协作机制》,载《人民日报》2023 年 3 月 22 日,第 16 版。

5. 许文海:《咬定目标、务实行动,扎实推进新阶段节水工作高质量发展》,载《中国水利》杂志 2022 年 1 月 13 日。

6. 刘一诺:《保护母亲河,济南检察整改拆除违法建筑》,载《齐鲁晚报》2021 年 12 月 22 日。

7.《郑州 46 小时发布 8 次暴雨红色预警》,载《新京报》2021 年 7 月 22 日,第 A04 版。

8. 何卫东:《以环境司法新理念引领水资源保护》,载《人民法院报》2021 年 7 月 14 日。

9. 胡建淼:《慎提"紧急状态"和"战时管制"》,载《文摘报》2021 年 1 月 26 日,第 6 版。

10. 何红生、乔梁:《重拳治积案　强力保生态——评析新万国旅游开发有限公司黄河河道内违法建设案》,载《中国水利报》2020 年 9 月 11 日,第 3 版。

11.《什么是次生灾害、什么是衍生灾害》,载《贵阳日报》2019 年 5 月 11 日,第 A02 版。

12. 李祎恒、邢鸿飞:《我国水资源安全问题及保护对策》,载《光明日报》2015 年 5 月 30 日,第 7 版。

(四)网络电子文献

1.《2021 年城乡建设统计年鉴》,载住房和城乡建设部网 2022 年 10 月 12 日,https://www.mohurd.gov.cn/gongkai/fdzdgknr/sjfb/tjxx/jstjnj/index.html。

2.《最高检、水利部印发〈关于建立健全水行政执法与检察公益诉讼协作机制的意见〉》,载最高人民检察院网,https://www.spp.gov.cn/spp/xwfbh/wsfbh/202206/t20220609_559433.shtml。

3.《河南省南水北调饮用水水源保护条例即将实施》,载水利部政策法规司网,http://zfs.mwr.gov.cn/lfdt/202202/t20220222_1562570.html。

4. 李太民:《强化地下水考核监管　促进地下水可持续利用》,载百家号 2021 年 11 月 18 日,https://baijiahao. baidu. com/s? id = 1716771316110760171&wfr = spider&for = pc。

5.《司法部　水利部负责人就〈地下水管理条例〉答记者问》,载中央人民政府网,http://www. gov. cn/zhengce/2021 – 11/10/content_5650028. htm。

6. 王发艳:《强降水到来! 7 月 18 日到 19 日郑州有大到暴雨》,载新浪网,http://henan. sina. com. cn/news/m/2021 – 07 – 16/detailikqciyzk5859400. shtml 。

7.《让这条千里水脉,更好守护国家水安全——习近平总书记重要讲话为推进南水北调后续工程高质量发展指明方向》,载新华网,cpc. people. com. cn/nl/2021/05116/c64387-32104533. html。

8.《国外流域保护法律制度的特点》,载北京市人大常委会网,http://www. bjrd. gov. cn/zyfb/zt/sthyqstbhhlsfztl/tszs/202104/t20210422_2365862. html。

9.《全国人大代表、江苏省水利厅厅长陈杰:建议从国家层面为节约用水立法》,载澎湃网 2021 年 3 月 7 日,https://m. thepaper. cn/newsDetail_forward_11591281。

10.《打造人水和谐的节水城市——鹤壁市扎实推进国家节水型城市创建纪实》,载河南省人民政府网,https://www. henan. gov. cn/2020/10 – 12/1820359. html。

11.《最高人民法院发布长江流域水生态司法保护典型案例》,载最高人民法院网 2020 年 9 月 25 日,https://www. court. gov. cn/zixun – xiangqing – 259121. html。

12. 张旭东:《中国节水先行实现用水量与 GDP 增长脱钩》,载腾讯网,https://new. qq. com/rain/a/20200917AOBIOGOO。

13.《最高法发布长江经济带生态环境司法保护典型案例》,载中国政府网,http://www. gov. cn/xinwen/2020 – 01/09/content_5467825. html。

14. 栗战书:《全国人民代表大会常务委员会执法检查组关于检查〈中华人民共和国水污染防治法〉实施情况的报告》,载中国人大网,http://www. npc. gov. cn/npc/c30834/201908/1c7f0439686f48799c31588d5fb59c3e. shtml。

15.《保障饮用水安全:水污染防治"重中之重"》,载中国人大网,http://www. npc. gov. cn/npc/c30834/201908/8103d9ac09c54b6589d278d4eb4774ca. shtml。

16.《日本水污染治理之策》,载长江流域生态环境监督管理局网,https://cjjg. mee. gov. cn/xwdt/mtzs/201907/t20190702_718347. html。

17.《中国工业园区污水处理管理研究》,载绿色和平网,https://www. greenpeace. org. cn/2019/05/21/research-on-wastewater-treatment-managerial-practices-in-chinas-industrial-parks-report/。

18.《全国节约用水办公室机构职能》,载全国节约用水办公室官网,http://qgjsb. mwr. gov. cn/jgzn/201810/t20181023_1053363. html。

19. 任一林、姜萍萍:《习近平谈资源安全:全面促进资源集约节约利用》,载中新网,http://www. chinanews. com/gn/2018/08 - 19/8604259. shtml。

20.《水利部〈关于节约用水条例(征求意见稿)〉公开征求意见的公告》,载宿州市水利局官网 2016 年 10 月 20 日,https://slj. ahsz. gov. cn/content/article/54753052。

21.《吉化“11 · 13”特大爆炸事故及松花江特别重大水污染事件基本情况及处理结果》,载应急管理部网,https://www. mem. gov. cn/gk/sgcc/tbzdsgdcbg/2006/200612/t20061221_245275. html。